# 金融安全背景下
# 非金融企业影子银行化的
# 同群效应研究

刘婷婷◎著

经济管理出版社
ECONOMY & MANAGEMENT PUBLISHING HOUSE

图书在版编目（CIP）数据

金融安全背景下非金融企业影子银行化的同群效应研究/刘婷婷著 . —北京：经济管理出版社，2023. 11
ISBN 978-7-5096-9434-3

Ⅰ.①金…　Ⅱ.①刘…　Ⅲ.①非银行金融机构—研究—中国　Ⅳ.①F832.39

中国国家版本馆 CIP 数据核字（2023）第 222732 号

责任编辑：乔倩颖
责任印制：许　艳
责任校对：蔡晓臻

出版发行：经济管理出版社
　　　　　（北京市海淀区北蜂窝 8 号中雅大厦 A 座 11 层　100038）
网　　　址：www. E-mp. com. cn
电　　　话：（010）51915602
印　　　刷：唐山昊达印刷有限公司
经　　　销：新华书店
开　　　本：720mm×1000mm/16
印　　　张：17. 25
字　　　数：329 千字
版　　　次：2023 年 12 月第 1 版　　2023 年 12 月第 1 次印刷
书　　　号：ISBN 978-7-5096-9434-3
定　　　价：88. 00 元

# 序　言

　　习近平总书记高度重视金融风险防控，多次强调"坚决守住不发生系统性金融风险的底线"，并指出金融安全作为国家安全的重要组成部分，防范金融风险是"推进国家安全体系和能力现代化"的关键。自 2008 年金融危机以来，各国纷纷注意到影子银行业务的过度扩张而引发的系统性金融风险。从中国的现实情况来看，银行信贷歧视和金融错配会对中小企业和民营企业形成较为明显的预算硬约束，这为企业绕开正规金融机构融资以及提高影子银行业务规模提供了外部需求。根据国际评级机构穆迪发布的《中国影子银行季度监测报告》显示，截至 2021 年底，中国广义的影子银行规模为 57 万亿元，占名义 GDP 的 49.8%。

　　从微观的角度来看，非金融企业"脱实向虚"不仅体现在购买股票、债权和投资性房地产等传统金融投资方式上，而且还体现在通过委托贷款、委托理财和民间借贷等更为隐蔽的方式开展影子银行化业务等"类金融"活动。由此可见，影子银行业务已经成为非金融企业间接参与金融活动的重要渠道。这种不以服务实体经济为导向，脱离实体经济的自我循环、脱离需求侧的过度金融的创新现象，提高了系统性金融风险，阻碍了经济高质量发展。为此，党的十九大报告和中央经济工作会议中多次强调，既要"增强金融服务实体经济的能力"，也要"守住不发生系统性金融风险的底线"。党的二十大报告也提到"坚持把发展经济的着力点放在实体经济上"。在此背景下，探讨非金融企业影子银行化背后的动因对于引导资金"由虚转实"、金融更好服务实体、防范金融风险和确保金融安全与经济健康平稳地发展至关重要。

　　已有研究主要是从企业自身和宏观经济政策两方面探讨了企业影子银行化的影响因素，直到近年来才有学者开始注意到企业的金融投资行为会受到同地区、同行业或共同董事联结下同群企业金融投资的影响，但均没有考虑到由共同分析师联结所形成的影子银行化同群效应。事实上，由于影子银行业务具有信息不对称程度高、法律主体不明确等特点，以专业性和独立性更高的共同分析师作为同群效应的界定标准，能够更好地捕捉内生互动导致的同群影响。并且，通过研究共同分析师联结下非金融企业影子银行化的同群效应，寻找有效抑制影子银行化负面后果的措施，对于进一步防范系统性金融风险、推动金融体制改革和维护我国的资本市场健康稳定发展具有重要的现实意义。那么，在共同分析师联结下，非金融企业影子银行化是否存在同群效应？若存在非金融企业影子银行化的同群效应，其中共同分析师联结的特殊化作用机制和一般化作用机制是什么？非金融企业影子银行化同群效应会对企业绩效和风险造成何种经济影响？应该从哪些方面提出防范化解影子银行化同群效应负面影响的有效措施？这些都是当前亟待证实和解决的重要问题。

围绕着这一系列问题，本书沿着"理论研究—实证研究—对策研究"的基本逻辑思路，形成了系统的研究框架，共分为8章，具体来说：

第1章为导论。首先，介绍了本书的研究背景并提出研究问题，并在此基础上提出了本书的学术和实践研究意义。其次，根据科学问题提出本书的研究目标和研究内容，并在此基础上凝练了"问题提出—理论分析—实证检验—对策研究"的研究思路，然后列示了对应研究内容所使用的研究方法以及研究数据。最后，总结了本书可能的创新之处。本章主要是凝练科学问题，为后文解决这些问题打下基础。

第2章为概念界定、制度背景与文献综述。首先，对非金融企业、共同分析师跟踪和影子银行化的同群效应进行了概念界定。其次，梳理了中国非金融企业影子银行化的产生和发展历程，并对中国影子银行的监管制度进行了整理和归纳。最后，从非金融企业影子银行化的相关研究入手，对非金融企业影子银行化的度量、驱动因素和经济后果进行了梳理；从同群效应的相关研究入手，整理归纳了同群效应的概念及研究范畴、企业同群效应的表现形式及度量指标以及企业同群效应的产生机制；梳理了共同分析师联结与同群效应的相关文献，包括共同分析师的内涵界定、共同分析师联结下企业行为的同群效应和共同分析师联结的经济后果；并从以上几个方面对现有文献进行了评述，为本书后续的理论分析与实证研究奠定了文献基础。

第3章为非金融企业影子银行化同群效应的理论分析。首先，根据行为经济学、社会学习、信息不对称等相关理论对非金融企业影子银行化同群效应的存在性进行了理论分析并提出本书的主假设。其次，基于信息理论和竞争理论，结合同群效应的产生机制和共同分析师的作用，分别从信息和竞争两个方面分析了非金融企业影子银行化同群效应的内在作用机制并提出研究假设。最后，基于非金融企业开展影子银行化行为的"两面性"，进一步分析了影子银行化同群效应对企业绩效和风险的影响并提出研究假设。理论分析框架构建旨在为后文的实证分析打下基础。

第 4 章为非金融企业影子银行化同群效应的存在性检验。首先，根据研究假设进行研究设计，包括样本的选择与数据来源、变量的定义与模型设计。其次，在对样本数据进行描述性统计、相关性分析和组间差异检验的基础上，实证检验了非金融企业影子银行化同群效应的存在性。再次，为了缓解可能存在的内生性问题，本章采用了工具变量法、基于倾向得分匹配的双重差分法、Heckman 两步法和安慰剂检验等进行处理。最后，为了保证结论的稳健性，通过改变影子银行化度量方式、改变同群效应的计算方法和控制情景效应的影响等方法进行稳健性检验。

第 5 章为非金融企业影子银行化同群效应的信息机制检验。首先，根据对信息机制的研究假设进行研究设计，包括样本的选择与数据来源、变量的定义与模型设计。其次，实证检验了共同分析师网络中心度（共同分析师联结的信息机制）和同群企业的信息披露质量（一般化信息机制）对非金融企业影子银行化同群效应的影响，并对两类信息机制进行了倾向性检验。再次，进一步考察了共同分析师信息传递质量、企业规模和环境不确定性对非金融企业影子银行化同群效应信息机制的影响。最后，为了保证结论的稳健性，通过替换信息机制的衡量方式、改变影子银行化度量方式、改变同群效应的计算方法和控制情景效应的影响等方法进行了稳健性检验。

第 6 章为非金融企业影子银行化同群效应的竞争机制检验。首先，根据对竞争机制的研究假设进行研究设计，包括样本的选择与数据来源、变量的定义与模型设计。其次，实证检验了业绩评价的竞争（共同分析师联结的信息机制）和行业地位的竞争（行业层面的竞争机制）对非金融企业影子银行化同群效应的影响，并对两类竞争机制进行了倾向性检验。再次，进一步考察了共同分析师跟踪期限、产权性质和产品市场竞争激烈程度对非金融企业影子银行化同群效应竞争机制的影响，以及信息机制与竞争机制的倾向性。最后，为了保证结论的稳健性，通过替换信息机制的衡量方式、改变影子银行化度量方式、改变同群效应的计算方法和控制情景效应的影响等方法进行了稳健性检验。

第 7 章为非金融企业影子银行化同群效应的经济后果分析。首先，根据对经济后果的研究假设进行研究设计，包括样本的选择与数据来源、变量的定义与模型设计。其次，实证检验了非金融企业影子银行化同群效应对企业绩效和企业风险的影响。再次，考察了影子银行化同群效应是否具有放大负面经济后果的作用，并检验了外部监督和内部治理对影子银行化同群效应负面经济后果的调节。最后，为了保证结论的稳健性，通过替换经济后果的衡量方式、改变影子银行化同群效应的度量和控制情景效应的影响等方法进行了稳健性检验。

第 8 章为研究结论与对策建议。首先，根据各章节的研究内容总结研究发现，并逐一归纳全书的研究结论。其次，结合本书的研究结论和中国实体经济"脱实向虚"的现实情况与制度背景，从非金融企业、证券分析师和政府部门的角度提出切实可行的对策建议。最后，综合本书的研究不足和相关领域的前沿研究，提出后续的研究展望。

本书是在笔者的博士毕业论文的基础上修改完成的，从构思到完成共历时三年多。感谢各位领导、师长及同辈给予我的关心、指导和帮助。当然，本书中所有错漏之处全由本人负责。由于笔者的理论水平和实践经验有限，书中难免存在不足之处，请读者予以批评指正。

刘婷婷

2023 年 5 月

于重庆理工大学

# 目　录

# 第1章 导论

## 1.1 研究背景与问题提出

### 1.1.1 研究背景

金融安全一直是国家安全的重要组成部分。从微观的角度来看,除了重视金融企业的健康发展外,实体企业的"脱实向虚"问题也一直是学术界和实务界关注的焦点。一方面,随着中国经济发展进入新常态、"三期叠加"引发的结构性矛盾不断激化,实体部门的生产性投资的机会逐渐减少;加之供给侧结构性改革、中美贸易摩擦等使企业面临的不确定性增加,实体投资意愿受到抑制。另一方面,随着经济金融化进程的持续推进,金融创新活动蓬勃发展,金融创新产品不断涌现,由此所导致的虚拟经济加速膨胀使金融、保险和房地产等"泛金融"部门呈现高速增长态势。在此背景下,非金融企业削减主营业务转而将大量的实业资本投入金融部门,不仅进一步扩大了实体与金融收益率之间的差距,而且也在一定程度上反映了金融服务实体经济功能的逐渐丧失。这种不以服务实体经济为导向,脱离实体经济的自我循环、脱离需求侧的过度金融创新现象,会不断聚集系统性金融风险以及阻碍经济高质量发展的步伐。为此,党的十九大报告和中央经济工作会议中多次强调,既要"增强金融服务实体经济的能力",也要"守住不发生系统性金融风险的底线"。因此,全面深刻地认识非金融企业"脱实向虚"的潜在原因和经济后果,对于引导产业资金"由虚转实"、推动金融体制改革、防范系统性金融风险、保障金融安全和实现经济金融高质量发展尤为重要。

从现实情况来看，在银行信贷歧视和金融错配的背景下，非金融企业金融化不但体现在购买股票、债权和投资性房地产等传统金融投资方式上，而且体现在很多企业开始利用超募资金或多元化融资渠道，通过委托贷款、委托理财和民间借贷等更为隐蔽的方式开展影子银行业务等"类金融"活动，成为继正规金融体系后又一影子银行市场参与主体（刘珺等，2014；韩珣和李建军，2020）。根据笔者的统计，2007~2020 年沪深两市非金融类上市公司平均影子银行化规模（包括直接参与影子银行业务和间接参与影子银行业务）由 1.76 亿元上升至 16.5 亿元。具体来看，如图 1-1 所示，2007~2011 年非金融企业影子银行平均规模仅维持在 2 亿元左右，然而从 2011 年之后中国非金融上市公司的影子银行化行为呈现爆发式增长，影子银行平均规模由 2011 年的 2.66 亿元增长至 2018 年的 20.37 亿元；与此同时，2011~2017 年非金融企业影子银行平均规模及其占总资产的比重也呈现剧烈增长态势，由 2.27% 增长至 15.62%。针对影子银行的问题，2018 年 4 月 27 日，中国人民银行联合中国银行保险监督管理委员会、中国证券监督管理委员会以及国家外汇管理局发布了《关于规范金融机构资产管理业务的指导意见》，要求提高影子银行活动的参与门槛，降低影子银行业务的预期收益，从而降低了企业参与影子银行活动的动机和能力（彭俞超和何山，2020）。因此，2018~2020 年非金融企业影子银行平均规模及其占总资产的比重才有所回落，但仍然处于较高的水平。虽然影子银行能够在一定程度上弥补正规金融发展的不足，填补了实体经济的资金缺口（Allen et al.，2019；Allen and Gu，2021），但同时也为非金融企业金融化提供了投资渠道（谭德凯和田利辉，

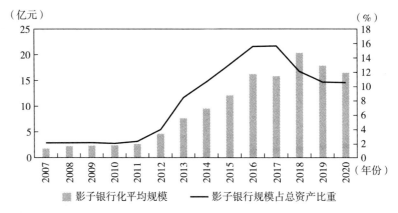

**图 1-1 2007~2020 年非金融企业影子银行平均规模及其在总资产中的占比**

注：影子银行化规模的计算详见后文变量定义部分。

资料来源：笔者根据 CSMAR 数据库和上海及深圳证券交易所官网所披露的公告整理所得。

2021；李青原等，2022）。由此可见，影子银行业务已经成为非金融企业间接参与金融活动的重要渠道。

从理论背景来看，传统的企业财务理论认为企业的财务决策是独立的，与其他的企业决策无关，然而，这种前提假设往往与资本市场的实际情况相悖。行为经济学理论修正了主流经济学关于人的理性、自利、完全信息、效用最大化及偏好一致基本假设的不足，进而提升了经济学的解释力度（Camerer and Loewenstein，2004）。越来越多的学者认为由于存在信息的不对称和管理层的有限理性，企业金融化行为不但与自身的特征和宏观环境相关，而且还会受到其他企业金融化行为的影响（王营和曹廷求，2020；张军等，2021），即本书所称的同群效应。在个体有限理性的条件下，非金融企业之间在金融投资中的交互作用可能成为继非金融企业间接参与金融化（即影子银行业务）后另一解释资本"脱实向虚"的重要原因。虽然从本质上来说影子银行化活动还是属于企业金融化的范畴，但是由于影子银行业务具有信息不对称程度高、法律主体不明确等特点，使影子银行活动相较于传统的金融投资而言风险更高（李建军和韩珣，2019；司登奎等，2021）。与此同时，如果非金融企业的影子银行化行为的确存在同群效应，那么同群效应产生"螺旋式"放大效果还可能会进一步放大金融风险的传播效应（李秋梅和梁权熙，2020）。因此，研究非金融企业影子银行化的同群效应并寻找有效抑制影子银行化负面后果的措施对于防范系统性金融风险、保障金融安全和维护我国的资本市场健康稳定发展具有重要的理论意义和现实启示。

### 1.1.2　问题的提出

现有研究在行为经济学、社会学习等理论的基础上，已证实了非金融企业金融化的确会在企业之间产生传染效应，但多是从同行业、同地区和共同董事的企业识别同群群体（王营和曹廷求，2020；李秋梅和梁权熙，2020；张军等，2021；杜勇和刘婷婷，2021），暂未从共同分析师跟踪的视角对非金融企业的影子银行化同群效应进行研究。证券分析师作为资本市场的重要角色和企业外部社会关系网络之一，不仅能够向外部投资者传递企业的经营财务情况，而且也是企业了解竞争对手和行业趋势的重要信息渠道（Chen et al.，2015；Gomes et al.，2017；许汝俊等，2018；马慧，2019）。Kaustia 和 Rantala（2013）首次指出除了行业可以反映关联公司的共同特征之外，共同分析师也可以反映联结企业之间的客户细分、商业模型等企业之间的垂直连接的特征。共同分析师通过在跟踪公司之间搭建桥梁，让有价值的信息在跟踪公司之间共享，从而能够对跟踪公司之间的财务决策产生重要影响（Dang et al.，2015）。那么在共同分析师联结下，非金融企业的影子银行化行为是否会被其他跟踪企业的影子银行化所影响？从现实案例来看，中国资本市场上的确存在这种情况。例如，山西焦煤（股票代码：000983）在2011~2019年一直在从事委托贷款业务，而厦门钨业（股票代码：600549）在2012年前委托贷款金额一直为0。2013年，厦门钨业的委托贷款金额从0增长到了8亿元人民币，此时存在北京高华证券、长江证券和中国国际金融的分析师同时跟踪预测厦门钨业和山西焦煤的现象；2014年，这两家上市公司依然同时被北京高华证券和长江证券的分析师跟踪，此时厦门钨业的委托贷款金额保持在2亿元人民币。然而，自从2015年后，厦门钨业与山西焦煤不再存在共同分析师且由共同分析师联结的其他企业也没有从事委托贷款业务，厦门钨业并未发布委托贷款公告，委托贷款金额又回归到0。并且，根据《上市公司行业分类指引（2012年修订）》，厦门钨业属于"C32有色金属冶炼和压延加工业"，山西焦煤属于"B采矿业"，厦门钨业位于福建省，山西焦煤位于山西省，排除了由于行业和地区相同而导致的委托贷款趋同。上述这种现象可能与宏观经济环境变化和企业自身情况有关，但同样也可以从共同分析师联结中寻求解释，即厦门钨业委托贷款业务规模的变化似乎与共同分析师联结下山西焦煤的委托贷款情况有关的这一现象，到底是巧合和个例，还是形成同群效应的原因和普遍现象？

鉴于此，本书以非金融企业开展的"类金融"活动作为出发点，将企业的影子银行活动置于共同分析师跟踪的框架之下，选取沪深A股非金融上市公司2007~2020年的样本数据，探讨了非金融企业影子银行化的同群效应，并着重回答如下研究问题：①在共同分析师联结下，非金融企业影子银行化是否存在同群效应？②若存在非金融企业影子银行化的同群效应，其中由共同分析师联结的特殊化作用机制和一般化作用机制是什么？③非金融企业影子银行化同群效应会对企业绩效和风险造成何种经济影响？④应该从哪些方面提出防范化解影子银行化同群效应负面影响的有效措施？这些都是在当前中国经济转轨时期亟待证实和解决的重要问题。

## 1.2　选题价值与研究意义

近年来，非金融企业开展影子银行化业务这一现象日益普遍，但现有研究仅从外部宏观环境和企业自身探讨了非金融企业开展影子银行化业务的影响因素，忽视了非金融企业之间在影子银行化行为上的互动而形成的同群效应现象。同时，以非金融企业的外部社会网络之一——共同分析师作为表现形式，对共同分析师联结下的同群效应的关注仍然十分有限。本书以"金融安全背景下非金融企业影子银行化的同群效应研究"为题，通过研究非金融企业影子银行化同群效应的存在性、作用机制和经济后果，在学术和实践上的研究意义具体表现为以下几个方面。

### 1.2.1　学术价值与研究意义

（1）丰富了非金融企业影子银行化的外部影响因素。在现有研究企业影子银行化的文献中，主要是从企业影子银行活动的识别、参与模式、业务机制和经济后果等方面展开，没有文献考虑到企业受到来自关联企业的影响从而形成影子银行化的同群效应，更没有考虑到这种同群效应的存在可能会强化和放大企业财务风险和产业空洞化的趋势。本书以同群效应为视角考察非金融企业影子银行化活动，有助于深入理解企业开展影子银行化的动机，从而进一步认识引起实体经济"脱实向虚"的潜在作用因素。

（2）拓宽了共同分析师联结与同群行为的研究范畴。现有文献多从同地区、同行业或共同董事的层面探讨了企业金融投资同群效应的形成，忽视了资本市场的重要信息中介——证券分析师同时跟踪多个上市公司而形成的相同信息环境。事实上，现有学者普遍认为重视分析师不仅是因为他们促进了信息向投资者的流动，还因为共同分析师是企业了解行业趋势和竞争对手的重要渠道。本书基于影子银行化行为的隐蔽性和难以监管的特点，以共同分析师联结为表现形式研究非金融企业的影子银行化同群效应，不仅为更好地解释我国实体企业金融化的普遍性提供了新的视角，也拓宽了现有以共同分析师联结研究企业同群行为的研究范畴。

（3）补充了共同分析师联结下同群效应的内在机制。目前对于从共同分析师跟踪视角研究同群效应的内在机制并不充分，为数不多的证据通常仅从共同分析师的信息传递作用对企业决策趋于一致的影响进行分析。然而，共同分析师除了对企业具有信息溢出的效应，还存在着业绩压力效应，这两种作用分别为非金融企业影子银行化同群效应的社会学习提供了"信息获取性学习"和"竞争性模仿"的外部条件。本书依据信息不对称理论和动态竞争理论，并结合以往的研究，认为非金融企业影子银行化同群效应可以分为信息机制和竞争机制：前者指的是在共同分析师信息传递的作用下，非金融企业为了获取对于企业金融投资决策有价值的信息而学习所形成的同群效应；后者指的是在共同分析师业绩压力的作用下，非金融企业为了维持相对竞争地位而模仿竞争对手所形成的同群效应。进而本书补充了共同分析师联结下同群效应的内在机制。

（4）完善了非金融企业影子银行化和同群效应的经济后果研究。现有文献仅从正面或负面对影子银行化和同群效应的经济后果进行了评价，忽视了非金融企业开展影子银行化活动既会给企业带来超额收益，又会给企业带来潜在风险的事实，即缺乏对经济后果的辩证性看待。本书基于非金融企业影子银行化同群效应经济后果的"两面性"，实证检验了非金融企业影子银行化对企业绩效和风险的影响。在肯定了影子银行化同群会提高企业非主营业务利润率的同时，还发现了影子银行化同群会带来降低企业总绩效、提高企业财务风险和股价崩盘风险的负面影响，得到了"弊"大于"利"的研究结论。这不仅有助于了解非金融企业的利润来源，还完善了非金融企业影子银行化和同群效应经济后果的研究。

### 1.2.2　实践价值与研究意义

（1）有助于政府通过影子银行化同群效应制定相关监管措施，抑制实体经济"脱实向虚"和防止系统性金融风险的发生。由于影子银行业务具有信息不对称程度高、法律主体不明确等特点，政府部门需要重视影子银行化同群效应所带来的负面影响。本书的研究结果表明，共同分析师联结下非金融企业影子银行化的确存在同群效应，并且这种同群效应会给企业绩效和风险都带来负面影响，这一结论为相关监管部门制定相关的法律法规约束非金融企业影子银行化行为的同群效应，加强功能性监管提供了经验证据。

（2）有助于非金融企业对影子银行业务形成正确的认知，不断提高内部治理水平。在实体收益率下滑和金融收益率高企的背景下，非金融企业出于"信息获取性学习"和"竞争性模仿"而形成的影子银行化同群效应会给企业绩效和风险带来不利后果。这一结论有助于金融企业对影子银行业务形成正确的认知，一方面应该加强管理层与分析师在金融投资方面的交流和沟通，防止在没有经验和专业知识的前提下开展影子银行化活动而给企业带来危害；另一方面也要不断提升内部治理水平，避免一味地为了迎合分析师在不结合企业自身的实际情况下通过影子银行化活动获取短期超额收益的行为。

（3）有助于实践中证券分析师行业及职能的多元化发展，推动资本市场体制机制改革。本书的结论有助于证券分析师重视对非金融企业进行长期的价值跟踪，并充分发挥信息揭示作用。同时，有助于分析师如何发挥外部监督作用，即在加大分析师对上市公司的跟踪力度、降低企业与外部投资者的信息不对称程度的同时，还要对预测企业进行集中型的跟踪，控制并跟踪企业的数量。通过推动证券分析师行业及职能的多元化发展，推动中国资本市场机制体制改革。

## 1.3 研究目标与研究思路

### 1.3.1 研究目标

本书是关于非金融企业影子银行化同群效应的研究，其基本定位是：在当前国家高度重视防止实体经济"脱实向虚"和防范化解各种重大金融风险的政策背景下，基于行为经济学、社会学习、信息不对称和动态竞争等相关理论，科学构建共同分析师联结下非金融企业影子银行化同群效应的理论分析框架，从外部"同群企业"的视角揭示非金融企业影子银行化的作用机制和经济后果，进而有针对性地从非金融企业、证券分析师和政府部门的角度提出了如何降低非金融企业影子银行化所带来的负面影响，旨在为防范系统性金融风险、实现企业高质量发展提供理论与实证支持。为了实现这一总体目标，本书需要达成以下具体目标：

（1）构建共同分析师联结下非金融企业影子银行化同群效应的理论分析框架。理论分析框架是本书进行研究的逻辑基础，因此本书首要的研究目标就是构建共同分析师联结下非金融企业影子银行化同群效应的理论分析框架。为此，本书在综合已有研究成果以及借鉴行为经济学理论、社会学习理论、信息不对称理论和动态竞争等经典理论的基础上，围绕非金融企业影子银行化同群效应的存在性、作用机制和经济后果，构建理论框架，进而为本书后续的实证研究奠定基础。

（2）科学合理地检验非金融企业影子银行化同群效应的存在性。基于中国非金融上市公司的财务数据，运用统计学分析手段对非金融企业影子银行化同群效应的存在性进行实证检验，是本书实证分析的逻辑起点。因此，本书的目标之一则是通过收集整理准确的上市公司财务数据，运用科学合理的实证方法，在排除双向因果、情景影响、关联效应等对同群效应的影响之后，得到可靠的基本研究结论。

（3）检验非金融企业影子银行化同群效应的内在作用机制。在证实非金融企业影子银行化同群效应存在性的基础上，本书结合同群效应的产生机制和共同分析师的作用，实证检验非金融企业影子银行化同群效应的共同分析师联结的作用机制和一般化作用机制，并将这两类作用机制进行倾向性检验，目的是厘清非金融企业影子银行化同群效应这一现象的内在原因，从而为制定有效控制非金融企业影子银行化规模蔓延的措施提供经验证据。

（4）分析影子银行化同群效应对企业绩效和风险的影响。非金融企业影子银行化行为具有两面性，开展影子银行化活动虽然能够为企业带来短期超额收益，但由于其具有信息不对称程度高、法律主体不明确等特点，使影子银行活动相较于传统的金融投资而言风险更高。因此，除了需要检验非金融企业影子银行化同群效应的存在性和作用机制之外，还需要分析影子银行化同群效应对企业未来绩效和风险的影响，从而寻找抑制影子银行化负面后果的有效措施，响应国家要求"深化金融体制改革，要增强金融服务实体经济的能力，健全金融监管体系，守住不发生系统性风险的底线"的号召。

（5）基于理论分析和实证结论，提出防范影子银行化同群效应负面后果的对策建议。将研究成果转化为应用成果是学术研究的落脚点。因此，本书将根据前期的理论研究和实证分析所反映出的问题，结合当前国家防止实体经济"脱实向虚"和防范化解各种重大系统性金融风险的宏观背景，从非金融企业、证券分析师和政府部门的角度，提出对于引导产业资金"由虚转实"、推动金融体制改革、防范系统性金融风险和实现经济金融高质量发展具有现实参考意义的对策建议。

### 1.3.2　研究思路

本书沿着"问题提出—理论分析—实证检验—对策研究"这一思路展开研究。首先，根据本书的研究背景提出研究问题，在已有文献的基础上，结合行为经济学理论、社会学习理论、信息不对称理论和动态竞争理论等构建了非金融企业影子银行化同群效应的理论框架并提出研究假设，为后文的实证分析打下基础。其次，实证检验了非金融企业影子银行化同群效应的存在性，并证实了其中的内在作用机制为信息机制和竞争机制，以及非金融企业影子银行化同群效应对企业绩效和风险的影响。最后，在总结全书研究结论的基础上，结合中国的现实情况与制度背景，从非金融企业、证券分析师和政府部门的角度提出如何防范化解影子银行化同群效应负面经济后果的对策建议，并综合本书的研究不足和相关领域的前沿研究，提出后续的研究展望。详细的研究技术路线如图 1-2 所示。

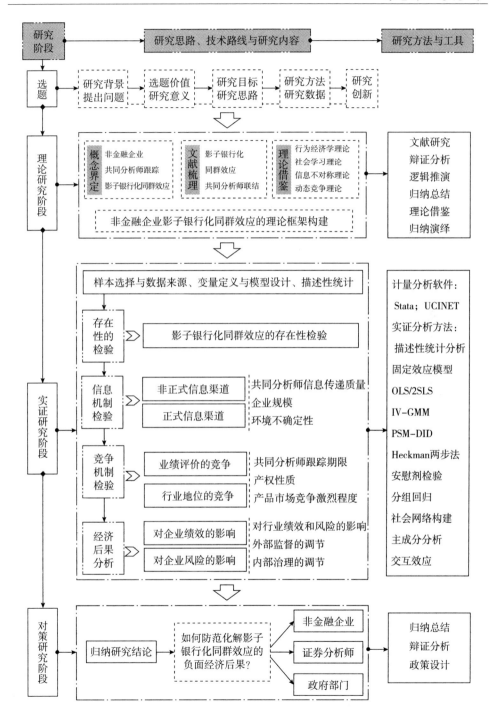

**图 1-2 研究技术路线**

# 1.4 研究方法与研究数据

### 1.4.1 研究方法

沿着研究思路，本书分别使用了如下研究方法：

（1）在构建非金融企业影子银行化同群效应的理论分析框架时，主要运用文献研究、辩证分析、逻辑推演和理论借鉴等方法。首先，根据已有的文献，以文献分析法及辩证分析法厘清本书所涉及的核心概念和研究范畴，并归纳总结已有研究局限后，提出非金融企业影子银行化同群效应的研究内容。其次，在整合与借鉴相关理论的基础上，建立非金融企业影子银行化同群效应的理论分析框架。最后，逻辑推演非金融企业影子银行化同群效应的存在性、作用机制和经济后果，并据此提出研究假设。

（2）在实证检验非金融企业影子银行化同群效应的存在性、作用机制和经济后果时，主要运用固定效应模型、工具变量法、PSM-DID、Heckman 两步法、安慰剂检验、分组回归、社会关系网络构建、主成分分析法等方法。首先，本书运用固定效应模型检验了非金融企业影子银行化同群效应的存在性，并根据工具变量法、PSM-DID、Heckman 两步法和安慰剂检验等方法排除了可能存在的内生性问题。其次，通过 UCINET 软件计算企业的共同分析师网络中心度和结构洞，并通过交乘项回归和分组回归的方式检验了非金融企业影子银行化同群效应信息机制和竞争机制的存在性。最后，在对影子银行化同群效应经济后果检验时，同样运用了交乘项进行检验，并且运用了主成分分析法来构造企业内部治理综合指数。

（3）在提出如何防范影子银行化同群效应所带来的负面后果时，主要运用归纳总结、辩证分析和政策设计的方法。在第 8 章中，本书通过归纳总结得到了全书的研究结论，并在此基础上辩证分析了中国的现实情况与制度背景，并从非金融企业、证券分析师和政府部门的角度系统性地为防范化解影子银行化同群效应所带来的负面后果提出切实可行的对策建议。

### 1.4.2　研究数据

由于在 2007 年前后，会计准则发生了较大的改变，为了保证数据的一致性，本书选择 2007 年实施新会计准则之后的样本，以 2007～2020 年中国沪深两市全部 A 股非金融上市公司为初始研究样本。根据以往的研究，对样本数据进行了如下处理：①根据 2012 年中国证监会颁布的《上市公司行业分类指引（2012 年修订）》，剔除了金融、保险类上市公司的样本；②剔除了*ST、ST、PT 的上市公司样本；③剔除了国泰安数据库（CSMAR）中缺失的且也无法手工获取的公司财务指标、治理结构等数据；④剔除了当年没有分析师发布盈余预测报告和仅有单一分析师预测的上市公司样本；⑤参考 Kaustia 和 Rantala（2015）的做法，为了保证共同分析师能够对焦点企业与同群企业之间产生实质性的联系，仅认定与焦点企业存在两个及两个以上的共同分析师的被跟踪企业为同群企业；⑥为了避免异常值对实证结果的影响，本书对模型中所有的连续变量均进行了上下 1% 分位的缩尾处理（Winsorize）。此外，本书根据《上市公司行业分类指引（2012 年修订）》对制造业企业进行二级行业分类，其他企业按一级行业分类；对所有企业按照 31 个省（区、市）进行地区分类。

全书所用到的微观数据来源如下：①非金融企业的基本信息、财务数据、委托理财、民间借贷、分析师跟踪数据来源于国泰安数据库，财务数据缺失和未报告的部分笔者通过新浪财经、网易财经、同花顺等网站进行手工查询并补充；②非金融企业的委托贷款数据来源于深圳证券交易所和上海证券交易所官网的委托贷款公告；③分析师所在券商的借壳上市事件来源于巨潮资讯网。全书所用到的中观和宏观数据来源如下：①行业竞争程度和行业营业利润率来源于国泰安数据库；②地区市场化程度来源于《中国分省份市场化指数报告》，未报告年份根据指数平滑法进行计算；③地区金融发展水平、GDP 增长速度、广义货币供应增速来源于国家统计局和中国人民银行。

## 1.5　可能的创新之处

非金融企业影子银行化已经成为学术界和实务界关注的热点问题之一，从同群效应的视角研究非金融企业影子银行化程度日益加深的现象对于防止实体经济

"脱实向虚"具有重要的现实意义与理论价值。本书以共同分析师联结作为同群效应的表现形式,运用科学合理的方法论证和检验非金融企业影子银行化同群效应的存在性、作用机制和经济后果,相比于已有的研究,可能的创新之处在于以下三点:

(1)研究视角上的创新。从影子银行的参与主体来看,现有对影子银行体系的研究大多局限于商业银行表外业务,银行、证券和保险的通道业务,以及以小额贷款公司、融资担保公司为代表的各类准金融机构和互联网金融机构,较少有学者关注到企业部门的放贷行为。在对非金融企业影子银行化的研究上,大部分文献都是从企业自身和宏观环境进行了分析,且主要关注于单个企业的影子银行化行为,忽视了企业受到来自同伴企业行为的影响而采取的学习和模仿行为。事实上,企业与其他个体一样,由于存在着信息不对称和管理层的有限理性,企业的决策还会受到同群企业决策的影响。此外,考虑到企业之间影子银行化行为的互相模仿而产生的影子银行化同群效应可能有"放大器"的效果,因此,本书以同群效应为研究视角,创新性地研究非金融企业影子银行化这一现象,并探讨其中的内在机理和经济后果,对于进一步认识影子银行具有现实启示。

(2)研究层次上的创新。同群效应最初是根据地理位置进行划分,后来随着同群效应在经济管理学领域的发展,学者们根据企业的特性发现同行业中的企业会存在决策中的趋同性。目前,以同地区或同行业作为同群企业的划分标准也是已有文献的普遍做法。对于中国而言,社会关系网络已具备了类血缘关系的特点,企业所具备社会关系网络也是企业既能够获取公共信息,也可以获取私有信息的一种非正式信息渠道。具体到影子银行化行为,由于其具有隐蔽性强的特点,笔者选择证券分析师这种既具有金融专业属性,又具有外部独立属性的社会关系网络作为企业之间传递影子银行化信息的桥梁,来研究非金融企业影子银行化的同群效应更加贴合实际和具有针对性。在同群企业的划分上,已有文献并未针对其所研究企业行为的特点进行有针对性的选择,本书结合非金融企业开展影子银行化活动具有的特点,选择以"共同分析师联结"作为表现形式,既是对同群效应表现形式的认知的过程,也是对同群效应理论研究层次上的创新和进步。

(3)研究内容上的创新。本书立足于中国的现实背景,考虑到非金融企业影子银行化对中国经济和金融体系具有潜在的威胁,同群效应的存在可能会放大和强化这种负面效应,以非金融企业影子银行化活动为出发点,尝试从企业之间的互相影响这一外部视角理解企业部门为何热衷影子银行活动。在证实共同分析师联结下非金融企业影子银行化存在同群效应的基础上，不仅从共同分析师发挥的信息传递和业绩压力作用验证了形成影子银行化同群效应的特殊化作用机制，而且检验了非金融企业影子银行化同群效应的一般化作用机制，并将两者进行了比较。除此以外，本书还基于影子银行业务的"两面性"，不仅分析了影子银行化同群对绩效的影响，还分析了影子银行化同群对风险的影响，并进一步检验了影子银行化同群效应是否会放大负面经济后果。

# 第2章 概念界定、制度背景与文献综述

本章结合所要研究的内容，在界定核心概念和梳理中国影子银行制度背景的基础上，对非金融企业影子银行化、同群效应和共同分析师联结与同群效应等相关文献进行了归纳和总结。首先，对非金融企业、共同分析师跟踪和影子银行化的同群效应进行了概念界定。其次，梳理了中国非金融企业影子银行化的产生和发展，并对中国影子银行的监管制度进行了整理和归纳。最后，从非金融企业影子银行化的相关研究入手，对非金融企业影子银行化的度量、驱动因素和经济后果进行了梳理；从同群效应的相关研究入手，整理归纳了同群效应的概念及研究范畴、企业同群效应的表现形式及度量指标以及企业同群效应的产生机制；梳理了共同分析师联结与同群效应的相关文献，包括共同分析师的内涵界定、共同分析师联结下企业行为的同群效应和共同分析师联结的经济后果；并从以上三个方面对现有文献进行了评述，为本书后续的理论分析与实证研究奠定了文献基础。

## 2.1 核心概念界定

### 2.1.1 非金融企业

本书所研究的非金融企业指的是中国沪深两市 A 股全部的非金融类上市公司。其中，非金融类上市公司是指 2012 年中国证监会颁布的《上市公司行业分类指引》中除"金融业"之外的其他行业的上市公司。本书选择非金融类上市公司作为非金融企业的代表的原因有两点：一是由于我国大大小小的非金融企业

众多，局限于数据的可得性和私密性，笔者不能完全收集我国所有的非金融企业的财务数据和影子银行化数据，更不能保证数据的准确性；而我国证监会强制上市公司定期公开披露的财务报表、委托贷款公告、委托理财公告等数据，使本书以非金融上市公司为代表具有在数据上的可操作性。二是本书的核心问题在于研究影子银行化同群效应这一现象并提出防范化解影子银行化同群效应负面影响的对策建议，中国沪深两市的 A 股非金融上市公司作为各个行业的"缩影"和"领头"，使用非金融上市公司的数据得到的研究结论与提出的对策建议对于全体非金融企业而言具有较强的代表性和普适性。

值得一提的是，目前在研究微观层面的金融化或影子银行化的文献中，将研究对象称为"非金融企业"或"实体企业"。从大部分文献来看，当称为"非金融企业"时，主要探讨的是影子银行化的问题（李建军和韩珣，2019；高洁超等，2020；龚关等，2021；胡金焱和张晓帆，2022）；当称为"实体企业"时，主要探讨的是金融化的问题（杜勇等，2017；杨松令等，2019）。由于本书主要研究的是企业影子银行化问题，因此将研究对象统一称为"非金融企业"。并且，与颜恩点等（2018）及李建军和韩珣（2019）类似，笔者认为在研究微观层面的影子银行化时，这两者并没有明显的界限，因此本书将"非金融企业"与"实体企业"视为同一概念。

### 2.1.2　共同分析师跟踪

本书所称的证券分析师特指卖方分析师（以下简称分析师）。一般意义上的"分析师跟踪"是基于企业的视角，指的是分析师（或分析师团队）在当年对企业发布了盈余预测报告。随着资本市场的快速发展，共同分析师跟踪已逐渐成为学术界和实务界关注的热点问题。根据目前学术界的广泛定义，"共同分析师跟踪"指的是分析师（或分析师团队）同时跟踪（以发布盈余预测报告为准）两家或两家以上的上市公司，对于被跟踪的这些上市公司而言，这些分析师则称为"共同分析师"（Kaustia and Rantala，2013，2015）。现有文献也将分析师同时跟踪多个上市公司这种现象称为"分析师共同覆盖""分析师重叠"等（Usman and David，2020；Tim and Christoph，2021）。前期对共同分析师跟踪的研究集中于共同分析师跟踪人数对本企业相关决策、管理行为等方面的影响，旨在探索单纯的共同分析师跟踪人数变化对企业决策的影响；而本书所研究的共同分析师跟踪与一般意义上的共同分析师数量有所不同，主要表现在本书的共同分析师跟踪并非仅计算共同分析师跟踪人数对焦点企业 A 的影响，而是统计与焦点企业 A

在同一分析师跟踪下的同群企业①（企业 B、企业 C、企业 D 等），并计算出焦点企业 A 与同群企业 B、同群企业 C、同群企业 D 等存在的共同分析师人数 n1、n2、n3 等，以共同分析师人数作为权重，计算每个同群企业的影子银行化行为对焦点企业 A 影子银行化行为的影响。为便于区分，本书将由共同分析师跟踪所形成的同群效应称为"共同分析师联结下的同群效应"，即本书研究的是基于焦点企业 A 的影子银行化变量与同群企业影子银行化加权值的回归来探索共同分析师联结下非金融企业影子银行化的关系问题，也就是可能存在的影子银行化同群问题②。

### 2.1.3 影子银行化的同群效应

同群效应又称为趋同效应、同伴效应、传染效应等。影子银行化的同群效应指的是企业的影子银行化行为不仅受到企业财务状况、经营情况等自身因素以及经济形势、财政货币政策等宏观因素的影响，还会受到周围其他"同伴企业"影子银行化行为本身或行为结果的影响③。这些"同伴企业"可能是来自于同一地区、同一行业或同一社会网络，由于本书是以共同分析师联结④为影子银行化同群效应的表现形式，因此全书所指的影子银行化同群效应均是共同分析师联结下非金融企业影子银行化同群效应。

影子银行化的同群效应实质是考察焦点企业的影子银行化活动是否受到同伴企业影子银行化行为的影响，即在共同分析师联结下，非金融企业的影子银行化程度是否存在共同变动的现象。根据 Manski（1993）的观点，造成个体与群体之间行为的共同变动可能有以下几个方面的原因：①内生影响：个体受到群体的行为或思想的影响（同群效应）；②外生效应：个体受到同伴的外部特征影响（情景影响）；③关联效应：个体根据自己的偏好选择与某些类似特征的个体（自我选择）或受到某一共同因素的影响或冲击造成共同变动（混淆问题）。其中，内生影响才是本书需要关注的同群效应问题。因此，为了有效、准确地识别和剥离企业影子银行化行为受到其他企业的影响是来源于同群效应，本书通过图

---

① 本书所称的"焦点企业"表示的是所要研究的样本企业，"同群企业"或"同伴企业"表示的是当年与"焦点企业"被同一个分析师跟踪的其他企业。

② 此部分仅对"共同分析师跟踪"这一核心概念进行说明和界定，具体如何根据共同分析师跟踪构造同群企业的加权影子银行化程度，见第 4 章的"变量定义与模型设计"部分。

③ 需要说明的是，本书所研究的同群行为均指非金融企业层面影子银行化的同群现象，并非分析师层面的同群行为，特此区分。

④ "共同分析师联结"是从"共同分析师跟踪"这一现象中引申而来，指由共同分析师跟踪所形成的同群效应。在本书中"共同分析师联结"指的是同群效应的表现形式，"共同分析师跟踪"指的是现象。

2-1 对企业影子银行化行为的影响因素进行剖析，从而对非金融企业影子银行化同群效应进行清晰的界定。不失一般性，假设分析师同时跟踪两家企业，其中 $Y_i$ 表示焦点企业 $i$ 的影子银行化程度，$Y_j$ 表示同群企业 $j$ 的影子银行化程度。U 表示能够同时影响两家企业影子银行化的共同因素，S 表示企业之间的自我选择机制，$X_i$ 和 $X_j$ 分别表示企业 $i$ 和企业 $j$ 的背景特征，$e_i$ 和 $e_j$ 分别表示企业 $i$ 和企业 $j$ 的随机误差项。$b_1$ 表示企业 $i$ 对企业 $j$ 的影响，$b_2$ 表示企业 $j$ 对企业 $i$ 的影响，$b_3$ 表示自身特征对企业 $i$ 的影响，$b_4$ 表示自身特征对企业 $j$ 的影响，$b_5$ 表示企业 $i$ 特征对企业 $j$ 的影响，$b_6$ 表示企业 $j$ 特征对企业 $i$ 的影响。

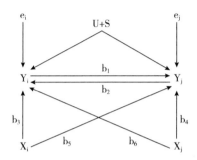

**图 2-1 非金融企业影子银行化行为的影响因素**

通过图 2-1 可以发现，就焦点企业 $i$ 而言，其中 $b_2$ 才是我们需要关注的同伴企业 $j$ 对企业 $i$ 的影响，即影子银行化的同群效应。但由于焦点企业 $i$ 的影子银行化行为会受到多方面因素的影响，因此需要解决非金融企业影子银行化同群效应的识别问题。本书除了在基准模型中加入随机误差项 $e_i$、焦点企业 $i$ 的背景特征 $X_i$ 和年份、行业、地区的固定效应以外，为了排除干扰项，保证研究结论的可靠性，还将通过表 2-1 中所列示的方法来解决其他识别问题。

**表 2-1 非金融企业影子银行化同群效应识别问题的解决方法**

| 干扰问题 | 图中表现 | 解决方法 |
|---|---|---|
| 双向因果 | $b_1$ | 借鉴 Zhang 等（2018）、李佳宁和钟田丽（2020）、陈庆江等（2021）的思路，利用"同群企业的同群企业"构造工具变量，并采用两阶段最小二乘法和广义矩估计的方法重新进行了回归 |
| 情景影响 | $b_6$ | 参考 Grennan（2019）、张军等（2021）的做法，在基准模型中加入同群企业的特征变量 |
| 关联效应 | U+S | 借鉴李占婷（2018）、马慧（2019）的做法，以分析师所在证券公司借壳上市作为外生事件，构建错层的准自然实验情景，并通过倾向得分匹配的双重差分法（PSM-DID）来检验券商借壳上市是否影响企业的影子银行化行为；Heckman 两步法；安慰剂检验；加入地区、行业和宏观因素的控制变量等 |

# 2.2　制度背景

### 2.2.1　中国非金融企业影子银行化的产生与发展

"影子银行"（Shadow Banking）最早是在 2007 年由美国太平洋投资管理公司执行董事保罗・麦卡利（Paul McCulley）提出的。他发现当时的美国存在着大量与正规银行体系功能类似，却不是正规商业银行体系的金融中介机构，因此将"影子银行"大致解释为那些游离于金融监管体系之外的，与传统、正规、接受中央银行监管的商业银行体系相对应的金融机构。直到 2008 年金融危机的爆发，影子银行才引起各界的广泛关注。2010 年，时任美联储主席本・伯南克（Ben Bernanke）在金融危机调查委员会报告中指出，影子银行业务已经存在了 50 多年，但由于部分业务的过度扩张才成为引发金融危机的祸根。2011 年，金融稳定委员会（Financial Stability Board，FSB）对影子银行进行了定义，指游离于传统银行体系之外、可能引发系统性金融风险和监管套利等问题的信用中介体系（包括各类信用中介实体和相关业务活动）。由此可知，国际上虽然还没有对影子银行给出更为严谨的定义，但已阐述了影子银行的基本属性。

在西方金融市场发展较为完善的国家中，影子银行业务通常指的是资产支持的证券化（ABS）、货币市场共同基金（MMMF）、回购协议（Repo）等新型交易工具，其中大部分有投资银行的参与（Gorton and Metrick，2012；Gennaioli et al.，2012，2013），是金融市场发展到一定阶段的产物。相比之下，由于中国金融市场发展尚不成熟，影子银行呈现出与其他经济体不同的特点。一方面，复杂的金融工具较少被使用，中国影子银行主要扮演着对现有金融体系进行补充的角色。毛泽盛和万亚兰（2012）认为中国的影子银行主要是采取民间金融、地下金融等非正规金融手段，是局限在传统商业银行的间接融资范围之内的。李文喆（2019）从货币政策的调控和金融稳定的角度出发，认为中国影子银行的核心功能与银行类似，主要是信用、期限和流动性的转换，最终创造了"货币"。与孙国峰和贾君怡（2015）从信用货币视角界定中国影子银行业务有异曲同工之妙。另一方面，中国影子银行隐蔽性较强，面临的风险较大。裘翔和周强龙（2014）将中国影子银行看作是商业银行投放体系在高风险领域中的延伸。商业银行能够通过延付高管薪酬的行为从表内减少高风险的房地产贷款，却通过影子银行的方式将此部分贷款转移至表外以规避监管，从而增加了风险（王艳艳等，2020）。

随着影子银行的进一步发展，学者们逐渐认识到影子银行不但局限于商业银行的表外业务，银行、证券和保险的通道业务，以及各类准金融机构和互联网金融机构的放贷业务，而且也成为非金融企业为规避监管以追逐利润的产物。事实上，中国金融抑制、银行信贷歧视以及金融市场不发达使中小企业和民营企业受到严重的预算硬约束，正规银行体系之外的信用创造现象一直以不同的形式广泛存在，成为弥补信贷资源初次配置失衡的替代性融资方式（王永钦等，2015）。随着金融收益率与实体收益率的差距不断拉大，非金融企业金融化不但体现在购买股票、债权和投资性房地产等传统金融投资方式上，而且很多非金融企业部门通过委托代理、股权创新和过桥贷款等形式从事影子银行活动（韩珣等，2017）。非金融企业影子银行化实际上就是一种间接的金融投资活动，主要指的是非金融企业依靠自身积累或者募集的方式获得大量资金，利用资本市场存在的融资歧视和信息不对称，将资金贷给其他企业以获得超额收益的一种投资方式。

### 2.2.2　中国影子银行的监管制度

自实施 2008 年"四万亿"经济刺激计划后，中国的影子银行迅猛发展，影子银行的泛滥以及是否会引起金融风险的产生等问题，也进入了国务院的视野。由于中国资本市场发展较为缓慢，金融工具也不够完善，相较于金融市场发展更为完善的西方国家而言，中国影子银行隐蔽性强、监管难度大、面临的风险也较大。因此，我国政府部门出台了一系列政策来抑制影子银行规模的发展以加强金融监管。相关部门对影子银行的部分监管制度如表 2-2 所示。

表 2-2　相关部门对影子银行的部分监管制度

| 时间 | 监管主体 | 相关规定 | 主要措施 |
| --- | --- | --- | --- |
| 2009 年 7 月 | 中国银监会 | 《关于进一步规范商业银行个人理财业务投资管理有关问题的通知》 | 加大了对表外业务的监管力度，逐步将银行自营的理财产品转为表内管理 |
| 2010 年 8 月 | 中国银监会 | 《关于规范银信理财合作业务有关事项的通知》 | 银信合作资产转入表内，并按照 150% 计提拨备，融资类银信合作业务的余额比例不得高于 30% |
| 2011 年 9 月 | 中国银监会 | 《关于进一步加强商业银行理财业务风险管理有关问题的通知》 | 要求商业银行应严格按照企业会计准则的相关规定，对所投资的理财产品中包含的贷款和票据纳入表内核算 |

续表

| 时间 | 监管主体 | 相关规定 | 主要措施 |
|---|---|---|---|
| 2013 年 3 月 | 中国银监会 | 《关于规范商业银行理财业务投资运作有关问题的通知》 | 对信贷资产、信贷委托、委托债权、承兑汇票等非标准化债权资产的资金投向进行了限制 |
| 2013 年 12 月 | 国务院办公厅 | 《关于加强影子银行监管有关问题的通知》 | 除了首次明确中国影子银行的界定外，还指出了影子银行的风险问题，并通知各部门切实做好风险防控和完善监管制度与办法 |
| 2014 年 4 月 | 中国人民银行 中国银监会 中国证监会 中国保监会 国家外汇管理局 | 《关于规范金融机构同业业务的通知》 | 对同业类型的非标业务进行规范，禁止信托受益权买入返售业务，涉及银信合作等的影子银行业务因此受限 |
| 2016 年 4 月 | 中国银监会 | 《关于规范银行业金融机构信贷资产收益权转让业务的通知》 | 规范信贷资产受益权转让，约束商业银行通过理财业务出表的行为 |
| 2017 年 2 月 | 中国人民银行 | 央行对"引导理财业务回归资管本质"的治理工作 | 将银行理财业务纳入 MPA 考核指标（宏观审慎评估体系） |
| 2018 年 4 月 | 中国人民银行 中国银保监会 中国证监会 国家外汇管理局 | 《关于规范金融机构资产管理业务的指导意见》（资管新规） | 要求提高影子银行活动的参与门槛，降低影子银行业务的预期收益，此后金融市场步入全方位监管时代 |
| 2018 年 9 月 | 中国银保监会 | 《商业银行理财业务监管管理办法》（理财新规） | 限制银行理财产品非标投资，银行理财公募起点降低至 1 万元 |
| 2020 年 12 月 | 中国银保监会 政策研究局 统计信息与 风险检测部 | 《中国银行报告》 | 系统阐述了影子银行的根源和历史演变，第一次对中国影子银行的含义、特征、构成、范围等进行了界定。发布了多个办法和规定对融资租赁企业、小贷公司和互联网贷款进行监管 |

资料来源：笔者整理。

从监管主体来看，在 2017 年以前，中国影子银行的治理和监管制度是单一且非联合的较多，即每个监管部门只对自身所管辖范围的影子银行进行治理，此时信息透明度较低、系统性监管能力较弱。然而，在 2017 年宣布成立国务院金融稳定发展委员会以后，统筹了关于影子银行的相关监管制度。并且随着 2018 年将银监会和保监会合二为一，进一步推动了统一监管框架的形成。从主要措施来看，由最先仅针对商业银行的影子银行业务的监管，逐渐发展成为对非银行金融机构、互联网贷款和非金融企业等各类主体直接或间接参与影子银行业务制定了相应的监管措施。如此一来，加大了各监管部门对各类影子银行业务的识别和管控，实现了治理行动的快速反应，扭转了中国影子银行规模飞速发展的局面。根据国际评级机构穆迪发布的《中国影子银行季度监测报告》显示，2021 年广义影子银行资产减少至 57 万亿元，延续了 2017 年以来的下降趋势。截至 2021 年底，影子银行资产占名义 GDP 的比例从 2020 年底的 58.3% 下降至 49.8%，创下 2013 年以来的最低水平。在 2022 年 3 月 2 日，国务院新闻办公室举行的"促进经济金融良性循环和高质量发展"新闻发布会中，中国银保监会主席郭树清表示，尽管中国影子银行规模已有所下降，但随着经济、金融和科技的发展，很多冒名的"新金融"产品、"创新"产品出现，依然存在潜在风险，银行监管部门和社会各界都不能有任何松懈。由此可见，如何防范中国影子银行规模"反弹回潮"，并在不断变化的环境中完善影子银行监管制度，对于理论界和实务界而言都至关重要。

## 2.3 相关文献梳理与述评

### 2.3.1 非金融企业影子银行化的相关研究

国内外对于影子银行的研究大部分都是从宏观的角度进行了探讨，直到近年来才有少部分文献从微观企业的层面进行了分析。为了对非金融企业影子银行化行为进行全面深刻的理解，结合本书所研究的主要内容，这里分别从非金融企业影子银行化的度量、驱动因素和经济后果三个方面进行了文献梳理。

#### 2.3.1.1 非金融企业影子银行化的度量

参与影子银行业务在中国非金融企业中已广泛存在，并且在信用创造、资本流通领域中扮演着重要的角色。那么，如何将非金融企业影子银行化规模进行量化，是推动非金融企业影子银行化研究的首要问题。由于影子银行化具有隐蔽性的特征，难以直接从企业的资产负债表中进行衡量，因此，早期我国学者在对非金融企业的影子银行化进行衡量的时候，一是根据影子银行化具有的金融投资属性，直接以企业所持类金融资产作为影子银行规模的代理变量（刘珺等，2014）；二是通过与美国发达资本市场上同类型的公司的平均值进行对比，得到中国上市公司资产负债表中本该归属于影子银行业务的部分（王永钦等，2015；颜恩点等，2018）。然而，企业部门作为一个独立的实体，其参与影子银行业务的方式更加复杂多样，除了早期企业间的借贷活动之外，中国非金融企业还通过"委托代理""商业信用""股权创新"等多种方式参与影子银行业务（韩珣等，2017）。委托贷款是中国特有的现象，中国增长最快的私营部门融资来源于非正式金融系统中的委托贷款（余琰和李怡宗，2016）。委托理财则是指企业通过把资金交给专业或非专业的投资机构进行经营，以实现委托资金增值或其他特定目的的中介业务（郝项超，2020）。商业信用则被定义为企业间贷款的延期支付，实质上是企业为贷方提供无息或者低息贷款。随着对中国非金融企业影子银行化的进一步研究，学者们已认识到非金融企业影子银行化的方式难以穷尽，考虑到数据的可得性，韩珣等（2017）根据中国非金融企业开展影子银行化活动的特点，提出了一种更加容易衡量企业影子银行规模的方法，即以会计科目下的其他流动资产、其他非流动资产以及一年内到期的非流动资产的总和来估计委托贷款的规模，以其他应收款的数额估计民间借贷的规模，再将委托贷款、委托理财与民间借贷合计作为非金融企业影子银行化的代理变量，目前这种方法已被国内学者广泛使用（黄贤环和王翠，2021；黄贤环和姚荣荣，2021；杜勇和刘婷婷，2022；窦炜和张书敏，2022）。进一步地，李建军和韩珣（2019）、韩珣和李建军（2020，2021）、韩珣等（2022）在此基础上，将影子银行化的测算分为了两类，一类为信用中介类的影子银行业务，即是以委托贷款、委托理财以及民间借贷之和来表示；另一类为信用链条类的影子银行业务，则是通过理财、信托产品，结构性存款以及资产管理计划的规模之和来表示。目前国际上对非金融企业开展影子银行化还没有一个清晰、严谨的定义，2020 年中国银保监会发布的《中国影子银行报告》根据监管覆盖范围和强度、产品结构复杂性及杠杆水平、信息披露充分性与全面性以及集中兑付压力，将影子银行分为了广义和狭义两种，这也为本书后续对非金融企业影子银行化进行度量提供了借鉴和方向。

2.3.1.2 非金融企业影子银行化的驱动因素

非金融企业影子银行化业务具有高杠杆、高风险、难监管、高隐蔽性和法律主体不明确等特点，国内外学者试图从多个方面对影子银行化的驱动因素进行探索。因此，通过归纳总结已有文献，本章从外部因素和内部因素两个方面对目前非金融企业影子银行化的驱动因素进行了梳理，这对于了解非金融企业开展影子银行业务的动机，从而把握控制非金融企业影子银行化规模、控制影子银行化可能造成的金融风险具有重要作用。

（1）推动非金融企业影子银行化的外部因素。目前学术界普遍认为，信贷配给和资本市场准入限制导致的资金结构性供求不平衡推动了中国非金融企业影子银行化（韩珣和黄娴静，2021）。中国的国有大型商业银行在金融体系中具有绝对的控制权，银行贷款主要流向大型国有企业（高海红和高蓓，2014）。一方面，中小企业和民营企业发展迅速、资金需求旺盛，但其抵押品价值低、信息不对称等问题增加了借贷风险和借贷难度；商业银行受限于监管当局在利率、抵押品和风险等方面的限制，难以向中小企业提供合适的金融产品；股票和债券市场的门槛较高，对于改善中小企业的融资环境也只能起到杯水车薪的作用。另一方面，由于上市公司和大型国有企业具有抵押品价值高、违约风险较低等优势，更容易从外部市场获得融资，若大量的资金在企业内部闲置，现金持有成本较高，不利于企业的长远发展（Huang et al.，2008；苟琴等，2014）。因此，资金稀缺方的融资需求和资金盈余方的投资需求共同助推了企业影子银行化的趋势。从企业的外部环境来看，高洁超等（2020）认为经济不确定性会对非金融企业影子银行化产生影响，研究发现，在 2008 年以前经济不确定性抑制了非金融企业影子银行化，而在政府开启"四万亿"投资计划后，两者变为了正相关关系。除此以外，利率管制、业绩压力、外部金融发展水平、融资布局失衡、货币发行和信贷错配过多等因素均是中国非金融企业影子银行化出现的重要诱因（李建军等，2015；祝继高等，2016；刘珺等，2014；白俊等，2022）。

　　（2）推动非金融企业影子银行化的内部因素。从内部因素来看，企业影子银行化活动实则为金融投资的一种方式，因此，企业开展影子银行业务具有一般金融投资的动机：一是获取利润。由于实体经济遭遇瓶颈，企业不得不由传统的"扩大再生产"唯一获利途径向"投资金融市场"等多个渠道转变，进而达到企业追求利润最大化的目的（蔡明荣和任世驰，2014；胡奕明等，2017）。二是降低风险。金融市场的发展创造出了很多金融衍生产品，企业可以利用这些金融衍生产品防止由于未来不确定性因素造成的巨额损失，从而降低企业的运营风险（Bessembinder，1991）。三是储备资本。企业运用部分的闲置资金投入到金融市场可以增加资产的流动性，能够在资金短缺时作为储备资本缓解企业燃眉之急（杨筝等，2017；胡奕明等，2017）。除此以外，企业开展影子银行业务还具有其特殊的内在原因：其一，影子银行化能够优化资源配置。钱雪松等（2017）以影子银行业务中的委托贷款为研究对象，发现委托贷款对金融发展水平较低地区的企业起到了反哺效应。即实体企业提供资金再次反哺于实体企业，实现了资源的二次配置和降低了金融错配程度。其二，影子银行化能够使企业获得财务效应。开展影子银行业务不但能够利用金融投资放大财务杠杆，获得超额投资收益，提高公司的财务绩效和股东回报，而且实体企业借助金融牌照的稀缺价值可能会获得资本市场的较高估值（胡聪慧等，2015）。比如，中航资本、紫金矿业等公司在进入金融领域后，公司的估值得到了显著提高。除此以外，从非金融企业的自身因素来看，非金融企业的融资结构、金融错配水平和高管金融背景也是影子银行化业务的驱动因素。例如，韩珣等（2017）认为企业融资结构发生转变后，企业所受到的外部监督环境也会随之变化，因此无论是内部融资还是外部融资都会导致非金融企业影子银行化规模的增加。韩珣和李建军（2020）研究发现企业金融错配水平会提高企业的融资约束程度，这将不利于非金融企业的主业投资，反而增加了其影子银行业务的规模。胡金焱和张晓帆（2022）认为非金融企业高管的金融背景提升了管理层风险偏好，进而促进了非金融企业开展影子银行化活动。

### 2.3.1.3 非金融企业影子银行化的经济后果

长期以来，学术界一直关注着金融与实体经济之间的联系。非金融企业影子银行化发挥着传统金融机构信用创造、流动性转换和期限转换等功能，若得到良好的运用，则能够帮助实体经济融通资金、优化资源配置和降低金融错配程度。但是，影子银行体系所具备的高杠杆、信息不对称以及法律主体不明确等特点，也同样伴随着潜在的高风险，若通过影子银行滋生企业部门过度放贷，则会加剧实体部门和金融市场的风险联动性，所带来的负面后果是难以想象的。因此，学者们对于非金融企业影子银行化的经济后果一直都持有不同的观点。为了更加全面地认识对非金融企业影子银行化经济后果，本章从宏观和微观两个层面对影子银行化的经济后果进行了梳理。

（1）非金融企业影子银行化的宏观经济后果。目前，国内外学者研究非金融企业影子银行化的宏观经济后果时，主要还是以经济和金融为研究视角，探讨影子银行化对经济增长、金融风险和金融监管运行等方面的影响。但学术界对非金融企业影子银行化的宏观经济后果一直都持有不同观点。一部分学者认为非金融企业影子银行化具有积极的作用。例如，安强身（2008）认为由于政府对金融市场的管控较为强有力，体制内经济体的金融资源漏损支撑了体制外经济体的发展，在一定程度上形成了对受到融资歧视的市场参与者的"反哺效应"，促进经济良性增长。钱雪松等（2017）以影子银行业务中的委托贷款为研究对象，同样发现委托贷款对金融发展水平较低地区的企业起到了"反哺效应"。然而，随着非金融企业影子银行化规模的飞速发展，越来越多的学者开始认识到非金融企业影子银行化会对宏观经济造成负面影响。例如，刘珺等（2014）认为资本的获利能力导致公司将大量超额筹集的资金投入影子银行系统，这种现象造成了社会福利的损失。毛泽盛和周舒舒（2019）发现非金融企业开展影子银行化活动会影响商业银行的信贷，从而降低货币政策的实施效果。周彬和谢佳松（2018）发现影子银行化的发展是虚拟经济抑制实体经济部门的重要渠道。李存和杨大光（2017）认为我国的影子银行业务兴起源于我国特殊的金融环境，其对实体经济的影响既有降低融资约束、增强市场流动性的积极影响，也会在无形中增加金融危机爆发的概率，政府和货币当局必须通过健全法规和强化监管，来规避影子银行体系有可能带来的系统性风险，反哺实体经济的发展。除此以外，影子银行体系具有的交叉传染效应，会导致信用风险、流动性风险、市场风险和操作风险在不同部门之间传染、延伸，进而增加整个金融体系的系统性风险（方先明和谢雨菲，2016）。其实早在 2008 年金融危机爆发时，就有学者指出过度扩张的影子银行是次贷危机蔓延的关键性因素（Hsu and Moroz，2009）。龚关等（2021）认为非金融企业的影子银行化业务在短期内能够改善资源配置效率，但是长期会降低社会全要素生产率。

（2）非金融企业影子银行化的微观经济后果。非金融企业开展影子银行活动除了会对经济增长、货币政策实施和金融风险等方面造成宏观影响以外，还会直接对非金融企业本身产生微观经济后果。由于影子银行业务的"两面性"，非金融企业影子银行化会对企业本身造成何种影响也一直存在着两种声音。一部分学者认为，非金融企业开展影子银行业务能够为企业带来超额收益，当非金融企业闲置资金较多时，通过开展影子银行化活动能够将这部分的闲置资金进行盘活，从而增加企业的非主营业务收入。例如，郑建明等（2017）在研究企业影子银行化与投资效率之间的关系时发现，影子银行业务可以有效提升企业的投资效率，具体表现在两个方面：一是能够使企业资金来源更加充足，缓解投资不足的问题；二是能够在一定程度上抑制企业的信息不对称等问题，抑制投资过度。然而，大部分学者对非金融企业开展影子银行化业务的微观经济后果都持有消极态度。一方面，从企业的绩效来看，由于开展影子银行化活动并不是非金融企业的主业，这会在一定程度上挤出主业投资，不利于非金融企业的主营业务可持续发展（桂荷发等，2021）。程小可等（2016）通过对我国创业板和中小板上市公司的数据进行研究，发现影子银行体系的发展虽然在短期内提升企业的投资水平，但这类短期流动的资本并不足以支撑企业的长期投资，资金链条的不匹配可能会降低企业价值。Chen 和 Shen（2022）也认为中国非金融企业开展影子银行化活动会降低企业的全要素生产率，并且，在货币政策宽松、行业竞争较低的非国有企业中这种负面影响更为显著。另一方面，从企业的风险来看，由于影子银行业务具有高风险性，非金融企业难以对这种风险进行把控，因此开展影子银行化活动会增加企业的经营风险，且在融资约束程度较高和公司治理较差的公司中，影子银行对经营风险的积极影响更为显著（李建军和韩珣，2019）。蒋敏等（2020）研究表明，影子银行能够降低企业的融资成本，缓解企业的融资约束，但影子银行倾向于向企业融出短期资金，提高了企业的短期债务占比。马勇等（2019）和司登奎等（2021）通过对非金融企业影子银行化对企业股价崩盘风险的影响后发现两者之间呈现正相关关系，并且在外部监管较弱以及内部治理较弱的企业中这种现象更加明显。毛志宏等（2021）研究发现影子银行化通过提高现金流风险加剧了非金融企业的违约风险，这种负面影响在国有企业、中西部地区、外部监管环境较弱和处在经济收缩期的企业中更为明显。李小林等（2022）通过研究非金融企业投资影子银行业务对其自身风险承担的反噬作用发现，影子银行业务规模会增加企业的风险承担，其中，降低投资效率和恶化信息披露质量是其中的内在作用机制。

### 2.3.2　同群效应的相关研究

同群效应的研究最初从社会个体行为活动的同群效应开始，近年来，学界逐渐将这一现象从社会个体层面扩展到企业行为层面的同群效应中。为了对企业同群效应进行更全面深刻的理解，结合本书所研究的主要内容，本章分别从同群效应的基本概念及研究范畴、表现形式、度量指标及作用机制等方面进行文献梳理。

#### 2.3.2.1　同群效应的基本概念及研究范畴

同群效应指的是主体并非独自进行行为决策，而是会受到互相关联的同伴行为决策影响，也就是中国古语中的"近朱者赤，近墨者黑"。需要注意的是，这里的"同伴"必须是与主体有相同或相似地位和特征的"其他人"，即要求互相关联的个体都处于一种平等的关系之中。对同群效应的研究最初是从社会个体行为活动的同群效应开始的，如社会现象中的违法犯罪（Mastrobuoni and Rialland，2020）、暴力行为（Lelys，2020）、水资源保护（Bollinger et al.，2020）；教育领域中的学习表现（Griffith and Rask，2014；Rangvid，2018；Calsamiglia and Loviglio，2019；Fang and Wan，2020）、语言学习（Chen et al.，2020）、学业规划（Fletcher，2015）、学生的退学行为（Li et al.，2013）；生活行为中的青少年肥胖（Dishion and Tipsord，2011；Peng et al.，2015）、青少年饮酒（Guo et al.，2015）、饮食习惯（Alemu and Olsen，2020）等个体的行为活动均会受到来自同伴的影响。

经济学领域关于同群效应的研究最早可以追溯到 19 世纪末，其中最具代表性的是 Bertrand（1883）所提出的竞争模型，虽然并没有指出同群效应的具体概念，但是却证实了企业在产品定价上的确存在相互模仿的现象。直到 Knicker-bocker（1973）对经济学中的"同群效应"才进行了明确的定义，即将企业之间在行为决策、管理方式和组织形式等方面的互相模仿和学习的现象定义为同群效应。在这一概念提出以前，大部分公司金融的研究均以传统公司财务理论为基础，认为公司的决策是独立的，忽视了其他同伴公司的决策对公司自身行为的影响。随后，行为经济学和决策心理学的快速发展进一步规范了同群效应的定义，目前国内外学者普遍认可的是由 Manski（1993）所提出的概念，并在此基础上对企业层面的同群效应做了进一步明确：企业层面的同群效应指的是企业的行为决策会受到其他企业行为决策的影响，这些行为决策包含了企业投资行为、生产行为、分配行为和交换行为等一切与企业经营正相关的决策。该定义中所称的"其他企业"的界定是与焦点企业拥有任何经济意义关联的所有企业，目前研究中使用的表现形式有地区、行业、董事会关联和分析师跟踪等。

虽然企业层面的同群效应研究相比于个人层面的同群效应研究起步较晚，但从将同群效应正式引入经济学领域开始，几十年来涌现出大量研究企业行为决策同群效应的文章，更是将同群效应的研究延伸到企业行为活动的方方面面，逐渐成为学术界的热门话题。目前主要从以下几个方面对企业行为的同群效应进行了研究：

（1）企业高管薪酬。一部分学者较早开始注意到企业高管薪酬的同群效应现象，并发现这种效应在一定程度上促进了高管薪酬的不断上涨。他们认为产生这一现象的原因在于：一方面，同群企业的高管薪酬为高管评估自身的机会成本提供了参考对象；另一方面，同群企业的高管薪酬作为一种标杆，是企业的一种激励方式和传导渠道。随后大量学者从不同角度不同样本对高管薪酬的同群效应进行验证和解释（Gabaix and Landier，2008；Bouwman，2010；Faulkender and Yang，2007，2012；Bizjak et al.，2011；Albuquerque et al.，2013）。赵颖（2016）利用中国非金融上市公司的样本数据检验了高管薪酬的同群效应，发现这种效应在外聘 CEO 中最为显著。

（2）企业融资行为。随着企业行为决策同群效应的发展，投融资作为企业最常见的行为决策，部分学者开始对企业投融资行为同群效应进行了研究。Gra-ham 和 Harvey（2001）通过问卷调查发现，CFO 在进行融资决策时会参考同行业其他上市公司的融资行为。后续的研究表明,行业平均负债比率是上市公司资本结构的重要决定因素(Mackay and Phillips,2005;Frank and Goyal,2009)。Leary 和 Roberts(2014)的研究发现,公司的融资行为会因同行业公司融资行为和公司特征的变化而做出调整,但前者所产生的影响大于后者,同群效应对资本结构的解释能力超过以往研究所发现的其他影响因素。陆蓉等(2017)、钟田丽和张天宇(2017)则利用中国上市公司样本验证了 Leary 和 Roberts(2014)中的资本结构行业同群效应。

(3)企业投资行为。在企业投资行为同群效应方面,Foucault 和 Frésard(2014)以美国企业的投资活动为研究对象,发现这些企业在进行投资决策时会参考那些销售类似产品的企业。随后,Dougal 等(2015)同样以美国公司为样本,研究发现公司的投资决策会在同地区和同行业中均存在投资的同群效应。Fracassi(2016)的研究同样得到了类似的结论。李馨子等(2019)立足于中国实际,以 2009~2015 年中国 A 股国有企业集团上市公司为研究样本,考察了企业集团内公司的金融投资行为是否具有传染效应。研究发现,当集团内某一成员企业的金融投资水平大幅上升时,之后年度集团内其他成员企业的金融投资会显著增加;当被传染企业的业绩考核压力较大或主业业绩下滑时,上述传染效应会更加明显。除此以外,肖怿昕和金雪军(2020)、李秋梅和梁权熙(2020)、王营和曹廷求(2020)、杜勇和刘婷婷(2021)、张军等(2021)、汪宝等(2022)也分别从行业、地区以及连锁董事网络的视角证实了中国非金融企业金融化行为存在同群效应,这也为我们从共同分析师视角研究非金融企业"脱实向虚"同群效应问题提供了借鉴。

(4)企业的其他决策。除了上述的研究之外,企业其他行为决策同群效应的研究也开始变得丰富起来。例如,公司分红(Amore,2015;Adhikari and Agrawal,2018)、股票拆分行为(Kaustia and Rantala,2015)、兼并收购行为(Shue,2013;傅超等,2015;万良勇等,2016)、企业社会责任(Liu and Wu,2016;刘计含和王建琼,2016;Yang et al.,2017)、公司违规行为(Parsons et al.,2014;You and Nie,2017;陆蓉和常维,2018)、企业创新(宋广蕊等,2022)、互联网涉入(马骏等,2021)等方面都是近年来学者们研究的重点。

### 2.3.2.2 企业同群效应的表现形式

在前文提到,Manski(1993)对同群效应的定义中提到的"其他企业"是与焦点企业拥有任何经济意义关联的所有企业,而根据表现形式的不同,也存在不同类别的同群效应。现有研究主要从以下几个方面来界定同群效应:

（1）以"地区"作为企业同群效应的表现形式。同群效应的基本表现形式是同一区域中的经济主体行为的趋同性。由于地理位置所带来的天然集聚效应，经济主体容易选择身边的同伴作为参照物进行模仿和学习，从而形成了地区层面的同群效应。Matray（2021）将地理位置邻近的公司作为同群企业，在研究企业的技术创新时发现，企业的技术创新活动显著地影响了地理位置上邻近的其他公司的技术创新，并且这种影响为正。You 和 Nie（2017）研究了企业腐败行为的同群效应，得出的结论是企业腐败行为受到地区同伴企业违法行为的影响，影响程度与企业之间的距离具有非线性关系，腐败行为的同群效应形成因素在于企业的地理网络、信息披露和地区市场化进程。除此以外，公司高管薪酬（Bouwman，2010）、违规行为（Parsons et al.，2014）、投资决策（Dougal et al.，2015）等也同样受到来自同地区其他公司的影响。从国内研究成果来看，大部分对于地区同群效应的研究主要是借鉴了国外的思路和方法，将同群效应理论运用在中国企业的实际中。石桂峰（2015）以中国上市企业 1999~2012 年的数据为样本，证实了企业当年新增投资会受到同地区平均新增投资的影响，并且在地方政府干预较强的地区，这种同群效应更加显著。赵颖（2016）与 Bouwman（2010）同样验证了企业高管存在较为显著的地区同群效应。对于地区层面同群效应的研究目的在于希望能够通过布局优化和空间整合发挥资源的集聚效应，从而推动经济的高质量发展。邓慧慧和赵家羚（2018）就是基于这样的目的，从地方政府层面，运用空间计量模型，研究发现地方政府官员在一些重大的决策上时常会跟随和模仿同伴所做出的决定。

（2）以"行业"作为企业同群效应的表现形式。区别于个体行为，对于企业而言，同行业的行为决策是影响其行为同群的独特表现形式。Leary 和 Roberts（2014）认为，企业的融资行为不仅受到企业自身的特征和行为的影响，而且还与同一行业中其他公司的特征和行为相关，并且小规模的企业更容易受到行业中大规模企业的影响。Wang 和 Zhang（2011）利用部分中国企业既在内地上市又在香港上市的特定制度环境，研究了企业信息披露的同群效应。他们发现，仅在香港上市的企业对盈利警告信息的披露受到既在内地上市又在香港上市的同行业企业的影响。不仅如此，高管薪酬制定（Gabaix and Landier，2008）、企业的信息披露（Wang and Zhang，2011）、股票拆分（Kaustia and Rantala，2015）和企业投资（Chen and Ma，2017）等方面同样具有显著的行业同群效应。从国内研究成果来看，傅超等（2015）从行业层面证实了并购商誉的同群效应，发现同群效应是影响创业板上市公司并购商誉的重要因素，在不同的外部环境不确定性下并购商誉同群效应的表现强度存在差异，同群效应的主要模仿对象是行业领先者。万良勇等（2016）研究发现上市公司的并购决策存在明显的行业同群效应，公司在做出并购决策时会明显受到同行业其他公司并购行为的影响，其中信息获取性学习和竞争性模仿是促使同群效应形成的重要内在机制，公司规模及公司治理对行业同群效应存在重要影响。陆蓉等（2017）研究认为，公司资本结构会显著受到同行公司资本结构的影响，而本公司负债率增加对同行业其他公司具有正"溢出效应"，其影响机制是"管理者声誉考虑"和"管理者信息学习"，行业内跟随者会受到行业领导者公司资本结构的显著影响，且在竞争程度高、不确定性强和增长速度快的行业，同群效应更为明显。然而，也有学者持有不同的观点，他们认为行业内企业行为的趋同性会因为市场结构而发生改变。陈志斌和王诗雨（2015）研究发现，如果是在竞争的产品市场上，类似于行业层面上的同群效应发生的情况就较少。这是因为，激烈的竞争市场会迫使企业披露更多的与生产经营有关的信息，这些信息的传递能够降低行业之间的信息不对称程度，从而降低了有价值的模仿行为，此时企业对新产品开发的需求则更为强烈。

（3）以"社会网络"作为企业同群效应的表现形式。除了地区和行业以外，由于企业是由包括董监高在内的员工以及外部的投资者们等组成，他们所拥有的社会网络也会直接或间接地影响企业的行为决策，因此，同一社会网络也是企业行为同群效应的重要表现形式，并且这种影响更加错综复杂。人类的社会发展过程中，关系网络覆盖了社会中的各个领域，个体、企业和政府之间关系网络的建立是他们信息传递和资源获取的主要渠道之一。相较于复杂多变的经济环境而言，微观经济主体存在的大量正式和非正式的社会关系对于整个社会的融合交流具有重要的经济意义（Shropshire，2010）。现实中的经济主体都以追求利益最大化为目标，为了实现这一目标，主体之间通过社交建立关系网络，因为这种关系网络不仅可以实现主体之间低成本的信息共享和交流学习，而且也能够通过这种渠道来获取资源，从而能够提高经济效益。现如今，在面对日新月异的内外部环境的挑战和机遇下，微观经济主体如果单纯仅靠自身的信息已经无法满足决策的需要，社会网络所形成的同伴行为表现已经逐渐成为经济主体的重要参考和决策依据。Engelberg等（2013）研究发现，企业CEO的社会网络资源的丰富程度与所在企业的价值呈正相关，主要是因为CEO能够通过社会网络为企业获取更多的外部资源。董事网络加强了企业识别和获取有价值信息的能力，获取更多的技术创新信息从而提升绩效。Ouimet和Tate（2020）研究发现员工的股票认购计划（ESPPs）受到来自同事们是否进行股票认购行为的影响，他们建议，由于ES-

PPs 能够为员工带来价值，因此应该利用这种潜在的关系网络来提高员工的资本决策。近年来，国内学者也开始对社会网络下的企业行为的同群效应进行探讨（陈仕华等，2013；王营和曹廷求，2014，2017，2020；苏诚，2017；陈运森和郑登津，2017），大多是从企业的董事、高管等个体的社会网络进行分析，因为企业的董事、高管是企业直接实施行为决策的主体，因此他们的内在特征和关系网络是容易引起同伴企业行为趋同的重要因素之一。但是，该信息传递的局限在于，企业管理层的社会网络关系能够发挥的信息传递作用相对有限，并且容易受到企业内部影响，因而有必要从企业外部主体的视角识别更具有一般化的信息传递渠道（许汝俊等，2018；马慧，2019）。

### 2.3.2.3　同群效应的度量指标

确定了同群效应的表现形式，接下来就是需要构造合适的指标对同群效应进行量化。在同群效应的度量指标方面，目前主要有两种方式：一是以同群企业的平均水平度量同群效应。Leary 和 Roberts（2014）在研究企业资本结构的同群效应时，将资产负债率作为焦点企业的资本结构，将同群企业的平均资产负债率作为同群效应的衡量指标。Park 等（2017）、Chen 和 Ma（2017）在研究企业投资决策的同群效应时，使用了同群企业资本支出与总资产的比值的算术平均值来衡量投资决策的同群效应。Adhikari 和 Agrawal（2018）、Grennan（2019）使用了企业是否支付股利这一虚拟变量来衡量焦点企业的股利支付，股利支付的同群效应则是同群企业这一虚拟变量的平均值。王营和曹廷求（2021）在研究企业金融化同群效应的经济后果时，同样也是将同群企业的平均金融化水平作为企业金融化同群效应的度量指标。二是以焦点企业水平与同群企业水平的平均值的差距对同群效应进行度量。张敦力和江新峰（2015，2016）在研究企业投资水平的同群效应时，将投资水平同群效应衡量为焦点企业投资水平减去行业平均投资水平的绝对值。杜勇和刘婷婷（2021）在研究董事网络下的金融化同群效应时，使用了焦点企业金融化程度与同群企业平均金融化程度之差的绝对值。

综上所述，现有研究在衡量同群效应的问题上基本达成了一致，以企业投资同群效应为例，即使用同群企业投资水平的平均值或者焦点企业的投资水平与同群企业投资水平的平均值的差距对同群效应进行度量。前一种度量方法较为简便，是目前学术界使用的最多的一种方法，但由于其没有加入焦点企业本身的决策，其作为同群效应的度量方式还不够充分。

### 2.3.2.4　企业同群效应的作用机制

在认识到企业行为可能存在同群效应这一现象后，挖掘企业互相模仿和学习的原因也是目前研究的重点。处于各种环境中的微观经济主体，同伴对于自身的影响有时候是正面的，有时候却是负面的。如果是基于理性经济人的假设前提，个体能够意识到同伴的行为对其自身形成的经济后果，从而做出是否应该跟随和模仿同伴的行为决策的判断。例如，Conlisk（1980）研究发现，个体在权衡自主决策和模仿跟随的利弊后，如果认为自身的决策成本较高时，则个体会理性地选择模仿其他人的行为这一最优策略。然而，在现实生活中，由于个体的风险偏好、心理预期、意志力等行为特征不同，以及来自多种同伴的共同作用，个体在进行决策后的结果可能与预期背道而驰，即同群效应也有可能来自于非理性的因素（张军等，2021）。Kahneman（2003）在研究行为经济学中发现，个体的非理性行为不仅与其过度自信有关，而且还与锚定效应（Anchoring Effect）相联系。根据他的研究，锚定效应可分为内在锚和外在锚，外在的同伴决策就是影响个体的外在锚，这种效应使个体在心理上会存在一种外在的倾向性，从而更容易跟随同伴行为，而这种行为很可能是对个体自身产生负面的影响。总之，无论特定行为的同群效应是个体的理性还是非理性抉择，我们都需要研究在经济活动中同群效应的作用机制。现阶段，学术界普遍认可的是 Lieberman 和 Asaba（2006）的观点，他们在总结已有文献的基础上，将商业模仿行为的作用机制分为"信息学习"和"动态竞争"两个方面。

（1）关于"信息学习"假说的研究。"信息学习"假说认为，在信息不对称或信息获取成本较高的情况下，企业认为同群企业的行动传递了某些信息，他们会通过观察和模仿同群企业的行为来获得相关信息，并与同群企业行为决策保持一致。Foucault 和 Frésard（2014）在研究企业投资决策的同群效应时，证实了由于企业的学习行为而导致企业之间的投资决策相互联系。Kaustia 和 Rantala（2015）通过实证发现，焦点企业在获得同伴企业的股票拆分信息后，焦点企业对于同伴企业的股票拆分决策具有较强的学习动机，这也是导致股票拆分存在同群效应的重要原因。Ozoguz 和 Rebello（2013）认为同群企业的股票价格中集合了其投资决策的相关私有信息，因此焦点企业与同群企业之间存在着诸多的相似性，并且在同群企业股价信息含量较高时同群效应更强。除此以外，李秋梅和梁权熙（2020）、杜勇和刘婷婷（2022）研究发现，企业的金融投资行为同样由于信息学习而产生了同群效应，且符合信息向信息优势企业传递到信息劣势企业的传递路径。

（2）关于"动态竞争"假说的研究。一部分学者认为企业层面同群效应的特有作用机制在于动态竞争。"动态竞争"假说认为，企业之间的竞争不是静态和绝对的，而是动态且相对的；想要在动态竞争的环境中持续保持竞争优势，应该密切关注竞争对手的行为并适应新的节奏，也就是说，企业在面对来自竞争对手的压力时，通过模仿和学习其他企业的行为是为了保持与同群企业之间的竞争均势，以达到限制竞争对手的目的。现有研究已证实，在市场竞争环境较为激烈的情况下，企业为保持竞争地位，倾向于模仿和学习同群企业的经济决策（Adhikari and Agrawal，2018）。这些出于竞争动机而产生的同群效应包括并购决策（万良勇等，2016）、资本结构（Leary and Roberts，2014；陆蓉等，2017）、高管减持（易志高等，2019）、金融资产投资（张军等，2021）、商业信用（吴娜等，2022）等行为决策。值得一提的是，目前关于企业同群效应的竞争机制均是以同行业作为同群效应的表现形式，主要探讨的是维持产品市场竞争而形成的同群效应。然而，除了同行业企业之间存在直接的竞争关系以外，更多的如对分析师业绩评价的竞争也是企业间接竞争的因素之一，这同样是企业决策出现同群效应的内在机制之一。

### 2.3.3　共同分析师联结与同群效应的相关研究

在明确了目前对企业层面的同群效应的表现形式、度量指标和作用机制的基础上，根据本书所要研究的主要内容，从共同分析师的内涵界定、共同分析师联结下企业行为的同群效应和共同分析师联结的经济后果三个方面对共同分析师联结与同群效应的文献进行梳理，以期为后文的从共同分析师联结为表现形式探讨非金融企业影子银行化同群效应提供文献支撑。

#### 2.3.3.1　共同分析师的内涵界定

随着资本市场的快速发展，共同分析师已逐渐成为学术界和实务界关注的热点问题。一般意义上的"分析师跟踪"或"分析师关注"指的是一家公司拥有单一分析师跟踪的数量（陈钦源等，2017；余明桂等，2017），旨在探索单一分析师跟踪人数变化所带来的缓解信息不对称程度的变化，抑或是发挥外部监督效应程度的变化。而共同分析师则与一般意义上的分析师跟踪有所不同，共同分析师并非仅关注共同分析师数量对企业决策的影响，还关注与企业在同一分析师跟踪下的联结企业的情况，以及共同分析师所形成的社会关系网络等对企业行为所产生的影响，也就是说，"共同分析师"的研究内容比"分析师跟踪"更加广泛。具体而言，对共同分析师的内涵主要表现在以下两个方面：

（1）从共同分析师本身而言，共同分析师的特质偏好和特定方法会同时影响多家企业。基于共同分析师的特质偏好，已有研究结果表明分析师的特质偏好可以反映其专长、理念和经济动机，如果共同分析师在考察并购价值和前景趋势方面有专长，那么他们更偏好建议跟踪企业进行并购类活动的大型投资决策（Degeorge et al.，2013），因而，共同分析师的特质偏好可能对跟踪的多家企业的决策产生类似的影响。基于共同分析师的特定方法，Israelsen（2016）以及Marcet（2017）运用"跟踪特质信息溢出假说"，指出共同分析师运用相同模型、投入或者方法为其跟踪的不同公司做盈余预测，从而造成了跟踪公司之间股价回报的超额联动性。因而，共同分析师的特定方法也可能对跟踪公司之间的财务决策产生类似的影响。

（2）从共同分析师所联结的企业而言，共同分析师是跟踪企业之间互相学习的纽带。重视共同分析师不仅因为共同分析师能够促进信息向投资者流动，还因为共同分析师能够将其对行业趋势的了解和掌握的其他企业的信息流向跟踪企业（Brown et al.，2019；Tim and Christoph，2021）。Gomes 等（2017）构建了共同分析师跟踪的模型，研究指出共同分析师提供的建议和方法使跟踪公司之间互相学习和借鉴，其研究结果表明共同分析师对于跟踪公司的作用不仅类似同一行业之间的学习模仿，甚至远远超过了同行业互相学习和模仿的效率，从而能在更大程度上优化跟踪公司各自的财务决策，主要包括投资决策、融资决策以及股利分配决策等公司财务决策。共同分析师联结构成了企业的社会关系网络。社交网络理论指出由于收集信息的能力是有限的，处理信息和获取信息是有成本的，同时获取范围是有限制的，所以个体的偏好和决策往往会受到群体中其他个体活动的影响（Ellison and Fudenberg，1995；Fracassi，2016）。基于社交网络理论，Is-raelsen（2016）、Anton 和 Polk（2014）研究结果表明共同分析师在跟踪公司之间建立的社交网络，通过有效传递信息，能够对其跟踪公司的股价回报产生趋同的影响。

综上所述，相较于单一分析师跟踪，"共同分析师"是更加广泛的概念，不仅共同分析师自身的特征和偏好会影响企业的行为，而且也能够反映跟踪企业的某些关联性特征，通过在跟踪企业之间建立社交网络，使跟踪企业互相学习和借鉴，在跟踪企业之间传递有价值的投资信息，从而通过共同分析师网络能够对跟踪企业的真实决策产生直接影响。

2.3.3.2 共同分析师联结下企业行为的同群效应

近年来，国内外学者分别从企业融资行为（Leary and Roberts，2014）、投资活动（Foucault and Frésard，2014；王营和曹廷求，2020；杜勇和刘婷婷，2021）、公司分红（Adhikari and Agrawal，2018）、股票拆分行为（Kaustia and

Rantala，2013)、兼并收购行为(Shue，2013；万良勇等，2016)、企业社会责任(Liu and Wu，2016；Yang et al.，2017)、公司违规行为(You and Nie，2017；陆蓉和常维，2018)等方面对企业行为的同群效应进行了研究。然而，在现有研究企业财务行为同群效应的文献中，对"同群企业"的划分主要以同一地区、同一行业或共同董事网络作为表现形式，但这些方法存在着以下局限：一方面，由于同行业或同地区的企业构成的同群缺乏实际的联结点，不能保证同行业或同地区企业之间存在有效的社会互动，可能会高估同群影响的范围和水平(陈庆江等，2021)；另一方面，共同董事往往不太可能任职于同一行业内相互竞争的公司，这使董事联结能够发挥的信息作用有限，而企业的影子银行化活动更具隐蔽性，所以有必要识别其他更具一般意义的信息传递渠道(马慧，2019)。Kaustia和 Rantala(2013)首次指出除了行业可以反映关联公司的共同特征之外，共同分析师也可以反映联结企业之间的客户细分、商业模型等企业之间的垂直连接的特征。他们认为以共同分析师作为同群效应的表现形式的原因在于，共同分析师在选择企业时的标准通常是实际经营范围的相似度，相似度非常高的企业才会被同一个分析师选中，因此这些企业之间的互相影响要远远大于其他的企业。已有研究发现，由于共同分析师能够在被跟踪企业之间搭建信息传递的桥梁，在共同分析师的联结下，被跟踪企业之间会倾向于选择相同的信息披露政策(Huang et al.，2020)、财务政策(Gomes et al.，2017)和融资决策(许汝俊等，2018)，并且在股票回报(Israelsen，2016)和专利引用(Tim and Christoph，2021)等方面也表现出一定的联动性。共同分析师通过在跟踪公司之间搭建桥梁，让有价值的信息在跟踪公司之间共享，从而能够对跟踪公司之间的财务决策产生积极的重要影响(Dang et al.，2015)。因此，以共同分析师作联结为同群效应的表现形式，已成为目前界定同群效应更加合理、精确的做法。

### 2.3.3.3　共同分析师联结的经济后果

同一个分析师同时跟踪两个及两个以上的上市公司已成为越来越普遍的现象。共同分析师作为企业的重要社会关系网络，在营造有效且良好的信息环境、降低信息不对称所带来的风险中扮演着重要的角色(Gomes et al.，2017；许汝俊等，2018；马慧，2019)。与此同时，分析师作为资本市场的重要中介和企业外部治理和监督力量，由于其所具备的专业性、敏锐性和独立性，所形成的社会网络是企业获取外部有效信息的渠道。共同分析师让有价值的信息在跟踪公司之间共享，从而对跟踪公司之间的决策产生重要影响(Dang et al.，2015；许汝俊等，2018；马慧，2019；Tim and Christoph，2021)。基于共同分析师的经济后果，现有文献主要探讨了共同分析师联结对分析师盈余预测准确性和企业的财务决策的影响。

（1）对分析师盈余预测的影响。Kumar 等（2021）研究发现，共同分析师之间会形成社会网络，这种社会网络会促使分析师进行社会学习，即分析师对上市公司的盈余预测会受其他分析师的预测和结果的影响，当同伴分析师发布类似的预测时，分析师也更有可能发布"大胆"的预测。总体而言，社会学习有利于分析师的分析并改善他们的预测准确性。张冀等（2021）将分析师网络置于生产网络之中，认为在共同分析师所联结的生产网络之中，存在着信息的溢出效应，网络中心度越高则越能够降低分析师的盈余预测偏差。

（2）对跟踪企业的影响。共同分析师联结除了会对分析师自身的盈余预测产生影响之外，大部分学者主要关心共同分析师联结对跟踪企业的影响。从传统的公司治理理论来看，证券分析师实则是作为企业外部的信息传递者和外部治理监督者，因此在信息不对称和委托代理问题普遍存在的情况下，现有文献主要探讨的是共同分析师能够对企业的决策产生何种影响。现有学者普遍认为重视分析师不仅是因为他们促进了信息向投资者的流动，还因为共同分析师是企业了解行业趋势和竞争对手的重要渠道（Brown et al.，2019；Tim and Christoph，2021）。一方面，共同分析师通过电话访谈、实地调研、召开会议等方式与管理层进行交流，使管理层能够更及时地获取其他企业关于金融投资方面的信息。由于共同分析师的专业性，近年来，管理层与分析师的交流日趋频繁（Brown et al.，2015），且更愿意倾听分析师给出的相关建议。另一方面，共同分析师本身在资本市场所具有的独特信息优势，使他们获取和解读信息的能力更强，因此能够通过企业发布盈余公告，结合其他独立研究机构、政府机构和其他企业等传递出的信息进行处理和解读，进而发布盈余预测报告或评级（Chen et al.，2010），相比其他信息传递者，共同分析师所传递出的信息质量和可靠性更高。基于此，关于共同分析师联结对企业的影响可以大致分为积极作用和消极作用。

在共同分析师联结对企业的积极影响方面，Kaustia 和 Rantala（2015）基于社会学习理论，认为共同分析师是企业之间学习的纽带，研究发现当共同分析师联结下其他企业进行了股票拆分，那么焦点企业也可能采取相同的决策，并且跟随其他企业进行股票拆分后其股价会上涨 40%～50%，进而导致公告收益的增加。Gomes 等（2017）研究表明，卖方分析师在宣传公司财务政策选择方面发挥着重要作用，如跨公司的杠杆和股票发行决策。使用分析师网络同行的外生特征以及网络效应文献中的"朋友的朋友"方法来识别同群效应，他们发现分析师所涵盖的公司财务政策的外生变化会导致相同的其他公司分析师实施类似的政策选择。Huang 等（2020）研究了由共同分析师联结的企业之间披露政策选择的传播。他们发现共同分析师所联结的企业在信息披露政策的选择上有很强的相似性，这些相似性主要归于共同分析师在企业之间的信息传递以及管理层为了迎合分析师的自适应学习。当企业被更有影响力的分析师所跟踪时，他们受到共同分析师网络企业的信息披露政策的影响更大；当焦点企业被认为是更加重要的参与者并且焦点企业通常相对于网络中其他企业的绩效更好时，这种被影响的可能性较小。Tim 和 Christoph（2021）通过记录新方向（即从分析师到他们所覆盖的公司）的信息流，为卖方分析师作为资本市场中信息中介的角色提供了一个新颖的视角，即使用分析师覆盖重叠和专利引用来检查分析师引发的关于技术和行业趋势的形成溢出效应。与分析师覆盖范围相关的信息流一致，如果该公司由同一分析师覆盖，则该公司更有可能引用该公司的专利。总的来说，证据表明分析师不仅可以减少公司和资本市场参与者之间的信息不对称，还可以通过反馈和公司间信息溢出促进商业智能的产生。马慧（2019）基于并购的信息不对称所引发的质量问题，认为共同分析师能够为并购双方提供特定的信息渠道，降低在并购过程中的信息不对称，以我国券商上市所形成的准自然实验情景，发现在券商上市后，那些由上市券商提供分析师服务的公司获得的短期并购绩效显著更高。

当然，共同分析师联结对企业的影响并不只是积极的一面，在共同分析师联结对企业的消极影响方面，现有研究认为，虽然共同分析师是企业之间信息传递的重要渠道，但是当企业之间具有相似分析师组合时（即拥有更多的共同分析师），企业更加依靠共同分析师作为业务开展的渠道，表现为这些企业往往存在着股票回报趋同的现象（Israelsen，2016）。许汝俊（2019）对分析师跟踪网络下所形成的企业融资决策同群效应进行了研究，发现分析师跟踪网络所引致的借贷融资决策同群行为并未提升企业价值，相反，还会使企业价值有所下降，即这种借贷融资同群总体上来看，借贷规模的扩大可能使财务杠杆税盾收益逐渐小于其所带来的财务困境成本，进而影响企业价值。

总的来看，共同分析师联结对企业的影响既存在积极的一面，也存在消极的一面，如何利用共同分析师联结的积极作用，避免共同分析师联结的消极影响同样是未来亟待研究的重点问题之一。

### 2.3.4　文献述评

#### 2.3.4.1　已有文献的总结

综上所述，国内外学者分别在非金融企业影子银行化、企业层面的同群效应和共同分析师联结等方面展开了较为丰富的讨论，这也为本书研究提供了扎实的理论依据和独特的切入点。具体来看有以下几点：

（1）对非金融企业影子银行化行为方面的研究，当前文献主要从实体企业影子银行化的内外部驱动因素、经济后果和测算方式等进行了或深或浅的研究，得出了能够将中国实体企业影子银行化业务归纳为委托理财、委托贷款、持股金融机构、民间借贷和购买银行理财、券商理财、信托产品、结构性存款以及互联网理财等类金融产品的结论，为本书定义和测算非金融企业影子银行化程度和检验经济后果提供了一定的理论依据。

（2）对企业同群效应方面的研究，已有文献主要从行业、地区和社会网络等层面验证了企业的投融资、高管薪酬的制定、公司治理、社会责任等方面具有同群效应，也形成了较为成熟的同群效应检验方法，特别是基于社会网络的同群效应的研究和其中的内在作用机制，是本书以共同分析师联结为视角探究影子银行化同群效应值得重点借鉴的部分。

（3）对共同分析师联结与同群效应方面的研究，现有文献从理论和实证方面都已证实分析师能够减小金融市场环境信息不对称程度，对跟踪公司的财务决策制定方面发挥着直接的重要作用；并且对共同分析师与企业投资的相关研究，证实了共同分析师可以反映跟踪公司的某些关联性特征，通过在跟踪公司之间建立社交网络，使跟踪公司互相学习和借鉴，在跟踪公司之间传递有价值的投资信息，从而能够对跟踪公司的真实投资决策产生直接影响。这为我们以共同分析师联结作为企业的社会网络关系来研究同群效应提供了经验支持。

2.3.4.2　已有文献的局限

总体而言，已有文献分别对非金融企业影子银行化、同群效应、共同分析师联结与同群效应等方面已经积累了大量的研究经验和成果，并为本书的研究奠定了基础。但当前研究至少还存在以下不足：

（1）尚无以同群效应为视角研究非金融企业影子银行化的文献。尽管目前对影子银行体系和企业金融化的研究相对丰富，但对非金融企业的影子银行化行为的研究较少。在现有研究非金融企业影子银行化影响因素的文献中，主要是从外部宏观环境和非金融企业自身原因等方面展开，没有考虑到企业受到来自关联企业的影响从而形成影子银行化的同群效应，更没有考虑到这种同群效应的存在可能会强化和放大企业财务风险和产业空洞化的趋势。虽然已有文献已经从地区、行业和连锁董事的层面考察了企业金融化的同群效应，但是由于企业的影子银行化活动更加隐蔽、风险更高，因此，本书以同群效应为视角考察非金融企业影子银行化活动，能够使我们更进一步地认识中国实体经济"脱实向虚"的现状。

（2）对同群企业的划分方式局限。已有文献在研究同群效应的时候主要是基于地区和行业进行划分，对于社会网络关系的同群效应研究不够丰富，在现有基于社会关系网络同群效应的研究中，主要也是考虑企业董事会成员所形成的社会关系网络。但是，该信息传递的局限在于，企业管理层的社会网络关系能够发挥的信息传递作用相对有限，并且容易受到企业内部影响，因而有必要从企业外部主体的视角识别更具有专业性和独立性的信息传递渠道。分析师作为重要的信息中介和外部监督力量，发挥着信息传递和业绩压力的作用。由共同分析师跟踪所形成的交叉网络里的联结企业之间是否会产生相关行为的同群现象？其中有别于现有的同群效应的作用机制是什么？这对于本书探索影子银行化同群现象产生的原因提供了一种可能的解释。

（3）共同分析师联结下同群效应的作用机制较为单一。目前以共同分析师联结为表现形式，对同群效应内在机制的研究并不充分，为数不多的证据通常仅从共同分析师的信息传递作用对企业决策趋于一致的影响进行分析（Kaustia and Rantala，2015；Gomes et al.，2017；许汝俊等，2018；马慧，2019；Tim and Christoph，2021）。然而，共同分析师除了对企业具有信息溢出的效应之外，还存在着业绩压力效应（陈钦源等，2017；杨松令等，2019；Bing et al.，2019），这两种作用分别为非金融企业影子银行化同群效应的社会学习提供了"信息获取性学习"和"竞争性模仿"的外部条件。

鉴于此，本书基于中国的现实背景，考虑到非金融企业影子银行化对中国经济和金融体系具有潜在的威胁，同群效应的存在可能会放大和强化这种负面效应，以非金融企业影子银行化活动为出发点，从同群效应的角度理解企业为何热衷影子银行活动。首先，证实了共同分析师联结下非金融企业影子银行化同群效应的存在性；其次，检验影子银行化同群效应的作用机制，包括共同分析师联结的信息机制和一般化信息机制、共同分析师联结的竞争机制和行业层面的竞争机制，并对两种不同的机制进行了倾向性检验；再次，进一步揭示了影子银行化同群效应对企业风险和绩效影响的经济后果；最后，根据研究结论，从非金融企业、证券分析师和政府部门的角度，从防范化解影子银行化同群带来的风险、引导实体企业回归主业和加强金融监管等方面提出对策建议，进而为实体经济发展提供理论证据和实践指导。

# 第3章 非金融企业影子银行化同群效应的理论分析

本章致力于构建非金融企业影子银行化同群效应的理论分析框架，分析了非金融企业影子银行化同群效应的存在性、作用机制和经济后果。首先，根据行为经济学、社会学习、信息不对称等相关理论对非金融企业影子银行化同群效应的存在性进行了理论分析并提出本书的主假设。其次，基于信息理论和竞争理论，结合同群效应的产生机制和共同分析师的作用，分别从信息和竞争两个方面分析了非金融企业影子银行化的特殊化作用机制和一般化作用机制，其中，从共同分析师联结的非正式信息渠道和一般化正式信息渠道两个角度对信息机制进行了理论分析并提出研究假设；从共同分析师联结的业绩评价竞争和行业层面的行业地位竞争两个角度对竞争机制进行了理论分析并提出对应的研究假设。最后，基于非金融企业开展影子银行化行为的"两面性"，本章还分析了影子银行化同群效应对企业绩效和风险的影响并提出研究假设。本章的理论分析旨在为后文的实证分析打下基础。

## 3.1 非金融企业影子银行化同群效应的存在性分析

### 3.1.1 非金融企业学习和模仿同群企业影子银行化的原因

传统的公司理论难以对现实中企业决策的异常现象做出完整合理的解释。早在 1987 年时，经济学家赫伯特·西蒙就认为，与传统经济学不同，决策制定者在现实环境下不可能保证无止境的理性，他们在处理信息和获取信息时会有认知局限，即存在"有限理性"。凭借此发现他在获得诺贝尔经济学奖的同时，行为经济学也得到了更多的关注。随后，丹尼尔·卡尼曼和阿莫斯·特沃斯基两位心理学家实现了对行为经济学的跨越式发展，除了构建出完整的理论体系，还对一些经济现象做出了独立且合理的解释，即修正了主流经济学关于人的理性、自利、完全信息、效用最大化及偏好一致基本假设的不足，进而提升了经济学的解释力度（Camerer and Loewenstein，2004），但需要强调的是，行为经济学理论是对理性选择和均衡模型的拓展，并不是完全抛弃这些经典模型（Ho et al.，2006）。非金融企业影子银行化同群效应就是考虑到决策者并非完全独立、完全理性地决定自身的投资决策，而是会参考与其自身特点相近的其他企业的投资决策。

随着行为经济学理论的不断发展和应用，为了更加贴合企业和资本市场的实际情况，已有学者发现，企业的行为决策不但与企业自身特征相关，而且还会受到与之相关联的其他企业的影响，当企业受到其他企业影响而出现趋于一致的行为时，将这种现象称为"同群效应"。同群效应的形成结合了 Miller 和 Dollard（1941）、Bandura（1962）提出的社会学习理论，核心的观点在于，企业通过内部学习已不能满足现状，需要通过学习其他企业来应对外界环境的剧烈变化，以及通过模仿来降低不确定性和缓解竞争压力（王雯，2019）。Manski（1993）提到，由于信息的不对称和不完全，个体通过观察其他同伴的行为，学习和提取该同伴信息，进而帮助个体对该行为价值信息判断，达到最优的选择。具体到企业之间的商业学习行为，企业学习其他企业是因为它们认为能够从其他企业获得有价值的私有信息，即认为同群企业具有信息优势（李秋梅和梁权熙，2020）。并且，Lieberman 和 Asaba（2006）在总结前人研究企业层面的同群效应时发现，除了因为信息不对称而使企业"信息获取性学习"，在动态竞争的环境中，企业还可能出于限制竞争对手、维持竞争优势的目的而采取"以牙还牙"的模仿策略，这种"竞争性模仿"同样能够形成企业层面的同群效应。

虽然目前已有文献从同群效应的视角对实体企业"脱实向虚"的原因进行了探讨。例如，李秋梅和梁权熙（2020）、王营和曹廷求（2020）、张军等（2021）、杜勇和刘婷婷（2021）等已经证实了企业的确会学习和模仿同伴企业的金融化行为，并且分析了其中的内在原因。然而，影子银行化作为间接金融化的一种投资方式，非金融企业学习和模仿同群企业影子银行化行为既有一般化的原因，也有其特殊的原因。

首先，由于非金融企业开展影子银行化活动是一种较为"中立"的金融投资，一方面，企业能够通过影子银行化活动提升闲置资金的使用效率、给企业带来超额的短期收益；另一方面，影子银行的高不确定性还可能给企业带来潜在的威胁。但在中国资本市场上，上市公司对于金融投资存在"重奖轻罚"的现象，即管理层如果通过金融投资为企业取得收益，则能够提高其薪酬，但是如果因为金融投资出现亏损，则管理层可以将这些损失归咎于外部因素（杜勇等，2017），这在一定程度上刺激了管理层通过模仿其他企业影子银行化行为来获取利益和降低自身损害。

其次，虽然从本质上来说影子银行化活动还是属于金融化的范畴，但是由于影子银行业务具有法律主体不明确、产品过度嵌套等特点，使影子银行活动相较于传统的金融投资而言风险更高（李建军和韩珣，2019；司登奎等，2021）。非金融企业的管理层大部分都不具备金融投资的专业能力，由于影子银行化行为具有强金融属性，管理层为了避免由于自我判断导致投资失误的后果，他们往往更愿意模仿和学习其他企业的金融投资行为来降低可能面临的高不确定性（Lieberman and Asaba，2006；李秋梅和梁权熙，2020）。

再次，不同类型的非金融企业在实业投资中往往具有不同的投资方向，企业之间就算能够获取其他企业的投资信息，也因为被模仿行为的复杂性和异质性而限制其学习行为（Lieberman and Asaba，2006）。反之，对于企业开展的影子银行化活动如委托代理和购买理财产品等行为，没有明显的门槛效应，学习和模仿行为就更为普遍。

最后，同群效应与盲目跟风的羊群效应不同，企业模仿和学习同伴企业是经过利弊权衡之后的结果，如当企业发现同伴企业的金融投资并没有带来超额收益反倒损失的时候，焦点企业不会跟随同群企业进行决策，甚至会做出完全相反的行为。然而，与直接金融投资不同，开展影子银行化业务的收益或损失不会直接反映到当期的资产负债表中，加上企业往往隐瞒损失和放大收益的倾向，焦点企业能够获取到同群企业通过影子银行业务在短期内获得收益的信息，而潜在的、后期的负面影响在短时间内却难以预测。例如，东方通信（股票代码：600776）在 2009~2016 年发放委托贷款由 5 笔增长至 134 笔，虽然在 2009~2011 年，东方通信发放委托贷款使企业的资产收益率快速增长，由 4.16%增长为 7.38%，但在 2013~2016 年企业委托贷款的劣势日益凸显，在 2016 年资产收益率下降至 3.08%；企业现金持有量和商业信用也体现出从缓慢增长到快速下降的态势。由此可见，短期内企业能够观测到同群企业开展影子银行化获取超额收益的信息，因此从逐利的角度出发，焦点企业更倾向于跟随同伴企业而产生趋于一致的影子银行化决策。

### 3.1.2　以共同分析师联结为表现形式研究影子银行化同群效应的优势

从前文可知，非金融企业的确存在学习和模仿同群企业金融投资，目前部分文献也已经证实了非金融企业金融化的确会在企业之间产生同群效应，然而，从同群效应的表现形式来看，这些文献均从同行业、同地区或共同董事的视角识别同群群体（李秋梅和梁权熙，2020；王营和曹廷求，2020；张军等，2021；杜勇和刘婷婷，2021），落脚到本书所要研究的非金融企业影子银行化问题，这些识别方法还存在着以下局限。

以同一行业或同一地区作为同群企业的识别，是早期将社会学中的同群效应理论引入经济学领域中的"万金油"做法，即企业的各种财务管理决策都能够从同一地区或同一行业中发掘到同群效应。这种方法虽然简便易行、可操作性强，但是相对粗糙且作用有限：一方面，由于同行业或同地区的企业构成的同群缺乏实际的联结点，不能保证同行业或同地区企业之间存在有效的社会互动，可能会高估同群影响的范围和水平（陈庆江等，2021）；另一方面，即使证实企业在影子银行化行为上存在同行业或同地区的同群效应，也只能说明同行业或同地区企业的影子银行化行为是影响非金融企业影子银行化的外在作用因素之一，不能有效地通过对影子银行化同群效应的挖掘达到抑制影子银行化负面影响的目的。现有研究虽然已经认识到无论是企业直接金融化行为还是间接地参与金融投资（影子银行化活动）都可能会对企业的发展产生一定的负面影响，那么，如何既要从同群效应的视角探讨实体企业"脱实向虚"的深层次原因，又要从中挖掘能够缓解影子银行化给企业带来负面后果的有效措施，这是需要进一步解决的问题。此外，在实体企业内部环境压力的共同作用下，想要实现企业的高质量发展，除了需要不断获取正式信息渠道的公开信息，还应该不断收集更多的私有信息。社会关系网络理论认为，企业能够运用所具备的社会网络进行信息的传递和转化，进而嵌入到本企业的战略决策中（Ellison and Fudenberg，1995；Fracassi，2016）。因此，本书认为需要通过企业的社会关系网络来识别同群效应，以强化对企业"脱实向虚"的"人治"理念。

在现有的研究中，有学者从企业的社会网络关系之一——共同董事网络的角度探讨了企业金融化同群效应，得到了应该审慎对待通过董事网络模仿联结企业金融化行为的结论（王营和曹廷求，2020；杜勇和刘婷婷，2021），虽然研究从董事网络这一非正式制度的角度弥补了现有金融化研究理论"社会化不足"的问题，但也从侧面反映出了董事作为企业内部人员，在治理金融化问题上能力的有限性。一方面，作为非金融企业的董事会成员，大部分往往都不具有金融投资背景，他们在面对金融投资这一风险高、周期短的投资决策时，对于资本市场的把握和金融投资的专业性可能并不强。虽然从本质上来说影子银行化活动还是属于企业金融化的范畴，但是由于影子银行业务具有信息不对称程度高、法律主体不明确、产品过度嵌套等特点，使影子银行活动相较于传统的金融投资而言风险更高（李建军和韩珣，2019）；同样，这对于实施影子银行化决策的管理者的金融专业要求也会更高。另一方面，共同董事往往不太可能任职于同一行业内相互竞争的公司，这使董事联结能够发挥的信息作用有限，而企业的影子银行化活动更具隐蔽性，所以有必要识别其他更具一般意义的信息传递渠道（马慧，2019）。此外，董事与联结企业之间属于直接"利益共同体"，在非金融企业主要是出于"利润追逐"而非"预防性储蓄"动机开展影子银行化活动的背景下（李建军和韩珣，2019），迫切需要寻找相较于内部治理而言，更加独立和可靠的外部社会网络关系。因此，无论是从信息的获取还是对影子银行活动治理的角度，现有的对同群效应的识别方式已经不能满足需要。

证券分析师作为资本市场的重要信息中介，能够起到缓解企业与外部投资者、企业与企业之间信息不对称的作用（Chen et al.，2015；Gomes et al.，2017；许汝俊等，2018；马慧，2019）。一方面，分析师能够通过电话访谈、实地调研、召开会议等方式与管理层进行交流，使管理层能够更及时地获取其他企业关于金融投资方面的相关信息。笔者通过查阅分析师对上市公司的调研问题纪要内容发现，分析师对公司的发展战略、经营业绩和投资方向等问题更为关注，影子银行实则属于企业投资决策中的一部分，直接反映了公司的未来的发展战略和业绩情况。并且，由于分析师的专业性，近年来管理层与分析师的交流日趋频繁（Brown et al.，2015），且更愿意倾听分析师给出的相关建议。另一方面，分析师本身在资本市场所具有的独特信息优势，使他们的信息获取和解读的能力更强，因此能够通过企业发布盈余公告，结合其他独立研究机构、政府机构和其他企业等传递出的信息进行处理和解读，进而发布盈余预测报告或评级（Chen et al.，2010），并及时、有效地向外部传递公开信息和私有信息，特别是对于影子银行化这种信息不对称程度较高的投资活动，分析师更能够发挥其优势。在以往的研究中，对于分析师的信息传递作用主要是体现在分析师对单个企业的影响，即"分析师→企业"的影响路径，忽视了"企业→分析师→企业"所构建起的社会关系网络对企业投资决策的传染。随着资本市场的快速发展，有学者提出以共同分析师跟踪为基础识别同群企业，Kaustia 和 Rantala（2013）首次指出除了行业可以反映关联公司的共同特征之外，共同分析师也可以反映联结企业之间的客户细分、商业模型等企业之间的垂直连接的特征。随后，有学者认为企业的信息披露政策选择（Huang et al.，2020）、财务政策（Gomes et al.，2017）、融资决策（许汝俊等，2018）、股票回报（Israelsen，2016）和专利引用（Tim and Christoph，2021）趋同，也能够通过共同分析师的联结进行解释。共同分析师通过在跟踪公司之间搭建桥梁，让有价值的信息在跟踪公司之间共享，从而能够对跟踪公司之间的财务决策产生积极的重要影响（Dang et al.，2015）。

### 3.1.3  共同分析师联结下非金融企业影子银行化同群效应的存在性

具体到本书所研究的非金融企业影子银行化行为，笔者将结合影子银行化的特点和共同分析师的作用分析为何在共同分析师联结下非金融企业会学习和模仿同群企业的影子银行化行为。

一方面，影子银行化活动信息是高度保密的，企业虽然能够通过财务报表、委托贷款公告等公开信息渠道获取部分同群企业的影子银行化信息，但是不能保证影子银行化信息的及时性和完整性。根据 Muslu 等（2014）提出的跟踪特质信息溢出假说，发现共同分析师类似于在跟踪公司之间建立了社交网络，这不仅能够降低分析师总的研究成本，而且还加强了跟踪公司之间的私有信息交流，提高对企业分析和研究的效率。并且，相比于企业的内部董事、高管和校友等内部社会网络关系，共同分析师所具备的外部独立性在信息传递的过程中不易受到来自企业内部的影响，能够使其更加全面客观地评价企业的真实情况（Chen et al.，2010）；相比于审计师、独立董事等外部社会网络关系，共同分析师在资本市场上的专业性和敏感性有利于收集和及时传递数量更多、质量更高的影子银行化活动的相关信息。特别是对于影子银行化活动保密性较高、专业性较强的投资行为，在企业拥有公开信息渠道的基础上，通过共同分析师的"桥梁"作用，能够更快、更多地获取同群企业的影子银行化私有信息。值得一提的是，从共同分析师信息传递的动机来看，现有研究已经证实，虽然分析师的收入不直接来源于上市公司，但是与企业管理层交流是分析师进行盈余预测的重要信息来源，这直接影响着分析师的预测绩效和职业前景（Cen et al.，2020；Cohen et al.，2020）。因此，为了保持与企业管理层良好的沟通交流关系，共同分析师具备分享行业信息和其他企业信息的潜在动机（Tim and Christoph，2021）。出于同样的原因，共同分析师可能不会主动将这些信息分享，以避免破坏他们与企业管理层关系的风险，尤其是当企业在获取其他企业信息成本很高的情况下（Aobdia，

2015；Chang et al.，2016）。然而，无论共同分析师是否主动地传递信息，同群企业金融化信息的溢出也可能来自被动的信息流。比如，共同分析师对管理层的电话会议问答可能会无意间泄露被跟踪企业的金融投资信息，分析师通常还会在书面研究报告中分享他们对公司战略、投资方向、行业发展、经济状况的看法（Tim and Christoph，2021）。尽管这些研究报告中仅包含了对投资方向和行业前景的一般性讨论，但也可能提供了被跟踪企业影子银行化的相关趋势性的信息。总的来说，无论共同分析师是否具备传递影子银行化信息的动机，焦点企业均能够通过共同分析师的信息溢出获取同伴企业影子银行化的相关信息，并且被跟踪企业会由于共同分析师的信息传递作用产生影子银行化同群效应。

另一方面，影子银行化活动能带来短期超额回报，企业开展影子银行化活动不仅是一种行业层面的竞争手段，也是在跟踪企业中获取共同分析师业绩评价优势的竞争方式。共同分析师对企业存在着短期业绩压力效应（陈钦源等，2017；杨松令等，2019；Bing et al.，2019），由于开展影子银行化活动能够给企业带来短期超额回报，共同分析师通过比较跟踪企业之间的收益，可能给那些开展影子银行化活动的企业出具更为有利的盈余预测报告，由此取得外部投资者的青睐，从而进一步获取更多的外部融资。与此同时，由于影子银行中的集合投资多为风险较高的结构化和资产证券化等金融创新工具，其背后的隐性债务和担保网络可能会放大金融风险的传播（司登奎等，2021），这对于那些可能不具备专业金融投资能力的非金融企业管理层而言，如果影子银行业务一旦失败，在分析师业绩压力的作用下，为了防止共同分析师发布"不好"的盈余预测报告，企业往往会向共同分析师所联结的企业进行模仿，进而降低企业自身的异质性风险；并且对于那些处于业绩优势的企业而言，通过模仿同伴企业的影子银行化行为也能够达到限制竞争对手的目的。

综合以上对非金融企业学习和模仿同群企业影子银行化的原因分析，以共同分析师联结为表现形式研究影子银行化同群效应的优势分析，共同分析师联结下非金融企业影子银行化同群效应的存在性分析后，本书提出如下研究假设：

H1：在共同分析师联结下，非金融企业影子银行化与同群企业影子银行化显著正相关，即非金融企业影子银行化存在同群效应。

若 H1 成立，还需要进一步探究非金融企业影子银行化同群效应的内在机制。目前对于从共同分析师跟踪视角研究同群效应的内在机制并不充分，为数不多的证据通常仅从共同分析师的信息传递作用对企业决策趋于一致的影响进行分析（Kaustia and Rantala，2015；Gomes et al.，2017；许汝俊等，2018；马慧，

2019；Tim and Christoph，2021）。然而，共同分析师除了对企业具有信息溢出的效应，还存在着业绩压力效应（陈钦源等，2017；杨松令等，2019；Bing et al.，2019），这两种作用分别为非金融企业影子银行化同群效应的社会学习提供了"信息获取性学习"和"竞争性模仿"的外部条件，本书依据信息不对称理论和动态竞争理论，并结合以往的研究，认为非金融企业影子银行化同群效应可以分为信息机制和竞争机制。值得一提的是，这两种机制并不相互排斥，获取信息就能够帮助企业更好地维持竞争均势，为了维持竞争均势，企业也会主动寻求更多外界信息。因此，本书将分别对这两种内在机制进行理论分析并提出相应的研究假设。

## 3.2　非金融企业影子银行化同群效应的信息机制分析

社会学习理论认为，由于观察学习比直接学习的成本更低，因此在社会上普遍存在企业管理者互相进行观察学习的现象，并且会对从同群企业观察学习到的信息进行解读和模仿（Patel et al.，1991）。这种对同群企业影子银行化进行观察学习的动因是源自信息不对称理论。根据信息不对称理论，企业在制定决策时应该审慎对待由于信息不对称可能给企业带来的负面影响。特别是对于非金融企业开展影子银行化业务而言，在高风险、高收益和高隐蔽性同时存在的情况下，社会学习理论中提出的观察学习模仿同群企业的影子银行化行为是一个切实可行的降低影子银行化风险的办法。根据社会学习理论，由于不确定性和模糊性的存在，很少有决策具有完全可预测的结果，管理层常常会缺乏推断因果关系的信息，因此，相较于模仿和学习而言，企业仅靠自身经验或者持有一种"试错"的心理来进行决策的风险和成本更高（Baum and Li，2000）。根据经济学中的信息级联，企业管理层会更容易接受其他与其特征相近企业的公开或隐藏信息，即使这些信息是不完全的，也会对企业管理层的想法和决策产生极大的影响（Bikhchandani et al.，1998）。其中，某些企业会被其他企业认为是具有信息优势的企业，即企业中的"领导企业"，如资产规模较大、盈利能力较强的企业（Leary and Roberts，2014；李志生等，2018，Adhikari and Agrawal，2018；李秋梅和梁权熙，2020）。进一步地，Nohria 和 Zaheer（2000）依据社会网络理论，认为组织如果能够通过关系网络相互联系时，他们可以获取彼此更多的信息，进而有助于社会学习的进一步形成。非金融企业开展影子银行化活动本身就具有不确定性高、风险联动性较强的特征（司登奎等，2021），外部政策环境和资本市场环境也可能会影响影子银行化活动（韩珣和李建军，2021；黄贤环和姚荣荣，2021），加上影子银行化行为的隐蔽性较强、不易监管，信息的不对称程度较高，特别是与西方成熟的资本市场相比，中国上市公司获取信息的渠道更有限（Fan et al.，2012），若企业仅通过利用自身资源，独立收集、分析信息决定影子银行化决策，不但成本较高，而且不确定性也很大，故综合来看，企业通过学习外界同群企业的成本会更低、不确定性会更小，继而为"信息获取性学习"成为非金融企业影子银行化同群效应的作用机制提供了理论支撑。

在以往的研究基础上，本书认为在共同分析师联结下，非金融企业影子银行化同群效应产生的信息机制包括两个方面：一方面是通过非正式信息渠道学习同伴企业的影子银行化活动而形成的同群效应，即由于共同分析师联结而形成的特殊化信息机制；另一方面是通过正式信息渠道学习同伴企业的影子银行化活动而形成的同群效应，即一般化的信息机制。

非正式信息渠道指的是焦点企业通过共同分析师网络来获取同伴企业的信息这一途径。现有研究普遍认为重视分析师不仅是因为他们促进了信息向投资者的流动，还因为共同分析师是企业了解行业趋势和竞争对手的重要渠道（Brown et al.，2019；Tim and Christoph，2021）。由共同分析师联结所形成的共同分析师网络已成为企业间信息交流的非正式渠道之一，它具体是指企业之间通过至少一个共同分析师跟踪而建立起的直接和间接联结关系的集合，属于社会网络中的一种（杜妍和杜闪，2021；张冀等，2021）。共同分析师网络是企业间信息和资源交流的潜在的、低成本的渠道，由于共同分析师网络的信息溢出效应会导致网络中企业决策的信息互相传递，最终联结在一起的企业由于共同分析师而形成群体，在决策上趋于一致，便形成了同群效应（许汝俊等，2018；陈庆江等，2021）。对于非金融企业影子银行化同群效应而言，由于影子银行化的隐蔽性较强且难以监管，企业通过共同分析师网络这一非正式信息渠道相较于正式信息渠道来说能够更快，也能够更迅速地做出反应。

正式信息渠道指的是同伴企业按照规定主动进行的信息披露。在资本市场中，信息不对称所造成的较高交易成本问题是困扰资本市场运行的一大难题，提高信息透明度是缓解上市公司与利益相关者之间的信息不对称、保护投资者利益以及提升资本市场配置效率的重要方式之一。中国作为新兴资本市场国家，为了保障资本市场的良性发展，有关部门先后颁布了《上海证券交易所上市公司信息披露工作核查办法》、《深圳证券交易所上市公司信息披露工作考核办法》以及《上市公司信息披露管理办法》等，对上市公司的信息披露行为做出了具体的规范。从影子银行化信息的正式渠道来看，中国证监会规定了上市公司若开展了委托贷款和委托理财业务，需要公开发布委托贷款和委托理财公告；上市公司购买银行理财、券商理财、信托产品以及结构性存款等类金融产品的情况，也可以根据财务报表附注中"其他流动资产"明细科目分类整理得到。因此，证券交易所对同伴企业年度信息披露质量的考核结果越好，则代表焦点企业能够通过正式信息渠道获取同伴企业影子银行化活动的相关信息就越充分。

综上所述，本书将详细分析共同分析师联结的特殊化信息渠道和一般化信息渠道对非金融企业影子银行化同群效应的影响并提出相应的研究假设，进而论证信息机制的存在性。

### 3. 2. 1　共同分析师联结的信息机制：非正式信息渠道

相较于一般的金融投资活动，非金融企业开展影子银行化活动具有强隐蔽和难监管的特征。虽然中国证监会要求上市公司必须披露有关委托贷款、委托理财、民间借贷等影子银行化活动的信息，但是主动披露的信息并不能完全保证企业获取信息的及时性、完整性和准确性，对于信息接收方而言，正式信息渠道对其信息学习的作用仍旧有限。例如，企业作为"实质性信用中介"而开展的过桥贷款等民间借贷业务，在资产负债表上仅反映在"其他应收款"科目中（王永钦等，2015），其中借贷的时间、金额和用途、借款人情况等信息均不能通过正式信息渠道获知。因此，在我国资本市场制度并不完善、企业获取信息的正式渠道普遍缺位的背景下，无论是实务界还是理论界都越来越注重非正式信息渠道的作用（Piotroski and wang，2012）。其中，由共同分析师联结所形成的共同分析师网络[①]已成为企业最重要的非正式信息渠道之一。

根据社会网络理论，当组织通过网络关系进行联系时，他们可以通过该社会网络了解彼此更多的私有信息，这些信息有助于组织互相进行学习和模仿进而形成决策的同群效应（Granovetter，1985；Gulati and Nohria，2000）。Gomes 等

---

①　本书所称的"共同分析师网络"指的是由共同分析师联结的所有跟踪企业而形成的社会关系网络，是根据分析师当年跟踪企业的数据所构建的年度"分析师—分析师"和"公司—公司"矩阵。现有文献也将其称为"分析师网络"或"分析师跟踪网络"，与本书所指的"共同分析师网络"是同一个意思，特此说明。

（2017）基于共同分析师网络的视角，研究了企业通过共同分析师网络的信息传递，发现这种信息传递是造成企业财务政策趋同的重要原因。国内学者许汝俊等（2018）、杜妍和杜闪（2021）、张蕾等（2021）也发现，分析师网络存在信息溢出效应，能够在网络中的跟踪企业之间发挥信息中介作用，增强资本市场反应。共同分析师网络作为正式信息渠道的补充，也同样能够为非金融企业在"信息获取性学习"同伴企业的影子银行化行为方面提供非正式信息渠道，甚至更优于正式信息渠道，这主要体现在以下两个方面：其一，共同分析师网络能够提高信息的及时性。分析师作为资本市场的信息中介，本身就具有信息传递的功能，由于分析师能够通过实地调研和访谈交流来提前了解企业的金融投资情况，因此，在跟踪企业公开披露影子银行化信息之前（如发布委托贷款和委托理财公告前），焦点企业就能够通过共同分析师网络提前知晓同伴企业的影子银行化信息，进而加快了影子银行化信息的传递速度和传递效率，使焦点企业更快地对同伴企业的影子银行化信息做出反应，降低了焦点企业与同伴企业之间由于信息传递时间差而影响影子银行化趋同的客观性因素，从而促进了影子银行化同群效应的产生。其二，共同分析师网络能够增加信息的完整性。在焦点企业"信息学习"同伴企业影子银行化的过程中，决定两者是否在影子银行化行为上趋同还有一个重要因素就是影子银行化信息的完整性和准确性。从共同分析师的角度来看，分析师的主要工作就是利用其金融专业背景和优势，搜寻更多上市公司的信息，并将这些信息进行加工后产出。在共同分析师网络中，共同分析师不但作为一个信息的传递者传递跟踪企业的影子银行化信息，而且还是信息的加工者，他们能够根据自身的判断和对行业、宏观政策的把握挖掘出跟踪企业更多的有关影子银行化信息，进而弥补了公开信息的不足，增加了影子银行化信息的完整性。从社会网络的角度来看，焦点企业通过正式信息渠道获取同伴企业的影子银行化信息是"一对一"的形式，而通过共同分析师网络则是"一对多"的形式，即焦点企业不但能够通过共同分析师直接获取同伴企业的影子银行化信息，还能够通过"同伴的同伴"获取信息，这样的方式大大增加了焦点企业获取同伴企业影子银行化的途径，并一定程度上弥补影子银行化信息的不完备性，进而补充了焦点企业"信息获取性学习"同群企业影子银行化的信息来源。

由此可知，共同分析师网络是企业获取外部信息的重要非正式信息渠道，是形成影子银行化同群效应的信息机制之一。尤其是在我国上市公司主动披露的信息不完善的情况下，共同分析师网络扮演着极为重要的信息传递角色，企业不仅能够通过董事网络、股东网络等内部非正式信息渠道获取其他企业影子银行化的相关信息，而且可以从更为独立且专业性更高的外部共同分析师网络更快获取更多高质量的同群企业影子银行化信息，作为自身开展影子银行化决策的参考，进而促进影子银行化同群效应的形成。在共同分析师网络中，根据每个企业所处网络位置的不同，能够获取和控制信息的能力也有所不同，衡量企业在网络中位置的主要指标为网络的中心度，当企业在共同分析师网络中的中心度越高，企业能够获取其他同伴企业影子银行化信息则越多，此时非正式信息渠道的作用更强。因此，本书提出如下研究假设：

H2-1：共同分析师网络中心度越高，非金融企业影子银行化同群效应越大。

### 3.2.2　一般化信息机制：正式信息渠道

由前文可知，共同分析师网络已成为非金融企业更快获取数量更多、质量更高的同伴企业影子银行化信息的非正式信息渠道，也是非金融企业影子银行化同群效应的信息机制之一。然而，虽然前文已经分析了共同分析师网络相较于正式信息渠道的优势，但是不可否认的是，正式信息渠道同样是焦点企业获取共同分析师联结下同伴企业影子银行化信息的来源，也同样可能成为非金融企业在"信息获取性学习"同伴企业的影子银行化行为的另一信息机制。

从理论上来说，管理者具有隐藏企业信息的动机（Jin and Myers，2006），主要是出于以下两个方面的原因：一是为了维护管理者自身的利益。对于非金融企业参与影子银行化活动而言，既给企业带来超额的短期收益，又给企业带来潜在的威胁。为了避免影子银行化活动可能带来的巨大损失，在影子银行化活动还未给企业带来超额收益前，管理层会试图隐瞒所有者和投资者，以免影响其在市场中的声誉和薪酬。二是为了维护企业的利益。非金融企业开展影子银行化业务实则是属于企业的内部投资决策，这可能是企业未来的投资方面和战略部署，管理层为了企业的内部规划不被其他竞争企业所知晓，往往会对这类的信息进行管理。在此情况下，资本市场上的正式信息渠道无论对于外部投资者还是其他上市公司来说都具有重要的作用。首先，企业的信息披露质量越高，利益相关者和其他企业获取该企业的信息数量和质量就越高，通过互相降低彼此的信息不对称程度，有助于降低企业的信息搜寻成本和投融资决策风险，进而优化整个市场的资本配置（Botosan and Plumlee，2002）；其次，企业较高的信息披露质量能够降低代理成本，即投资者能够通过完善的信息披露制度和良好的信息披露行为来判断管理者是否存在侵害其利益的行为，监管者也可以依据正式信息渠道来对企业的行为进行监督（罗进辉，2014）；最后，对于企业的影子银行化信息而言，由于影子银行化一方面能够为企业获取超额收益、提高企业闲置资金的利用效率，另一方面也可能为非金融企业带来不确定性风险、助长实体经济"脱实向虚"，因此通过正式信息渠道获取同伴企业的影子银行化信息能够在拓宽非金融企业投资视野的同时，还能够通过学习同伴企业的影子银行化行为来降低其面临的风险。

根据信息不对称理论，企业间会存在获取信息能力的差异，不同企业的信息不对称程度会直接影响企业未来的生存和发展，也会对外部投资者的利益产生直接影响。上市公司及时、准确、完整、合规合法地披露自身信息是我国在促进资本市场健康发展途径上不可或缺的一环。早在1999年，《中华人民共和国证券法》（以下简称《证券法》）就规定了持续不断地公开其自身经营财务信息是上市公司的义务所在。随后，中国证监会在《证券法》的基础上，先后发布了《关于提高上市公司财务信息披露质量的通知》《关于进一步提高上市公司财务信息披露质量的通知》以及《上市公司信息披露管理办法》等相关文件，进一步规定了上市公司不但要公开披露自身的经营财务信息，而且还要对其信息披露质量进行评价，以保证公开信息的准确性。

由于影子银行化活动实则属于企业的金融投资行为，具有高回报、高风险的特征，因此管理层在决定进行影子银行化时会特别慎重，并会参考同群企业的影子银行化行为，以降低企业开展影子银行化的不确定性。同伴企业根据证监会相关规定进行披露的公开信息，是焦点企业获取共同分析师联结下同伴企业影子银行化信息最基本的渠道，当同伴企业的信息披露质量越高时，焦点企业获取同伴企业影子银行化信息的数量也就越多，此时若存在非金融企业影子银行化的正式信息渠道机制，焦点企业越容易被同伴企业的影子银行化行为所影响。因此，本书提出如下研究假设：

H2-2：同群企业的信息披露质量越高，非金融企业影子银行化同群效应越大。

## 3.3 非金融企业影子银行化同群效应的竞争机制分析

与个体决策者有所不同，企业作为组织，是一个以利润最大化为目标的经济实体，其天然所具备的竞争属性决定了企业需要不断增强自身的竞争优势。根据社会学习理论，企业为了保持相对的竞争地位或维持竞争优势会密切关注同群企业行为并积极做出反应（Lieberman and Montgomery，1988；万良勇等，2016；吴娜等，2022）。随着企业竞争优势理论的发展，企业为了维持竞争均势而学习和模仿同群企业行为的现象已逐渐演变为动态竞争理论，主要强调企业之间的竞争不再处于静态和绝对的，而是动态且相对的；也就是说，企业的竞争优势是很难长期维持的，原来拥有竞争优势的一方会被竞争对手学习和模仿，想要在动态竞争的环境中持续保持竞争优势，应该密切关注竞争对手的行为并适应新的节奏。在银行信贷歧视和金融错配的背景下，开展影子银行活动不仅是非金融企业获取短期超额收益的短期金融投资（李建军和韩珣，2019；司登奎等，2021），也是一种市场竞争手段（黄贤环和王翠，2021）。由于在共同分析师联结下不仅包含了所有被跟踪的同群企业，还包含了与焦点企业为同一行业的同行业同群企业[1]，也由此形成了影子银行化同群效应两个方面的竞争机制。

一方面，从所有同群企业来看，非金融企业将资金借给子公司、分公司而开展的影子银行化活动，既能够优化集团内部的资源配置（王超恩等，2016），帮助下属公司渡过资金上的难关，又能够盘活企业的闲置资金，进而在一定程度上反哺非金融企业的主营业务，扩大市场份额（黄贤环和王翠，2021）；加上开展影子银行化活动能够为企业带来短期超额收益，对于中国绝大多数都是短期共同分析师而言，可能给那些开展影子银行化活动的企业出具更为有利的盈余预测报告，由此取得外部投资者的青睐，从而进一步获取更多的外部融资。因此，焦点企业与所有同群企业之间存在着对共同分析师的业绩评价的竞争关系。

另一方面，从同行业同群企业来看，同行业企业之间通常会面临资源同质化，这也是同行业企业存在着另一种竞争的原因。在此背景下，非金融企业可以将资金借给供应链中的上下游企业，当企业受到来自同行业企业对上下游资源的争夺时，影子银行业务能够增加非金融企业与上下游企业之间的黏性，在防止自身原有客户流失的同时，也能够通过这一手段向同行业企业夺取客户资源；与此同时，谈判力理论认为，企业通过增加供应链上的财务杠杆能够提高企业的议价能力（颜恩点和谢佳佳，2021）。因此，焦点企业与同行业企业之间除了存在着对共同分析师业绩评价的竞争关系之外，还可能存在着行业层面的竞争关系。

综上所述，本书将详细从共同分析师联结的竞争机制和行业层面的竞争机制两个方面分析并提出相应的研究假设，进而论证非金融企业影子银行化同群效应

---

[1] 需要说明的是，在本书所称的"同行业同群企业"指的是与焦点企业既被共同分析师所跟踪，又是属于同一个行业的同群企业。

竞争机制的存在性。

### 3.3.1 共同分析师联结的竞争机制：业绩评价的竞争

以往在研究企业行为同群效应的竞争机制时，大部分学者仅考虑了焦点企业与同行业同群企业之间存在竞争，而忽视了在共同分析师的业绩压力作用下，焦点企业与所有被跟踪的同群企业之间同样存在为了争夺共同分析师的业绩评价而产生的竞争关系。虽然已有研究认为，为了盈余预测报告的针对性，证券分析师往往跟踪的是同一行业的企业，但是从笔者对样本的统计结果和最新的研究结论来看，与焦点企业为同一行业的被跟踪企业平均只占到了30%左右，并且现有研究已经对共同分析师的作用由"同行业"向"跨行业"进一步拓展（张冀等，2021）。因此，这也为本书不局限于从同行业同群企业的角度进行竞争机制分析提供了理论支撑。

分析师作为资本市场的重要信息中介，其主要工作就是通过实地调研和数据分析，发布被跟踪企业的盈余预测报告或投资评级报告。从中国资本市场的现实情况来看，个人投资者占比较大，他们通常缺乏专业的投资知识或经验，往往容易受到分析师信息的影响（谢震和艾春荣，2014；陈钦源等，2017），因此分析师除了能够发挥信息中介的作用之外，对于上市公司而言还发挥着业绩压力的作用（杨松令等，2019）。在共同分析师业绩压力的作用下，尽管被跟踪企业不全是同一行业的企业，但被跟踪企业之间依然存在着被共同分析师进行业绩对比的间接竞争关系。也就是说，企业为了取得共同分析师更为乐观的盈余预测，他们还需要关注其他被跟踪企业的绩效和发展。理论上，企业在面对共同分析师的业绩压力时可以采取两种应对措施：一是想办法在短期内提高绩效；二是让分析师认为企业虽然在短期内无法取得收益，但是在未来具有发展的潜力（如企业的研发投入等活动），从而出具对企业更为有利的盈余预测报告或投资评级报告。然而，从现实情况来看，中国分析师出具的报告和预测通常仅包含一个会计年度，根据笔者统计，共同分析师对焦点企业发布盈余预测报告的开始时间和终止时间间隔不足 1 年（在后文将这种跟踪期限不超过 1 年的共同分析师称为"短期共同分析师"）的比例超过了95%，这使企业通常会采取前一种方式来应对共同分析师的短期业绩压力。

在此背景下，当被跟踪企业面临的共同分析师业绩评价的间接竞争压力较大时，即企业绩效比其他被跟踪企业绩效更差时，企业管理者往往会想办法在短期内提高经营绩效，并且采取差异化的竞争战略，以拉开焦点企业与其他被跟踪企业之间的差距；当被跟踪企业面临的间接竞争压力较小，即企业绩效比其他被跟踪企业绩效更好时，企业管理层的短期应对策略是管理层通过模仿和学习其他被跟踪企业的投资趋势以维持目前有利的竞争局面。由于开展影子银行化活动是非金融企业提高短期收益的一种方式，因此对于那些间接竞争优势更大的企业而言，模仿同群企业的影子银行化投资策略有利于其维持竞争均势。因此，本书提出如下研究假设：

H3-1：与所有同群企业相比，绩效排名越靠前，非金融企业影子银行化同群效应越大。

### 3.3.2　行业层面的竞争机制：行业地位的竞争

虽然在共同分析师联结下，与焦点企业为同一行业的被跟踪同群企业平均只占30%左右，但是在分析竞争机制时，需要在考虑共同分析师业绩评价竞争关系的同时，也不能忽略焦点企业还可能与同行业同群企业存在行业地位的竞争。根据Lieberman和Asaba（2006）的研究，认为同行业企业之间往往存在着直接竞争关系，企业通常会特别注意观察同行竞争对手以便于及时做出反应，也就是说，企业通过模仿同行业同群企业的行为是为了保持与同行业企业之间的竞争均势或限制竞争对手（万良勇等，2016；Adhikari and Agrawal，2018；李秋梅和梁权熙，2020）。例如，已有学者发现企业为了维持行业内的竞争地位，会模仿和学习同行业企业的并购决策（万良勇等，2016）、研发投资决策（王雯，2019）、融资决策（吴娜等，2022）和金融投资决策等（张军等，2021）。

同行业企业之间通常面临着资源的同质化，焦点企业通过模仿同行业同群企业的创新活动、兼并收购和发展战略等长期价值投资的活动也能够达到限制竞争对手的目的，那么为何非金融企业会为了维持行业地位而"竞争性模仿"同行业同群企业的影子银行化行为？本书通过影子银行化的业务特点来进行分析。其一，非金融企业开展影子银行化活动可能给企业带来超额的短期收益。影子银行化业务的高回报率能够短期地使那些处于行业竞争劣势的企业在业绩上超越竞争优势的企业。虽然开展影子银行化活动还会给企业带来潜在的威胁，但在中国资本市场上，上市公司对于金融投资存在"重奖轻罚"的现象（杜勇等，2017），这在一定程度上刺激了管理层通过模仿其他企业影子银行化行为来获取利益和降低自身损害。也就是说，对于那些处于行业竞争优势的企业而言，通过模仿和学习同行业企业的影子银行化行为来避免被行业竞争劣势企业赶超业绩。其二，影子银行化业务能够增强业务黏性。企业作为资金的直接融出方和信用创造的主体，通过委托贷款、民间借贷等方式为资金需求方提供资金。这些资金需求方可以是供应链中的上下游企业，当企业受到来自同行业企业对上下游资源的争夺时，影子银行业务能够增加非金融企业与上下游企业之间的黏性，在防止自身原有客户流失的同时，也能够通过这一手段向同行业企业夺取客户资源；与此同时，谈判力理论认为，企业通过增加供应链上的财务杠杆能够提高企业的议价能力（颜恩点和谢佳佳，2021）。也就是说，对于那些已经处于行业竞争优势地位的企业而言，通过模仿同行业企业的影子银行化行为来避免处于行业竞争劣势地位企业的资源赶超。

因此，从维持行业竞争地位的角度来说，当面对同行业同群企业开展的影子银行化活动会给焦点企业带来竞争威胁时，模仿竞争对手的行为，能够在一定程度上抵消对焦点企业竞争地位的威胁进而维持其竞争均势。当然，企业不通过模仿竞争对手转而采取差异化战略也是提升自身竞争力的一种有效途径，但对于那些已经处于竞争优势地位且面临竞争压力较小的情况下，追求差异化的战略的风险是较高的。孟庆斌等（2015）、肖怿昕（2021）认为，当企业绩效排名靠后，即所处行业竞争地位较低时，管理层更愿意放手一搏来采取差异化的竞争战略；反而当企业绩效排名靠前，即所处行业竞争地位较高时，管理层通过模仿和学习其他企业的投资趋势以避免承担独自决策失败的后果，并且能够通过模仿来维持其目前有利的竞争局面。因此，本书提出如下研究假设：

H3-2：与同行业同群企业相比，绩效排名越靠前，非金融企业影子银行化同群效应越大。

## 3.4 非金融企业影子银行化同群效应的经济后果分析

企业是实体经济和资本市场的双重参与者，非金融企业将资金投向"类金融"活动必然会影响实体经营和资本市场。一方面，非金融企业影子银行化发挥着传统金融机构信用创造、流动性转换和期限转换等功能，若得到良好的运用，则能够帮助实体经济融通资金，有助于反哺主业并提高企业绩效。另一方面，影子银行体系所具备的高杠杆、信息不对称以及法律主体不明确等特点，也同样伴随着潜在的高风险，若通过影子银行滋生企业部门的过度放贷行为，则会加剧实体部门和金融市场的风险联动性，所带来的负面后果是难以想象的。

　　特别是在金融危机之后，中国的影子银行体系进入快速发展的阶段，针对中国的特殊环境，学术界对于非金融企业影子银行化的经济后果一直都持有不同的观点。一部分学者认为非金融企业的影子银行化活动能够发挥积极作用。安强身（2008）认为，由于政府对金融市场的管控较为强有力，体制内经济体的金融资源漏损支撑了体制外经济体的发展，影子银行的发展在一定程度上形成了对受到融资歧视的市场参与者的"反哺效应"，从而促进了经济的良性增长。钱雪松等（2017）以影子银行业务中的委托贷款为研究对象，同样发现委托贷款对金融发展水平较低地区的企业起到了反哺效应。郑建明等（2017）研究发现，影子银行业务可以有效提升企业的投资效率，具体表现为两个方面：一是能够使企业资金来源更加充足，缓解投资不足的问题；二是能够在一定程度上抑制企业的信息不对称等问题，抑制投资过度。

　　然而，另一部分学者却认为影子银行化具有高风险、高杠杆和隐蔽性较强等特点，非金融企业开展影子银行化业务所带来的负面经济后果远大于正面效应。有研究表明，若企业从银行中获取的资金转而参与影子银行化活动，当借款人不能按时还款引起的连锁反应会导致企业陷入财务困境，会加剧实体部门和金融市场的风险联动性（王永钦等，2015）。并且，由于非金融企业主要承担着物资资料生产的过程，一旦从事影子银行业务的现金流无法收回，必然会导致企业主营业务投资受到影子信贷资金不确定性的负面冲击，从而加剧企业的财务风险（李建军和韩珣，2019）。从资本市场上的风险来看，马勇等（2019）和司登奎等（2021）均认为非金融企业开展影子银行化活动会增加股价崩盘风险的产生。

　　总的来说，非金融企业开展影子银行化活动一方面可能会为企业带来超额收益，为实体企业开展主营业务投资提供充足的资金来源；另一方面也可能会因为影子银行业务的高杠杆和法律主体不明确等特点，使企业陷入财务困境，并且，隐蔽性较强的影子银行活动还会恶化企业的信息环境进而提升股价崩盘的风险。基于此，我们在充分认识非金融企业开展影子银行化活动在企业绩效和风险上具有"两面性"的基础上，结合非金融企业影子银行化同群效应的内在作用机制，进一步分析影子银行化同群效应对企业绩效和风险会造成什么样的经济影响。

### 3.4.1　影子银行化同群效应对企业绩效的影响

　　从非金融企业开展影子银行化的动机来看，影子银行化活动实则是间接金融投资的一种方式，其涉足金融领域的首要目的就是为了获取超额收益和财务效应。在实体经济遭遇瓶颈和金融收益率不断提升的背景下，非金融企业不得不由传统的"扩大再生产"唯一获利途径向"投资金融市场"等多个获利渠道转变，进而达到企业追求利润最大化的目的（蔡明荣和任世驰，2014；胡奕明等，2017）。并且，非金融企业开展影子银行化不但能够利用金融投资放大财务杠杆，获得超额投资收益，提高公司的财务绩效和股东回报，而且实体企业借助金融牌照的稀缺价值可能会获得资本市场的较高估值（胡聪慧等，2015）。比如，中航资本、紫金矿业等公司在其进入金融领域后，公司的估值得到了显著提高。从资金需求方来看，中小企业和民营企业发展迅速、资金需求旺盛，但其抵押品价值低、信息不对称等问题增加了借贷风险和借贷难度；商业银行受监管当局在利率、抵押品和风险等方面的限制，难以向中小企业提供合适的金融产品；股票和债券市场的门槛较高，对于改善中小企业的融资环境也只能起到杯水车薪的作用。因此，金融的制约问题助推了企业影子银行化的趋势，也成为了企业通过影子银行化提高绩效的一种方式。那么，非金融企业出于"信息获取性学习"和"竞争性模仿"同群企业而形成的那部分影子银行化是否能够提升企业绩效？

从非金融企业"信息获取性学习"同群企业而形成的影子银行化同群效应来看，一方面，非金融企业信息获取性学习同群企业的影子银行化活动的原因在于，与西方成熟的资本市场相比，中国上市公司获取信息的渠道有限（Fan et al.，2012），若企业仅通过利用自身资源，独立收集、分析信息决定影子银行化决策，不但成本较高，而且不确定性也很大。因此，对于非金融企业学习和模仿同群企业的影子银行化行为是一个切实可行的降低信息决策成本的方法。另一方面，在非金融企业自身先验信息和外部私有信息较少的情况下，非金融企业能够通过共同分析师这一非正式信息渠道获取同群企业的投资信息，为非金融企业提供投资思路，由于开展影子银行化活动能够为企业带来超额收益，当非金融企业闲置资金较多时，通过开展影子银行化活动能够将这部分的闲置资金进行盘活，从而增加企业的非主营业务收入。

从非金融企业"竞争性模仿"同群企业而形成的影子银行化同群效应来看，一方面，非金融企业是为了限制竞争对手而模仿和学习同群企业的影子银行化活动，也就是说，虽然能够通过模仿同群企业的影子银行化活动来达到"一荣俱荣，一损俱损"的目的，但是这种"以牙还牙"的竞争策略会使非金融企业一味地为了迎合共同分析师的业绩比较而忽略自身的实际情况开展影子银行化活动。另一方面，非金融企业通过模仿同群企业开展影子银行化活动只能短期地限制竞争对手，这种"竞争性模仿"同群企业影子银行化的策略会占用企业的大量资金，可能会对非金融企业的主业产生"挤出效应"，从而降低其主营业务收入。

　　总的来说，非金融企业影子银行化同群效应既可能通过增加企业的非主营业务收入而提高企业的总绩效，还可能通过减少企业的主营业务收入而降低企业的总绩效。从短期来看，影子银行化同群效应可能会增加非金融企业的非主营业务收入，但是由于资金池是有限的，非金融企业在开展影子银行化活动的同时会对主营业务投资形成"挤出效应"，进而导致主营业务收入的降低。同时，由于非金融企业主要承担着物资资料生产的过程，由影子银行化同群效应所导致的主营业务下降幅度要大于非主营业务的增加幅度，因此短期内会造成非金融企业绩效的减少。从长期来看，非金融企业影子银行化这一类投机活动的边际效益将会随着时间的推移而失效（司登奎等，2021），当非主营业务收入不再作为提高企业绩效来源的同时，由于之前开展影子银行化活动对主营业务投资的挤出，导致非金融企业在长期也未能获得主营业务给企业带来的绩效提升。因此，非金融企业的影子银行化同群效应会使非金融企业顾此失彼、得不偿失，从而降低企业的绩效。因此，本书提出如下研究假设：

　　H4-1：限定其他条件，影子银行化同群效应会降低企业绩效。

### 3.4.2　影子银行化同群效应对企业风险的影响

　　2008 年次贷危机的爆发，学术界和实务界认识到非金融企业的影子银行化活动已成为实体经济"脱实向虚"的重要诱因。虽然当企业资金充足且缺乏投资机会时，将自有闲置资金或从正规渠道融资的资金转贷给其他有融资困难且发展前景较高的企业，有利于提高资源配置效率（王永钦等，2015），但是就目前我国非金融企业开展影子银行化业务主要出于"利润追逐"而非"预防性储蓄"的目的而言（李建军和韩珣，2019），开展影子银行化活动会使非金融企业生产性投资和技术创新活动受到抑制，势必会造成金融体系偏离服务实体经济的初衷，进而增加企业自身以及资本市场的风险。那么由非金融企业学习和模仿同群企业而产生的影子银行化同群效应会对企业自身和资本市场的风险产生怎样的影响？本书将结合影子银行化的特征和同群效应的形成进行理论分析。

　　从非金融企业开展影子银行化活动的本身来看，一方面，开展影子银行化活动需要占用企业的部分资金，这可能对当期企业的主营业务投资产生"挤出效应"，加之若开展影子银行化业务出现问题，企业不但会在影子银行化业务上受到损失，还会因为对主业投资的不足而减少了企业长期的主营业务收入，进而使企业陷入财务困境。另一方面，相较于实体投资，金融投资所面临的不确定性更高；并且相较于金融类企业，非金融企业在金融投资方面的专业性不足，当非金融企业所开展的影子银行化业务出现大幅贬值，缺乏金融投资经验的管理层难以应付影子银行业务投资的失败，进而使非金融企业陷入财务困境甚至面临破产风险。

从同群效应的形成来看，非金融企业影子银行化同群效应可能会进一步加剧企业财务风险的产生，原因在于：其一，由于存在同群效应，当非金融企业观察到同伴企业开展影子银行化业务时，出于"信息获取性学习"和"竞争性模仿"的动机，被跟踪企业可能会竞相开展影子银行化活动，从而导致这些企业的平均影子银行化水平不断提高；一旦这些企业所开展的影子银行化活动出现了问题引发财务风险，企业之间的相互模仿可能会增加并放大模仿行为的负面效应（Lieberman and Asaba，2006）。其二，非金融企业对同群企业影子银行化活动的模仿仅停留在"规模"的层面上，即与金融化同群效应一致，非金融企业跟随着同群企业增加或减少影子银行化业务规模，但却无法得知影子银行化业务背后的隐性债务和担保网络。事实上，由于影子银行化业务相较于一般的金融投资而言隐蔽性更强，并且其特有的结构化投资方式所形成的期限错配特征和过度嵌套会加剧风险的演化，这对于处于金融信息劣势的非金融企业而言，模仿同群企业开展影子银行化业务会进一步增大企业的财务风险。总体而言，在目前非金融企业专业性较低和影子银行化同群效应潜在风险较大的情况下，影子银行化同群效应给非金融企业带来的财务风险远大于模仿同群企业开展影子银行化业务可能给企业带来的"反哺效应"，并且对企业短期和长期的财务风险均会产生影响。因此，本书提出如下研究假设：

H4-2：限定其他条件，影子银行化同群效应会增加企业财务风险。

影子银行化的高风险性和高隐蔽性除了会影响实体经营中企业自身的财务风险之外，还可能对资本市场上的股价崩盘风险造成潜在的影响。当企业内部人出于谋求私利或维护职业生涯等动机而具有隐藏坏消息的行为（Graham et al.，2005；Kothari et al.，2009）、信息的透明度较低（Zhu，2016）和外部治理机制较弱的情况下（潘越等，2011；Callen and Fang，2013），会促使企业股价崩盘风险的提高。由于非金融企业的影子银行化行为本身就具有一定的隐蔽性，而企业并未完全根据自身的实际情况所形成的影子银行化同群效应则更会进一步加深向外界隐藏"坏消息"的可能性。当企业的"坏消息"逐渐被隐藏再集中爆发后，会增加企业的股价崩盘风险。那么非金融企业所形成的影子银行化同群效应是否也会对股价崩盘风险造成影响？本书从共同分析师在其中所扮演的角色进行分析。

一方面，共同分析师作为信息传递者和企业之间重要的连接桥梁，不但为焦点企业传递了同群企业影子银行化的相关信息，而且也发挥着向外界揭示焦点企业内部信息的作用（Brown et al.，2019；马慧，2019）。如果焦点企业模仿同群企业的影子银行化是为了隐藏自身的负面信息，共同分析师的信息揭示作用能够使这些负面信息逐渐被揭露，即使在预测期内非金融企业的股价会有所下降，但也不至于"坏消息"集中爆发而导致股价崩盘风险的提升，也就是说，在共同分析师的信息揭示作用下，影子银行化同群效应不会提高股价崩盘风险。另一方面，共同分析师跟踪对非金融企业而言具有业绩压力的作用，除了非金融企业为限制竞争对手而模仿和学习同群企业的影子银行化活动之外，为了迎合共同分析师，还能够通过模仿同群企业从事短期收益率较高的影子银行业务以达到隐藏负面信息的目的。但是在共同分析师的信息揭示作用下，可能并不会在预测期（当期）内形成股价崩盘风险。然而，随着负面信息的日积月累，当不良信息已经无法通过开展影子银行化活动进行掩盖时，负面信息终会爆发，此时投资者的大量抛售会引发股价的大幅下降，从而引起股价崩盘的风险（彭俞超等，2018；司登奎等，2021）。

也就是说，理论上，在共同分析师的信息揭示作用下，影子银行化同群效应不会提高企业的股价崩盘风险；但在共同分析师的业绩压力作用下，影子银行化同群效应却是引致股价崩盘风险产生的原因。那么到底影子银行化会对股价崩盘风险造成怎样的影响？笔者认为需要结合中国资本市场发展的现实情况进行分析。一方面，我国证券分析师行业的起步较晚且发展缓慢，分析师对企业进行治理监督的能力有限。根据笔者的统计，共同分析师在同一年度少则跟踪两家上市公司，多则同时跟踪上百家上市公司，并且95%以上的分析师都是短期分析师。他们难以在短时间内发掘企业管理层刻意隐藏的"坏消息"，即使共同分析师能够掌握企业负面信息，由于精力有限，也难以及时地向外界进行披露，从而导致股价崩盘风险的上升。另一方面，中国股市存在卖空限制，分析师为了获得更多的佣金分成，普遍通过发布乐观的盈余预测报告来增加交易量。虽然分析师能够"有意"或"无意"地披露被跟踪企业的影子银行化信息，但这并不代表着被跟踪企业具有负面信息，因而"费力不讨好"地向外界揭示企业负面消息的动机并不强，再者，分析师为了维持与机构投资者的良好客户关系，更不容易及时地公开披露被机构投资者重仓的上市公司，以免机构投资者的利益受损（许年行等，2012）。因此，本书认为，在中国资本市场环境下，共同分析师受到"有限注意力"和"利益相关者"的影响，对企业负面消息的揭示作用要小于共同分析师的业绩压力作用，虽然在当期影子银行化同群效应对股价崩盘风险没有影响，但在未来会引起股价崩盘的风险。因此，本书提出如下研究假设：

H4-3：限定其他条件，影子银行化同群效应会增加股价崩盘风险。

# 第4章　非金融企业影子银行化同群效应的存在性检验

本章主要检验了非金融企业影子银行化同群效应的存在性。首先，根据研究假设进行研究设计，包括样本的选择与数据来源、变量的定义与模型设计。其次，在对样本数据进行描述性统计、相关性分析和组间差异检验的基础上，实证检验了非金融企业影子银行化同群效应的存在性。再次，为了缓解可能存在的内生性问题，本章采用了工具变量法、基于倾向得分匹配的双重差分法、Heckman两步法和安慰剂检验等进行处理。最后，为了保证结论的稳健性，通过改变影子银行化度量方式、改变同群效应的计算方法和控制情景效应的影响等方法进行稳健性检验。

## 4.1　引言

防止实体经济"脱实向虚"的问题一直是理论界和实务界关注的焦点。全面深刻地认识实体企业金融化的驱动因素和潜在原因，对于降低企业"脱实向虚"所带来的负面影响、防范系统性金融风险具有重要意义。从现实情况来看，在银行信贷歧视和金融错配的背景下，实体企业金融化不但体现在购买股票、债权和投资性房地产等传统金融投资方式上，而且很多企业开始利用超募资金或多元化融资渠道，通过委托贷款、委托理财和民间借贷等更为隐蔽的方式开展影子银行化业务，成为继正规金融体系后又一影子银行市场参与主体（刘珺等，2014；韩珣和李建军，2020）。从理论背景来看，传统的企业财务理论认为企业的财务决策是独立的，与其他的企业决策无关，然而，这种前提假设往往与资本市场的实际情况相悖。越来越多的学者认为由于存在信息的不对称和管理层的有限理性，企业金融化行为不但与自身的特征和宏观环境相关，而且还会受到其他企业金融化行为的影响（王营和曹廷求，2020；李秋梅和梁权熙，2020），即本书所称的同群效应。在个体理性有限的条件下，非金融企业之间在金融投资中的交互作用可能成为继非金融企业间接参与金融化（即影子银行业务）后另外一个解释资本"脱实向虚"的重要原因。但目前尚无文献对非金融企业影子银行化的同群效应进行研究。在此背景下，探究非金融企业影子银行化的同群效应的存在性具有重要的现实启示和理论意义。

现有研究已经证实了非金融企业金融化的确会在企业之间产生传染效应，但多从同行业、同地区和共同董事的企业识别同群群体（王营和曹廷求，2020；李秋梅和梁权熙，2020；杜勇和刘婷婷，2021）。由于同行业或同地区的企业构成的同群缺乏实际的联结点，这种方法虽然简便易行、可操作性强，但是相对粗糙且作用有限。虽然已有文献从董事网络这一非正式制度的角度弥补了现有金融化研究理论在"社会化不足"方面的问题，但也从侧面反映出董事治理企业金融化行为和信息传递的有限性。证券分析师作为资本市场的重要角色和企业外部社会关系网络之一，能够同时发挥信息中介传递和外部治理监督的作用（Chen et al.，2015；Gomes et al.，2017；许汝俊等，2018；马慧，2019）。共同分析师所具备的外部独立性，在信息传递的过程中不易受到来自企业内部的影响，能够使其更加全面客观地评价企业的真实情况（Chen et al.，2010）；共同分析师在资本市场上的专业性和敏感性也有利于收集和传递数量更多、质量更高的影子银行化活动的相关信息。

鉴于此，本章以2007~2020年中国沪深两市A股的非金融企业为研究对象，从共同分析师联结的视角，探索了非金融企业影子银行化同群效应的存在性。主要考察了：①非金融企业影子银行化行为是否会受到共同分析师联结下同群企业影子银行化行为的影响？②在排除双向因果、情景影响和关联效应后，能否得到可靠的非金融企业影子银行化存在同群效应的研究结论？

# 4.2　研究设计

## 4.2.1　样本选择与数据来源

为了保证数据的一致性，本章选择2007年实施新会计准则之后的样本，以2007~2020年中国沪深两市的全部A股上市公司为初始研究样本。在对非金融企业影子银行化规模数据的收集中，委托贷款的规模是笔者从深圳证券交易所、上海证券交易所收集的上市公司委托贷款公告手工整理所得。委托理财的数据来自国泰安数据库中的"对外投资数据库"。过桥贷款等民间借贷形式，在资产负债表上反映在"其他应收款"科目中（Jiang et al. , 2010；王永钦等，2015）。而非金融企业间接参与影子信贷市场投融资活动，主要是通过购买银行理财、券商理财、信托产品以及结构性存款等类金融产品参与到主流机构的影子银行体系信用创造的链条中，其投资于影子银行产品的数据可以根据财务报表附注中"其他流动资产"明细科目分类整理得到（韩珣等，2017；李建军和韩珣，2019）。经过处理后，本章共保留了 18135 个样本数据，其他数据主要来自于国泰安数据库、深圳证券交易所、上海证券交易所、巨潮咨询网、笔者手工计算、国家统计局和中国人民银行，确保了数据的完整性和可靠性。

### 4.2.2　变量定义与模型设计

#### 4.2.2.1　变量定义

（1）被解释变量：焦点企业的影子银行化程度。本章参考 2020 年中国银保监会发布的《中国影子银行报告》中对广义和狭义影子银行的界定、已有文献对影子银行的度量和企业参与影子银行业务的机理，将非金融企业影子银行化业务归纳为委托贷款、委托理财、民间借贷和购买银行理财、券商理财、信托产品、结构性存款以及互联网理财等类金融产品（韩珣和李建军，2020；李建军和韩珣，2019；韩珣等，2017）。目前，我国互联网金融和资产证券化仍然处于起步阶段，这类影子银行业务规模较小、透明度较低，在测算企业影子银行化规模时，可以忽略这部分影子银行活动（韩珣等，2017）。其中，委托贷款、委托理财和民间借贷是企业作为"实质性信用中介"而开展的直接影子银行化业务；购买银行理财、券商理财、信托产品、结构性存款以及互联网理财等类金融产品是作为"影子信贷链条"而间接参与影子信贷市场投融资活动（李建军和韩珣，2019）。因此，本章创新性地将直接影子银行化和间接影子银行化的规模加总再除以总资产，作为企业的广义影子银行化程度（$ShBank1$）；仅考虑直接影子银行化规模占总资产的比重则作为狭义影子银行化程度（$ShBank2$）。除此以外，参考其他文献，在稳健性检验中，本章将 $ShBank3$ =（委托理财总额+其他应收款净额+其他流动资产）/资产总计、$ShBank4$ =（委托理财总额+其他应收款净额）/资产总计，作为影子银行化的替代变量。

（2）核心解释变量：同群企业的加权影子银行化程度。在以往对同群效应实证研究中，大部分学者都是以 Manski（1993）的开创性研究为逻辑起点，设核心解释变量为各个同伴企业特征的均值，但是由于各个同伴企业对焦点企业的影响本来就存在一定的差异，如果单纯用均值的方法来定义同伴企业影子银行化对焦点企业影子银行化行为的影响，可能会存在某一家同伴企业的影子银行化程度很高，但是却由于共同分析师数量联结较少，相对于其他与本企业联结的分析师较多的同伴企业而言，这家企业对焦点企业的影响并没有那么大，进而对同伴企业影子银行化程度衡量产生较大偏差的后果。因此，为了衡量各同伴企业对焦点企业的影响力大小，保证同伴企业影子银行化程度准确性，本书参考许汝俊等（2018）、陈庆江等（2021）的方法，以相同分析师预测的数量作为权重，加权计算同群企业的影子银行化程度来作为解释变量 $Peer\_ShBank$。

同群企业加权影子银行化程度的构造思路如下：首先，根据国泰安的"分析师预测"的数据可以发现，一个分析师会同时预测多家上市公司，上市公司之间以分析师为纽带形成了交叉网络关系，对于焦点企业来说，被相同分析师预测的公司称为共同分析师联结下的"同伴"公司。其次，一家上市公司又会被一个或多个分析师预测，当被多个分析师预测时，企业之间还会形成间接的同群关系。例如，焦点企业 A 同时被分析师 1 和分析师 2 预测，分析师 1 又预测了企业 D，分析师 2 预测了企业 C，但是企业 D 和企业 C 并没有被同一分析师预测，则企业 D 和企业 C 之间就是间接的同群关系，但是由于这种间接的同群关系的信息传递能力会大大降低，因此，本书仅考虑直接的同群关系。最后，核心解释变量 $Peer\_ShBank1$ 和 $Peer\_ShBank2$ 具体计算如式（4.1）所示。其中，$ShBank_{j,t}$ 分别表示同伴企业的广义影子银行化程度 $ShBank1$ 和狭义影子银行化程度 $ShBank2$，$N_{i,j,t}$ 表示各同伴企业的权重（即联结焦点企业共同分析师的数量）。

$$Peer\_ShBank_{i,j,t} = \frac{\sum_{i \neq j} N_{i,j,t} \times ShBank_{j,t}}{\sum_{i \neq j} N_{i,j,t}} \tag{4.1}$$

为了更清楚地对同群企业的加权影子银行化程度进行说明，本章通过举例的方式进行解释。如图 4-1 所示，对于焦点企业而言，当同群企业仅通过一位共同分析师所联结时，各同群公司的权重取 1；当同群企业与焦点企业不止具有一位共同分析师时，分析师的数量作为权重，如图 4-2 所示：对同群企业 B 的权重取 2（有分析师 1 和分析师 2 两位共同分析师），同群企业 B 和同群企业 C 的权重则为 1（仅一位共同分析师 2），再代入式（4.2）进行加权计算。

$$Peer\_ShBank_A = \frac{ShBank_B \times n_B + ShBank_C \times n_C + ShBank_D \times n_D}{n_B + n_C + n_D} \tag{4.2}$$

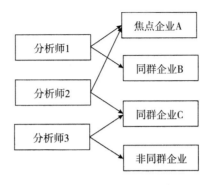

（同群企业权重：$n_B$=1，$n_C$=1）

**图 4-1　A 仅存在一个共同分析师的情况**

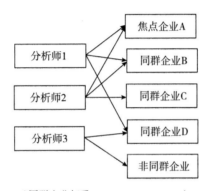

（同群企业权重：$n_B$=2，$n_C$=1，$n_D$=1）

**图 4-2　A 至少存在两个共同分析师的情况**

（3）控制变量。本章首先加入了企业的外部融资能力、金融与实体收益率之差作为控制变量。具体地，参照李建军和韩珣（2019）的指标，企业的外部融资能力（*External_F*）采用股权融资与债权融资[①]之和占总资产的比重来衡量。金融收益率与实体收益率之差（*Margin*）中的金融收益率以金融收益占金融资产[②]的比重来衡量。实体收益率则采用经营收益占经营资产[③]的比重衡量。再根据已有的研究文献，分别从公司特征和公司治理层面控制了以下可能会影响非金

---

[①] 参考李建军和韩珣（2019），股权融资＝股本＋资本公积；债权融资＝短期借款＋长期借款＋发行债权。

[②] 参照张成思和张步昙（2016）的做法，金融收益＝投资收益＋公允价值变动损益＋净汇兑损失－对联营和合营企业的投资收益；金融资产＝货币资金＋交易性金融资产＋衍生金融资产＋可供出售金融资产＋持有至到期投资＋投资性房地产＋应收股利＋应收利息＋短期投资净额。

[③] 经营收益＝营业收入－营业成本－营业税及附加－期间费用－资产减值损失；经营资产＝总资产－金融资产。

融企业影子银行化的变量：公司特征变量包括了产权性质（*State*）、企业规模（*Size*）、资产收益率（*ROA*）、负债情况（*Lev*）、成长性（*Growth*）、盈利能力（*Profi*）和现金水平（*Cfo*）；公司治理变量包括了两职合一（*Dual*）、高管持股比例（*Smr*）、董事会规模（*Board*）、独立董事比例（*Indi*）和分析师关注程度（*Analyst*）。同时，还加入了年份、行业和地区的固定效应。变量的名称与定义如表4-1所示。

**表4-1 变量的名称与定义**

| | 变量名称 | 符号 | 变量的定义 |
|---|---|---|---|
| 被解释变量 | 广义的影子银行化程度 | *ShBank*1 | （委托贷款+委托理财+民间借贷+购买理财产品、信托产品、结构性存款、资产管理计划四大类金融产品规模加总）/总资产 |
| | 狭义的影子银行化程度 | *ShBank*2 | （委托贷款+委托理财+民间借贷）/总资产 |
| 解释变量 | 同群企业的广义影子银行化程度 | *Peer_ShBank*1 | 共同分析师联结下同群企业影子银行化程度 *ShBank*1 的加权值 |
| | 同群企业的狭义影子银行化程度 | *Peer_ShBank*2 | 共同分析师联结下同群企业影子银行化程度 *ShBank*2 的加权值 |
| 控制变量 | 外部融资能力 | *External_F* | （股权融资+债权融资）/总资产，详细测算过程见正文 |
| | 金融收益率与实体收益率之差 | *Margin* | 金融收益率-实体收益率，详细测算过程见正文 |
| | 产权性质 | *State* | 国有企业记为1，否则记为0 |
| | 企业规模 | *Size* | 资产总额的自然对数 |
| | 负债情况 | *Lev* | 负债总额/资产总额 |
| | 成长性 | *Growth* | 以托宾 *Q* 值作为衡量指标 |
| | 资产收益率 | *ROA* | 净利润/资产总额 |
| | 盈利能力 | *Profi* | 以营业毛利率作为衡量指标 |
| | 现金水平 | *Cfo* | 经营活动的现金流净额/总资产 |
| | 两职合一 | *Dual* | 董事长与总经理兼任记为1，否则记为0 |
| | 高管持股比例 | *Smr* | 高管持股占总股数的比例 |
| | 董事会规模 | *Board* | 董事会人数的自然对数 |
| | 独立董事比例 | *Indi* | 独立董事人数/董事会人数 |
| | 分析师关注程度 | *Analyst* | 被分析师跟踪的数量加1取自然对数 |
| | 年份 | *Year* | 虚拟变量，控制年份固定效应 |
| | 行业 | *Industry* | 虚拟变量，控制行业固定效应 |
| | 地区 | *Region* | 虚拟变量，控制地区固定效应 |

#### 4.2.2.2　模型设计

为了检验 H1，本书构建了模型（4.3）来考察共同分析师联结下非金融企业影子银行化同群效应的存在性：

$$ShBank_{i,t} = \alpha_0 + \alpha_1 Peer\_ShBank_{i,j,t} + \alpha_2 Ctrl_{i,t} + \sum Year +$$

$$\sum Industry + \sum Region + \varepsilon_{i,t} \qquad (4.3)$$

式（4.3）中，$ShBank_{i,t}$ 指的是焦点企业 $i$ 在 $t$ 年的影子银行化程度，包括了广义影子银行化程度 $ShBank1_{i,t}$ 和狭义影子银行化程度 $ShBank2_{i,t}$。$Peer\_ShBank_{i,j,t}$ 指的是焦点企业 $i$ 在 $t$ 年的同群企业 $j$ 的加权影子银行化程度，包括了同群企业的广义影子银行化程度 $Peer\_ShBank1_{i,j,t}$ 和同群企业的狭义影子银行化程度 $Peer\_ShBank2_{i,j,t}$。$Ctrl_{i,t}$ 表示了所有的控制变量。检验 H1 时主要关注的是 $\alpha_1$ 的显著性和正负号，若其显著为正，则 H1 成立。

值得一提的是，现有文献在构建考察企业同群效应的模型时，有的学者是将解释变量和被解释变量设为同期（王营和曹廷求，2020；李秋梅和梁权熙，2020），有的学者为了避免内生性的问题，将被解释变量前置了一期（李志生等，2018；陈庆江等，2021）。在本书第 3 章的理论分析中，认为共同分析师相比于其他信息渠道能够更及时地传递私有信息，影子银行化的同群效应很可能已在当期体现，因此本章将解释变量和被解释变量设为同期，并在稳健性检验中使用 $t+1$ 期被解释变量。

# 4.3　实证结果与分析

### 4.3.1　描述性统计、相关性分析与组间系数差异检验

#### 4.3.1.1　描述性统计

首先，本章对焦点企业的主要变量进行了描述性统计，如表 4-2 所示。主要的被解释变量——广义的影子银行化程度（$ShBank1$）和狭义的影子银行化程度（$ShBank2$）的平均值分别为 8.90% 和 6.76%，最小值均为 0，最大值分别为 99.99% 和 98.82%，说明不同企业之间的广义影子银行化程度和狭义影子银行化程度均差别较大。焦点企业的外部融资能力（$External\_F$）的均值为 51.12%，说明焦点企业的外部融资平均占到了总资产的一半左右。金融收益率与实体收益

率之差（*Margin*）的均值为-6.49%，最小值为-49.35%，最大值为38.50%，这说明了不同企业通过金融收益率与实体收益率之差存在显著的差距，平均而言，焦点企业的金融收益率是小于实体企业的收益率。从部分焦点企业的公司特征变量来看，产权性质（*State*）的均值为0.39，表明了焦点企业中约为39%的企业为国有企业。从部分焦点企业的公司治理变量来看，高管持股比例（*Smr*）的均值为7.55%，最小值为0，最大值为61.25%，这能够部分说明不同企业之间委托代理问题存在一定的差异，平均而言，高管的持股比例较低。独立董事比例（*Indi*）的平均值为37.23%，中位值为33.33%，这与《关于上市公司建立独立董事制度的指导意见》中规定董事会成员至少包含1/3独立董事的要求相同。观察焦点企业其他的公司特征变量和治理变量都存在显著差异，与现有文献基本一致。

表4-2　焦点企业主要变量的描述性统计

| variable | n | mean | sd | min | p50 | max |
|---|---|---|---|---|---|---|
| *ShBank*1 | 18135 | 0.0890 | 0.1707 | 0.0000 | 0.0189 | 0.9999 |
| *ShBank*2 | 18135 | 0.0676 | 0.1408 | 0.0000 | 0.0128 | 0.9882 |
| *External_F* | 18135 | 0.5112 | 0.1669 | 0.1215 | 0.5159 | 0.8902 |
| *Margin* | 18135 | −0.0649 | 0.1229 | −0.4935 | −0.0565 | 0.3850 |
| *State* | 18135 | 0.3883 | 0.4874 | 0.0000 | 0.0000 | 1.0000 |
| *Size* | 18135 | 22.3576 | 1.3325 | 20.0185 | 22.1813 | 26.3641 |
| *Lev* | 18135 | 0.4235 | 0.2024 | 0.0481 | 0.4193 | 0.8546 |
| *Growth* | 18135 | 1.9994 | 1.1821 | 0.8723 | 1.6123 | 7.5537 |
| *ROA* | 18135 | 0.0533 | 0.0476 | −0.1128 | 0.0483 | 0.2043 |
| *Profit* | 18135 | 0.3059 | 0.1721 | 0.0240 | 0.2760 | 0.8313 |
| *Cfo* | 18135 | 0.0534 | 0.0710 | −0.1510 | 0.0524 | 0.2490 |
| *Dual* | 18135 | 0.2618 | 0.4396 | 0.0000 | 0.0000 | 1.0000 |
| *Smr* | 18135 | 0.0755 | 0.1417 | 0.0000 | 0.0015 | 0.6125 |
| *Board* | 18135 | 2.1592 | 0.1977 | 1.6094 | 2.1972 | 2.7081 |
| *Indi* | 18135 | 0.3723 | 0.0526 | 0.3333 | 0.3333 | 0.5714 |
| *Analyst* | 18135 | 2.4624 | 0.7936 | 1.0986 | 2.4849 | 4.0604 |

其次，本章对同群企业的主要变量进行了描述性统计，如表4-3所示。核心解释变量——同群企业的广义的影子银行化程度（*Peer_ShBank*1）和同群企业的狭义影子银行化程度（*Peer_ShBank*2）的平均值分别为9.05%和6.88%，最小值均约为0.05%，最大值分别为91.02%和84.73%，说明各个同群企业之间的广义

影子银行化程度和狭义影子银行化程度均差别较大,但均值与焦点企业的影子银行化程度差距不大。除此以外,由于同群企业的公司特征和公司治理变量可能对焦点企业影子银行化产生情景影响,在稳健性分析中控制了同群企业的公司特征和公司治理变量,因此本章还对同群企业的公司特征变量和公司治理变量进行描述性统计,结果显示同群企业主要变量的描述统计与现有文献基本一致。

表 4-3 同群企业主要变量的描述性统计

| variable | n | mean | sd | min | p50 | max |
|---|---|---|---|---|---|---|
| Peer_ShBank1 | 18135 | 0.0905 | 0.0718 | 0.0005 | 0.0785 | 0.9102 |
| Peer_ShBank2 | 18135 | 0.0688 | 0.0555 | 0.0005 | 0.0582 | 0.8473 |
| Peer_External_F | 18135 | 0.4719 | 0.0879 | 0.2511 | 0.4766 | 0.6670 |
| Peer_Margin | 18135 | −0.0921 | 0.0666 | −0.2951 | −0.0799 | 0.0519 |
| Peer_State | 18135 | 0.4089 | 0.2470 | 0.0000 | 0.3646 | 1.0000 |
| Peer_Size | 18135 | 22.8006 | 0.8877 | 21.0694 | 22.7168 | 25.3873 |
| Peer_Lev | 18135 | 0.4307 | 0.1092 | 0.2198 | 0.4171 | 0.7476 |
| Peer_Growth | 18135 | 2.1739 | 0.8583 | 1.0414 | 1.9643 | 5.3361 |
| Peer_ROA | 18135 | 0.0676 | 0.0252 | 0.0101 | 0.0651 | 0.140 |
| Peer_Profi | 18135 | 0.3230 | 0.1047 | 0.1148 | 0.3042 | 0.5791 |
| Peer_Cfo | 18135 | 0.0650 | 0.0365 | −0.0427 | 0.0645 | 0.1598 |
| Peer_Dual | 18135 | 0.2512 | 0.1404 | 0.0000 | 0.2510 | 1.0000 |
| Peer_Smr | 18135 | 0.0708 | 0.0487 | 0.0000 | 0.0681 | 0.2019 |
| Peer_Board | 18135 | 2.1713 | 0.0750 | 1.9945 | 2.1651 | 2.3886 |
| Peer_Indi | 18135 | 0.3738 | 0.0174 | 0.3333 | 0.3726 | 0.4286 |
| Peer_Analyst | 18135 | 3.1436 | 0.3234 | 2.2187 | 3.1521 | 3.8772 |

再次,通过对共同分析师数量的观测,本章统计了焦点企业共同分析师数量的分布情况及分年度情况。表 4-4 的统计情况表明:其一,在样本期间内一个焦点企业平均拥有 15 个共同分析师,即平均有 15 个共同分析师跟踪预测了焦点企业,根据本章对样本的筛选,焦点企业至少拥有 2 个共同分析师,最多同时有 89 个共同分析师对企业进行了跟踪预测,即说明了不同企业被共同分析师跟踪的数量存在较大差距。其二,从分年度样本统计中的均值来看,共同分析师的数量呈现波动态势,大致经历了以下三个阶段:2007~2010 年,企业所拥有的共同分析师数量一直在递增,到了 2010 年后有所回落,随后在 2011~2014 年共同分析师的数量较为平稳,大致保持在 14 个左右,直到 2015 年起,随着资本市场的进一步开放以及分析师行业逐渐得到重视,共同分析师数量的均值再次出现增长,到

2020 年共同分析师的平均数量达到 19 个。总体来看，企业所拥有的共同分析师数量一直在递增，而中位数的年度统计结果也反映出了类似的现象，一方面可能是越来越多的人从事分析师的行业，另一方面也可能是更多的分析师不再仅局限于对一家企业进行跟踪。然而，无论是哪种原因导致企业的共同分析师数量的攀升，不置可否的是，共同分析师对企业的跟踪已成为资本市场上的一种普遍现象。

表 4-4　共同分析师数量的分布情况及分年度情况

| Year | n | mean | sd | min | p50 | max |
| --- | --- | --- | --- | --- | --- | --- |
| Total | 18135 | 14. 63 | 12. 58 | 2 | 11 | 89 |
| 2007 | 505 | 7. 438 | 5. 487 | 2 | 6 | 27 |
| 2008 | 721 | 13. 07 | 10. 64 | 2 | 10 | 57 |
| 2009 | 861 | 13. 82 | 11. 01 | 2 | 11 | 68 |
| 2010 | 1210 | 15. 81 | 11. 06 | 2 | 14 | 72 |
| 2011 | 1439 | 13. 80 | 10. 21 | 2 | 11 | 61 |
| 2012 | 1456 | 14. 95 | 12. 03 | 2 | 12 | 68 |
| 2013 | 1294 | 14. 89 | 11. 94 | 2 | 11 | 58 |
| 2014 | 1363 | 13. 29 | 10. 50 | 2 | 10 | 62 |
| 2015 | 1546 | 11. 20 | 8. 460 | 2 | 9 | 49 |
| 2016 | 1717 | 12. 91 | 9. 551 | 2 | 11 | 56 |
| 2017 | 1807 | 15. 27 | 12. 68 | 2 | 11 | 71 |
| 2018 | 1558 | 16. 67 | 15. 64 | 2 | 11 | 84 |
| 2019 | 1617 | 17. 86 | 16. 98 | 2 | 11 | 85 |
| 2020 | 1041 | 19. 45 | 17. 47 | 2 | 13 | 89 |

最后，通过对共同分析师跟踪样本数量的观测，本章统计了共同分析师跟踪下同群企业数量的分布情况及分年度情况。表 4-5 的统计情况表明：其一，在样本期间内一个焦点企业平均连接了 62 家同群企业，根据本书对样本的筛选，焦点企业至少拥有 1 家同群企业，最多拥有 391 家同群企业，即说明不同焦点企业所拥有的同群企业的数量存在较大差距。其二，从分年度样本统计中的均值来看，同群企业的数量呈现波动态势，大致经历了以下三个阶段：2007～2011 年，同群企业的数量一直递增，直到 2012 年后有所回落，随后在 2013～2017 年同群企业的数量又开始逐渐增加，在 2018 年后同群企业的数量呈现波动态势，但保持在 60 家左右。总体来看，每一年不同分析师跟踪的同群企业数量均存在较大的差距，这也从侧面反映了在共同分析师时间和精力有限的情况下，不同分析师

对企业进行实地调研和考察的程度会存在一定的差异,因此对企业的影响也会存在差异。

表 4-5 共同分析师跟踪下同群企业数量的分布情况及分年度情况

| Year | n | mean | sd | min | p50 | max |
|------|------|-------|-------|-----|-----|-----|
| Total | 18135 | 61.68 | 46.88 | 1 | 51 | 391 |
| 2007 | 505 | 12.17 | 8.895 | 1 | 11 | 49 |
| 2008 | 721 | 40.40 | 29.91 | 1 | 34 | 155 |
| 2009 | 861 | 38.07 | 25.66 | 1 | 34 | 133 |
| 2010 | 1210 | 67.10 | 45.16 | 1 | 62 | 275 |
| 2011 | 1439 | 84.75 | 61.48 | 1 | 72 | 346 |
| 2012 | 1456 | 62.06 | 43.76 | 1 | 53 | 282 |
| 2013 | 1294 | 46.04 | 28.63 | 1 | 42 | 172 |
| 2014 | 1363 | 47.47 | 29.79 | 1 | 44 | 181 |
| 2015 | 1546 | 51.79 | 32.92 | 1 | 47 | 232 |
| 2016 | 1717 | 74.89 | 51.19 | 1 | 65 | 391 |
| 2017 | 1807 | 84.44 | 57.33 | 1 | 72 | 368 |
| 2018 | 1558 | 65.72 | 47.02 | 1 | 54 | 267 |
| 2019 | 1617 | 68.31 | 47.09 | 1 | 59 | 287 |
| 2020 | 1041 | 56.41 | 38.83 | 1 | 49 | 225 |

#### 4.3.1.2 相关性分析

在进行回归之前,鉴于可能出现的多重共线性问题,本书对被解释变量、解释变量、控制变量的相关系数进行了检验,报告的相关系数矩阵如表 4-6 所示。首先,从被解释变量与解释变量的关系来看,广义的影子银行化程度 ($ShBank1$)、狭义的影子银行化程度 ($ShBank2$) 与同群企业的加权影子银行化程度之间均存在显著的正相关关系,并且 Spearman 系数也同样支持了该结论,因此,初步可以说明焦点企业的影子银行化与共同分析师联结下同伴企业的影子银行化行为存在一定的同群现象。其次,从解释变量与控制变量的相关性来看,两个主要的同伴企业影子银行化加权变量与主要控制变量之间的相关系数均小于0.5,这在一定程度上说明了主要解释变量与控制变量之间不存在严重的多重共线性,使后续的回归结果更具说服力。最后,从两个被解释变量与控制变量的相关性来看,所选的控制变量与两个被解释变量均存在着显著的相关关系,即说明了本书所选取的控制变量较为合适。

表4-6 相关性分析

| | SibBank1 | SibBank2 | Peer_SibBank1 | Peer_SibBank2 | External_F | Margin | State | Size | Lev | Growth | ROA | Profit | Cfo | Dual | Smr | Board | Indi | Analyst |
|---|---|---|---|---|---|---|---|---|---|---|---|---|---|---|---|---|---|---|
| SibBank1 | 1.0000 | 0.8919*** [0.0000] | 0.3672*** [0.0000] | 0.3660*** [0.0000] | -0.1701*** [0.0000] | 0.0874*** [0.0000] | -0.1346*** [0.0000] | 0.0590*** [0.0000] | -0.0231*** [0.0018] | 0.0942*** [0.0000] | 0.0180** [0.0151] | 0.0764*** [0.0000] | -0.0216*** [0.0036] | 0.0450*** [0.0000] | 0.1122*** [0.0000] | -0.0881*** [0.0000] | 0.0403*** [0.0000] | 0.0058 [0.4309] |
| SibBank2 | 0.9319*** [0.0000] | 1.0000 | 0.2794*** [0.0000] | 0.2848*** [0.0000] | -0.1636*** [0.0000] | 0.0900*** [0.0000] | -0.1034*** [0.0000] | 0.0475*** [0.0000] | 0.0083 [0.2622] | 0.0833*** [0.0000] | 0.0050 [0.4966] | 0.0729*** [0.0000] | -0.0353*** [0.0000] | 0.0234*** [0.0000] | 0.0842*** [0.0000] | -0.0639*** [0.0000] | 0.0323*** [0.0000] | 0.0009 [0.9008] |
| Peer_SibBank1 | 0.3025*** [0.0000] | 0.2702*** [0.0000] | 1.0000 | 0.9773*** [0.0000] | -0.1591*** [0.0000] | 0.0189** [0.0108] | -0.2386*** [0.0000] | 0.0698*** [0.0000] | -0.0958*** [0.0000] | 0.1956*** [0.0000] | 0.0195*** [0.0085] | 0.1493*** [0.0000] | 0.0287*** [0.0001] | 0.1089*** [0.0000] | 0.2316*** [0.0000] | -0.1770*** [0.0000] | 0.0673*** [0.0000] | 0.0574*** [0.0000] |
| Peer_SibBank2 | 0.2886*** [0.0000] | 0.2636*** [0.0000] | 0.9708*** [0.0000] | 1.0000 | -0.1803*** [0.0000] | 0.0054 [0.4678] | -0.2280*** [0.0000] | 0.0913*** [0.0000] | -0.0750*** [0.0000] | 0.1899*** [0.0000] | 0.0214*** [0.0039] | 0.1565*** [0.0000] | 0.0393*** [0.0000] | 0.1030*** [0.0000] | 0.2198*** [0.0000] | -0.1721*** [0.0000] | 0.0673*** [0.0000] | 0.0660*** [0.0000] |
| External_F | -0.0838*** [0.0000] | -0.0892*** [0.0000] | -0.1249*** [0.0000] | -0.1405*** [0.0000] | 1.0000 | 0.1540*** [0.0000] | -0.1784*** [0.0000] | -0.3343*** [0.0000] | -0.2487*** [0.0000] | 0.0227*** [0.0022] | -0.2575*** [0.0000] | 0.0233*** [0.0017] | -0.2246*** [0.0000] | 0.1021*** [0.0000] | 0.1267*** [0.0000] | -0.0498*** [0.0000] | 0.0108 [0.1446] | -0.2081*** [0.0000] |
| Margin | -0.0270*** [0.0003] | -0.0280*** [0.0002] | 0.0144* [0.0530] | -0.0041 [0.5787] | 0.1396*** [0.0000] | 1.0000 | 0.2131*** [0.0000] | 0.2650*** [0.0000] | 0.4380*** [0.0000] | -0.2807*** [0.0000] | -0.7247*** [0.0000] | -0.4334*** [0.0000] | -0.3738*** [0.0000] | -0.1205*** [0.0000] | -0.2220*** [0.0000] | 0.0881*** [0.0000] | 0.0007 [0.9273] | -0.2820*** [0.0000] |
| State | -0.1560*** [0.0000] | -0.1400*** [0.0000] | -0.2345*** [0.0000] | -0.2271*** [0.0000] | -0.1820*** [0.0000] | 0.1753*** [0.0000] | 1.0000 | 0.3875*** [0.0000] | 0.3317*** [0.0000] | -0.2369*** [0.0000] | -0.1919*** [0.0000] | -0.2339*** [0.0000] | 0.0417*** [0.0000] | -0.3120*** [0.0000] | -0.5565*** [0.0000] | 0.3084*** [0.0000] | -0.0535*** [0.0000] | -0.0244*** [0.0010] |
| Size | -0.0882*** [0.0000] | -0.0760*** [0.0000] | 0.0118 [0.1117] | 0.0320*** [0.0000] | -0.3348*** [0.0000] | 0.2062*** [0.0000] | 0.3941*** [0.0000] | 1.0000 | 0.5802*** [0.0000] | -0.4910*** [0.0000] | -0.2309*** [0.0000] | -0.2740*** [0.0000] | 0.0310*** [0.0000] | -0.2129*** [0.0000] | -0.3745*** [0.0000] | 0.2140*** [0.0000] | 0.0293*** [0.0000] | 0.2561*** [0.0000] |
| Lev | -0.2031*** [0.0000] | -0.1761*** [0.0000] | -0.1109*** [0.0000] | -0.0945*** [0.0000] | -0.2496*** [0.0000] | 0.3898*** [0.0000] | 0.3327*** [0.0000] | 0.5758*** [0.0000] | 1.0000 | -0.3989*** [0.0000] | -0.4808*** [0.0000] | -0.4537*** [0.0000] | -0.1524*** [0.0000] | -0.1684*** [0.0000] | -0.3330*** [0.0000] | 0.1574*** [0.0000] | -0.0068 [0.3618] | -0.0202*** [0.0066] |
| Growth | 0.1246*** [0.0000] | 0.1169*** [0.0000] | 0.1823*** [0.0000] | 0.1805*** [0.0000] | -0.0154** [0.0386] | -0.2235*** [0.0000] | -0.1642*** [0.0000] | -0.3600*** [0.0000] | -0.3171*** [0.0000] | 1.0000 | 0.3822*** [0.0000] | 0.3503*** [0.0000] | 0.1587*** [0.0000] | 0.1251*** [0.0000] | 0.2209*** [0.0000] | -0.1453*** [0.0000] | 0.0080 [0.2790] | 0.1010*** [0.0000] |
| ROA | 0.1306*** [0.0000] | 0.1104*** [0.0000] | 0.0319*** [0.0000] | 0.0338*** [0.0000] | -0.3000*** [0.0000] | -0.6211*** [0.0000] | -0.1537*** [0.0000] | -0.1707*** [0.0000] | -0.4355*** [0.0000] | 0.3336*** [0.0000] | 1.0000 | 0.4777*** [0.0000] | 0.4175*** [0.0000] | 0.0846*** [0.0000] | 0.1927*** [0.0000] | -0.0575*** [0.0000] | -0.0197*** [0.0079] | 0.3404*** [0.0000] |
| Profit | 0.1410*** [0.0000] | 0.1331*** [0.0000] | 0.1439*** [0.0000] | 0.1529*** [0.0000] | 0.0142* [0.0552] | -0.4167*** [0.0000] | -0.2140*** [0.0000] | -0.2514*** [0.0000] | -0.4434*** [0.0000] | 0.3359*** [0.0000] | 0.4643*** [0.0000] | 1.0000 | 0.2113*** [0.0000] | 0.1490*** [0.0000] | 0.2522*** [0.0000] | -0.1060*** [0.0000] | 0.0452*** [0.0000] | 0.1528*** [0.0000] |
| Cfo | 0.0767*** [0.0000] | 0.0673*** [0.0000] | 0.0374*** [0.0000] | 0.0464*** [0.0000] | -0.2331*** [0.0000] | -0.3662*** [0.0000] | 0.0385*** [0.0000] | 0.0277*** [0.0002] | -0.1598*** [0.0000] | 0.1848*** [0.0000] | 0.4315*** [0.0000] | 0.2285*** [0.0000] | 1.0000 | -0.0293*** [0.0001] | -0.0554*** [0.0000] | 0.0531*** [0.0000] | -0.0276*** [0.0002] | 0.1649*** [0.0000] |
| Dual | 0.0753*** [0.0000] | 0.0643*** [0.0000] | 0.1078*** [0.0000] | 0.1035*** [0.0000] | 0.1012*** [0.0000] | -0.1082*** [0.0000] | -0.3120*** [0.0000] | -0.2022*** [0.0000] | -0.1682*** [0.0000] | 0.0857*** [0.0000] | 0.0659*** [0.0000] | 0.1331*** [0.0000] | -0.0288*** [0.0001] | 1.0000 | 0.5085*** [0.0000] | -0.1929*** [0.0000] | 0.1108*** [0.0000] | 0.0189** [0.0111] |
| Smr | 0.1065*** [0.0000] | 0.0871*** [0.0000] | 0.1114*** [0.0000] | 0.1020*** [0.0000] | 0.1493*** [0.0000] | -0.1842*** [0.0000] | -0.4016*** [0.0000] | -0.3435*** [0.0000] | -0.2994*** [0.0000] | 0.0788*** [0.0000] | 0.1335*** [0.0000] | 0.1995*** [0.0000] | -0.0486*** [0.0000] | 0.5085*** [0.0000] | 1.0000 | -0.2317*** [0.0000] | 0.1014*** [0.0000] | 0.0817*** [0.0000] |
| Board | -0.0949*** [0.0000] | -0.0843*** [0.0000] | -0.1606*** [0.0000] | -0.1558*** [0.0000] | -0.0536*** [0.0000] | 0.0768*** [0.0000] | 0.3122*** [0.0000] | 0.2322*** [0.0000] | 0.1598*** [0.0000] | -0.1315*** [0.0000] | -0.0439*** [0.0000] | -0.0933*** [0.0000] | 0.0505*** [0.0000] | -0.2069*** [0.0000] | -0.2023*** [0.0000] | 1.0000 | -0.4874*** [0.0000] | 0.0590*** [0.0000] |
| Indi | 0.0183** [0.0138] | 0.0111 [0.1334] | 0.0644*** [0.0000] | 0.0646*** [0.0000] | 0.0075 [0.3107] | -0.0054 [0.4633] | -0.0525*** [0.0000] | 0.0511*** [0.0000] | -0.0024 [0.7424] | 0.0297*** [0.0001] | -0.0070 [0.3427] | 0.0411*** [0.0000] | -0.0192*** [0.0099] | 0.1108*** [0.0000] | 0.0575*** [0.0000] | -0.4760*** [0.0000] | 1.0000 | 0.0252*** [0.0007] |
| Analyst | 0.0140* [0.0590] | 0.0139* [0.0608] | 0.0378*** [0.0000] | 0.0456*** [0.0000] | -0.2201*** [0.0000] | -0.2574*** [0.0000] | -0.0251*** [0.0007] | 0.2743*** [0.0000] | -0.0222*** [0.0028] | 0.1085*** [0.0000] | 0.3297*** [0.0000] | 0.1487*** [0.0000] | 0.1683*** [0.0000] | 0.0189** [0.0111] | 0.0313*** [0.0000] | 0.0590*** [0.0000] | 0.0252*** [0.0007] | 1.0000 |

注：方括号中为 P 值，上半部分为 Spearman 系数，下半部分为 Pearson 系数，*、**、*** 分别代表在 10%、5% 和 1% 的水平上显著。

4.3.1.3 组间系数差异检验

为了初步了解被解释变量与解释变量之间的关系，本章还进行了组间系数差异检验。具体的做法是，将主要解释变量同群企业的广义影子银行化程度（*Peer_ShBank*1）和同群企业的狭义影子银行化程度（*Peer_ShBank*2）进行排序，将前 1/3 以上的样本作为同群企业影子银行化程度较高的组（Group3）、后 1/3 以下的样本作为同群企业影子银行化程度较低的组（Group1），其余部分为 Group2①。组间系数差异检验的结果如表 4-7 所示。就均值差异检验来看，*Sh-Bank*1 的均值由 Group1 到 Group3 不断变大，Group2 的均值比 Group1 的均值高了 0.0613，Group3 的均值比 Group1 的均值高了 0.1194，Group3 的均值比 Group2 的均值高了 0.0581，并且均通过了 1% 水平的统计检验；*ShBank*2 的均值由 Group1 到 Group3 不断变大，Group2 的均值比 Group1 的均值高了 0.0449，Group3 的均值比 Group1 的均值高了 0.0857，Group3 的均值比 Group2 的均值高了 0.0408，并且同样通过了 1% 水平的统计检验。Wilcoxon rank-sum 检验结果与均值差异检验结果类似，从 Group1 到 Group3、*ShBank*1 和 *ShBank*2 的中位数不断变大。以上结果说明随着同群企业影子银行化程度的提高，焦点企业的影子银行化程度也在不断增大，即共同分析师联结下，非金融企业影子银行化具有同群效应，这初步证实了 H1 的预期。

表 4-7 组间系数差异检验

| | Group1 | Group2 | Group3 |
|---|---|---|---|
| Panel A：均值差异检验 | | | |
| *ShBank*1 | 0.0280 | 0.0893 | 0.1474 |
| | （2）－（1）：diff=0.0613***，P-value=0.0000 | | |
| | （3）－（1）：diff=0.1194***，P-value=0.0000 | | |
| | （3）－（2）：diff=0.0581***，P-value=0.0000 | | |
| *ShBank*2 | 0.0230 | 0.0679 | 0.1087 |
| | （2）－（1）：diff=0.0449***，P-value=0.0000 | | |
| | （3）－（1）：diff=0.0857***，P-value=0.0000 | | |
| | （3）－（2）：diff=0.0408***，P-value=0.0000 | | |

---

① 需要说明的是，理论上，应该对"同群企业是否开展影子银行化活动"进行组间系数差异检验，但由于解释变量是通过多个同群企业影子银行化程度加权计算而来，同群企业广义影子银行化程度和同群企业狭义影子银行化程度为 0 的样本极少。因此，为了避免组与组之间样本量差距过大的影响，笔者将同群企业的广义影子银行化程度和狭义的影子银行化程度进行了高、中、低分组后再进行了组间系数差异检验。

续表

| | Group1 | Group2 | Group3 |
|---|---|---|---|
| Panel B：Wilcoxon rank-sum 检验（中位数） | | | |
| ShBank1 | 0.0186 | 0.0785 | 0.1579 |
| | （2）-（1）：diff=0.0559***，P-value=0.0000 | | |
| | （3）-（1）：diff=0.1393***，P-value=0.0000 | | |
| | （3）-（2）：diff=0.0794***，P-value=0.0000 | | |
| ShBank2 | 0.0142 | 0.0582 | 0.1205 |
| | （2）-（1）：diff=0.0440***，P-value=0.0000 | | |
| | （3）-（1）：diff=0.1063***，P-value=0.0000 | | |
| | （3）-（2）：diff=0.0623***，P-value=0.0000 | | |

注：***表示在1%的水平上显著。

### 4.3.2 非金融企业影子银行化同群效应的存在性检验结果

本书对共同分析师跟踪下非金融企业影子银行化同群效应进行了检验，模型（4.3）的回归结果如表4-8所示。其中，第（1）至第（3）列的被解释变量为焦点企业的广义影子银行化程度（ShBank1），核心解释变量为共同分析师联结下同群企业广义影子银行化程度的加权值（Peer_ShBank1）；第（4）至第（6）列的被解释变量为焦点企业的狭义影子银行化程度（ShBank2），核心解释变量为共同分析师联结下同群企业狭义影子银行化程度的加权值（Peer_ShBank2）。为了保证回归结果的稳健性和科学性，本章采用了逐步加入控制变量进行回归，第（1）列、第（4）列为不加入控制变量的回归结果；第（2）列、第（5）列为加入焦点企业公司特征的回归结果；第（3）列、第（6）列为加入焦点企业公司特征和公司治理变量的回归结果。

表4-8 非金融企业影子银行化同群效应存在性的检验结果

| | （1） | （2） | （3） | （4） | （5） | （6） |
|---|---|---|---|---|---|---|
| | ShBank1 | ShBank1 | ShBank1 | ShBank2 | ShBank2 | ShBank2 |
| Peer_ShBank1 | 0.2672*** | 0.2107*** | 0.2096*** | | | |
| | (7.6833) | (6.2218) | (6.1835) | | | |
| Peer_ShBank2 | | | | 0.2184*** | 0.1777*** | 0.1766*** |
| | | | | (6.2678) | (5.2054) | (5.1620) |
| External_F | | -0.0912*** | -0.0921*** | | -0.0811*** | -0.0811*** |
| | | (-10.1284) | (-10.2121) | | (-10.9021) | (-10.8742) |

续表

| | (1) | (2) | (3) | (4) | (5) | (6) |
|---|---|---|---|---|---|---|
| | *ShBank*1 | *ShBank*1 | *ShBank*1 | *ShBank*2 | *ShBank*2 | *ShBank*2 |
| Margin | | 0. 1543 *** | 0. 1566 *** | | 0. 1068 *** | 0. 1085 *** |
| | | (10. 8867) | (10. 9170) | | (8. 9411) | (8. 9875) |
| State | | −0. 0114 *** | −0. 0089 *** | | −0. 0094 *** | −0. 0081 *** |
| | | (−4. 3500) | (−3. 1626) | | (−4. 3291) | (−3. 4835) |
| Size | | −0. 0047 *** | −0. 0033 ** | | −0. 0042 *** | −0. 0037 *** |
| | | (−3. 6413) | (−2. 2477) | | (−3. 9642) | (−3. 0521) |
| Lev | | −0. 1542 *** | −0. 1542 *** | | −0. 1102 *** | −0. 1103 *** |
| | | (−17. 3852) | (−17. 3287) | | (−15. 2459) | (−15. 1944) |
| Growth | | −0. 0013 | −0. 0007 | | −0. 0001 | 0. 0001 |
| | | (−0. 8445) | (−0. 4440) | | (−0. 0410) | (0. 1159) |
| ROA | | 0. 2356 *** | 0. 2349 *** | | 0. 1107 *** | 0. 1077 *** |
| | | (5. 7986) | (5. 7264) | | (3. 3090) | (3. 1954) |
| Profit | | 0. 0351 *** | 0. 0327 *** | | 0. 0288 *** | 0. 0279 *** |
| | | (3. 2456) | (3. 0022) | | (3. 1650) | (3. 0427) |
| Cfo | | 0. 0823 *** | 0. 0862 *** | | 0. 0495 *** | 0. 0515 *** |
| | | (4. 5002) | (4. 6797) | | (3. 3923) | (3. 5025) |
| Dual | | | 0. 0021 | | | 0. 0019 |
| | | | (0. 6341) | | | (0. 6954) |
| Smr | | | 0. 0309 ** | | | 0. 0121 |
| | | | (2. 4589) | | | (1. 1833) |
| Board | | | −0. 0043 | | | −0. 0032 |
| | | | (−0. 6270) | | | (−0. 5703) |
| Indi | | | −0. 0348 | | | −0. 0427 ** |
| | | | (−1. 4429) | | | (−2. 1956) |
| Analyst | | | −0. 0009 | | | 0. 0004 |
| | | | (−0. 4925) | | | (0. 2298) |
| _cons | 0. 0402 *** | 0. 2514 *** | 0. 2416 *** | 0. 0337 *** | 0. 2142 *** | 0. 2239 *** |
| | (3. 6169) | (7. 8118) | (6. 6809) | (3. 7762) | (8. 0943) | (7. 5801) |
| Year | √ | √ | √ | √ | √ | √ |
| Industry | √ | √ | √ | √ | √ | √ |
| Region | √ | √ | √ | √ | √ | √ |

| | （1） | （2） | （3） | （4） | （5） | （6） |
|---|---|---|---|---|---|---|
| | *ShBank*1 | *ShBank*1 | *ShBank*1 | *ShBank*2 | *ShBank*2 | *ShBank*2 |
| *F* | 38.8613 | 32.8886 | 31.4246 | 40.6042 | 27.0326 | 25.7711 |
| *Adj R²* | 0.1235 | 0.1673 | 0.1677 | 0.1002 | 0.1344 | 0.1346 |
| *N* | 18135 | 18135 | 18135 | 18135 | 18135 | 18135 |

注：括号内 t 值采用 robust 修正，**、*** 分别代表在 5% 和 1% 的水平上显著，结果均保留四位小数。

从统计意义上来看，第（1）至第（3）列显示 *Peer_ShBank*1 的回归系数分别为 0.27、0.21 及 0.21，且均在 1% 的水平上显著为正，说明了焦点企业的广义影子银行化程度与共同分析师联结下同群企业的广义影子银行化程度呈显著的正相关关系。第（4）至第（6）列显示 *Peer_ShBank*2 的回归系数分别为 0.22、0.18 及 0.18，同样都在 1% 的水平上显著为正，表明了共同分析师联结下同群企业的狭义影子银行化程度显著正向影响焦点企业狭义的影子银行化程度。从经济意义上来看，平均而言，同群企业的广义影子银行化程度每增加一个标准差（0.0718），使焦点企业的广义影子银行化程度的提升幅度相当于样本标准差的 8.82%（$=0.2096×0.0718/0.1707$）；同群企业的狭义影子银行化程度每增加一个标准差（0.0555），使焦点企业的狭义影子银行化程度的提升幅度相当于样本标准差的 7%（$=0.1766×0.0555/0.1408$）。因此，无论是从统计意义还是经济意义上来说，回归结果均表明了焦点企业的影子银行化程度与共同分析师联结下同群企业的影子银行化程度呈显著的正相关关系，即共同分析师联结下非金融企业的影子银行化行为具有同群效应，从而证实了 H1 的存在。

从部分控制变量来看，焦点企业的外部融资能力（*External_F*）显著负向地影响企业的影子银行化程度，则说明了当企业的外部融资能力越大，企业影子银行化程度会越小，由此表明，非金融企业开展影子银行化活动常常出现在外部融资能力差的企业中，这也是如今影子银行化行为会削弱企业的主营业务、增加企业经营风险的原因之一。结合金融收益率与实体收益率之差（*Margin*）的回归系数来看，金融收益率与实体收益率之差显著正向影响企业的影子银行化程度，则说明了影子银行化所具备的金融属性才是大部分非金融企业追逐的关键。

# 4.4　内生性问题

## 4.4.1　工具变量法

在研究同群效应时，最大的挑战就是如何排除焦点企业与同群企业的反向因果问题。为控制并剥离反射问题、去除关联效应所带来的影响，借鉴 Zhang 等（2018）、李佳宁和钟田丽（2020）、陈庆江等（2021）的思路，利用"同群企业的同群企业"构造工具变量，并采用两阶段最小二乘法（IV-2SLS）和广义矩估计（IV-GMM）的方法重新进行了回归。

工具变量的构建方法如下：①根据中国证监会 2012 年的行业分类标准，删除焦点企业与共同分析师联结下同群企业是同一个行业的样本（满足了外生性的条件）；②计算共同分析师联结下同群企业的同行业同群企业影子银行化程度的均值（$Peer\_ShBank\_Industry$），再根据模型（4.1）计算 $Peer\_ShBank\_Industry$ 的加权值（满足了相关性的条件），作为 $Peer\_ShBank$ 的工具变量；③根据新的同群企业样本计算对应的控制变量。回归结果如表 4-9 所示，其中，第（1）至第（4）列为 IV-2SLS 的回归结果，第（5）列、第（6）列为 IV-GMM 的回归结果。结果显示，$Peer\_ShBank$ 的回归系数在 1% 的水平上显著为正，并且 $Peer\_ShBank$ 系数比表 4-8 中 $Peer\_ShBank$ 的系数更大，即支持了前文的结论。根据表 4-9，第（5）列中 Kleibergen-Paap rk LM 统计量的值为 646.18，Kleibergen-Paap rk Wald F 统计量的值为 694.04，Hansen J statistic 为 0；第（6）列中 Kleibergen-Paap rk LM 统计量的值为 609.55，Kleibergen-Paap rk Wald F 统计量的值为 638.04，Hansen J statistic 为 0，拒绝了不可识别以及存在弱工具变量的原假设，而接受了工具变量是外生的，表明了工具变量选取的有效性。

表 4-9　工具变量法的回归结果

| | （1） | （2） | （3） | （4） | （5） | （6） |
|---|---|---|---|---|---|---|
| | $Peer\_ShBank1$ | $ShBank1$ | $Peer\_ShBank2$ | $ShBank2$ | $ShBank1$ | $ShBank2$ |
| | IV-2SLS | | | | IV-GMM | |
| | 第一阶段 | 第二阶段 | 第一阶段 | 第二阶段 | | |
| $Peer\_ShBank1\_Industry$ | 0.5134*** | | | | | |
| | （26.3446） | | | | | |

续表

| | （1） | （2） | （3） | （4） | （5） | （6） |
|---|---|---|---|---|---|---|
| | Peer_ShBank1 | ShBank1 | Peer_ShBank2 | ShBank2 | ShBank1 | ShBank2 |
| | IV-2SLS | | | | IV-GMM | |
| | 第一阶段 | 第二阶段 | 第一阶段 | 第二阶段 | | |
| Peer_ShBank2_Industry | | | 0.4897*** | | | |
| | | | (25.2594) | | | |
| Peer_ShBank1 | | 0.3340*** | | | 0.3340*** | |
| | | (3.1415) | | | (3.1415) | |
| Peer_ShBank2 | | | | 0.3640*** | | 0.3640*** |
| | | | | (3.2654) | | (3.2654) |
| External_F | −0.0099*** | −0.0926*** | −0.0061** | −0.0819*** | −0.0926*** | −0.0819*** |
| | (−3.2615) | (−10.0061) | (−2.5097) | (−10.7341) | (−10.0061) | (−10.7341) |
| Margin | −0.0017 | 0.1621*** | −0.0026 | 0.1130*** | 0.1621*** | 0.1130*** |
| | (−0.4109) | (11.2653) | (−0.7903) | (9.3501) | (11.2653) | (9.3501) |
| State | −0.0028*** | −0.0094*** | −0.0023*** | −0.0085*** | −0.0094*** | −0.0085*** |
| | (−2.7614) | (−3.2602) | (−2.8373) | (−3.5825) | (−3.2602) | (−3.5825) |
| Size | −0.0014*** | −0.0030** | −0.0008* | −0.0034*** | −0.0030** | −0.0034*** |
| | (−2.7925) | (−1.9760) | (−1.9388) | (−2.7512) | (−1.9760) | (−2.7512) |
| Lev | −0.0003 | −0.1532*** | 0.0008 | −0.1096*** | −0.1532*** | −0.1096*** |
| | (−0.1108) | (−16.9551) | (0.3292) | (−14.8872) | (−16.9551) | (−14.8872) |
| Growth | −0.0007 | −0.0003 | −0.0002 | 0.0004 | −0.0003 | 0.0004 |
| | (−1.4616) | (−0.1614) | (−0.4382) | (0.3124) | (−0.1614) | (0.3124) |
| ROA | −0.0041 | 0.2407*** | −0.0044 | 0.1079*** | 0.2407*** | 0.1079*** |
| | (−0.3120) | (5.7818) | (−0.4080) | (3.1720) | (5.7818) | (3.1720) |
| Profit | 0.0053 | 0.0312*** | 0.0051* | 0.0261*** | 0.0312*** | 0.0261*** |
| | (1.6301) | (2.8115) | (1.9499) | (2.7956) | (2.8115) | (2.7956) |
| Cfo | 0.0107* | 0.0909*** | 0.0063 | 0.0562*** | 0.0909*** | 0.0562*** |
| | (1.7252) | (4.8166) | (1.2949) | (3.7383) | (4.8166) | (3.7383) |
| Dual | 0.0020** | 0.0011 | 0.0016** | 0.0009 | 0.0011 | 0.0009 |
| | (1.9632) | (0.3247) | (1.9963) | (0.3172) | (0.3247) | (0.3172) |
| Smr | −0.0034 | 0.0328*** | −0.0031 | 0.0140 | 0.0328*** | 0.0140 |
| | (−0.9822) | (2.5864) | (−1.0979) | (1.3619) | (2.5864) | (1.3619) |
| Board | −0.0010 | −0.0039 | −0.0002 | −0.0031 | −0.0039 | −0.0031 |
| | (−0.4241) | (−0.5616) | (−0.0971) | (−0.5351) | (−0.5616) | (−0.5351) |
| Indi | −0.0012 | −0.0313 | −0.0031 | −0.0380* | −0.0313 | −0.0380* |
| | (−0.1502) | (−1.2791) | (−0.4876) | (−1.9243) | (−1.2791) | (−1.9243) |

续表

| | (1) | (2) | (3) | (4) | (5) | (6) |
|---|---|---|---|---|---|---|
| | Peer_ShBank1 | ShBank1 | Peer_ShBank2 | ShBank2 | ShBank1 | ShBank2 |
| | IV-2SLS | | | | IV-GMM | |
| | 第一阶段 | 第二阶段 | 第一阶段 | 第二阶段 | | |
| Analyst | 0.0027*** | −0.0007 | 0.0023*** | 0.0005 | −0.0007 | 0.0005 |
| | (4.1399) | (−0.3831) | (4.5324) | (0.3194) | (−0.3831) | (0.3194) |
| _cons | 0.0323*** | 0.2299*** | 0.0180* | 0.2122*** | 0.2299*** | 0.2122*** |
| | (2.7388) | (6.1359) | (1.9271) | (6.9532) | (6.1359) | (6.9532) |
| Year | √ | √ | √ | √ | √ | √ |
| Industry | √ | √ | √ | √ | √ | √ |
| Region | √ | √ | √ | √ | √ | √ |
| F | 371.1467 | — | 315.1647 | — | 30.4860 | 24.9307 |
| Wald chi$^2$ | — | 3189.46 | — | 2608.25 | — | — |
| Adj R$^2$ | 0.5960 | 0.1610 | 0.5612 | 0.1267 | 0.1610 | 0.1267 |
| N | 17712 | 17712 | 17712 | 17712 | 17712 | 17712 |

注：括号内 t 值采用 robust 修正，＊、＊＊、＊＊＊分别代表在 10%、5% 和 1% 的水平上显著，结果均保留四位小数。

### 4.4.2　t+1 期被解释变量

前文提到，考虑到大部分共同分析师对企业发布的盈余预测报告的期限都不会超过 1 年，由于共同分析师相比其他信息渠道能够更及时地传递私有信息，影子银行化的同群效应很可能已在当期体现，因此本章将解释变量和被解释变量设为同期，但是还有一种可能是信息的传递不充分或者延迟，导致企业在接收同群企业的影子银行化信息和发生影子银行化行为上存在滞后性。为了避免在信息传递中可能出现的时滞问题并加强结论的可靠性，本章还将 t+1 期的被解释变量 ShBank1 和 ShBank2 替换原有 t 期的被解释变量重新进行回归，回归结果如表 4-10 所示。在将两个被解释变量前置一期后，主要的解释变量 Peer_ShBank1 和 Peer_ShBank2 的估计系数依然在 1% 的水平上显著为正，进一步证实了前文的研究结论。

表 4-10　t+1 期被解释变量

| | (1) | (2) | (3) | (4) |
|---|---|---|---|---|
| | f_ShBank1 | f_ShBank1 | f_ShBank2 | f_ShBank2 |
| Peer_ShBank1 | 0.2304*** | 0.1893*** | | |
| | (5.6824) | (4.7202) | | |

续表

| | （1） | （2） | （3） | （4） |
|---|---|---|---|---|
| | $f\_ShBank1$ | $f\_ShBank1$ | $f\_ShBank2$ | $f\_ShBank2$ |
| Peer_ShBank2 | | | 0. 1729 *** | 0. 1401 *** |
| | | | （4. 0856） | （3. 3342） |
| External_F | | −0. 0788 *** | | −0. 0657 *** |
| | | （−7. 5043） | | （−7. 4049） |
| Margin | | 0. 0305 ** | | 0. 0460 *** |
| | | （2. 0233） | | （3. 6402） |
| State | | −0. 0113 *** | | −0. 0094 *** |
| | | （−3. 5334） | | （−3. 4718） |
| Size | | 0. 0003 | | −0. 0011 |
| | | （0. 1738） | | （−0. 8052） |
| Lev | | −0. 1491 *** | | −0. 1146 *** |
| | | （−14. 4550） | | （−13. 4397） |
| Growth | | 0. 0002 | | −0. 0016 |
| | | （0. 0950） | | （−1. 1247） |
| ROA | | 0. 0768 | | 0. 0414 |
| | | （1. 6443） | | （1. 0815） |
| Profit | | −0. 0098 | | 0. 0019 |
| | | （−0. 8024） | | （0. 1824） |
| Cfo | | 0. 1006 *** | | 0. 0809 *** |
| | | （5. 1065） | | （5. 0106） |
| Dual | | 0. 0016 | | 0. 0010 |
| | | （0. 4430） | | （0. 3324） |
| Smr | | 0. 0011 | | 0. 0002 |
| | | （0. 0790） | | （0. 0145） |
| Board | | 0. 0031 | | −0. 0010 |
| | | （0. 4119） | | （−0. 1547） |
| Indi | | 0. 0096 | | −0. 0207 |
| | | （0. 3512） | | （−0. 9322） |
| Analyst | | −0. 0006 | | 0. 0007 |
| | | （−0. 2958） | | （0. 3690） |
| _cons | 0. 0345 *** | 0. 1299 *** | 0. 0262 *** | 0. 1505 *** |
| | （2. 8776） | （3. 3601） | （2. 7740） | （4. 6628） |
| Year | √ | √ | √ | √ |

续表

| | (1) | (2) | (3) | (4) |
|---|---|---|---|---|
| | $f\_ShBank1$ | $f\_ShBank1$ | $f\_ShBank2$ | $f\_ShBank2$ |
| Industry | √ | √ | √ | √ |
| Region | √ | √ | √ | √ |
| F | 24.0815 | 21.3472 | 19.9894 | 17.6398 |
| Adj $R^2$ | 0.1045 | 0.1379 | 0.0851 | 0.1134 |
| N | 13416 | 13416 | 13416 | 13416 |

注：括号内 t 值采用 robust 修正，＊、＊＊、＊＊＊分别代表在 10%、5% 和 1% 的水平上显著，结果均保留四位小数。

### 4.4.3　倾向得分匹配的双重差分法

虽然在上述回归中控制了年份、行业和地区的固定效应，但是企业影子银行化同群来源于多个方面，比如企业之间本身可能存在的某些隐性特征同样也会导致企业影子银行化具有一定的相似性。为了克服可能存在的内生性问题，最好的方法就是找到一个外生冲击事件作为准自然实验。参考已有的研究文献（李占婷，2018；马慧，2019），本章以分析师所在证券公司借壳上市作为外生事件，通过双重差分模型（DID）来检验券商借壳上市是否影响非金融企业的影子银行化决策。通过证券上市公司借壳上市作为准自然实验的原因在于：其一，证券公司借壳上市主要是由券商自身发展等特质因素决定的，与共同分析师本身无直接关系，符合准自然实验研究情景的外生条件；其二，借壳上市后，短期内分析师所承接的业务增加，分析师所跟踪的企业数量增加，将原本没有共同分析师联结的企业变成了有共同分析师联结的企业，这符合准自然实验研究情景的相关性条件；其三，相比普通的上市事件，借壳上市事件能够降低券商上市的时间，上市后券商短期接到新业务会迅速增多，而短时间内雇用足够多的新分析师的可能性较小，因而更容易在企业之间形成共同分析师。同时，由于在共同分析师联结之前处理组和控制组之间的差异可能会导致选择性偏差，为了降低模型估计的有效性，本章采用了倾向得分匹配法（PSM）进行一对一最近邻匹配后再进行检验；此外，在模型中考虑了个体固定效应（Firm 为企业固定效应）。

2007~2020 年，中国一共发生了八起券商借壳上市事件，这就形成了一个错层的准自然实验情景，能够尽可能地减少时间等其他干扰因素对研究结论的影响。本书预期券商在借壳上市后会导致分析师预测的公司数量增加从而加大信息的传递，进而增加同群企业影子银行化对焦点企业影子银行化的影响。借鉴 Bertrand 和 Mullainathan（2003）的方法来构建双重差分模型，研究模型如下：

$$ShBank_{i,t} = \gamma_0 + \gamma_1 Treat_{i,t} \times Time_{i,t} + \gamma_2 Ctrl_{i,t} + \sum Year + \sum Firm + \varepsilon_{i,t}$$

$$(4.4)$$

其中，$Treat_{i,t}$ 为虚拟变量，若公司的共同分析师所在券商在研究期间内借壳上市则该公司属于处理组，$Treat_{i,t}$ 取值为 1，其他公司则为控制组，$Treat_{i,t}$ 取值为 0；$Time_{i,t}$ 则为前后虚拟变量，公司的共同分析师所在券商借壳上市之后的年份取值为 1，否则为 0。本书主要关注的是交互项 $Treat_{i,t} \times Time_{i,t}$ 的回归系数，如果相比于非借壳上市的券商，借壳上市的券商通过影响共同分析师预测公司数量的增加，导致焦点企业的影子银行化程度增大，那么 $Treat_{i,t} \times Time_{i,t}$ 的回归系数应该显著为正。

表 4-11 反映了以券商借壳上市为外生冲击的双重差分检验，其中交互项 $Treat \times Time$ 至少在 5% 的水平上显著为正，表明在券商借壳上市后，使原本不是同一分析师联结的企业变成了共同分析师联结的企业，这种现象的变化导致了焦点企业的影子银行化程度增加。

表 4-11　券商借壳上市准自然实验的回归结果

| | （1） | （2） |
|---|---|---|
| | $ShBank1$ | $ShBank2$ |
| $Treat \times Time$ | 0.0290 *** | 0.0130 ** |
| | （4.1757） | （2.4379） |
| $External\_F$ | −0.0114 | −0.0210 |
| | （−0.2754） | （−0.6323） |
| $Margin$ | 0.2341 *** | 0.1809 *** |
| | （5.0296） | （4.8738） |
| $State$ | −0.0002 | −0.0083 |
| | （−0.0117） | （−0.5213） |
| $Size$ | 0.0256 *** | 0.0158 *** |
| | （3.8263） | （3.0963） |
| $Lev$ | −0.1201 *** | −0.0600 * |
| | （−2.8170） | （−1.8218） |
| $Growth$ | 0.0155 *** | 0.0128 *** |
| | （3.4300） | （3.4414） |

续表

| | （1） | （2） |
|---|---|---|
| | ShBank1 | ShBank2 |
| ROA | −0.0180 | −0.0036 |
| | （−0.1577） | （−0.0396） |
| Profit | 0.1343** | 0.1006** |
| | （2.5497） | （2.3770） |
| Cfo | −0.0698 | −0.0446 |
| | （−1.3566） | （−1.1216） |
| Dual | 0.0153 | 0.0168* |
| | （1.2915） | （1.8543） |
| Smr | −0.0471 | −0.0720 |
| | （−0.6594） | （−1.3607） |
| Board | 0.0390 | −0.0028 |
| | （1.0304） | （−0.1040） |
| Indi | 0.2456* | 0.1285 |
| | （1.7602） | （1.2638） |
| Analyst | −0.0019 | −0.0053 |
| | （−0.2992） | （−1.0009） |
| _cons | −0.6500*** | −0.3156** |
| | （−3.4836） | （−2.2683） |
| Year | √ | √ |
| Firm | √ | √ |
| F | 6.5394 | 4.5962 |
| Adj $R^2$ | 0.0665 | 0.0536 |
| N | 3386 | 3386 |

注：括号内 t 值采用 robust 修正，*、**、***分别代表在 10%、5% 和 1% 的水平上显著，结果均保留四位小数。

### 4.4.4　Heckman 两步法

除此以外，还可能存在样本选择偏误的问题。具体而言，分析师往往会存在选股偏好，即更愿意跟踪某一类型的上市公司，这些公司存在某些共同特征可能是因为分析师会同时跟踪这些企业。换言之，在共同分析师联结下企业产生影子银行化的同群效应可能是由于企业的某些其他因素驱动的，而不是共同分析师的联结作用。因此，为了避免这一问题对基准回归的影响，本章使用 Heckman 两步法进行检验。第一阶段，构建共同分析师联结下同群企业影子银行化指数的决定因素模型，采用 Probit 回归模型计算出逆米尔斯比率（$IMR$）。具体模型如下：

$$Dumpeershbank_{i,t} = \gamma_0 + \gamma_1 LagCtrl_{i,t} + \mu_{i,t} \tag{4.5}$$

其中，$Dumpeershbank$ 为共同分析师联结下同群企业影子银行化指数 $Peer\_Shbank$ 的虚拟变量，当 $Peer\_Shbank$ 大于年度—行业中位数时取值为 1，否则为 0[①]。$LagCtrl_{i,t}$ 为焦点企业公司特征变量的集合。将焦点企业特征变量滞后的原因在于，分析师在选择跟踪预测的上市公司（即焦点企业的同群企业）时，只能根据上一期已披露的信息来获得企业的财务和治理等有关情况。

第二阶段，将 $IMR$ 作为控制变量加入基准回归模型（4.3）中，以检验可能存在的选择性偏误对研究结论的影响。

由表 4-12 的回归结果可知，同群企业的广义影子银行化程度 $Peer\_ShBank$1 和狭义影子银行化程度 $Peer\_ShBank$2 的回归系数均在 1% 的水平上显著为正，且逆米尔斯比率 $IMR$ 的回归结果均并不显著，说明广义影子银行化和狭义影子银行化不存在共同分析师的样本选择偏误，即验证了本章结论的可靠性。

表 4-12　Heckman 两步法的检验结果

| | (1) | (2) |
|---|---|---|
| | $ShBank$1 | $ShBank$2 |
| $Peer\_ShBank$1 | 0.2696*** | |
| | (5.7233) | |
| $Peer\_ShBank$2 | | 0.2496*** |
| | | (5.2737) |
| $IMR$ | -0.0329 | 0.0323 |
| | (-0.7529) | (0.9082) |
| $External\_F$ | -0.0749*** | -0.0868*** |
| | (-5.1937) | (-6.9843) |
| $Margin$ | 0.1617*** | 0.1132*** |
| | (8.0606) | (6.8264) |

① $Dumpeershbank$ 包括了根据共同分析师联结下同群企业广义影子银行化指数 $Peer\_ShBank$1 构建的虚拟变量和同群企业狭义影子银行化指数 $Peer\_ShBank$2 构建的虚拟变量。

续表

| | (1) | (2) |
|---|---|---|
| | *ShBank*1 | *ShBank*2 |
| State | −0.0075 | −0.0077* |
| | (−1.5490) | (−1.8876) |
| Size | 0.0034 | −0.0015 |
| | (1.3887) | (−0.7584) |
| Lev | −0.1564*** | −0.1022*** |
| | (−10.8690) | (−8.9494) |
| Growth | 0.0019 | 0.0030* |
| | (1.0133) | (1.9116) |
| ROA | 0.1592*** | 0.0747 |
| | (2.6943) | (1.5205) |
| Profit | −0.0006 | 0.0135 |
| | (−0.0389) | (1.0764) |
| Cfo | 0.0426 | 0.0239 |
| | (1.4412) | (0.9725) |
| Dual | 0.0065 | 0.0028 |
| | (1.4238) | (0.7443) |
| Smr | 0.0005 | 0.0039 |
| | (0.0335) | (0.2969) |
| Board | −0.0102 | −0.0072 |
| | (−0.9296) | (−0.7971) |
| Indi | −0.0023 | 0.0072 |
| | (−0.0608) | (0.2282) |
| Analyst | −0.0074** | −0.0065*** |
| | (−2.5119) | (−2.6281) |
| _cons | 0.1358** | 0.1501*** |
| | (2.2644) | (2.9655) |
| Wald chi$^2$ | 1234.30 | 989.08 |
| N | 13416 | 13416 |

注：括号内 t 值采用 robust 修正，*、**、***分别代表在 10%、5%和 1%的水平上显著，结果均保留四位小数。

## 4.4.5　安慰剂检验

本章在基准模型中加入的年份、行业和地区的固定效应虽然能够进一步控制随时间、行业和地区变化的因素，但是受制于数据的有限性，仍然可能会存在其他目前无法观测的共同特征（如宏观经济下行导致的实业投资收益率下降等因素）所导致的可能性。因此，参考李志生等（2018）、李秋梅和梁权熙（2020）的方法，运用安慰剂测试对这些遗漏的非观测特征是否会影响估计结果进行间接检验。具体检验的基本思路是：仍然保持相同数量的同群组数和同群组规模（同群企业数量），不同的是从同一年份的所有企业中随机抽取（随机定义同群组）；即打乱 $Peer\_ShBank$，将 $Peer\_ShBank$ 的全部取值拿出暂存，然后随机赋给每一个样本重新进行回归，由此得出反事实的回归系数 $\alpha_1^{random}$ 的分布。如果同群企业影子银行化行为对于焦点企业的影子银行化行为不存在影响，那么真实的系数 $\alpha_1$ 应该位于反事实 $\alpha_1^{random}$ 分布的中间位置。本章分别进行了 500 次和 1000 次的随机模拟，$Peer\_ShBank1$ 的 $\alpha_1^{random}$ 的分布如图 4-3 和图 4-4 所示，$Peer\_ShBank2$ 的 $\alpha_1^{random}$ 的分布如图 4-5 和图 4-6 所示。

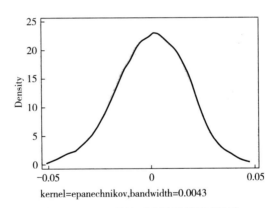

kernel=epanechnikov,bandwidth=0.0043

**图 4-3　*Peer_ShBank*1 随机模拟 500 次**

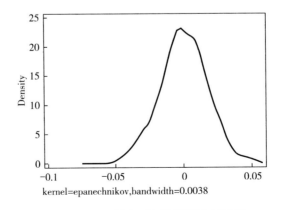

kernel=epanechnikov,bandwidth=0.0038

**图 4-4　*Peer_ShBank*1 随机模拟 1000 次**

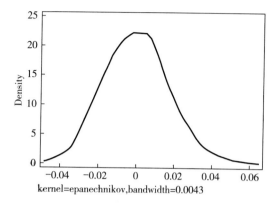

kernel=epanechnikov,bandwidth=0.0043

**图 4-5　*Peer_ShBank*2 随机模拟 500 次**

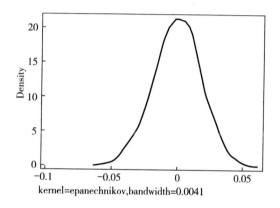

kernel=epanechnikov,bandwidth=0.0041

**图 4-6　*Peer_ShBank*2 随机模拟 1000 次**

　　在图 4-3 至图 4-6 的统计分布中，500 次随机模拟和 1000 次随机模拟的 $\alpha_1^{random}$ 都集中分布在 0 左右，通过对比表 4-8 中 $\alpha_1$ 的真实值 0.2096 和 0.1766 可以发现，$\alpha_1$ 的真实值明显大于反事实模拟的 $\alpha_1^{random}$。并且，通过表 4-13 中报告的反事实的回归系数（$\alpha_1^{random}$）、对应的 T 统计量值（T-stat）和 P 值（P-value）的描述性统计情况表明，在对 *Peer_ShBank*1 随机模拟 500 次中，反事实的回归系数均值为 0，其在 1% 水平上显著为正和为负的概率分别为 0.8% 和 0；在对 *Peer_ShBank*1 随机模拟 1000 次中，反事实的回归系数均值为 0，其在 1% 水平上显著为正和为负的概率分别为 1.6% 和 0。在对 *Peer_ShBank*2 随机模拟 500 次中，反事实的回归系数的均值为 0，其在 1% 的水平上显著为正和负的概率分别为 1.2% 和 0；在对 *Peer_ShBank*2 随机模拟 1000 次中，反事实的回归系数的均值为

0，其在1%的水平上显著为正和负的概率分别为0.8%和0，均值和占比都较小，因此可以排除有其他非观测因素对主回归结论的影响，即证实了共同分析师联结下，非金融企业影子银行化行为的确存在同群效应。

表4-13　安慰剂测试结果

| | n | mean | sd | min | p50 | max |
|---|---|---|---|---|---|---|
| Panel A：*Peer_ShBank*1 | | | | | | |
| $\alpha_1^{random}$ | 500 | 0.0000 | 0.0160 | −0.0470 | −0.0010 | 0.0430 |
| *T−stat* | 500 | 0.0250 | 0.9610 | −2.745 | 0.0300 | 2.5320 |
| *P−value* | 500 | 0.4880 | 0.2840 | 0.0060 | 0.488 | 0.9970 |
| 模拟500次 | $[\alpha_1^{random}>0\&\text{P−value}<0.01；\alpha_1^{random}<0\&\text{P−value}<0.01]$ | | | | [0.8%；0] | |
| $\alpha_1^{random}$ | 1000 | 0.0000 | 0.0180 | −0.0710 | 0.0000 | 0.0540 |
| *T−stat* | 1000 | 0.0110 | 1.0320 | −4.1520 | 0.0130 | 3.1710 |
| *P−value* | 1000 | 0.4940 | 0.2900 | 0.0010 | 0.4950 | 1.0000 |
| 模拟1000次 | $[\alpha_1^{random}>0\&\text{P−value}<0.01；\alpha_1^{random}<0\&\text{P−value}<0.01]$ | | | | [1.6%；0] | |
| Panel B：*Peer_ShBank*2 | | | | | | |
| $\alpha_1^{random}$ | 500 | 0.0000 | 0.0170 | −0.0440 | −0.0000 | 0.0610 |
| *T−stat* | 500 | 0.0100 | 0.9320 | −2.3950 | −0.0000 | 3.3150 |
| *P−value* | 500 | 0.5030 | 0.2770 | 0.0000 | 0.5000 | 0.9920 |
| 模拟500次 | $[\alpha_1^{random}>0\&\text{P−value}<0.01；\alpha_1^{random}<0\&\text{P−value}<0.01]$ | | | | [1.2%；0] | |
| $\alpha_1^{random}$ | 1000 | −0.0000 | 0.0180 | −0.060 | −0.0000 | 0.0580 |
| *T−stat* | 1000 | −0.0190 | 0.9920 | −3.2800 | −0.006 | 3.1610 |
| *P−value* | 1000 | 0.5030 | 0.2870 | 0.0010 | 0.5020 | 0.9990 |
| 模拟1000次 | $[\alpha_1^{random}>0\&\text{P−value}<0.01；\alpha_1^{random}<0\&\text{P−value}<0.01]$ | | | | [0.8%；0] | |

# 4.5　稳健性检验

## 4.5.1　改变影子银行化的度量方式

由于上市公司的影子银行化活动具有隐蔽性，目前学者们主要是通过国内外对影子银行化的相关定义和特征来识别上市公司具有影子银行化特征的行为，再将这些行为所发生的金额进行加总后得到了上市公司的影子银行化规模。由于对上市公司影子银行化还没有一个明确的限定，因此对影子银行化的度量还存在着其他集中度量方式。通过手工收集上市公司的委托贷款公告发现，有部分企业不会在委托贷款公告中及时地披露委托贷款的金额，因此参考韩珣和李建军（2021）的做法，在原本广义影子银行化规模 *ShBank*1 的基础上，剔除委托贷款得到 *ShBank*3，即 *ShBank*3 =（委托理财总额+其他应收款净额+其他流动资产）/资产总计；在原本狭义影子银行化规模 *ShBank*2 的基础上，剔除委托贷款得到 *ShBank*4，即 *ShBank*4 =（委托理财总额+其他应收款净额）/资产总计。本章通过改变影子银行化的度量方式，重新计算同群企业的影子银行化程度后再进行回归，结果如表 4-14 所示。根据回归结果可以发现，主要解释变量 *Peer_ShBank*3 和 *Peer_ShBank*4 依旧在 1% 的水平上显著为正，说明即使改变对上市公司影子银行化的度量方式，企业的影子银行化同样受到同群企业影子银行化的正向影响。

表 4-14　改变影子银行化的度量方式

|  | （1） | （2） | （3） | （4） |
|---|---|---|---|---|
|  | *ShBank*3 | *ShBank*3 | *ShBank*4 | *ShBank*4 |
| *Peer_ShBank*3 | 0.2742 *** | 0.2161 *** |  |  |
|  | (7.9779) | (6.4505) |  |  |
| *Peer_ShBank*4 |  |  | 0.2267 *** | 0.1838 *** |
|  |  |  | (6.5955) | (5.4433) |
| *External_F* |  | -0.0915 *** |  | -0.0805 *** |
|  |  | (-10.1877) |  | (-10.8454) |
| *Margin* |  | 0.1540 *** |  | 0.1060 *** |
|  |  | (10.7962) |  | (8.8418) |
| *State* |  | -0.0093 *** |  | -0.0085 *** |
|  |  | (-3.3051) |  | (-3.6560) |
| *Size* |  | -0.0035 ** |  | -0.0039 *** |
|  |  | (-2.3787) |  | (-3.2230) |
| *Lev* |  | -0.1529 *** |  | -0.1091 *** |
|  |  | (-17.2537) |  | (-15.0868) |
| *Growth* |  | -0.0005 |  | 0.0003 |
|  |  | (-0.3465) |  | (0.2371) |
| *ROA* |  | 0.2256 *** |  | 0.0986 *** |
|  |  | (5.5207) |  | (2.9399) |

续表

| | （1） | （2） | （3） | （4） |
|---|---|---|---|---|
| | ShBank3 | ShBank3 | ShBank4 | ShBank4 |
| Profit | | 0.0339 *** | | 0.0291 *** |
| | | （3.1211） | | （3.1862） |
| Cfo | | 0.0867 *** | | 0.0520 *** |
| | | （4.7271） | | （3.5580） |
| Dual | | 0.0022 | | 0.0020 |
| | | （0.6606） | | （0.7310） |
| Smr | | 0.0314 ** | | 0.0125 |
| | | （2.4998） | | （1.2296） |
| Board | | −0.0048 | | −0.0037 |
| | | （−0.7014） | | （−0.6602） |
| Indi | | −0.0303 | | −0.0381 ** |
| | | （−1.2596） | | （−1.9662） |
| Analyst | | −0.0007 | | 0.0006 |
| | | （−0.3574） | | （0.3979） |
| _cons | 0.0379 *** | 0.2411 *** | 0.0313 *** | 0.2236 *** |
| | （3.4446） | （6.6879） | （3.5463） | （7.5970） |
| Year | √ | √ | √ | √ |
| Industry | √ | √ | √ | √ |
| Region | √ | √ | √ | √ |
| F | 38.8932 | 31.3513 | 41.1230 | 25.6059 |
| Adj $R^2$ | 0.1241 | 0.1682 | 0.1008 | 0.1352 |
| N | 18135 | 18135 | 18135 | 18135 |

注：括号内 t 值采用 robust 修正，**、*** 分别代表在 5% 和 1% 的水平上显著，结果均保留四位小数。

### 4.5.2 改变同群效应的计算方法

在计算同群企业影子银行化程度的时候，是以共同分析师的数量作为权重进行的加权计算，为了保证解释变量的可靠性，参考现有研究同群效应的文献，本章还将同群企业的影子银行化程度求均值和中位数作为解释变量重新进行回归，结果如表 4-15 所示。其中，第（1）、第（2）列是将同群企业的影子银行化程度求均值后，作为主要解释变量的回归结果；第（3）、第（4）列是将同群企业

的影子银行化的中位数作为主要解释变量的回归结果。结果显示，当改变同群效
应的计算方法后，共同分析师联结下非金融企业影子银行化同群效应依旧显著。

表 4-15 改变同群效应的计算方法

| | （1） | （2） | （3） | （4） |
|---|---|---|---|---|
| | ShBank1 | ShBank2 | ShBank1 | ShBank2 |
| Peer_ShBank1 | 0.2436 *** | | 0.2932 *** | |
| | (6.0507) | | (3.9111) | |
| Peer_ShBank2 | | 0.2239 *** | | 0.3731 *** |
| | | (5.4530) | | (3.9821) |
| External_F | -0.0921 *** | -0.0808 *** | -0.0923 *** | -0.0812 *** |
| | (-10.2030) | (-10.8330) | (-10.2282) | (-10.8914) |
| Margin | 0.1569 *** | 0.1086 *** | 0.1577 *** | 0.1089 *** |
| | (10.9514) | (9.0040) | (10.9821) | (9.0138) |
| State | -0.0091 *** | -0.0082 *** | -0.0091 *** | -0.0081 *** |
| | (-3.2467) | (-3.5369) | (-3.2496) | (-3.5058) |
| Size | -0.0032 ** | -0.0036 *** | -0.0038 *** | -0.0040 *** |
| | (-2.1987) | (-2.9728) | (-2.5776) | (-3.3290) |
| Lev | -0.1537 *** | -0.1100 *** | -0.1530 *** | -0.1093 *** |
| | (-17.2834) | (-15.1615) | (-17.2143) | (-15.0662) |
| Growth | -0.0006 | 0.0002 | -0.0006 | 0.0002 |
| | (-0.3884) | (0.1715) | (-0.4003) | (0.1612) |
| ROA | 0.2375 *** | 0.1095 *** | 0.2368 *** | 0.1074 *** |
| | (5.7937) | (3.2483) | (5.7740) | (3.1861) |
| Profit | 0.0324 *** | 0.0274 *** | 0.0340 *** | 0.0290 *** |
| | (2.9777) | (2.9935) | (3.1290) | (3.1728) |
| Cfo | 0.0856 *** | 0.0508 *** | 0.0865 *** | 0.0516 *** |
| | (4.6556) | (3.4638) | (4.7009) | (3.5155) |
| Dual | 0.0022 | 0.0019 | 0.0022 | 0.0020 |
| | (0.6635) | (0.7061) | (0.6601) | (0.7278) |
| Smr | 0.0311 ** | 0.0123 | 0.0311 ** | 0.0124 |
| | (2.4691) | (1.2059) | (2.4717) | (1.2188) |
| Board | -0.0044 | -0.0034 | -0.0041 | -0.0031 |
| | (-0.6411) | (-0.5899) | (-0.5918) | (-0.5492) |
| Indi | -0.0332 | -0.0418 ** | -0.0325 | -0.0410 ** |
| | (-1.3788) | (-2.1497) | (-1.3466) | (-2.1027) |

| | （1） | （2） | （3） | （4） |
|---|---|---|---|---|
| | ShBank1 | ShBank2 | ShBank1 | ShBank2 |
| Analyst | −0.0010 | 0.0003 | 0.0009 | 0.0018 |
| | （−0.5220） | （0.2128） | （0.4907） | （1.1932） |
| _cons | 0.2366*** | 0.2193*** | 0.2464*** | 0.2252*** |
| | （6.5455） | （7.4177） | （6.8247） | （7.6344） |
| Year | √ | √ | √ | √ |
| Industry | √ | √ | √ | √ |
| Region | √ | √ | √ | √ |
| F | 31.4594 | 25.8249 | 31.2881 | 25.7211 |
| Adj $R^2$ | 0.1675 | 0.1347 | 0.1663 | 0.1338 |
| N | 18147 | 18147 | 18147 | 18147 |

注：括号内 t 值采用 robust 修正，**、***分别代表在 5% 和 1% 的水平上显著，结果均保留四位小数。

### 4.5.3 加入没有共同分析师的企业样本

本章在进行样本筛选时，参照目前文献的普遍做法，为了防止没有共同分析师的企业对结论造成干扰，剔除了当年没有分析师发布盈余预测报告和仅有单一分析师预测的上市公司样本。为了进一步加强结论的稳健性，加入了没有共同分析师的样本重新进行回归。由于这部分企业不存在共同分析师联结下的同群企业，因此将这些企业的主要解释变量同群企业的加权影子银行化设为 0，回归结果如表 4-16 所示。表中依次列明了未加入控制变量、加入公司特征变量和加入公司治理变量的回归结果。结果表明，在加入没有共同分析师的企业样本后，样本数量从 18135 增加至 28438；虽然主要解释变量 Peer ShBank1 和 Peer ShBank2 的回归系数相较于表 4-8 来说有所下降，但是依然在 1% 的水平上显著为正。说明了即使在回归样本中加入了没有共同分析师的企业后，非金融企业的影子银行化行为同样会受到同群企业影子银行化行为的正向影响。

表 4-16　加入没有共同分析师的企业样本

| | （1） | （2） | （3） | （4） | （5） | （6） |
|---|---|---|---|---|---|---|
| | ShBank1 | ShBank1 | ShBank1 | ShBank2 | ShBank2 | ShBank2 |
| Peer_ShBank1 | 0.1334*** | 0.1322*** | 0.1937*** | | | |
| | （6.4243） | （6.1625） | （7.7167） | | | |

续表

| | (1) | (2) | (3) | (4) | (5) | (6) |
|---|---|---|---|---|---|---|
| | ShBank1 | ShBank1 | ShBank1 | ShBank2 | ShBank2 | ShBank2 |
| Peer_ShBank2 | | | | 0.1067*** | 0.1154*** | 0.1695*** |
| | | | | (4.8789) | (5.0974) | (6.4286) |
| External_F | | -0.0307*** | -0.0325*** | | -0.0296*** | -0.0308*** |
| | | (-5.4001) | (-5.7333) | | (-6.0157) | (-6.2509) |
| Margin | | 0.0898*** | 0.0866*** | | 0.0662*** | 0.0636*** |
| | | (11.2640) | (10.7184) | | (9.7531) | (9.2556) |
| State | | -0.0077*** | -0.0060*** | | -0.0058*** | -0.0053*** |
| | | (-3.7237) | (-2.7337) | | (-3.3573) | (-2.8626) |
| Size | | -0.0088*** | -0.0047*** | | -0.0068*** | -0.0041*** |
| | | (-8.7055) | (-3.9603) | | (-8.0451) | (-4.1635) |
| Lev | | -0.1271*** | -0.1299*** | | -0.0894*** | -0.0916*** |
| | | (-19.9448) | (-20.1398) | | (-16.4775) | (-16.6882) |
| Growth | | 0.0009 | 0.0025** | | 0.0022** | 0.0031*** |
| | | (0.8265) | (2.1869) | | (2.3624) | (3.2956) |
| ROA | | 0.0970*** | 0.1083*** | | 0.0410** | 0.0494** |
| | | (4.3341) | (4.8117) | | (2.1092) | (2.5263) |
| Profit | | 0.0274*** | 0.0273*** | | 0.0217*** | 0.0223*** |
| | | (3.2993) | (3.2730) | | (3.0502) | (3.1231) |
| Cfo | | 0.0680*** | 0.0701*** | | 0.0342*** | 0.0349*** |
| | | (4.8949) | (5.0288) | | (3.0164) | (3.0719) |
| Dual | | | 0.0043 | | | 0.0028 |
| | | | (1.6147) | | | (1.2868) |
| Smr | | | 0.0360*** | | | 0.0166* |
| | | | (3.3759) | | | (1.8905) |
| Board | | | -0.0006 | | | -0.0008 |
| | | | (-0.1106) | | | (-0.1652) |
| Indi | | | -0.0095 | | | -0.0161 |
| | | | (-0.4847) | | | (-0.9933) |
| Analyst | | | -0.0067*** | | | -0.0046*** |
| | | | (-5.7724) | | | (-4.6505) |
| _cons | 0.0520*** | 0.3002*** | 0.2182*** | 0.0456*** | 0.2346*** | 0.1873*** |
| | (6.0750) | (12.3851) | (7.6492) | (6.4959) | (11.7029) | (7.9167) |
| Year | √ | √ | √ | √ | √ | √ |

|  | (1) | (2) | (3) | (4) | (5) | (6) |
|---|---|---|---|---|---|---|
|  | *ShBank*1 | *ShBank*1 | *ShBank*1 | *ShBank*2 | *ShBank*2 | *ShBank*2 |
| *Industry* | √ | √ | √ | √ | √ | √ |
| *Region* | √ | √ | √ | √ | √ | √ |
| *F* | 53.8687 | 44.4145 | 46.3288 | 71.7028 | 36.2447 | 39.3513 |
| *Adj R²* | 0.1058 | 0.1433 | 0.1449 | 0.0808 | 0.1090 | 0.1098 |
| *N* | 28438 | 28438 | 28438 | 28438 | 28438 | 28438 |

注：括号内 t 值采用 robust 修正，\*、\*\*、\*\*\* 分别代表在 10%、5% 和 1% 的水平上显著，结果均保留四位小数。

### 4.5.4 控制情景效应的影响

根据 Manski（1993）的观点，造成个体与群体之间行为的共同变动还可能是由于个体受到同伴的外部特征影响（即情景效应）。在模型中加入同群企业的特征变量能够控制情景效应的影响，并且能够在一定程度上缓解遗漏变量对研究结论造成的干扰（Grennan，2019；张军等，2021）。因此，本章将同群企业的特征和治理变量根据模型（4.1）进行计算后得到的加权值作为控制变量纳入基准模型，并在此基础上再次检验了影子银行化同群效应的存在性。检验结果如表 4-17 所示，在加入同群企业特征变量后，*Peer_ShBank*1 和 *Peer_ShBank*2 的回归系数依旧在 1% 的水平上显著为正，说明在控制情景效应后，同群企业的影子银行化行为还是显著地正向影响焦点企业的影子银行化活动，H1 具有稳健性。

表 4-17　控制情景效应的影响

|  | (1) | (2) |
|---|---|---|
|  | *ShBank*1 | *ShBank*2 |
| *Peer_ShBank*1 | 0.2112 \*\*\* | |
|  | (5.8718) | |
| *Peer_ShBank*2 | | 0.1547 \*\*\* |
|  | | (4.2715) |
| *External_F* | −0.0843 \*\*\* | −0.0745 \*\*\* |
|  | (−9.1909) | (−9.8293) |

续表

| | （1） | （2） |
|---|---|---|
| | *ShBank*1 | *ShBank*2 |
| *Margin* | 0.1598 *** | 0.1113 *** |
| | （11.1497） | （9.2417） |
| *State* | −0.0087 *** | −0.0078 *** |
| | （−3.0706） | （−3.3450） |
| *Size* | −0.0043 *** | −0.0045 *** |
| | （−2.8716） | （−3.6500） |
| *Lev* | −0.1598 *** | −0.1149 *** |
| | （−17.7865） | （−15.7087） |
| *Growth* | −0.0002 | 0.0004 |
| | （−0.1433） | （0.3038） |
| *ROA* | 0.2463 *** | 0.1179 *** |
| | （5.8923） | （3.4274） |
| *Profit* | 0.0336 *** | 0.0282 *** |
| | （2.9982） | （2.9954） |
| *Cfo* | 0.0801 *** | 0.0453 *** |
| | （4.2612） | （3.0195） |
| *Dual* | 0.0020 | 0.0017 |
| | （0.6055） | （0.6467） |
| *Smr* | 0.0355 *** | 0.0155 |
| | （2.8238） | （1.5207） |
| *Board* | −0.0041 | −0.0034 |
| | （−0.6033） | （−0.5868） |
| *Indi* | −0.0350 | −0.0430 ** |
| | （−1.4506） | （−2.2148） |
| *Analyst* | −0.0039 * | −0.0027 |
| | （−1.9506） | （−1.6160） |
| *Peer_External_F* | −0.0456 * | −0.0489 ** |
| | （−1.8081） | （−2.3296） |
| *Peer_Margin* | −0.0435 | −0.0333 |
| | （−1.2595） | （−1.1689） |
| *Peer_State* | 0.0115 | 0.0053 |
| | （1.2377） | （0.6767） |

续表

| | (1) | (2) |
|---|---|---|
| | ShBank1 | ShBank2 |
| Peer_Size | 0.0035 | 0.0038 |
| | (1.0987) | (1.4048) |
| Peer_Lev | 0.0852*** | 0.0549** |
| | (3.2012) | (2.4804) |
| Peer_Growth | −0.0015 | 0.0001 |
| | (−0.5134) | (0.0440) |
| Peer_ROA | −0.1428 | −0.1563* |
| | (−1.2992) | (−1.6776) |
| Peer_Profit | −0.0225 | −0.0175 |
| | (−1.0006) | (−0.9488) |
| Peer_Cfo | 0.0865* | 0.0935** |
| | (1.7312) | (2.2954) |
| Peer_Dual | 0.0218* | 0.0166* |
| | (1.7931) | (1.6687) |
| Peer_Smr | 0.0278 | 0.0233 |
| | (0.5791) | (0.6015) |
| Peer_Board | −0.0238 | −0.0239 |
| | (−1.0365) | (−1.2458) |
| Peer_Indi | −0.1674** | −0.1478** |
| | (−2.0616) | (−2.2091) |
| Peer_Analyst | 0.0182*** | 0.0184*** |
| | (3.0966) | (3.8008) |
| _cons | 0.2377*** | 0.2218*** |
| | (2.7018) | (3.0353) |
| Year | √ | √ |
| Industry | √ | √ |
| Region | √ | √ |
| F | 27.8320 | 22.8491 |
| Adj $R^2$ | 0.1711 | 0.1382 |
| N | 18135 | 18135 |

注：括号内 t 值采用 robust 修正，*、**、***分别代表在 10%、5% 和 1% 的水平上显著，结果均保留四位小数。

### 4.5.5 排除宏观和外在因素的影响

虽然在基准模型（4.3）中已经控制了年份、行业和地区固定效应，但是为了进一步控制由于相似的行业、地区特征和宏观经济环境可能导致企业在影子银行化行为方面的一致性，参考王营和曹廷求（2020）、张军等（2021）的做法，进一步控制了行业、地区和宏观经济因素：行业因素包括行业竞争程度（赫芬达尔指数，*HHI*）和行业营业利润率（所在行业营业利润/营业收入，*Sic_Ptr*）；地区因素包括地区金融发展水平（金融增加值占地区生产总值的比重，*Af*）和地区市场化程度（樊纲指数，*Market*）；宏观经济因素包括经济增长（GDP 增长速度，*GDP*）和货币供应（广义货币供应增速，*M2*）。加入行业、地区和宏观经济因素控制变量的回归结果如表 4-18 所示。结果显示，在排除宏观和外在因素的影响后，*Peer_ShBank*1 和 *Peer_ShBank*2 的回归系数依旧在 1% 的水平上显著为正。

表 4-18　排除宏观和外在因素的影响

| | (1) | (2) |
|---|---|---|
| | *ShBank*1 | *ShBank*2 |
| *Peer_ShBank*1 | 0.4563*** | |
| | (16.4444) | |
| *Peer_ShBank*2 | | 0.3474*** |
| | | (11.7336) |
| *External_F* | -0.0963*** | -0.0857*** |
| | (-10.6020) | (-11.4937) |
| *Margin* | 0.1944*** | 0.1385*** |
| | (13.4486) | (11.5161) |
| *State* | -0.0097*** | -0.0084*** |
| | (-3.3850) | (-3.5892) |
| *Size* | -0.0021 | -0.0031** |
| | (-1.4185) | (-2.5554) |
| *Lev* | -0.1599*** | -0.1142*** |
| | (-17.7337) | (-15.6404) |
| *Growth* | 0.0016 | 0.0019 |
| | (1.1219) | (1.6365) |
| *ROA* | 0.2526*** | 0.1210*** |
| | (6.0689) | (3.5630) |
| *Profit* | 0.0367*** | 0.0320*** |
| | (3.3125) | (3.4229) |

续表

| | （1） | （2） |
|---|---|---|
| | *ShBank*1 | *ShBank*2 |
| *Cfo* | 0.0825 *** | 0.0515 *** |
| | （4.4692） | （3.5077） |
| *Dual* | −0.0002 | −0.0000 |
| | （−0.0702） | （−0.0084） |
| *Smr* | 0.0385 *** | 0.0196 * |
| | （3.0375） | （1.9265） |
| *Board* | −0.0093 | −0.0069 |
| | （−1.3442） | （−1.2109） |
| *Indi* | −0.0392 | −0.0442 ** |
| | （−1.6165） | （−2.2730） |
| *Analyst* | −0.0025 | −0.0008 |
| | （−1.3648） | （−0.4917） |
| *HHI* | −0.0060 | −0.0061 |
| | （−0.8414） | （−1.0117） |
| *Sic_Ptr* | −0.1179 *** | −0.0917 *** |
| | （−5.2056） | （−4.7918） |
| *Af* | 0.3061 ** | 0.3512 *** |
| | （2.3334） | （3.1972） |
| *Market* | 0.0008 | 0.0020 |
| | （0.5076） | （1.5622） |
| *M2* | −0.0285 | 0.0019 |
| | （−1.0459） | （0.0873） |
| *GDP* | 0.3581 *** | 0.2677 *** |
| | （3.0779） | （2.6161） |
| *_cons* | −8.5650 *** | −7.5646 *** |
| | （−3.8816） | （−3.9999） |
| *Year* | √ | √ |
| *Industry* | √ | √ |
| *Region* | √ | √ |
| *F* | 27.6911 | 22.0920 |
| *Adj R²* | 0.1590 | 0.1298 |
| *N* | 17870 | 17870 |

注：括号内 t 值采用 robust 修正，＊、＊＊、＊＊＊分别代表在 10%、5% 和 1% 的水平上显著，结果均保留四位小数。

#### 4.5.6 排除竞争性解释

由于共同分析师往往会跟踪特定行业的企业，为了避免同行业同群效应对本书结论的影响，加入了同行业同群企业的影子银行化程度（$Peer\_ShBank\_ind$）作为控制变量。并且为了进一步排除由于同地区和共同董事的原因而导致的影子银行化同群效应的产生，还加入了同地区同群企业的影子银行化程度（$Peer\_ShBank\_reg$）和共同董事联结下的同群企业影子银行化程度（$Peer\_ShBank\_director$）重新进行回归。由于删除了没有共同董事联结的企业，因此回归样本的数量有所下降。回归结果如表 4-19 所示。通过观察 $Peer\_ShBank1$ 和 $Peer\_ShBank2$ 回归系数的正负和显著性可知，在排除竞争性解释后，不改变对非金融企业影子银行化存在同群效应的基本研究结论。

表 4-19　排除竞争性解释

| | （1） | （2） | （3） | （4） |
|---|---|---|---|---|
| | $ShBank1$ | $ShBank1$ | $ShBank2$ | $ShBank2$ |
| $Peer\_ShBank1$ | 0.2422 *** | 0.1814 *** | | |
| | （5.3210） | （4.1031） | | |
| $Peer\_ShBank1\_reg$ | 0.0901 | 0.1401 * | | |
| | （1.0724） | （1.7063） | | |
| $Peer\_ShBank1\_ind$ | 0.0256 | 0.0731 | | |
| | （0.3359） | （0.9818） | | |
| $Peer\_ShBank1\_director$ | 0.0749 *** | 0.0624 *** | | |
| | （3.9875） | （3.4583） | | |
| $Peer\_ShBank2$ | | | 0.1939 *** | 0.1507 *** |
| | | | （4.2615） | （3.3818） |
| $Peer\_ShBank2\_reg$ | | | -0.0862 | -0.0332 |
| | | | （-1.0165） | （-0.3972） |
| $Peer\_ShBank2\_ind$ | | | -0.0228 | 0.0302 |
| | | | （-0.3029） | （0.4075） |
| $Peer\_ShBank2\_director$ | | | 0.0667 *** | 0.0590 *** |
| | | | （3.6757） | （3.3464） |
| $External\_F$ | | -0.1018 *** | | -0.0888 *** |
| | | （-8.6388） | | （-9.1001） |

续表

| | (1) | (2) | (3) | (4) |
|---|---|---|---|---|
| | ShBank1 | ShBank1 | ShBank2 | ShBank2 |
| Margin | | 0.1666*** | | 0.1119*** |
| | | (8.8631) | | (7.1226) |
| State | | −0.0064* | | −0.0073** |
| | | (−1.7375) | | (−2.3978) |
| Size | | −0.0027 | | −0.0026* |
| | | (−1.4183) | | (−1.6455) |
| Lev | | −0.1848*** | | −0.1356*** |
| | | (−16.0551) | | (−14.1400) |
| Growth | | 0.0016 | | 0.0031* |
| | | (0.7327) | | (1.6969) |
| ROA | | 0.2206*** | | 0.0740 |
| | | (4.0214) | | (1.6446) |
| Profit | | 0.0237* | | 0.0192* |
| | | (1.7128) | | (1.6561) |
| Cfo | | 0.1114*** | | 0.0571*** |
| | | (4.5136) | | (2.8616) |
| Dual | | 0.0017 | | 0.0016 |
| | | (0.4178) | | (0.4614) |
| Smr | | 0.0225 | | 0.0052 |
| | | (1.4606) | | (0.4158) |
| Board | | −0.0131 | | −0.0081 |
| | | (−1.4115) | | (−1.0516) |
| Indi | | −0.0450 | | −0.0613** |
| | | (−1.3905) | | (−2.3584) |
| Analyst | | 0.0001 | | 0.0010 |
| | | (0.0547) | | (0.4835) |
| _cons | 0.0325** | 0.2534*** | 0.0397*** | 0.2314*** |
| | (2.0497) | (5.2377) | (2.8803) | (5.7822) |
| Year | √ | √ | √ | √ |
| Industry | √ | √ | √ | √ |
| Region | √ | √ | √ | √ |

续表

| | （1） | （2） | （3） | （4） |
|---|---|---|---|---|
| | *ShBank*1 | *ShBank*1 | *ShBank*2 | *ShBank*2 |
| $F$ | 23.1828 | 20.6577 | 19.9890 | 17.3414 |
| *Adj* $R^2$ | 0.1166 | 0.1665 | 0.0941 | 0.1321 |
| $N$ | 11581 | 11581 | 11581 | 11581 |

注：括号内 t 值采用 robust 修正，＊、＊＊、＊＊＊分别代表在 10%、5% 和 1% 的水平上显著，结果均保留四位小数。

### 4.5.7　子样本回归

为了排除在金融危机和股灾爆发后政府的一系列举措对非金融企业影子银行化行为的影响，本章删除了 2008 年、2009 年和 2015 年的样本数据，采用新的研究区间再进行回归，结果如表 4-21 第（1）、第（2）列所示。主要解释变量 *Peer_ ShBank*1 和 *Peer_ ShBank*2 的回归系数均在 1% 的水平上显著为正。除此以外，近年来，由于影子银行业务已成为实体企业追逐高额利润的一种手段，这种在不同监管规则下实行的套利行为会增加金融风险的传染（蒋敏等，2020），鉴于此，在 2018 年 4 月，四部门联合发布了《关于规范金融机构资产管理业务的指导意见》（以下简称《资管新规》），从政策上提高了影子银行活动的参与门槛，降低了影子银行业务的预期收益，从而降低了企业参与影子银行活动的动机和能力（彭俞超和何山，2020）。因此，为了排除《资管新规》发布对非金融企业影子银行化所造成影响，本章删除了 2018 年之后的样本数据再重新进行回归，回归结果如表 4-20 第（3）、第（4）列所示。*Peer_ ShBank*1 和 *Peer_ ShBank*2 的回归系数依然在 1% 的水平上显著为正。通过对子样本进行回归后得到的结果与前文一致，即通过稳健性检验后未改变本书研究的基本结论。

表 4-20　子样本回归

| | （1） | （2） | （3） | （4） |
|---|---|---|---|---|
| | *ShBank*1 | *ShBank*2 | *ShBank*1 | *ShBank*2 |
| *Peer_ ShBank*1 | 0.1976＊＊＊ | | 0.2633＊＊＊ | |
| | (5.2460) | | (6.5179) | |
| *Peer_ ShBank*2 | | 0.1636＊＊＊ | | 0.2282＊＊＊ |
| | | (4.2895) | | (5.6160) |

续表

| | (1) | (2) | (3) | (4) |
|---|---|---|---|---|
| | ShBank1 | ShBank2 | ShBank1 | ShBank2 |
| External_F | −0. 0968 *** | −0. 0855 *** | −0. 0776 *** | −0. 0686 *** |
| | (−9. 4479) | (−10. 1044) | (−7. 6983) | (−8. 6389) |
| Margin | 0. 1564 *** | 0. 1034 *** | 0. 2047 *** | 0. 1480 *** |
| | (9. 5759) | (7. 5228) | (12. 9370) | (11. 6685) |
| State | −0. 0111 *** | −0. 0097 *** | −0. 0075 ** | −0. 0073 *** |
| | (−3. 4890) | (−3. 6922) | (−2. 3967) | (−2. 9265) |
| Size | −0. 0035 ** | −0. 0039 *** | −0. 0004 | −0. 0007 |
| | (−2. 1307) | (−2. 8882) | (−0. 2327) | (−0. 5368) |
| Lev | −0. 1559 *** | −0. 1128 *** | −0. 1456 *** | −0. 1012 *** |
| | (−15. 6517) | (−13. 7903) | (−14. 8564) | (−13. 3252) |
| Growth | 0. 0004 | 0. 0010 | −0. 0021 | −0. 0010 |
| | (0. 2045) | (0. 6750) | (−1. 2324) | (−0. 7508) |
| ROA | 0. 2287 *** | 0. 0928 ** | 0. 3454 *** | 0. 1900 *** |
| | (4. 8523) | (2. 3969) | (7. 4053) | (5. 2507) |
| Profit | 0. 0386 *** | 0. 0310 *** | 0. 0259 ** | 0. 0201 ** |
| | (3. 1699) | (3. 0141) | (2. 1819) | (2. 0837) |
| Cfo | 0. 0921 *** | 0. 0523 *** | 0. 0963 *** | 0. 0613 *** |
| | (4. 3289) | (3. 0819) | (4. 8704) | (4. 0923) |
| Dual | 0. 0020 | 0. 0020 | 0. 0012 | 0. 0015 |
| | (0. 5474) | (0. 6824) | (0. 3240) | (0. 5225) |
| Smr | 0. 0248 * | 0. 0084 | 0. 0353 ** | 0. 0127 |
| | (1. 8371) | (0. 7550) | (2. 5745) | (1. 2143) |
| Board | −0. 0040 | −0. 0036 | −0. 0042 | −0. 0036 |
| | (−0. 5059) | (−0. 5449) | (−0. 5593) | (−0. 6072) |
| Indi | −0. 0377 | −0. 0447 ** | −0. 0411 | −0. 0544 *** |
| | (−1. 3950) | (−2. 0156) | (−1. 5623) | (−2. 7297) |
| Analyst | −0. 0018 | −0. 0002 | −0. 0017 | 0. 0000 |
| | (−0. 8905) | (−0. 1183) | (−0. 7804) | (0. 0035) |
| _cons | 0. 2499 *** | 0. 2373 *** | 0. 1495 *** | 0. 1355 *** |
| | (6. 1085) | (7. 0544) | (3. 8029) | (4. 5062) |
| Year | √ | √ | √ | √ |

| | （1） | （2） | （3） | （4） |
|---|---|---|---|---|
| | *ShBank*1 | *ShBank*2 | *ShBank*1 | *ShBank*2 |
| *Industry* | √ | √ | √ | √ |
| *Region* | √ | √ | √ | √ |
| *F* | 26.5083 | 21.9034 | 25.2864 | 20.3469 |
| *Adj R²* | 0.1609 | 0.1290 | 0.1931 | 0.1566 |
| *N* | 15007 | 15007 | 13919 | 13919 |

注：括号内 t 值采用 robust 修正，＊、＊＊、＊＊＊分别代表在 10%、5% 和 1% 的水平上显著，结果均保留四位小数。

## 4.6 本章小结

本章基于近年来我国非金融上市公司影子银行化程度的不断加深的现状以及现有研究影子银行化仅在传统财务理论下将企业视为独立个体的局限，从共同分析师联结的视角，对非金融企业影子银行化同群效应的存在性进行了实证检验。本章的研究内容主要分为两个部分：第一部分实证检验了共同分析师联结下同群企业影子银行化对焦点企业影子银行化的正向影响；第二部分通过工具变量法、倾向得分匹配的双重差分法、Heckman 两步法等一系列方法对非金融企业影子银行化存在同群效应这一结论进行了稳健性检验。通过以上实证分析，本章得到了如下研究结论：

第一，在共同分析师联结下，同群企业的影子银行化活动显著正向地影响着焦点企业的影子银行化活动。第二，通过工具变量法排除了双向因果的可能；通过加入同群效应的特征变量排除了情景效应的影响；通过倾向得分匹配的双重差分法、Heckman 两步法、安慰剂检验排除了关联效应和遗漏变量的问题，从而进一步证实了非金融企业影子银行化存在同群效应的研究结论。

本章的实践意义在于，防止实体经济"脱实向虚"的问题一直是实务界和理论界关注的焦点。从现实情况来看，在银行信贷歧视和金融错配的背景下，实体企业金融化不但体现在购买股票、债权和投资性房地产等传统金融投资方式上，而且很多企业开始利用超募资金或多元化融资渠道，通过委托贷款、委托理财和民间借贷等更为隐蔽的方式开展影子银行化业务。从理论背景来看，在个体理性有限的条件下，非金融企业之间在金融投资中的交互作用已成为继非金融企业间接参与金融化（即影子银行业务）后另一解释资本"脱实向虚"的重要原因。本章通过发现非金融企业影子银行化同群效应的存在，对于客观认识实体经济"脱实向虚"更深层次的原因提供了一个外部视角；同时为监管部门提出防范非金融企业影子银行化规模扩张的相关措施提供经验证据。

# 第5章 非金融企业影子银行化同群效应的信息机制检验

本章主要检验了非金融企业影子银行化同群效应的信息机制。首先，根据对信息机制的研究假设进行研究设计，包括样本的选择与数据来源、变量的定义与模型设计。其次，实证检验了共同分析师网络中心度（共同分析师联结的信息机制）和同群企业的信息披露质量（一般化信息机制）对非金融企业影子银行化同群效应的影响，并对两类信息机制进行了倾向性检验。再次，进一步考察了共同分析师信息传递质量、企业规模和环境不确定性对非金融企业影子银行化同群效应信息机制的影响。最后，为了保证结论的稳健性，通过替换信息机制的衡量方式、改变影子银行化度量方式、改变同群效应的计算方法和控制情景效应的影响等方法进行了稳健性检验。

## 5.1 引 言

前文通过理论分析和实证检验，证实了在共同分析师联结下，非金融企业影子银行化会受到同群企业影子银行化行为的正向影响，并且根据社会学习理论、信息不对称理论和动态竞争理论分析了非金融企业影子银行化同群效应的内在作用机制可分为信息机制和竞争机制。其中，信息机制指的是企业以"信息获取性学习"为动机而形成的影子银行化同群效应，具体包括了由共同分析师联结形成的特殊化信息机制和由正式信息渠道形成的一般化信息机制。

根据信息不对称理论，各个利益相关者之间的信息获取是不同的，若市场上出现严重的信息不对称时会导致资源的浪费，进而阻碍经济社会的发展。特别是在金融收益率和实体收益率差距不断扩大的情况下，非金融企业会密切关注其他企业的投资动态以及从多个方面收集其他企业的投资信息，进而帮助非金融企业应对目前实体经济低迷的现状。为了缓解自身的信息不对称程度，非金融企业会主动地通过正式和非正式信息渠道获取外部的商业信息。由于影子银行化行为的隐蔽性较强、不易监管，信息的不对称程度较高，特别是与西方成熟的资本市场相比，中国上市公司获取信息的渠道更有限（Fan et al.，2012），若企业仅通过利用自身资源，独立收集、分析信息决定影子银行化决策，不但成本较高，而且不确定性也很大，综合来看，企业通过模仿和学习外界同群企业的成本会更低、不确定性会更小，继而为"信息获取性学习"成为非金融企业影子银行化同群效应的产生机制提供了理论支撑。

因此，本章以 2007~2020 年中国沪深两市 A 股的非金融企业为研究对象，基于非金融企业影子银行化同群效应的存在性，以期通过以下几个方面检验非金融企业影子银行化同群效应的信息机制：①共同分析师网络（非正式信息渠道）和同群企业的信息披露质量（正式信息渠道）是否会影响非金融企业影子银行化的同群效应？②在两类信息渠道同时存在的情况下，哪种信息渠道对非金融企业影子银行化同群效应的影响更大？③共同分析师信息传递质量（决定了企业的同群信息）、企业规模（决定了企业的先验信息）、环境不确定性（决定了企业的外部私有信息）如何影响非金融企业影子银行化同群效应的信息机制？

## 5.2 研究设计

### 5.2.1 样本选择与数据来源

为了保证数据的一致性，本章选择 2007 年实施新会计准则之后的样本，以2007~2020 年中国沪深两市的全部 A 股上市公司为初始研究样本。所使用的共同分析师网络中心度来源于国泰安数据库中分析师对上市公司的预测指标文件，判断分析师对上市公司是否进行跟踪预测，并整理每一位分析师预测的所有上市公司代码；根据每一位分析师的唯一识别编码构建年度"分析师—分析师"和"公司—公司"的矩阵；通过 UCINET 软件计算企业的共同分析师网络中心度和结构洞。所使用的同群企业信息披露质量数据来源于国泰安数据库中的"上市公司信息披露考评信息表（年）"，剔除了当年没有信息披露质量数据的同群企业样本。经过处理后，本章共保留了 17947 个样本数据，其他数据的处理与前文一致，主要来自于国泰安数据库、深圳证券交易所、上海证券交易所、笔者手工计算、国家统计局和中国人民银行，确保了数据的完整性和可靠性。

### 5.2.2  变量定义与模型设计

#### 5.2.2.1  变量定义

（1）共同分析师联结的信息机制检验变量：共同分析师网络中心度。对于共同分析师网络，本章参照共同董事网络的衡量方式，选取共同分析师网络中心度和结构洞来度量企业的共同分析师关系网络位置特征。

网络中心性指标。目前学术界在衡量网络中节点中心性的指标主要包括程度中心度（*Degree*）、中介中心度（*Closeness*）、接近中心度（*Betweenness*）和特征向量中心度（*Eigenvec*）。程度中心度是网络中与本企业有直接联系的其他企业数量；中介中心度衡量的是连接其他企业之间中介作用的程度；接近中心度衡量的是企业与网络中其他企业的距离，考察了企业获取信息和资源时的独立程度；特征向量中心度考察的是本企业所在网络中其他企业网络中心的位置，即其他企业越靠近网络中心位置，那么本企业的特征向量中心度则越高。参考主流文献的做法（Rossi et al. ，2018），本章采用程度中心度来衡量共同分析师网络中心度，并根据共同分析师网络中心度的中位数构造企业非正式信息渠道的虚拟变量 *dumdegree*：当企业的共同分析师网络中心度大于中位数时，*dumdegree* 取值为 1，表示共同分析师网络中心度较高；否则取值为 0，表示共同分析师网络中心度较低。除此以外，本章还在后续的稳健性检验中将采用结构洞来度量企业的非正式信息渠道，并根据结构洞指标再重新进行回归。

结构洞指标。衡量结构洞的指标包括有效规模、效率、约束和等级度（Burt，2009），根据陈运森（2015）、刘善仕等（2017）、史金艳等（2019）的表述，网络约束程度（Network Constraint Index）是在众多衡量结构洞的指数中最受关注和应用最广泛的指标，企业的网络约束程度越高，表明企业的结构洞越少，企业所处的网络位置就越边缘。网络约束程度的范围在 ［0，1］ 之间，为了便于解释，与既有文献的做法一致，根据公式 *CI*＝1-网络约束程度，来衡量网络中所占据的结构丰富程度，*CI* 的值越大，表明企业的共同分析师在网络中占据的结构洞数量越多，此时企业的共同分析师在网络中的位置越重要，获得信息优势和控制优势也就越大（陈运森，2015）。根据共同分析师网络结构洞的中位数构造企业非正式信息渠道的虚拟变量 *dumCI*：当 *CI* 大于中位数时，*dumCI* 取值为 1，表示共同分析师网络所占据的结构丰富程度较高；否则取值为 0，表示共同分析师网络所占据的结构丰富程度较低。

（2）一般化信息机制检验变量：同群企业的信息披露质量。根据证监会发布的《上市公司信息披露管理办法》，上海证券交易所和深圳证券交易所每年会对上市公司的信息披露质量进行评价，主要从上市公司披露信息的真实性、准确性、完整性、及时性、合法合规性和公平性等方面进行评价，再将上市公司的信息披露质量的评价结果划分为优秀、良好、合格和不合格四个等级，国泰安数据库依次将这四个等级赋值了 1、2、3、4，即值越大，上市公司的信息披露质量越差。为了便于说明，本章将国泰安数据库所赋予的值取倒数得到一个正向的信息披露质量的变量，再根据模型（4.1）计算加权的同群企业信息披露质量，最后根据同群企业信息披露质量的中位数构造企业正式信息渠道的虚拟变量 *duminfo*：当企业的同群企业信息披露质量大于中位数时，*duminfo* 取值为 1，表示同群企业的信息披露质量较高；否则取值为 0，表示同群企业的信息披露质量较低。除此以外，本章还在稳健性检验中替换了正式信息渠道的变量，参考曾庆生（2014）、肖土盛等（2017）的做法，对同群企业信息披露质量的衡量方式更改为：上海证券交易所和深圳证券交易所对上市公司的信息披露质量评价为优秀时赋值为 1，良好、合格和不合格时均赋值为 0，再根据模型（4.1）计算加权的同群企业信息披露质量，最后根据同群企业信息披露质量的中位数构造企业正式信息渠道的虚拟变量 *dummess*：当企业的同群企业信息披露质量大于中位数时，*dummess* 取值为 1，表示同群企业的信息披露质量较高；否则取值为 0，表示同群企业的信息披露质量较低。

本章中其他的变量与表 4-1 中的一致。

5.2.2.2　模型设计

为了检验 H2-1，本章构建了如下模型来考察共同分析师网络中心度在同群企业影子银行化正向影响焦点企业影子银行化中的作用：

$$ShBank_{i,t} = \delta_0 + \delta_1 Peer\_ShBank_{i,j,t} + \delta_2 dundegree_{i,t} + \delta_3 Peer\_ShBank_{i,j,t} \times$$
$$dumdegree_{i,t} + \delta_4 Ctrl_{i,t} + \sum Year + \sum Industry + \sum Region + \varepsilon_{i,t}$$
$$(5.1)$$

我们主要关注的是交乘项 $\delta_3$ 的显著性和正负号，若其显著为正，则 H2-1 成立。为了检验 H2-2，本章构建了如下模型来考察同群企业的信息披露质量在同群企业影子银行化正向影响焦点企业影子银行化中的作用：

$$ShBank_{i,t} = \beta_0 + \beta_1 Peer\_ShBamk_{i,j,t} + \beta_2 duminfo_{i,t} + \beta_3 Peer\_ShBank_{i,j,t} \times$$

$$duminfo_{i,t} + \beta_4 Ctrl_{i,t} + \sum Year + \sum Industry + \sum Region + \varepsilon_{i,t}$$

$$(5.2)$$

我们主要关注的是交乘项系数 $\beta_3$ 的显著性和正负号，若其显著为正，则 H2-2 成立。同时，模型（5.1）和模型（5.2）中的其他变量与前文一致。

# 5.3　实证结果与分析

## 5.3.1　描述性统计

本章对主要变量进行了描述性统计，如表 5-1 所示。从表 5-1 中可知变量的样本量为 17947。主要的被解释变量——广义的影子银行化程度（$ShBank1$）和狭义的影子银行化程度（$ShBank2$）的平均值分别为 8.87% 和 6.68%，最小值分别为 0.03% 和 0.02%，最大值分别为 83.66% 和 70.96%，说明不同企业之间的广义影子银行化程度和狭义影子银行化程度均差别较大。同群企业的广义的影子银行化程度（$Peer\_ShBank1$）和同群企业的狭义影子银行化程度（$Peer\_ShBank2$）的平均值分别为 8.59% 和 6.40%，虽然与表 4-2 和表 4-3 相比，样本量有所减少，但是平均值的差别不大。共同分析师网络中心度（$dumdegree$）和同群企业的信息披露质量（$duminfo$）由于是根据中位数进行的划分，因此两个变量的均值为 0.5。观察焦点企业其他的公司特征变量和治理变量与表 4-2 中的描述性统计结果基本一致。

表 5-1　主要变量的描述性统计

| variable | N | mean | sd | min | p50 | max |
|---|---|---|---|---|---|---|
| $ShBank1$ | 17947 | 0.0887 | 0.1676 | 0.0003 | 0.0190 | 0.8366 |
| $ShBank2$ | 17947 | 0.0668 | 0.1355 | 0.0002 | 0.0129 | 0.7096 |
| $Peer\_ShBank1$ | 17947 | 0.0859 | 0.0725 | 0.0033 | 0.0664 | 0.3136 |
| $Peer\_ShBank2$ | 17947 | 0.0640 | 0.0555 | 0.0026 | 0.0482 | 0.2384 |
| $dumdegree$ | 17947 | 0.5003 | 0.5000 | 0.0000 | 1.0000 | 1.0000 |
| $duminfo$ | 17947 | 0.5000 | 0.5000 | 0.0000 | 0.0000 | 1.0000 |

续表

| variable | N | mean | sd | min | p50 | max |
|---|---|---|---|---|---|---|
| External_F | 17947 | 0.5109 | 0.1670 | 0.1210 | 0.5157 | 0.8894 |
| Margin | 17947 | -0.0655 | 0.1228 | -0.4943 | -0.0570 | 0.3818 |
| State | 17947 | 0.3853 | 0.4867 | 0.0000 | 0.0000 | 1.0000 |
| Size | 17947 | 22.3604 | 1.3335 | 20.0185 | 22.1837 | 26.3656 |
| Lev | 17947 | 0.4227 | 0.2022 | 0.0481 | 0.4183 | 0.8546 |
| Growth | 17947 | 1.9993 | 1.1813 | 0.8728 | 1.6123 | 7.5429 |
| ROA | 17947 | 0.0534 | 0.0475 | -0.1112 | 0.0483 | 0.2044 |
| Profit | 17947 | 0.3064 | 0.1720 | 0.0244 | 0.2766 | 0.8313 |
| Cfo | 17947 | 0.0534 | 0.0710 | -0.1510 | 0.0524 | 0.2596 |
| Dual | 17947 | 0.2631 | 0.4403 | 0.0000 | 0.0000 | 1.0000 |
| Smr | 17947 | 0.0762 | 0.1422 | 0.0000 | 0.00160 | 0.613 |
| Board | 17947 | 2.1587 | 0.1973 | 1.6094 | 2.1972 | 2.7081 |
| Indi | 17947 | 0.3724 | 0.0527 | 0.3333 | 0.3333 | 0.5714 |
| Analyst | 17947 | 2.4743 | 0.7884 | 1.0986 | 2.4849 | 4.0604 |

### 5.3.2 共同分析师联结的信息机制检验

为了检验 H2-1，本章对共同分析师联结下非金融企业影子银行化同群效应的特殊化信息机制（特指由共同分析师联结所形成的信息渠道）进行了检验，实证结果如表 5-2 所示。其中，第（1）至第（3）列的被解释变量为焦点企业的广义影子银行化程度（$ShBank1$），核心解释变量为共同分析师联结下同群企业广义影子银行化程度的加权值（$Peer\_ShBank1$）；第（4）至第（6）列的被解释变量为焦点企业的狭义影子银行化程度（$ShBank2$），核心解释变量为共同分析师联结下同群企业狭义影子银行化程度的加权值（$Peer\_ShBank2$）。与前文一致，为了保证回归结果的稳健性，本章分别采用了交乘项和分组回归，第（1）、第（4）列为交乘项的回归结果；其余的为分组的回归结果。由回归结果可知，交乘项 $Peer\_ShBank1 \times dumdegree$ 以及 $Peer\_ShBank2 \times dumdegree$ 的回归系数均在 1% 的水平上显著为正；并且将共同分析师网络中心度分成高低两组后回归可知，当共同分析师网络中心度较高时，同伴企业的影子银行化行为对焦点企业的影子银行化行为具有显著的促进作用，回归系数分别为 0.23 和 0.17，在 1% 的水平上显著；当共同分析师网络中心度较低时，同伴企业的影子银行化行为对焦点企业的影子银行化行为虽然也有促进作用，但回归系数分别为 0.11 和 0.08，均小于当共同分析师网络中心度较高组。总的来说，无论是交乘项的回归结果还是分组回归结果均证实了企业能够通过非正式信息渠道获取同伴企业影子银行化的相关信息，从而促进企业影子银行化同群效应的形成，即共同分析师网络中心度越高，影子银行化同群效应越明显，验证了 H2-1。

表 5-2　共同分析师联结的信息机制检验结果

| | （1） | （2） | （3） | （4） | （5） | （6） |
|---|---|---|---|---|---|---|
| | ShBank1 | ShBank1 | ShBank1 | ShBank2 | ShBank2 | ShBank2 |
| | 全样本 | dumdegree=1 | dumdegree=0 | 全样本 | dumdegree=1 | dumdegree=0 |
| Peer_ShBank1 | 0.1153*** | 0.2301*** | 0.1104*** | | | |
| | （3.5123） | （5.4451） | （3.5009） | | | |
| Peer_ShBank2 | | | | 0.0733** | 0.1701*** | 0.0752** |
| | | | | （2.2197） | （3.9344） | （2.3517） |
| dumdegree | −0.0176*** | | | −0.0129*** | | |
| | （−4.5382） | | | （−4.0776） | | |
| Peer_ShBank1× dumdegree | 0.1270*** | | | | | |
| | （3.1709） | | | | | |
| Peer_ShBank2× dumdegree | | | | 0.1218*** | | |
| | | | | （2.8790） | | |
| External_F | −0.0919*** | −0.0948*** | −0.0815*** | −0.0811*** | −0.0851*** | −0.0721*** |
| | （−10.0660） | （−7.0311） | （−6.2165） | （−10.7576） | （−7.6768） | （−6.6531） |
| Margin | 0.1572*** | 0.2121*** | 0.1108*** | 0.1080*** | 0.1461*** | 0.0751*** |
| | （10.7478） | （11.3451） | （6.0223） | （8.7844） | （9.5057） | （4.9381） |
| State | −0.0094*** | −0.0106** | −0.0072 | −0.0085*** | −0.0115*** | −0.0051 |
| | （−3.3318） | （−2.3923） | （−1.6001） | （−3.6492） | （−3.1438） | （−1.3739） |
| Size | −0.0033** | −0.0016 | −0.0069*** | −0.0037*** | −0.0022 | −0.0065*** |
| | （−2.2201） | （−0.7811） | （−2.9407） | （−3.0541） | （−1.3169） | （−3.3666） |
| Lev | −0.1572*** | −0.1597*** | −0.1566*** | −0.1121*** | −0.1140*** | −0.1117*** |
| | （−17.4373） | （−12.5227） | （−12.3496） | （−15.2624） | （−10.8735） | （−10.6543） |
| Growth | −0.0008 | 0.0002 | −0.0033* | −0.0000 | 0.0006 | −0.0017 |
| | （−0.5407） | （0.1234） | （−1.7363） | （−0.0030） | （0.4070） | （−1.0730） |

| | （1） | （2） | （3） | （4） | （5） | （6） |
|---|---|---|---|---|---|---|
| | *ShBank*1 | *ShBank*1 | *ShBank*1 | *ShBank*2 | *ShBank*2 | *ShBank*2 |
| | 全样本 | *dumdegree* = 1 | *dumdegree* = 0 | 全样本 | *dumdegree* = 1 | *dumdegree* = 0 |
| *ROA* | 0.2451 *** | 0.2564 *** | 0.2316 *** | 0.1126 *** | 0.1181 ** | 0.1049 ** |
| | （5.8828） | （4.3622） | （4.2290） | （3.2953） | （2.4431） | （2.3164） |
| *Profit* | 0.0307 *** | 0.0175 | 0.0462 *** | 0.0269 *** | 0.0164 | 0.0397 *** |
| | （2.7794） | （1.2393） | （3.1522） | （2.8929） | （1.4132） | （3.2770） |
| *Cfo* | 0.0875 *** | 0.1697 *** | 0.0139 | 0.0530 *** | 0.1062 *** | 0.0047 |
| | （4.7013） | （6.0984） | （0.4923） | （3.5669） | （4.6397） | （0.2019） |
| *Dual* | 0.0028 | 0.0000 | 0.0050 | 0.0023 | 0.0009 | 0.0036 |
| | （0.8335） | （0.0001） | （1.0976） | （0.8603） | （0.2721） | （0.9405） |
| *Smr* | 0.0301 ** | 0.0441 *** | 0.0189 | 0.0116 | 0.0188 * | 0.0065 |
| | （2.3850） | （3.2148） | （1.1782） | （1.1341） | （1.6619） | （0.4902） |
| *Board* | −0.0035 | −0.0117 | 0.0037 | −0.0022 | −0.0091 | 0.0043 |
| | （−0.5065） | （−1.1544） | （0.3379） | （−0.3890） | （−1.0919） | （0.4810） |
| *Indi* | −0.0347 | −0.0776 ** | 0.0144 | −0.0419 ** | −0.0875 *** | 0.0072 |
| | （−1.4258） | （−2.2349） | （0.3726） | （−2.1340） | （−3.0653） | （0.2264） |
| *Analyst* | 0.0015 | 0.0062 * | −0.0007 | 0.0023 | 0.0055 ** | 0.0004 |
| | （0.6473） | （1.8858） | （−0.2226） | （1.2237） | （2.0446） | （0.1609） |
| _cons | 0.2415 *** | 0.1837 *** | 0.3080 *** | 0.2233 *** | 0.1882 *** | 0.2631 *** |
| | （6.6190） | （3.4314） | （5.3856） | （7.4927） | （4.2761） | （5.5648） |
| Year | √ | √ | √ | √ | √ | √ |
| Industry | √ | √ | √ | √ | √ | √ |
| Region | √ | √ | √ | √ | √ | √ |
| F | 30.5411 | 22.8882 | 15.4834 | 25.1437 | 18.0289 | 12.0636 |
| Adj $R^2$ | 0.1674 | 0.2007 | 0.1426 | 0.1341 | 0.1634 | 0.1127 |
| N | 17947 | 8978 | 8969 | 17947 | 8978 | 8969 |

注：括号内 t 值采用 robust 修正，＊、＊＊、＊＊＊分别代表在 10%、5% 和 1% 的水平上显著，结果均保留四位小数。

### 5.3.3 一般化信息机制检验

除了对共同分析师联结的信息机制进行了检验，本章对一般化信息机制进行了回归分析，实证结果如表 5－3 所示。其中，第（1）至第（3）列的被解释变量为焦点企业的广义影子银行化程度（ShBank1），核心解释变量为共同分析师联结下同群企业广义影子银行化程度的加权值（Peer_ShBank1）；第（4）至第（6）列的被解释变量为焦点企业的狭义影子银行化程度（ShBank2），核心解释变量为共同分析师联结下同群企业狭义影子银行化程度的加权值（Peer_ShBank2）。为了保证回归结果的稳健性，本章分别采用了交乘项和分组回归，第（1）、第（4）列为交乘项的回归结果；其余的为分组的回归结果。由回归结果可知，交乘项 Peer_ShBank1×duminfo 以及 Peer_ShBank2×duminfo 的回归系数分别在5%和1%的水平上显著为正；并且将同伴企业的信息披露质量分成高低两组后回归可知，当同伴企业的信息披露质量较高时，同伴企业的影子银行化行为对焦点企业的影子银行化行为具有显著的促进作用，而当同伴企业信息披露质量较低时，同伴企业的影子银行化行为对焦点企业的影子银行化行为的促进作用不显著。总的来说，无论是交乘项的回归结果还是分组回归结果均证实了企业能够通过正式信息渠道获取同伴企业影子银行化的相关信息，从而促进企业影子银行化同群效应的形成，即同伴企业的信息披露质量越高，影子银行化同群效应越显著，验证了 H2-2。

表5-3 一般化信息机制的检验结果

| | （1） | （2） | （3） | （4） | （5） | （6） |
|---|---|---|---|---|---|---|
| | ShBank1 | ShBank1 | ShBank1 | ShBank2 | ShBank2 | ShBank2 |
| | 全样本 | duminfo = 1 | duminfo = 0 | 全样本 | duminfo = 1 | duminfo = 0 |
| Peer_ShBank1 | 0.0919** | 0.2181*** | 0.0731 | | | |
| | (2.3652) | (5.4408) | (1.5148) | | | |
| Peer_ShBank2 | | | | 0.0338 | 0.1560*** | 0.0384 |
| | | | | (0.8602) | (3.8247) | (0.8181) |
| duminfo | −0.0011 | | | 0.0005 | | |
| | (−0.3307) | | | (0.2042) | | |
| Peer_ShBank1×duminfo | 0.0968** | | | | | |
| | (2.4393) | | | | | |
| Peer_ShBank2×duminfo | | | | 0.1143*** | | |
| | | | | (2.7542) | | |
| External_F | −0.0910*** | −0.1038*** | −0.0841*** | −0.0800*** | −0.0930*** | −0.0709*** |
| | (−9.9451) | (−7.6654) | (−6.8615) | (−10.6003) | (−8.1426) | (−7.2074) |

续表

| | （1） | （2） | （3） | （4） | （5） | （6） |
|---|---|---|---|---|---|---|
| | ShBank1 | ShBank1 | ShBank1 | ShBank2 | ShBank2 | ShBank2 |
| | 全样本 | duminfo = 1 | duminfo = 0 | 全样本 | duminfo = 1 | duminfo = 0 |
| Margin | 0.1598 *** | 0.1584 *** | 0.1539 *** | 0.1102 *** | 0.1059 *** | 0.1076 *** |
| | （10.9570） | （6.8705） | （9.0073） | （8.9950） | （5.3421） | （7.8912） |
| State | −0.0093 *** | −0.0148 *** | −0.0042 | −0.0085 *** | −0.0129 *** | −0.0042 |
| | （−3.2881） | （−3.4845） | （−1.1326） | （−3.6148） | （−3.6312） | （−1.3855） |
| Size | −0.0034 ** | −0.0043 * | −0.0019 | −0.0039 *** | −0.0052 *** | −0.0018 |
| | （−2.3163） | （−1.9039） | （−1.0008） | （−3.1678） | （−2.7657） | （−1.2213） |
| Lev | −0.1556 *** | −0.1987 *** | −0.1251 *** | −0.1111 *** | −0.1439 *** | −0.0888 *** |
| | （−17.3046） | （−13.9124） | （−10.9862） | （−15.1629） | （−12.0347） | （−9.9198） |
| Growth | −0.0005 | 0.0011 | −0.0043 ** | 0.0003 | 0.0013 | −0.0023 |
| | （−0.3297） | （0.4422） | （−2.2361） | （0.2183） | （0.6278） | （−1.6051） |
| ROA | 0.2464 *** | 0.2485 *** | 0.2145 *** | 0.1131 *** | 0.1216 ** | 0.0806 ** |
| | （5.9221） | （3.8942） | （4.2241） | （3.3156） | （2.2796） | （2.0086） |
| Profit | 0.0311 *** | 0.0305 * | 0.0312 ** | 0.0267 *** | 0.0243 * | 0.0274 ** |
| | （2.8179） | （1.8349） | （2.1706） | （2.8713） | （1.7129） | （2.2841） |
| Cfo | 0.0869 *** | 0.0741 *** | 0.0929 *** | 0.0521 *** | 0.0375 | 0.0590 *** |
| | （4.6750） | （2.5827） | （3.8213） | （3.5160） | （1.5611） | （3.2635） |
| Dual | 0.0026 | 0.0069 | −0.0016 | 0.0022 | 0.0060 | −0.0015 |
| | （0.7950） | （1.3234） | （−0.3908） | （0.8307） | （1.3645） | （−0.4656） |
| Smr | 0.0305 ** | 0.0308 | 0.0337 ** | 0.0120 | 0.0113 | 0.0147 |
| | （2.4161） | （1.5451） | （2.1285） | （1.1702） | （0.6735） | （1.2198） |
| Board | −0.0044 | −0.0122 | 0.0053 | −0.0029 | −0.0071 | 0.0027 |
| | （−0.6308） | （−1.1916） | （0.5570） | （−0.5065） | （−0.8188） | （0.3478） |
| Indi | −0.0362 | −0.0798 ** | 0.0201 | −0.0432 ** | −0.0703 ** | −0.0031 |
| | （−1.4869） | （−2.1355） | （0.6437） | （−2.1997） | （−2.2672） | （−0.1306） |
| Analyst | −0.0013 | −0.0011 | −0.0022 | 0.0000 | −0.0001 | −0.0005 |
| | （−0.7005） | （−0.3918） | （−0.9089） | （0.0158） | （−0.0405） | （−0.2761） |
| _cons | 0.2473 *** | 0.3316 *** | 0.1652 *** | 0.2288 *** | 0.3073 *** | 0.1487 *** |
| | （6.7811） | （5.7057） | （3.5737） | （7.6801） | （6.2243） | （4.1560） |

续表

|  | （1） | （2） | （3） | （4） | （5） | （6） |
|---|---|---|---|---|---|---|
|  | *ShBank*1 | *ShBank*1 | *ShBank*1 | *ShBank*2 | *ShBank*2 | *ShBank*2 |
|  | 全样本 | *duminfo* = 1 | *duminfo* = 0 | 全样本 | *duminfo* = 1 | *duminfo* = 0 |
| *Year* | √ | √ | √ | √ | √ | √ |
| *Industry* | √ | √ | √ | √ | √ | √ |
| *Region* | √ | √ | √ | √ | √ | √ |
| *F* | 30.7651 | 16.5057 | 13.8683 | 25.3734 | 13.6246 | 11.2881 |
| *Adj R*² | 0.1673 | 0.1658 | 0.1706 | 0.1346 | 0.1330 | 0.1331 |
| *N* | 17947 | 8973 | 8974 | 17947 | 8973 | 8974 |

注：括号内 t 值采用 robust 修正，＊、＊＊、＊＊＊分别代表在 10%、5% 和 1% 的水平上显著，结果均保留四位小数。

### 5.3.4　两类信息机制的倾向性检验

通过前文的理论分析和实证检验可知，非金融企业影子银行化同群效应的内在作用机制之一是信息学习，而信息机制包含了两方面的内容：一是通过非正式信息渠道，即共同分析师跟踪多家企业获取信息而形成的影子银行化同群效应；二是根据证监会的规定，同群企业必须主动向外界披露自身信息而形成的影子银行化同群效应。为了进一步证实本书第 3 章理论分析中认为共同分析师这一非正式信息渠道是优于正式信息渠道的这一观点，因此，本章还检验了在我国资本市场环境下这两种信息机制哪种更占上风。参考 Aggarwal 和 Samwick（1999）、Rajgopal（2006）、Albuquerque（2013）的做法，首先采用式（5.3）进行回归，其次通过比较交乘项系数的经济显著性和大小进一步确认两类信息机制的倾向性结果。经济系数的算法为模型（5.4）。

$$ShBank_{i,t} = \omega_0 + \omega_1 Peer\_ShBank_{i,j,t} + \omega_2 duminfo_{i,t} + \omega_3 dumdegree_{i,t} +$$
$$\omega_4 Peer\_ShBank_{i,j,t} \times duminfo_{i,t} + \omega_5 Peer\_ShBank_{i,j,t} \times dumdegree_{i,t} +$$
$$\omega_6 Ctrl_{i,t} + \sum Year + \sum Industry + \sum Region + \varepsilon_{i,t} \qquad (5.3)$$

自变量的经济系数 =（自变量的回归系数×自变量的标准差）/因变量的标准差

$$(5.4)$$

表 5-4 即为两类信息机制的倾向性检验结果。其中，第（1）、第（2）列的被解释变量为广义的影子银行化程度（*ShBank*1）；第（3）、第（4）列的被解释

变量为狭义的影子银行化程度（*ShBank*2）。为了确保检验结果的稳健性，第（1）、第（3）列是没有加入控制变量的回归结果，第（2）、第（4）列是加入了控制变量的回归结果。无论是加入控制变量还是没有加入控制变量，交乘项 *Peer_ShBank*×*dumdegree* 和 *Peer_ShBank*×*duminfo* 的回归系数均至少在 5% 的水平上显著为正，即再次说明了共同分析师联结的信息机制和一般化信息机制在非金融企业影子银行化同群效应的形成中同时存在。对第（2）列中的交乘项 *Peer_ShBank*1×*dumdegree* 的回归系数进行标准化后的绝对值为 0.3693（0.1238×0.5/0.1676），对交乘项 *Peer_ShBank*1×*duminfo* 的回归系数进行标准化后的绝对值为 0.2867（0.0961×0.5/0.1676），0.3693 大于 0.2867，即前者的经济系数更大。按照同样的方法，对第（4）列的交乘项 *Peer_ShBank*2×*dumdegree* 的回归系数进行标准化后的绝对值为 0.4399（0.1192×0.5/0.1355），对 *Peer_ShBank*2×*duminfo* 的回归系数进行标准化后的绝对值为 0.4255（0.1153×0.5/0.1355），0.4399 大于 0.4255，同样是前者的经济系数更大。即说明了在非金融企业影子银行化同群效应的形成中，由共同分析师联结所形成的信息机制的经济影响更强。这与我国的国情是相符合的，由于我国资本市场的制度环境还不太健全，企业主动披露的正式信息并不能保证其及时性和真实性，特别是对于影子银行化这种隐蔽性较强的金融投资行为，在正式信息渠道普遍缺位的情况下，作为资本市场的重要信息中介，共同分析师的非正式信息渠道作用便日益凸显。

表 5-4　两类信息机制的倾向性检验结果

| | (1) | (2) | (3) | (4) |
|---|---|---|---|---|
| | *ShBank*1 | *ShBank*1 | *ShBank*2 | *ShBank*2 |
| *Peer_ShBank*1 | 0.0868** | 0.0492 | | |
| | (2.0254) | (1.1881) | | |
| *Peer_ShBank*2 | | | 0.0184 | −0.0075 |
| | | | (0.4316) | (−0.1798) |
| *dumdegree* | −0.0104*** | −0.0167*** | −0.0077*** | −0.0121*** |
| | (−3.1137) | (−4.2960) | (−2.8118) | (−3.7934) |
| *duminfo* | 0.0005 | −0.0016 | 0.0016 | 0.0001 |
| | (0.1416) | (−0.4817) | (0.5884) | (0.0295) |
| *Peer_ShBank*1×*dumdegree* | 0.1203*** | 0.1238*** | | |
| | (2.9353) | (3.0935) | | |
| *Peer_ShBank*1×*duminfo* | 0.0864** | 0.0961** | | |
| | (2.1162) | (2.4238) | | |

续表

| | （1） | （2） | （3） | （4） |
|---|---|---|---|---|
| | ShBank1 | ShBank1 | ShBank2 | ShBank2 |
| Peer_ShBank2×dumdegree | | | 0.1193*** | 0.1192*** |
| | | | （2.7719） | （2.8148） |
| Peer_ShBank2×duminfo | | | 0.1067** | 0.1153*** |
| | | | （2.5217） | （2.7825） |
| External_F | | −0.0905*** | | −0.0797*** |
| | | （−9.8991） | | （−10.5586） |
| Margin | | 0.1581*** | | 0.1090*** |
| | | （10.8305） | | （8.8801） |
| State | | −0.0094*** | | −0.0086*** |
| | | （−3.3314） | | （−3.6520） |
| Size | | −0.0035** | | −0.0039*** |
| | | （−2.3195） | | （−3.1782） |
| Lev | | −0.1573*** | | −0.1123*** |
| | | （−17.4580） | | （−15.2993） |
| Growth | | −0.0007 | | 0.0001 |
| | | （−0.4715） | | （0.0785） |
| ROA | | 0.2455*** | | 0.1129*** |
| | | （5.8995） | | （3.3087） |
| Profit | | 0.0295*** | | 0.0255*** |
| | | （2.6678） | | （2.7357） |
| Cfo | | 0.0867*** | | 0.0520*** |
| | | （4.6590） | | （3.5036） |
| Dual | | 0.0027 | | 0.0023 |
| | | （0.8014） | | （0.8365） |
| Smr | | 0.0306** | | 0.0120 |
| | | （2.4289） | | （1.1750） |
| Board | | −0.0037 | | −0.0024 |
| | | （−0.5282） | | （−0.4171） |
| Indi | | −0.0349 | | −0.0421** |
| | | （−1.4325） | | （−2.1447） |
| Analyst | | 0.0008 | | 0.0016 |
| | | （0.3475） | | （0.8383） |
| _cons | 0.0460*** | 0.2470*** | 0.0381*** | 0.2288*** |
| | （4.1114） | （6.7703） | （4.2513） | （7.6735） |

| | （1） | （2） | （3） | （4） |
|---|---|---|---|---|
| | *ShBank*1 | *ShBank*1 | *ShBank*2 | *ShBank*2 |
| *Year* | √ | √ | √ | √ |
| *Industry* | √ | √ | √ | √ |
| *Region* | √ | √ | √ | √ |
| *F* | 38. 3353 | 30. 0775 | 46. 7882 | 24. 8004 |
| *Adj R²* | 0. 1227 | 0. 1680 | 0. 1001 | 0. 1351 |
| *N* | 17947 | 17947 | 17947 | 17947 |

注：括号内 t 值采用 robust 修正，＊＊、＊＊＊分别代表在 5% 和 1% 的水平上显著，结果均保留四位小数。

# 5.4 进一步分析与稳健性检验

## 5.4.1 共同分析师信息传递质量对信息机制的影响

除了通过同伴企业信息披露质量和共同分析师网络中心度来检验非金融企业影子银行化同群效应的信息机制，本章还根据 Morretti（2011）的个体决策观察学习模型，将企业决策所依据的信息分为同伴信息、先验信息和外部私有信息，检验这些因素对于非正式信息渠道和正式信息渠道在作用影子银行化同群效应的差异，从而进一步分析非金融企业影子银行化同群效应的信息机制。

本章首先考察同伴信息对非金融企业影子银行化同群效应信息机制的影响。根据 Morretti（2011）的观点，传递的同伴信息质量越高，企业越容易被同伴的行为决策所影响。也就是说，对于焦点企业而言，获取到的同伴影子银行化信息质量与影子银行化同群效应成正比。已有文献认为共同分析师的排名可以代表共同分析师的影响力以及分析师在信息传递质量方面的可靠性（Israelsen，2016；Gomes et al.，2017）：当共同分析师的排名越靠前，说明共同分析师传递的同伴信息就越可靠。现阶段，主要是通过两种方式来衡量分析师的排名：一是基于《新财富》杂志评选的"明星分析师"，这主要是根据机构投资者进行投票；二是根据共同分析师对被跟踪企业盈余预测准确性进行排名。由于近年来学术界和实务界对于《新财富》明星分析师评选机制的批判，认为机构投资者与分析师存在利益关联使采用前者的方式对分析师进行排名的方式有失公允（逯东等，2020），因此参考 Israelsan（2016）的做法，采用共同分析师盈余预测准确性来进行排名，将共同分析师对同群企业的盈余预测准确度进行分组，当共同分析师对同群企业的盈余预测准确度越高，表明共同分析师排名越靠前，此时共同分析师所获取的同群企业的影子银行化信息质量越高，企业影子银行化同群效应就越大。具体的做法是，根据焦点企业的共同分析师对同伴企业的盈余预测准确度取平均值 $Peerinformation$，再根据 $Peerinformation$ 中位数构造共同分析师信息传递质量的虚拟变量 $Accuracy$：当 $Peerinformation$ 大于中位数时，$Accuracy$ 取值为 1，表示共同分析师信息传递质量较高；否则 $Accuracy$ 取值为 0，表示共同分析师信息传递质量较低。

表 5-5 显示了在共同分析师跟踪信息传递质量差异下影子银行化同群效应对共同分析师联结信息机制的检验结果。其中，第（1）、第（2）列的被解释变量为广义的影子银行化程度 $ShBank1$，第（3）、第（4）列的被解释变量为狭义的影子银行化程度 $ShBank2$。在表 5-5 中，第（1）、第（3）列为共同分析师的信息传递质量较高时的回归结果，交乘项 $Peer\_ShBank1 \times dumdegree$ 和 $Peer\_ShBank2 \times dumdegree$ 的回归系数均在 1% 的水平上显著为正；第（2）、第（4）列为共同分析师的信息传递质量较低时的回归结果，交乘项 $Peer\_ShBank1 \times dumdegree$ 和 $Peer\_ShBank2 \times dumdegree$ 的回归系数为正但均不显著。这说明了，当共同分析师传递的信息质量较低时，非正式信息渠道不能很好地发挥传递影子银行化信息的作用；反之，共同分析师的信息传递质量越高，同伴信息的质量越高，焦点企业能够通过共同分析师网络获取同伴企业的信息越多，非正式信息渠道对影子银行化同群效应的影响越大。这与共同分析跟踪信息传递质量对一般化信息机制的影响的结论一致。

表 5-5　共同分析师跟踪信息传递质量对共同分析师联结信息机制的影响①

| | （1） | （2） | （3） | （4） |
|---|---|---|---|---|
| | $ShBank1$ | $ShBank1$ | $ShBank2$ | $ShBank2$ |
| | $Accuracy = 1$ | $Accuracy = 0$ | $Accuracy = 1$ | $Accuracy = 0$ |
| $Peer\_ShBank1$ | 0.0272 | 0.2016 *** | | |
| | (0.6386) | (3.6295) | | |

① 限于篇幅的有限性，本书将"进一步分析"中控制变量的实证结果均用 $Ctrl$ 简化，下同。

续表

| | （1） | （2） | （3） | （4） |
|---|---|---|---|---|
| | *ShBank*1 | *ShBank*1 | *ShBank*2 | *ShBank*2 |
| | *Accuracy* = 1 | *Accuracy* = 0 | *Accuracy* = 1 | *Accuracy* = 0 |
| *Peer_ShBank2* | | | −0.0325 | 0.2072*** |
| | | | （−0.7574） | （3.6990） |
| *dumdegree* | −0.0244*** | −0.0111** | −0.0159*** | −0.0084** |
| | （−3.5131） | （−2.4381） | （−2.7245） | （−2.3389） |
| *Peer_ShBank1×dumdegree* | 0.2236*** | 0.0278 | | |
| | （3.8362） | （0.4696） | | |
| *Peer_ShBank2×dumdegree* | | | 0.2017*** | 0.0174 |
| | | | （3.2830） | （0.2766） |
| *_cons* | 0.3788*** | 0.1020** | 0.3346*** | 0.1033*** |
| | （6.7188） | （2.2492） | （7.0338） | （2.9652） |
| *Ctrl* | √ | √ | √ | √ |
| *Year* | √ | √ | √ | √ |
| *Industry* | √ | √ | √ | √ |
| *Region* | √ | √ | √ | √ |
| *F* | 15.3402 | 14.4840 | 12.3702 | 11.7225 |
| *Adj R*² | 0.1584 | 0.1787 | 0.1233 | 0.1472 |
| *N* | 8965 | 8965 | 8965 | 8965 |

注：括号内 t 值采用 robust 修正，＊＊、＊＊＊分别代表在 5%和 1%的水平上显著，结果均保留四位小数。

表5-6 显示了在共同分析师跟踪信息传递质量差异下影子银行化同群效应对一般化信息机制的检验结果。其中，第（1）、第（2）列的被解释变量为广义的影子银行化程度 *ShBank*1，第（3）、第（4）列的被解释变量为狭义的影子银行化程度 *ShBank*2。在表5-6 中，第（1）、第（3）列为共同分析师的信息传递质量较高时的回归结果，交乘项 *Peer_ShBank*1×*duminfo* 和 *Peer_ShBank*2×*duminfo* 的回归系数均在 1%的水平上显著为正；第（2）、第（4）列为共同分析师的信息传递质量较低时的回归结果，交乘项 *Peer_ShBank*1×*duminfo* 和 *Peer_ShBank*2×*duminfo* 的回归系数为正但均不显著。说明当共同分析师传递的信息质量较低时，正式信息渠道不能很好地发挥传递影子银行化信息的作用；反之，共同分析师的信息传递质量越高，同伴信息的质量越高，焦点企业能够通过共同分析师网络获取同伴

企业的信息越多,正式信息渠道对影子银行化同群效应的影响越大。

表 5-6 共同分析师跟踪信息传递质量对一般化信息机制的影响

|  | （1） | （2） | （3） | （4） |
|---|---|---|---|---|
|  | ShBank1 | ShBank1 | ShBank2 | ShBank2 |
|  | Accuracy = 1 | Accuracy = 0 | Accuracy = 1 | Accuracy = 0 |
| Peer_ShBank1 | −0.0451 | 0.1902*** |  |  |
|  | （−0.7835） | （3.3836） |  |  |
| Peer_ShBank2 |  |  | −0.1289** | 0.1830*** |
|  |  |  | （−2.2479） | （3.1861） |
| duminfo | −0.0075 | −0.0030 | −0.0033 | −0.0026 |
|  | （−1.3046） | （−0.7677） | （−0.6839） | （−0.8573） |
| Peer_ShBank1×duminfo | 0.1918*** | 0.0429 |  |  |
|  | （3.1604） | （0.7451） |  |  |
| Peer_ShBank2×duminfo |  |  | 0.2117*** | 0.0600 |
|  |  |  | （3.4003） | （0.9744） |
| _cons | 0.3867*** | 0.1031** | 0.3424*** | 0.1044*** |
|  | （6.8712） | （2.2701） | （7.2151） | （2.9903） |
| Ctrl | √ | √ | √ | √ |
| Year | √ | √ | √ | √ |
| Industry | √ | √ | √ | √ |
| Region | √ | √ | √ | √ |
| F | 15.2899 | 14.5431 | 12.3725 | 11.7552 |
| Adj $R^2$ | 0.1583 | 0.1783 | 0.1244 | 0.1469 |
| N | 8965 | 8965 | 8965 | 8965 |

注:括号内 t 值采用 robust 修正,**、***分别代表在 5% 和 1% 的水平上显著,结果均保留四位小数。

从理论上而言,共同分析师的信息传递质量不会影响一般化信息机制所发挥的作用;但从实证结果来看,共同分析师的信息传递质量同样会对正式信息渠道有所影响,可能的原因在于:影子银行化活动具有隐蔽性和难监管的特点,仅依靠正式信息渠道难以获取实质性信息,企业的正式信息渠道和非正式信息渠道是相辅相成的,共同分析师的信息传递质量同时会对这两种信息机制产生影响,即若没有共同分析师在其中起关键性传递作用,正式信息渠道也难以对影子银行化同群效应产生影响。

### 5.4.2 企业规模对信息机制的影响

本章在此考察先验信息对非金融企业影子银行化同群效应信息机制的影响。根据 Morretti（2011）的观点，焦点企业的先验信息越多，越不容易被同伴信息所影响。那么如何衡量焦点企业先验信息的多少？本书借鉴 Leary 和 Roberts（2014）、陆蓉等（2017）、Adhikari 和 Agrawal（2018）、李秋梅和梁权熙（2020）的做法，以企业的规模（*Size*）作为先验信息多少的衡量方式，以检验企业出于信息优势和信息劣势的情况下，对影子银行化同群效应信息机制的影响。具体地，将被跟踪企业的资产规模进行排序，将排名位于前30%的企业定义为先验信息更多的企业，此时 *Scale* 的取值为1；将排名位于后30%的企业定义为先验信息更少的企业，此时 *Scale* 的取值为0[①]。

表5-7显示了在企业规模差异下影子银行化同群效应对共同分析师联结的信息机制的检验结果。其中，第（1）、第（2）列的被解释变量为广义的影子银行化程度 *ShBank*1，第（3）、第（4）列的被解释变量为狭义的影子银行化程度 *ShBank*2。在表5-7中，第（1）、第（3）列为焦点企业资产规模较大时的回归结果，交乘项 *Peer_ShBank*1×*dumdegree* 和 *Peer_ShBank*2×*dumdegree* 的回归系数均在1%的水平上显著为正，说明当焦点企业规模较大，即焦点企业为先验信息优势企业时，非正式信息渠道能够在影子银行化同群效应中发挥作用；第（2）、第（4）列为焦点企业资产规模较小时的回归结果，交乘项 *Peer_ShBank*1×*dumdegree* 和 *Peer_ShBank*2×*dumdegree* 的回归系数为正但均不显著，这说明当焦点企业的资产规模较小，即焦点企业为先验信息劣势企业时，非正式信息渠道没有在影子银行化同群效应中发挥作用。

**表5-7　企业规模对共同分析师联结的信息机制的影响**

| | (1) | (2) | (3) | (4) |
|---|---|---|---|---|
| | *ShBank*1 | *ShBank*1 | *ShBank*2 | *ShBank*2 |
| | *Scale* = 1 | *Scale* = 0 | *Scale* = 1 | *Scale* = 0 |
| *Peer_ShBank*1 | 0.0698 | 0.1213[*] | | |
| | (1.4760) | (1.8426) | | |

---

① 由于已经将企业规模作为了分组变量，因此本书在控制变量中删除了 *Size*，特此说明。

续表

| | （1） | （2） | （3） | （4） |
|---|---|---|---|---|
| | *ShBank*1 | *ShBank*1 | *ShBank*2 | *ShBank*2 |
| | *Scale* = 1 | *Scale* = 0 | *Scale* = 1 | *Scale* = 0 |
| *Peer_ ShBank*2 | | | 0.0202 | 0.1087 |
| | | | （0.4139） | （1.6025） |
| *dumdegree* | −0.0227*** | −0.0161* | −0.0156*** | −0.0114 |
| | （−3.6285） | （−1.9370） | （−3.0069） | （−1.6388） |
| *Peer_ ShBank*1×*dumdegree* | 0.2112*** | 0.0318 | | |
| | （3.3450） | （0.3928） | | |
| *Peer_ ShBank*2×*dumdegree* | | | 0.1753*** | 0.0457 |
| | | | （2.6628） | （0.5245） |
| _*cons* | 0.2181*** | 0.2531*** | 0.1913*** | 0.2127*** |
| | （5.4421） | （4.0094） | （5.8758） | （4.2280） |
| *Ctrl* | √ | √ | √ | √ |
| *Year* | √ | √ | √ | √ |
| *Industry* | √ | √ | √ | √ |
| *Region* | √ | √ | √ | √ |
| *F* | 10.3499 | 11.9700 | 9.0453 | 9.8595 |
| *Adj R*² | 0.1992 | 0.1847 | 0.1795 | 0.1489 |
| *N* | 5103 | 5103 | 5103 | 5103 |

注：括号内 t 值采用 robust 修正，＊、＊＊＊分别代表在 10% 和 1% 的水平上显著，结果均保留四位小数。

表 5-8 显示了在企业规模差异下影子银行化同群效应对一般化信息机制的检验结果。其中，第（1）、第（2）列的被解释变量为广义的影子银行化程度 *ShBank*1，第（3）、第（4）列的被解释变量为狭义的影子银行化程度 *ShBank*2。在表 5-8 中，第（1）、第（3）列为焦点企业资产规模较大时的回归结果，交乘项 *Peer_ ShBank*1×*duminfo* 和 *Peer_ ShBank*2×*duminfo* 的回归系数为正但均不显著，说明当焦点企业规模较大，即焦点企业为先验信息优势企业时，正式信息渠道没有在影子银行化同群效应中发挥作用；第（2）、第（4）列为焦点企业资产规模较小时的回归结果，交乘项 *Peer_ ShBank*1×*duminfo* 和 *Peer_ ShBank*2×*duminfo* 的回归系数分别在 10% 和 5% 的水平上显著为正，说明当焦点企业规模较小，即焦点企业为先验信息劣势企业时，正式信息渠道才能在影子银行化同群效应中发挥作用。

表5-8 企业规模对一般化信息机制的影响

| | (1) | (2) | (3) | (4) |
|---|---|---|---|---|
| | *ShBank*1 | *ShBank*1 | *ShBank*2 | *ShBank*2 |
| | *Scale* = 1 | *Scale* = 0 | *Scale* = 1 | *Scale* = 0 |
| *Peer_ ShBank*1 | 0.1450** | 0.0381 | | |
| | (2.2576) | (0.5077) | | |
| *Peer_ ShBank*2 | | | 0.0701 | −0.0186 |
| | | | (1.0637) | (−0.2437) |
| *duminfo* | −0.0051 | −0.0032 | −0.0015 | −0.0038 |
| | (−1.0526) | (−0.4338) | (−0.3840) | (−0.6156) |
| *Peer_ ShBank*1×*duminfo* | 0.0412 | 0.1473* | | |
| | (0.6290) | (1.8601) | | |
| *Peer_ ShBank*2×*duminfo* | | | 0.0456 | 0.2145** |
| | | | (0.6625) | (2.5521) |
| *_cons* | 0.2164*** | 0.2675*** | 0.1909*** | 0.2249*** |
| | (5.3942) | (4.2558) | (5.8628) | (4.5074) |
| *Ctrl* | √ | √ | √ | √ |
| *Year* | √ | √ | √ | √ |
| *Industry* | √ | √ | √ | √ |
| *Region* | √ | √ | √ | √ |
| *F* | 15.4733 | 11.9682 | 9.9526 | 9.8958 |
| *Adj R*$^2$ | 0.1968 | 0.1854 | 0.1779 | 0.1508 |
| *N* | 5103 | 5103 | 5103 | 5103 |

注：括号内 t 值采用 robust 修正，＊、＊＊、＊＊＊分别代表在 10%、5%和 1%的水平上显著，结果均保留四位小数。

通过比较企业规模对非正式和正式信息渠道机制的影响可以发现，表5-7和表5-8显示了两种完全相反的结论。对此，笔者认为企业规模的双重属性是理解这一现象的关键。一方面，资产规模较大的企业意味着具备"更多的先验信息"，因而正式信息渠道的公开信息对于大规模企业而言的价值不大；另一方面，资产规模较大的企业同样意味着具备"更强的信息获取能力"，对这些企业来说，通过非正式信息渠道所获取的私有信息才是价值所在，并且相较于小规模企业而言，他们也更具有通过非正式信息渠道搜寻私有信息的能力。

### 5.4.3　环境不确定性对信息机制的影响

本章还考察了外部私有信息对非金融企业影子银行化同群效应信息机制的影响。根据第 3 章的理论分析，在我国金融收益率和实体收益率不断扩大的背景下，非金融企业由于"信息获取性学习"而产生的影子银行化同群效应还是一种应对外部环境不确定性的手段。当企业面临的外部环境不确定性越大，说明其能够从外部获得私有信息的难度越大，此时企业更依赖于同伴信息进行投资决策，同群企业的影子银行化决策对焦点企业的影响就越大。

因此，为了证实非金融企业影子银行化同群效应还可能受到环境不确定性的影响，参考申慧慧等（2012）用企业的业绩波动来度量企业环境的不确定性程度。具体的做法为：用企业销售收入的标准差来衡量环境不确定性，同时为了剔除行业的影响，运用经过行业调整后企业过去 5 年销售收入的标准差来衡量企业环境的不确定性程度。值得一提的是，过去 5 年销售收入的变化有一部分是来自于企业稳定成长的结果，因此还需要剔除过去 5 年中销售收入稳定增长的那一部分，即采用企业过去 5 年的数据，运用普通最小二乘法进行回归，分别估计过去 5 年的非正常销售收入，从而得到未经行业调整的环境不确定性；同一年度同行业内所有企业未经行业调整的环境不确定性中位数则视为行业的环境不确定性指标。再运用企业未经调整的环境不确定除以行业环境不确定，得到企业经过行业调整的环境不确定性程度。需要说明的是，申慧慧等（2012）是运用环境不确定的变化值来构造的虚拟变量，本章是将当年每个企业环境不确定性程度进行横向比较来分组，环境不确定性程度高于年度中位数时，为环境不确定性高组，*Uncertain* 取值为 1；其余的为环境不确定性低组，*Uncertain* 取值为 0。

表 5-9 显示了在环境不确定性差异下影子银行化同群效应对共同分析师联结信息机制的检验结果。其中，第（1）、第（2）列的被解释变量为广义的影子银行化程度 *ShBank*1，第（3）、第（4）列的被解释变量为狭义的影子银行化程度 *ShBank*2。表 5-9 中，第（1）、第（3）列为焦点企业所面临的环境不确定性较大时的回归结果，交乘项 *Peer_ShBank*1×*dumdegree* 和 *Peer_ShBank*2×*dumdegree* 的回归系数分别在 1% 和 5% 的水平上显著为正，即说明当焦点企业所面临的环境不确定性较大时，非正式信息渠道能够在影子银行化同群效应中发挥作用；第（2）、第（4）列为焦点企业所面临的环境不确定性较小的回归结果，可以发现，交乘项 *Peer_ShBank*1×*dumdegree* 和 *Peer_ShBank*2×*dumdegree* 的回归系数为正但均不显著，说明当焦点企业所面临的环境不确定性较小时，非正式信息渠道没有在

影子银行化同群效应中发挥作用。

表 5-9　环境不确定性对共同分析师联结信息机制的影响

| | (1) | (2) | (3) | (4) |
|---|---|---|---|---|
| | ShBank1 | ShBank1 | ShBank2 | ShBank2 |
| | Uncertain = 1 | Uncertain = 0 | Uncertain = 1 | Uncertain = 0 |
| Peer_ ShBank1 | 0.0371 | 0.0783 | | |
| | (0.7674) | (1.6115) | | |
| Peer_ ShBank2 | | | 0.0215 | 0.0234 |
| | | | (0.4333) | (0.4686) |
| dumdegree | −0.0166*** | −0.0155** | −0.0115** | −0.0110** |
| | (−2.8764) | (−2.4891) | (−2.4012) | (−2.1301) |
| Peer_ ShBank1×dumdegree | 0.2002*** | 0.0991 | | |
| | (3.2371) | (1.5974) | | |
| Peer_ ShBank2×dumdegree | | | 0.1619** | 0.0780 |
| | | | (2.4616) | (1.1806) |
| _cons | 0.1603*** | 0.1741*** | 0.1948*** | 0.1663*** |
| | (3.1082) | (2.9722) | (4.5296) | (3.3242) |
| Ctrl | √ | √ | √ | √ |
| Year | √ | √ | √ | √ |
| Industry | √ | √ | √ | √ |
| Region | √ | √ | √ | √ |
| F | 8.5990 | 11.1893 | 7.0179 | 9.2020 |
| Adj $R^2$ | 0.1331 | 0.1716 | 0.1058 | 0.1442 |
| N | 6245 | 6250 | 6245 | 6250 |

注：括号内 t 值采用 robust 修正，**、***分别代表在 5% 和 1% 的水平上显著，结果均保留四位小数。

表 5-10 显示了在环境不确定性差异下影子银行化同群效应对一般化信息机制的检验结果。其中，第 (1)、第 (2) 列的被解释变量为广义的影子银行化程度 ShBank1，第 (3)、第 (4) 列的被解释变量为狭义的影子银行化程度 Sh-Bank2。在表 5-10 中，第 (1)、第 (3) 列为焦点企业所面临的环境不确定性较大时的回归结果，交乘项 Peer_ ShBank1×duminfo 和 Peer_ ShBank2×duminfo 的回归系数为正但均不显著，说明当焦点企业所面临的环境不确定性较大时，正式信息渠道没有在影子银行化同群效应中发挥作用；第 (2)、第 (4) 列为焦点企业

所面临的环境不确定性较小时的回归结果，交乘项 $Peer\_ShBank1 \times duminfo$ 和 $Peer\_ShBank2 \times duminfo$ 的回归系数均在 1% 的水平上显著为正，说明当焦点企业所面临的环境不确定性较小时，正式信息渠道才能在影子银行化同群效应中发挥作用。

表 5-10　环境不确定性对一般化信息机制的影响

| | （1） | （2） | （3） | （4） |
|---|---|---|---|---|
| | *ShBank*1 | *ShBank*1 | *ShBank*2 | *ShBank*2 |
| | *Uncertain* = 1 | *Uncertain* = 0 | *Uncertain* = 1 | *Uncertain* = 0 |
| *Peer\_ShBank*1 | 0.0661 | −0.0070 | | |
| | （1.1513） | （−0.1156） | | |
| *Peer\_ShBank*2 | | | 0.0567 | −0.0815 |
| | | | （0.9340） | （−1.3007） |
| *duminfo* | −0.0038 | −0.0044 | −0.0016 | −0.0012 |
| | （−0.7667） | （−0.8579） | （−0.3795） | （−0.2720） |
| *Peer\_ShBank*1×*duminfo* | 0.0641 | 0.1684*** | | |
| | （1.0405） | （2.7510） | | |
| *Peer\_ShBank*2×*duminfo* | | | 0.0311 | 0.1860*** |
| | | | （0.4696） | （2.8475） |
| _cons | 0.1666*** | 0.1816*** | 0.1988*** | 0.1735*** |
| | （3.2322） | （3.1102） | （4.6239） | （3.4750） |
| *Ctrl* | √ | √ | √ | √ |
| *Year* | √ | √ | √ | √ |
| *Industry* | √ | √ | √ | √ |
| *Region* | √ | √ | √ | √ |
| *F* | 8.5872 | 11.2098 | 7.0321 | 9.2918 |
| *Adj R*$^2$ | 0.1310 | 0.1731 | 0.1045 | 0.1465 |
| *N* | 6245 | 6250 | 6245 | 6250 |

注：括号内 t 值采用 robust 修正，***代表在 1% 的水平上显著，结果均保留四位小数。

通过比较环境不确定性对正式和非正式信息渠道机制的影响可以发现，表 5-9 和表 5-10 显示了两种完全相反的结论。笔者认为主要原因在于：当环境不确定性较小时，企业本身能够通过外部获取更多的私有信息，且从正式信息渠道获取的信息也更为可靠，此时非正式信息渠道对企业的边际贡献大大降低；当环境不确定性较大时，企业难以从外部获取更多的私有信息，并且通过正式信息渠道获取的同伴信息也可能由于环境的不确定性而丧失时效性与可靠性，此时非正式信息渠道对于企业存在更大的边际贡献。该结论的启示在于：非金融企业通过共同分析师网络这一非正式信息渠道而产生的影子银行化同群效应，一部分是来自于对于外部环境不确定的应对措施，因此通过降低企业的外部环境不确定性有助于缓解非金融企业影子银行化同群效应的产生。

### 5.4.4 稳健性检验

为了验证上述结论的科学性和稳健性，本书从以下七个方面进行了稳健性检验：

（1）替换信息机制的衡量方式。对于共同分析师联结的信息机制检验变量，对共同分析师网络的衡量方式改为共同分析师网络的结构洞，当共同分析师网络结构洞大于中位数时，*dumci* 取值为1，否则取值为0。对于一般化信息机制的检验变量，将同群企业信息披露质量的衡量方式更改为：上海证券交易所和深圳证券交易所对上市公司的信息披露质量评价为优秀时赋值为1，良好、合格和不合格时均赋值为0，再根据模型（4.1）计算加权的同群企业信息披露质量，最后根据同群企业信息披露质量的中位数构造企业正式信息渠道的虚拟变量 *dummess*：当企业的同群企业信息披露质量大于中位数时，*dummess* 取值为1，表示同群企业的信息披露质量较高；否则取值为0，表示同群企业的信息披露质量较低。改变信息机制的衡量方式后的回归结果如表5-11所示。通过第（2）、第（5）列的回归结果可知，当改变非正式信息渠道变量的衡量方式后，交乘项 *Peer_ShBank×dumci* 的回归系数也是均显著为正；通过第（1）、第（4）列可知，当改变正式信息渠道变量的衡量方式后，交乘项 *Peer_ShBank×dummess* 的回归系数仍然显著为正；说明当改变信息机制的衡量方式后，非正式和正式信息渠道依然是非金融企业影子银行化同群效应的作用机制。进一步地，通过观察第（3）、第（6）列中 *Peer_ShBank×dumci* 和 *Peer_ShBank×dummess* 的经济系数可知，在两类信息机制的共同作用下，企业更倾向于非正式信息渠道而形成影子银行化的同群效应。

表 5-11　改变信息机制的衡量方式的回归结果

| | （1） | （2） | （3） | （4） | （5） | （6） |
|---|---|---|---|---|---|---|
| | *ShBank*1 | *ShBank*1 | *ShBank*1 | *ShBank*2 | *ShBank*2 | *ShBank*2 |
| *Peer_ShBank*1 | 0.1100*** | 0.1066*** | 0.0584 | | | |
| | (2.8721) | (3.2174) | (1.4360) | | | |

续表

|  | （1） | （2） | （3） | （4） | （5） | （6） |
|---|---|---|---|---|---|---|
|  | ShBank1 | ShBank1 | ShBank1 | ShBank2 | ShBank2 | ShBank2 |
| Peer_ShBank2 |  |  |  | 0.0451 | 0.0600* | −0.0096 |
|  |  |  |  | (1.1794) | (1.8149) | (−0.2364) |
| dumci |  | −0.0113*** | −0.0105*** |  | −0.0076** | −0.0067** |
|  |  | (−2.8012) | (−2.5960) |  | (−2.2810) | (−2.0234) |
| dummess | −0.0002 |  | −0.0001 | 0.0007 |  | 0.0007 |
|  | (−0.0610) |  | (−0.0345) | (0.2671) |  | (0.2701) |
| Peer_ShBank1× dumci |  | 0.1397*** | 0.1374*** |  |  |  |
|  |  | (3.3796) | (3.3256) |  |  |  |
| Peer_ShBank1× dummess | 0.0734* |  | 0.0718* |  |  |  |
|  | (1.8628) |  | (1.8248) |  |  |  |
| Peer_ShBank2× dumci |  |  |  |  | 0.1462*** | 0.1443*** |
|  |  |  |  |  | (3.3789) | (3.3377) |
| Peer_ShBank2× dummess |  |  |  | 0.1025** |  | 0.1029** |
|  |  |  |  | (2.4975) |  | (2.5129) |
| External_F | −0.0913*** | −0.0918*** | −0.0907*** | −0.0802*** | −0.0812*** | −0.0800*** |
|  | (−9.9847) | (−10.0503) | (−9.9182) | (−10.6300) | (−10.7686) | (−10.5956) |
| Margin | 0.1598*** | 0.1571*** | 0.1580*** | 0.1104*** | 0.1078*** | 0.1089*** |
|  | (10.9514) | (10.7365) | (10.8160) | (9.0016) | (8.7691) | (8.8744) |
| State | −0.0093*** | −0.0094*** | −0.0094*** | −0.0085*** | −0.0085*** | −0.0085*** |
|  | (−3.2853) | (−3.3042) | (−3.3002) | (−3.6078) | (−3.6196) | (−3.6135) |
| Size | −0.0034** | −0.0031** | −0.0033** | −0.0039*** | −0.0035** | −0.0037*** |
|  | (−2.3093) | (−2.0961) | (−2.1970) | (−3.1788) | (−2.9128) | (−3.0569) |
| Lev | −0.1555*** | −0.1564*** | −0.1565*** | −0.1110*** | −0.1116*** | −0.1118*** |
|  | (−17.2957) | (−17.3878) | (−17.4048) | (−15.1540) | (−15.2294) | (−15.2641) |
| Growth | −0.0006 | −0.0007 | −0.0007 | 0.0002 | 0.0001 | 0.0001 |
|  | (−0.3582) | (−0.4655) | (−0.4316) | (0.1904) | (0.0487) | (0.0941) |
| ROA | 0.2463*** | 0.2449*** | 0.2452*** | 0.1133*** | 0.1121*** | 0.1126*** |
|  | (5.9213) | (5.8777) | (5.8926) | (3.3212) | (3.2813) | (3.2993) |

| | （1） | （2） | （3） | （4） | （5） | （6） |
|---|---|---|---|---|---|---|
| | *ShBank*1 | *ShBank*1 | *ShBank*1 | *ShBank*2 | *ShBank*2 | *ShBank*2 |
| *Profit* | 0.0315*** | 0.0315*** | 0.0305*** | 0.0269*** | 0.0276*** | 0.0263*** |
| | (2.8443) | (2.8551) | (2.7611) | (2.8937) | (2.9757) | (2.8330) |
| *Cfo* | 0.0872*** | 0.0881*** | 0.0875*** | 0.0523*** | 0.0535*** | 0.0527*** |
| | (4.6886) | (4.7370) | (4.7065) | (3.5262) | (3.6077) | (3.5529) |
| *Dual* | 0.0026 | 0.0028 | 0.0027 | 0.0022 | 0.0024 | 0.0023 |
| | (0.7910) | (0.8486) | (0.8105) | (0.8153) | (0.8757) | (0.8333) |
| *Smr* | 0.0304** | 0.0301** | 0.0306** | 0.0120 | 0.0117 | 0.0122 |
| | (2.4091) | (2.3897) | (2.4302) | (1.1708) | (1.1432) | (1.1886) |
| *Board* | −0.0044 | −0.0036 | −0.0037 | −0.0030 | −0.0022 | −0.0024 |
| | (−0.6325) | (−0.5143) | (−0.5375) | (−0.5111) | (−0.3829) | (−0.4153) |
| *Indi* | −0.0357 | −0.0360 | −0.0357 | −0.0427** | −0.0429** | −0.0425** |
| | (−1.4685) | (−1.4770) | (−1.4644) | (−2.1735) | (−2.1824) | (−2.1659) |
| *Analyst* | −0.0013 | −0.0014 | −0.0020 | 0.0000 | −0.0004 | −0.0011 |
| | (−0.6776) | (−0.6127) | (−0.8953) | (0.0082) | (−0.2075) | (−0.6113) |
| *_cons* | 0.2466*** | 0.2396*** | 0.2448*** | 0.2289*** | 0.2227*** | 0.2287*** |
| | (6.7588) | (6.5566) | (6.6971) | (7.6802) | (7.4607) | (7.6559) |
| *Year* | √ | √ | √ | √ | √ | √ |
| *Industry* | √ | √ | √ | √ | √ | √ |
| *Region* | √ | √ | √ | √ | √ | √ |
| *F* | 30.7322 | 30.6429 | 30.1801 | 25.3593 | 25.2934 | 24.9918 |
| *Adj $R^2$* | 0.1671 | 0.1674 | 0.1677 | 0.1344 | 0.1343 | 0.1351 |
| *N* | 17947 | 17947 | 17947 | 17947 | 17947 | 17947 |

注：括号内 t 值采用 robust 修正，＊、＊＊、＊＊＊分别代表在 10%、5% 和 1% 的水平上显著，结果均保留四位小数。

（2）改变影子银行化的度量方式。参考韩珣和李建军（2021）的做法，在原本广义影子银行化规模 *ShBank*1 的基础上，剔除委托贷款得到 *ShBank*3，即 *ShBank*3 =（委托理财总额 + 其他应收款净额 + 其他流动资产）/资产总计；在原本狭义影子银行化规模 *ShBank*2 的基础上，剔除委托贷款得到 *ShBank*4，即 *Sh-*

*Bank*4＝（委托理财总额+其他应收款净额）/资产总计。本章通过改变影子银行化的度量方式，重新计算同群企业的影子银行化程度后再次对信息机制进行了检验，回归结果如表 5-12 所示。

根据回归结果可以发现，表 5-12 中的第（2）、第（5）列中，交乘项 *Peer_ShBank*3×*dumdegree*、*Peer_ShBank*4×*dumdegree* 的回归系数均在 1% 的水平上显著为正；第（1）、第（4）列中交乘项 *Peer_ShBank*3×*duminfo* 和 *Peer_ShBank*4×*duminfo* 的回归系数至少在 5% 的水平上显著为正。在第（3）、第（6）列中，通过比较 *Peer_ShBank*×*dumdegree* 和 *Peer_ShBank*×*duminfo* 回归系数的大小和显著性可以发现，*Peer_ShBank*×*dumdegree* 同样大于 *Peer_ShBank*×*duminfo* 的回归系数。上述结果说明，在改变影子银行化度量方式后，信息机制是非金融企业影子银行化同群效应，并且非正式信息渠道的作用更大，即本章的研究结论具有稳健性。

表 5-12　改变影子银行化的度量方式

| | （1） | （2） | （3） | （4） | （5） | （6） |
|---|---|---|---|---|---|---|
| | *ShBank*3 | *ShBank*3 | *ShBank*3 | *ShBank*4 | *ShBank*4 | *ShBank*4 |
| *Peer_ShBank*3 | 0.0982\*\* (2.5368) | 0.1177\*\*\* (3.5923) | 0.0552 (1.3380) | | | |
| *Peer_ShBank*4 | | | | 0.0388 (0.9938) | 0.0735\*\* (2.2334) | −0.0027 (−0.0659) |
| *dumdegree* | | −0.0176\*\*\* (−4.5836) | −0.0167\*\*\* (−4.3493) | | −0.0129\*\*\* (−4.1281) | −0.0121\*\*\* (−3.8494) |
| *duminfo* | −0.0008 (−0.2562) | | −0.0013 (−0.4127) | 0.0008 (0.3198) | | 0.0004 (0.1361) |
| *Peer_ShBank*3× *dumdegree* | | 0.1279\*\*\* (3.1938) | 0.1248\*\*\* (3.1195) | | | |
| *Peer_ShBank*3× *duminfo* | 0.0915\*\* (2.3032) | | 0.0908\*\* (2.2874) | | | |
| *Peer_ShBank*4× *dumdegree* | | | | | 0.1229\*\*\* (2.9065) | 0.1203\*\*\* (2.8437) |
| *Peer_ShBank*4× *duminfo* | | | | 0.1073\*\*\* (2.5838) | | 0.1084\*\*\* (2.6143) |
| *External_F* | −0.0904\*\*\* (−9.9227) | −0.0912\*\*\* (−10.0388) | −0.0899\*\*\* (−9.8773) | −0.0795\*\*\* (−10.5774) | −0.0805\*\*\* (−10.7296) | −0.0792\*\*\* (−10.5362) |

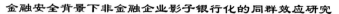

续表

| | （1） | （2） | （3） | （4） | （5） | （6） |
|---|---|---|---|---|---|---|
| | *ShBank3* | *ShBank3* | *ShBank3* | *ShBank4* | *ShBank4* | *ShBank4* |
| *Margin* | 0. 1573 *** | 0. 1548 *** | 0. 1556 *** | 0. 1078 *** | 0. 1056 *** | 0. 1065 *** |
| | （10. 8406） | （10. 6331） | （10. 7127） | （8. 8561） | （8. 6468） | （8. 7396） |
| *State* | −0. 0097 *** | −0. 0098 *** | −0. 0098 *** | −0. 0089 *** | −0. 0089 *** | −0. 0089 *** |
| | （−3. 4315） | （−3. 4778） | （−3. 4783） | （−3. 7859） | （−3. 8235） | （−3. 8272） |
| *Size* | −0. 0036 ** | −0. 0035 ** | −0. 0036 ** | −0. 0040 *** | −0. 0039 *** | −0. 0041 *** |
| | （−2. 4368） | （−2. 3422） | （−2. 4378） | （−3. 3296） | （−3. 2164） | （−3. 3373） |
| *Lev* | −0. 1544 *** | −0. 1560 *** | −0. 1561 *** | −0. 1099 *** | −0. 1110 *** | −0. 1112 *** |
| | （−17. 2424） | （−17. 3810） | （−17. 4002） | （−15. 0691） | （−15. 1758） | （−15. 2105） |
| *Growth* | −0. 0004 | −0. 0007 | −0. 0006 | 0. 0004 | 0. 0002 | 0. 0003 |
| | （−0. 2269） | （−0. 4358） | （−0. 3693） | （0. 3462） | （0. 1272） | （0. 2056） |
| *ROA* | 0. 2374 *** | 0. 2361 *** | 0. 2365 *** | 0. 1042 *** | 0. 1037 *** | 0. 1039 *** |
| | （5. 7264） | （5. 6882） | （5. 7041） | （3. 0675） | （3. 0491） | （3. 0614） |
| *Profit* | 0. 0323 *** | 0. 0318 *** | 0. 0306 *** | 0. 0279 *** | 0. 0281 *** | 0. 0267 *** |
| | （2. 9289） | （2. 8847） | （2. 7778） | （3. 0130） | （3. 0273） | （2. 8761） |
| *Cfo* | 0. 0875 *** | 0. 0880 *** | 0. 0872 *** | 0. 0527 *** | 0. 0535 *** | 0. 0526 *** |
| | （4. 7276） | （4. 7518） | （4. 7105） | （3. 5763） | （3. 6248） | （3. 5629） |
| *Dual* | 0. 0027 | 0. 0028 | 0. 0027 | 0. 0023 | 0. 0024 | 0. 0023 |
| | （0. 8216） | （0. 8586） | （0. 8280） | （0. 8658） | （0. 8946） | （0. 8714） |
| *Smr* | 0. 0309 ** | 0. 0305 ** | 0. 0311 ** | 0. 0125 | 0. 0121 | 0. 0125 |
| | （2. 4609） | （2. 4299） | （2. 4727） | （1. 2218） | （1. 1847） | （1. 2256） |
| *Board* | −0. 0049 | −0. 0041 | −0. 0042 | −0. 0035 | −0. 0028 | −0. 0029 |
| | （−0. 7095） | （−0. 5872） | （−0. 6069） | （−0. 6013） | （−0. 4862） | （−0. 5118） |
| *Indi* | −0. 0318 | −0. 0303 | −0. 0304 | −0. 0387 ** | −0. 0374 * | −0. 0376 * |
| | （−1. 3093） | （−1. 2489） | （−1. 2545） | （−1. 9791） | （−1. 9144） | （−1. 9236） |
| *Analyst* | −0. 0011 | 0. 0017 | 0. 0011 | 0. 0003 | 0. 0026 | 0. 0019 |
| | （−0. 5705） | （0. 7561） | （0. 4679） | （0. 1850） | （1. 3654） | （0. 9923） |
| _cons | 0. 2467 *** | 0. 2412 *** | 0. 2463 *** | 0. 2285 *** | 0. 2232 *** | 0. 2283 *** |
| | （6. 7834） | （6. 6276） | （6. 7701） | （7. 6931） | （7. 5128） | （7. 6835） |
| *Year* | √ | √ | √ | √ | √ | √ |
| *Industry* | √ | √ | √ | √ | √ | √ |
| *Region* | √ | √ | √ | √ | √ | √ |

续表

|  | （1） | （2） | （3） | （4） | （5） | （6） |
|---|---|---|---|---|---|---|
|  | ShBank3 | ShBank3 | ShBank3 | ShBank4 | ShBank4 | ShBank4 |
| F | 30. 6762 | 30. 4718 | 30. 0017 | 25. 1776 | 24. 9757 | 24. 6229 |
| Adj $R^2$ | 0. 1677 | 0. 1678 | 0. 1683 | 0. 1349 | 0. 1346 | 0. 1355 |
| N | 17947 | 17947 | 17947 | 17947 | 17947 | 17947 |

注：括号内 t 值采用 robust 修正，＊、＊＊、＊＊＊分别代表在 10%、5% 和 1% 的水平上显著，结果均保留四位小数。

（3）改变同群效应的计算方法。为了保证解释变量的可靠性，参考现有大部分研究同群效应的文献，将同群企业的影子银行化程度求均值作为解释变量重新进行回归，结果如表 5-13 所示。其中，第（2）、第（5）列是对非正式信息渠道的再检验，交乘项 Peer_ShBank1×dumdegree 和 Peer_ShBank2×dumdegree 回归系数均在 1% 的水平上显著为正，说明非正式信息渠道是非金融企业影子银行化同群效应的作用机制的研究结论稳健。第（1）、第（4）列是将同群企业的影子银行化程度求均值后，检验正式信息渠道的回归结果，交乘项 Peer_ShBank1×duminfo 和 Peer_ShBank2×duminfo 回归系数分别在 10% 和 5% 的水平上显著为正，说明改变同群效应的计算方法后，正式信息渠道依旧是非金融企业影子银行化同群效应的作用机制之一。并且，比较第（3）、第（6）列 Peer_ShBank×dumdegree 和 Peer_ShBank×duminfo 回归系数的大小和显著性水平可以发现，Peer_ShBank×dumdegree 同样大于 Peer_ShBank×duminfo 的回归系数。

表 5-13　改变同群效应的计算方法

|  | （1） | （2） | （3） | （4） | （5） | （6） |
|---|---|---|---|---|---|---|
|  | ShBank1 | ShBank1 | ShBank1 | ShBank2 | ShBank2 | ShBank2 |
| Peer_ShBank1 | 0. 1040＊＊ | 0. 1377＊＊＊ | 0. 0656 |  |  |  |
|  | (2. 3423) | (3. 7399) | (1. 4201) |  |  |  |
| Peer_ShBank2 |  |  |  | 0. 0477 | 0. 1003＊＊＊ | 0. 0085 |
|  |  |  |  | (1. 0399) | (2. 6671) | (0. 1790) |
| dumdegree |  | −0. 0169＊＊＊ | −0. 0167＊＊＊ |  | −0. 0132＊＊＊ | −0. 0130＊＊＊ |
|  |  | (−4. 3857) | (−4. 3223) |  | (−4. 1305) | (−4. 0579) |
| duminfo | 0. 0008 |  | −0. 0006 | 0. 0001 |  | −0. 0010 |
|  | (0. 2426) |  | (−0. 1583) | (0. 0499) |  | (−0. 3289) |

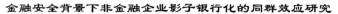

续表

| | （1） | （2） | （3） | （4） | （5） | （6） |
|---|---|---|---|---|---|---|
| | ShBank1 | ShBank1 | ShBank1 | ShBank2 | ShBank2 | ShBank2 |
| Peer_ShBank1× dumdegree | | 0.1223*** | 0.1246*** | | | |
| | | （2.8667） | （2.9107） | | | |
| Peer_ShBank1× duminfo | 0.0808* | | 0.0905** | | | |
| | （1.9030） | | （2.1279） | | | |
| Peer_ShBank2× dumdegree | | | | | 0.1318*** | 0.1343*** |
| | | | | | （2.8044） | （2.8470） |
| Peer_ShBank2× duminfo | | | | 0.1075** | | 0.1175** |
| | | | | （2.3443） | | （2.5577） |
| External_F | −0.0917*** | −0.0923*** | −0.0912*** | −0.0806*** | −0.0811*** | −0.0802*** |
| | （−10.0480） | （−10.1037） | （−9.9938） | （−10.6997） | （−10.7572） | （−10.6442） |
| Margin | 0.1605*** | 0.1581*** | 0.1590*** | 0.1106*** | 0.1084*** | 0.1094*** |
| | （11.0078） | （10.8198） | （10.8968） | （9.0215） | （8.8282） | （8.9166） |
| State | −0.0094*** | −0.0096*** | −0.0095*** | −0.0084*** | −0.0086*** | −0.0085*** |
| | （−3.3121） | （−3.3795） | （−3.3575） | （−3.6032） | （−3.6675） | （−3.6454） |
| Size | −0.0034** | −0.0032** | −0.0034** | −0.0038*** | −0.0036*** | −0.0038*** |
| | （−2.2803） | （−2.1791） | （−2.2907） | （−3.0994） | （−2.9899） | （−3.1138） |
| Lev | −0.1552*** | −0.1567*** | −0.1567*** | −0.1108*** | −0.1119*** | −0.1120*** |
| | （−17.2519） | （−17.3832） | （−17.3865） | （−15.1182） | （−15.2326） | （−15.2528） |
| Growth | −0.0005 | −0.0007 | −0.0007 | 0.0003 | 0.0001 | 0.0001 |
| | （−0.3075） | （−0.4626） | （−0.4398） | （0.2378） | （0.0571） | （0.0980） |
| ROA | 0.2486*** | 0.2471*** | 0.2480*** | 0.1146*** | 0.1137*** | 0.1143*** |
| | （5.9756） | （5.9316） | （5.9596） | （3.3574） | （3.3285） | （3.3494） |
| Profit | 0.0314*** | 0.0310*** | 0.0298*** | 0.0271*** | 0.0269*** | 0.0258*** |
| | （2.8394） | （2.8004） | （2.6966） | （2.9122） | （2.8917） | （2.7758） |
| Cfo | 0.0872*** | 0.0869*** | 0.0868*** | 0.0525*** | 0.0524*** | 0.0522*** |
| | （4.6924） | （4.6742） | （4.6658） | （3.5424） | （3.5314） | （3.5189） |
| Dual | 0.0027 | 0.0030 | 0.0028 | 0.0023 | 0.0024 | 0.0024 |
| | （0.8254） | （0.8931） | （0.8567） | （0.8415） | （0.9055） | （0.8735） |
| Smr | 0.0301** | 0.0301** | 0.0302** | 0.0117 | 0.0118 | 0.0117 |
| | （2.3887） | （2.3924） | （2.3966） | （1.1437） | （1.1539） | （1.1484） |
| Board | −0.0043 | −0.0036 | −0.0037 | −0.0028 | −0.0022 | −0.0023 |
| | （−0.6223） | （−0.5154） | （−0.5377） | （−0.4909） | （−0.3868） | （−0.4054） |

续表

|  | (1) | (2) | (3) | (4) | (5) | (6) |
|---|---|---|---|---|---|---|
|  | ShBank1 | ShBank1 | ShBank1 | ShBank2 | ShBank2 | ShBank2 |
| Indi | −0.0345 | −0.0342 | −0.0339 | −0.0418** | −0.0416** | −0.0413** |
|  | (−1.4194) | (−1.4059) | (−1.3920) | (−2.1293) | (−2.1161) | (−2.1010) |
| Analyst | −0.0004 | 0.0016 | 0.0017 | 0.0008 | 0.0024 | 0.0025 |
|  | (−0.2322) | (0.7218) | (0.7432) | (0.5413) | (1.2865) | (1.3084) |
| _cons | 0.2425*** | 0.2377*** | 0.2426*** | 0.2247*** | 0.2203*** | 0.2251*** |
|  | (6.6505) | (6.5137) | (6.6540) | (7.5376) | (7.3846) | (7.5463) |
| Year | √ | √ | √ | √ | √ | √ |
| Industry | √ | √ | √ | √ | √ | √ |
| Region | √ | √ | √ | √ | √ | √ |
| F | 30.6769 | 30.5051 | 30.0077 | 25.3005 | 25.1573 | 24.7576 |
| Adj $R^2$ | 0.1667 | 0.1667 | 0.1672 | 0.1341 | 0.1339 | 0.1346 |
| N | 17957 | 17957 | 17957 | 17957 | 17957 | 17957 |

注：括号内 t 值采用 robust 修正，＊、＊＊、＊＊＊分别代表在 10%、5% 和 1% 的水平上显著，结果均保留四位小数。

（4）控制情景效应的影响。同群企业的特征的情景效应同样可能对焦点企业影子银行化行为产生影响。因此本章在原有模型的基础上加入同群企业的公司特征和公司治理变量，检验结果如表 5-14 所示。通过观察 Peer_ShBank×dumdegree、Peer_ShBank×duminfo 回归系数的显著性，以及比较 Peer_ShBank×dumdegree 和 Peer_ShBank×duminfo 回归系数的大小可知，在控制情景效应的影响后，不改变对非金融企业影子银行化同群效应存在信息机制的研究结论。

表 5-14　控制情景效应的影响

|  | (1) | (2) | (3) | (4) | (5) | (6) |
|---|---|---|---|---|---|---|
|  | ShBank1 | ShBank1 | ShBank1 | ShBank2 | ShBank2 | ShBank2 |
| Peer_ShBank1 | 0.0857** | 0.1068*** | 0.0468 |  |  |  |
|  | (2.1364) | (3.1736) | (1.1009) |  |  |  |
| Peer_ShBank2 |  |  |  | 0.0135 | 0.0523 | −0.0235 |
|  |  |  |  | (0.3355) | (1.5500) | (−0.5553) |
| dumdegree |  | −0.0148*** | −0.0144*** |  | −0.0105*** | −0.0101*** |
|  |  | (−3.7737) | (−3.6773) |  | (−3.2595) | (−3.1528) |

续表

| | （1） | （2） | （3） | （4） | （5） | （6） |
|---|---|---|---|---|---|---|
| | *ShBank*1 | *ShBank*1 | *ShBank*1 | *ShBank*2 | *ShBank*2 | *ShBank*2 |
| *duminfo* | −0.0047 | | −0.0049 | −0.0031 | | −0.0033 |
| | （−1.3718） | | （−1.4318） | （−1.0871） | | （−1.1780） |
| *Peer_ShBank*1× *dumdegree* | | 0.1192*** | 0.1174*** | | | |
| | | （2.9683） | （2.9271） | | | |
| *Peer_ShBank*1× *duminfo* | 0.0922** | | 0.0907** | | | |
| | （2.3132） | | （2.2801） | | | |
| *Peer_ShBank*2× *dumdegree* | | | | | 0.1132*** | 0.1123*** |
| | | | | | （2.6630） | （2.6400） |
| *Peer_ShBank*2× *duminfo* | | | | 0.1126*** | | 0.1129*** |
| | | | | （2.7106） | | （2.7217） |
| *External_F* | −0.0843*** | −0.0844*** | −0.0841*** | −0.0741*** | −0.0743*** | −0.0740*** |
| | （−9.1270） | （−9.1415） | （−9.1050） | （−9.7166） | （−9.7395） | （−9.6976） |
| *Margin* | 0.1620*** | 0.1602*** | 0.1605*** | 0.1123*** | 0.1107*** | 0.1111*** |
| | （11.0972） | （10.9582） | （10.9864） | （9.1616） | （9.0244） | （9.0623） |
| *State* | −0.0092*** | −0.0092*** | −0.0092*** | −0.0084*** | −0.0084*** | −0.0084*** |
| | （−3.2219） | （−3.2360） | （−3.2362） | （−3.5615） | （−3.5696） | （−3.5705） |
| *Size* | −0.0036** | −0.0035** | −0.0036** | −0.0039*** | −0.0038*** | −0.0039*** |
| | （−2.4290） | （−2.3600） | （−2.3797） | （−3.1592） | （−3.1012） | （−3.1265） |
| *Lev* | −0.1609*** | −0.1624*** | −0.1622*** | −0.1152*** | −0.1162*** | −0.1161*** |
| | （−17.7342） | （−17.8597） | （−17.8572） | （−15.5857） | （−15.6981） | （−15.6955） |
| *Growth* | 0.0000 | −0.0002 | −0.0001 | 0.0007 | 0.0006 | 0.0006 |
| | （0.0098） | （−0.1018） | （−0.0617） | （0.5596） | （0.4296） | （0.4828） |
| *ROA* | 0.2600*** | 0.2569*** | 0.2583*** | 0.1266*** | 0.1244*** | 0.1257*** |
| | （6.1383） | （6.0616） | （6.0983） | （3.6441） | （3.5772） | （3.6181） |
| *Profit* | 0.0309*** | 0.0303*** | 0.0298*** | 0.0257*** | 0.0255*** | 0.0249*** |
| | （2.7179） | （2.6647） | （2.6190） | （2.6918） | （2.6709） | （2.6036） |
| *Cfo* | 0.0851*** | 0.0855*** | 0.0848*** | 0.0501*** | 0.0508*** | 0.0499*** |
| | （4.4993） | （4.5175） | （4.4841） | （3.3235） | （3.3692） | （3.3116） |

续表

| | （1） | （2） | （3） | （4） | （5） | （6） |
|---|---|---|---|---|---|---|
| | ShBank1 | ShBank1 | ShBank1 | ShBank2 | ShBank2 | ShBank2 |
| Dual | 0.0025 | 0.0025 | 0.0025 | 0.0021 | 0.0021 | 0.0021 |
| | （0.7567） | （0.7726） | （0.7579） | （0.7919） | （0.7944） | （0.7919） |
| Smr | 0.0344 *** | 0.0344 *** | 0.0345 *** | 0.0150 | 0.0150 | 0.0150 |
| | （2.7273） | （2.7294） | （2.7410） | （1.4639） | （1.4679） | （1.4709） |
| Board | −0.0039 | −0.0033 | −0.0034 | −0.0027 | −0.0022 | −0.0022 |
| | （−0.5645） | （−0.4776） | （−0.4827） | （−0.4581） | （−0.3802） | （−0.3879） |
| Indi | −0.0374 | −0.0362 | −0.0363 | −0.0443 ** | −0.0432 ** | −0.0433 ** |
| | （−1.5370） | （−1.4859） | （−1.4911） | （−2.2537） | （−2.1989） | （−2.2072） |
| Analyst | −0.0036 * | −0.0020 | −0.0022 | −0.0022 | −0.0010 | −0.0013 |
| | （−1.8075） | （−0.8406） | （−0.9350） | （−1.3494） | （−0.5339） | （−0.6460） |
| Peer_External_F | −0.0711 *** | −0.0723 *** | −0.0703 *** | −0.0739 *** | −0.0762 *** | −0.0733 *** |
| | （−3.1148） | （−3.1758） | （−3.0816） | （−3.8317） | （−3.9521） | （−3.7992） |
| Peer_Margin | 0.0001 | −0.0091 | −0.0042 | −0.0044 | −0.0119 | −0.0076 |
| | （0.0029） | （−0.2912） | （−0.1358） | （−0.1706） | （−0.4600） | （−0.2970） |
| Peer_State | 0.0087 | 0.0105 | 0.0092 | 0.0061 | 0.0080 | 0.0065 |
| | （1.1255） | （1.3659） | （1.2005） | （0.9347） | （1.2205） | （0.9893） |
| Peer_Size | −0.0015 | −0.0014 | −0.0017 | −0.0020 | −0.0017 | −0.0021 |
| | （−0.4448） | （−0.4141） | （−0.4903） | （−0.7162） | （−0.5956） | （−0.7204） |
| Peer_Lev | 0.0542 ** | 0.0507 ** | 0.0501 ** | 0.0322 | 0.0294 | 0.0290 |
| | （2.2332） | （2.0901） | （2.0653） | （1.5664） | （1.4288） | （1.4117） |
| Peer_Growth | −0.0018 | −0.0027 | −0.0024 | −0.0013 | −0.0019 | −0.0017 |
| | （−0.6730） | （−0.9716） | （−0.8629） | （−0.5812） | （−0.8339） | （−0.7277） |
| Peer_ROA | −0.1573 * | −0.1389 | −0.1492 | −0.1791 ** | −0.1612 ** | −0.1725 ** |
| | （−1.6539） | （−1.4631） | （−1.5671） | （−2.2228） | （−2.0034） | （−2.1394） |
| Peer_Profit | −0.0200 | −0.0271 | −0.0252 | −0.0127 | −0.0180 | −0.0166 |
| | （−0.9585） | （−1.3019） | （−1.2037） | （−0.7324） | （−1.0427） | （−0.9613） |
| Peer_Cfo | 0.0330 | 0.0278 | 0.0319 | 0.0377 | 0.0328 | 0.0373 |
| | （0.7827） | （0.6616） | （0.7574） | （1.0855） | （0.9457） | （1.0752） |

续表

| | （1） | （2） | （3） | （4） | （5） | （6） |
|---|---|---|---|---|---|---|
| | *ShBank*1 | *ShBank*1 | *ShBank*1 | *ShBank*2 | *ShBank*2 | *ShBank*2 |
| *Peer_Dual* | 0.0083 | 0.0081 | 0.0079 | 0.0074 | 0.0069 | 0.0069 |
| | （0.9764） | （0.9532） | （0.9249） | （1.0255） | （0.9636） | （0.9564） |
| *Peer_Smr* | 0.0332 | 0.0392 | 0.0381 | 0.0284 | 0.0341 | 0.0318 |
| | （0.9696） | （1.1450） | （1.1141） | （1.0027） | （1.2054） | （1.1236） |
| *Peer_Board* | −0.0354 ** | −0.0345 ** | −0.0340 ** | −0.0277 ** | −0.0276 ** | −0.0270 ** |
| | （−2.2238） | （−2.1603） | （−2.1294） | （−2.0700） | （−2.0602） | （−2.0202） |
| *Peer_Indi* | −0.2006 *** | −0.1996 *** | −0.1966 *** | −0.1468 *** | −0.1480 *** | −0.1442 *** |
| | （−3.0041） | （−2.9848） | （−2.9462） | （−2.6236） | （−2.6424） | （−2.5778） |
| *Peer_Analyst* | 0.0187 *** | 0.0190 *** | 0.0186 *** | 0.0180 *** | 0.0187 *** | 0.0179 *** |
| | （3.3850） | （3.5013） | （3.3651） | （3.9269） | （4.1457） | （3.8968） |
| _cons | 0.4161 *** | 0.4094 *** | 0.4164 *** | 0.3829 *** | 0.3731 *** | 0.3825 *** |
| | （5.2141） | （5.1710） | （5.2186） | （5.7940） | （5.6910） | （5.7909） |
| Year | √ | √ | √ | √ | √ | √ |
| Industry | √ | √ | √ | √ | √ | √ |
| Region | √ | √ | √ | √ | √ | √ |
| F | 27.2029 | 27.1309 | 26.7435 | 22.4504 | 22.3706 | 22.0759 |
| Adj $R^2$ | 0.1699 | 0.1702 | 0.1704 | 0.1373 | 0.1372 | 0.1377 |
| N | 17947 | 17947 | 17947 | 17947 | 17947 | 17947 |

注：括号内 t 值采用 robust 修正，＊、＊＊、＊＊＊分别代表在 10%、5% 和 1% 的水平上显著，结果均保留四位小数。

（5）排除宏观和外在因素的影响。虽然在模型（5.1）、模型（5.2）和模型（5.3）中已经控制了年份、行业和地区固定效应，但是本章为了进一步控制由于相似的行业、地区特征和宏观经济环境可能导致企业在影子银行化行为方面的一致性，参考王营和曹廷求（2020）、张军等（2021）的做法，控制了行业、地区和宏观因素：行业因素包括行业竞争程度（HHI）和行业营业利润率（Sic_Ptr）；地区因素包括地区金融发展水平（Af）和地区市场化程度（Market）；宏观经济因素包括经济增长（GDP）和货币供应（M2）。

加入行业、地区和宏观因素控制变量的回归结果如表 5-15 所示。第（2）、

第（5）列的回归结果显示，$Peer\_ShBank \times dumdegree$ 回归系数在 1% 的水平上显著为正；第（1）、第（4）列的结果显示，在排除宏观和外在因素的影响后，$Peer\_ShBank \times duminfo$ 的回归系数在 10% 水平上仍然显著为正。进一步比较第（3）、第（6）列中 $Peer\_ShBank \times dumdegree$ 和 $Peer\_ShBank \times duminfo$ 回归系数的大小可知，在排除宏观和外在因素的影响后，不改变对非金融企业影子银行化同群效应存在信息机制的研究结论。

表 5-15　排除宏观和外在因素的影响

| | （1） | （2） | （3） | （4） | （5） | （6） |
|---|---|---|---|---|---|---|
| | $ShBank1$ | $ShBank1$ | $ShBank1$ | $ShBank2$ | $ShBank2$ | $ShBank2$ |
| $Peer\_ShBank1$ | 0.1448*** | 0.1539*** | 0.1018** | | | |
| | (3.2754) | (4.0469) | (2.1484) | | | |
| $Peer\_ShBank2$ | | | | 0.1000** | 0.1256*** | 0.0586 |
| | | | | (2.1674) | (3.2406) | (1.1853) |
| $dumdegree$ | | −0.0175*** | −0.0167*** | | −0.0131*** | −0.0122*** |
| | | (−4.3492) | (−4.1481) | | (−3.9819) | (−3.7235) |
| $duminfo$ | −0.0000 | | −0.0005 | 0.0013 | | 0.0008 |
| | (−0.0140) | | (−0.1530) | (0.4558) | | (0.2911) |
| $Peer\_ShBank1 \times dumdegree$ | | 0.1238*** | 0.1214*** | | | |
| | | (2.9056) | (2.8506) | | | |
| $Peer\_ShBank1 \times duminfo$ | 0.0740* | | 0.0737* | | | |
| | (1.7124) | | (1.7077) | | | |
| $Peer\_ShBank2 \times dumdegree$ | | | | | 0.1227*** | 0.1199*** |
| | | | | | (2.6666) | (2.6046) |
| $Peer\_ShBank2 \times duminfo$ | | | | 0.0893* | | 0.0905** |
| | | | | (1.9333) | | (1.9614) |
| $External\_F$ | −0.0950*** | −0.0959*** | −0.0946*** | −0.0838*** | −0.0849*** | −0.0835*** |
| | (−10.1827) | (−10.3034) | (−10.1464) | (−10.9474) | (−11.0983) | (−10.9073) |
| $Margin$ | 0.1730*** | 0.1703*** | 0.1711*** | 0.1229*** | 0.1206*** | 0.1214*** |
| | (11.6399) | (11.4264) | (11.4983) | (9.9033) | (9.6889) | (9.7754) |
| $State$ | −0.0100*** | −0.0101*** | −0.0101*** | −0.0090*** | −0.0090*** | −0.0091*** |
| | (−3.4624) | (−3.4999) | (−3.4977) | (−3.7624) | (−3.7900) | (−3.7931) |
| $Size$ | −0.0039*** | −0.0038** | −0.0040*** | −0.0044*** | −0.0042*** | −0.0044*** |
| | (−2.5956) | (−2.4994) | (−2.5979) | (−3.5066) | (−3.3796) | (−3.5071) |

续表

| | (1) | (2) | (3) | (4) | (5) | (6) |
|---|---|---|---|---|---|---|
| | *ShBank*1 | *ShBank*1 | *ShBank*1 | *ShBank*2 | *ShBank*2 | *ShBank*2 |
| *Lev* | −0.1562 *** | −0.1579 *** | −0.1579 *** | −0.1121 *** | −0.1132 *** | −0.1133 *** |
| | (−16.8652) | (−17.0096) | (−17.0191) | (−14.8706) | (−14.9998) | (−15.0144) |
| *Growth* | −0.0011 | −0.0013 | −0.0013 | −0.0001 | −0.0004 | −0.0003 |
| | (−0.6667) | (−0.8410) | (−0.7962) | (−0.0906) | (−0.2753) | (−0.2260) |
| *ROA* | 0.2880 *** | 0.2848 *** | 0.2856 *** | 0.1439 *** | 0.1416 *** | 0.1423 *** |
| | (6.6523) | (6.5632) | (6.5909) | (4.0806) | (4.0055) | (4.0361) |
| *Profit* | 0.0357 *** | 0.0356 *** | 0.0346 *** | 0.0298 *** | 0.0300 *** | 0.0290 *** |
| | (3.1488) | (3.1355) | (3.0490) | (3.1179) | (3.1375) | (3.0279) |
| *Cfo* | 0.0823 *** | 0.0826 *** | 0.0818 *** | 0.0479 *** | 0.0484 *** | 0.0475 *** |
| | (4.3315) | (4.3452) | (4.3026) | (3.1716) | (3.2013) | (3.1421) |
| *Dual* | 0.0012 | 0.0013 | 0.0012 | 0.0009 | 0.0010 | 0.0010 |
| | (0.3584) | (0.3985) | (0.3709) | (0.3354) | (0.3779) | (0.3509) |
| *Smr* | 0.0351 *** | 0.0347 *** | 0.0352 *** | 0.0171 * | 0.0167 | 0.0171 * |
| | (2.7562) | (2.7265) | (2.7635) | (1.6633) | (1.6237) | (1.6612) |
| *Board* | −0.0040 | −0.0033 | −0.0033 | −0.0022 | −0.0016 | −0.0017 |
| | (−0.5643) | (−0.4600) | (−0.4707) | (−0.3689) | (−0.2710) | (−0.2821) |
| *Indi* | −0.0343 | −0.0340 | −0.0337 | −0.0415 ** | −0.0413 ** | −0.0410 ** |
| | (−1.3860) | (−1.3756) | (−1.3641) | (−2.0884) | (−2.0777) | (−2.0644) |
| *Analyst* | −0.0011 | 0.0014 | 0.0008 | 0.0002 | 0.0022 | 0.0015 |
| | (−0.5822) | (0.6290) | (0.3538) | (0.1068) | (1.1536) | (0.7995) |
| *HHI* | −0.0085 | −0.0078 | −0.0078 | −0.0083 | −0.0076 | −0.0078 |
| | (−1.1563) | (−1.0569) | (−1.0672) | (−1.3418) | (−1.2384) | (−1.2592) |
| *Sic_Ptr* | −0.1301 *** | −0.1296 *** | −0.1308 *** | −0.0992 *** | −0.0977 *** | −0.0997 *** |
| | (−5.3814) | (−5.3635) | (−5.4068) | (−4.8671) | (−4.7953) | (−4.8887) |
| *Af* | −0.1266 | −0.1048 | −0.1089 | 0.0415 | 0.0579 | 0.0543 |
| | (−0.9035) | (−0.7464) | (−0.7762) | (0.3540) | (0.4937) | (0.4623) |
| *Market* | 0.0028 | 0.0029 | 0.0027 | 0.0022 | 0.0023 | 0.0021 |
| | (1.0559) | (1.1169) | (1.0331) | (0.9878) | (1.0763) | (0.9720) |
| *M2* | −0.5351 *** | −0.5765 *** | −0.5761 *** | −0.4257 *** | −0.4416 *** | −0.4397 *** |
| | (−3.2074) | (−3.4077) | (−3.4094) | (−2.8028) | (−2.8764) | (−2.8673) |
| *GDP* | −0.0945 | −0.0547 | −0.0529 | −0.0642 | −0.0521 | −0.0458 |
| | (−0.7546) | (−0.4276) | (−0.4141) | (−0.5609) | (−0.4479) | (−0.3944) |

续表

| | (1) | (2) | (3) | (4) | (5) | (6) |
|---|---|---|---|---|---|---|
| | ShBank1 | ShBank1 | ShBank1 | ShBank2 | ShBank2 | ShBank2 |
| _cons | 0. 3502 *** | 0. 3424 *** | 0. 3497 *** | 0. 2990 *** | 0. 2910 *** | 0. 2976 *** |
| | (6. 3185) | (6. 1850) | (6. 3027) | (6. 5102) | (6. 3446) | (6. 4700) |
| Year | √ | √ | √ | √ | √ | √ |
| Industry | √ | √ | √ | √ | √ | √ |
| Region | √ | √ | √ | √ | √ | √ |
| F | 28. 3933 | 28. 3889 | 27. 9234 | 23. 3903 | 23. 3814 | 23. 0116 |
| Adj $R^2$ | 0. 1700 | 0. 1702 | 0. 1705 | 0. 1375 | 0. 1373 | 0. 1380 |
| N | 17319 | 17319 | 17319 | 17319 | 17319 | 17319 |

注：括号内 t 值采用 robust 修正，＊、＊＊、＊＊＊分别代表在 10%、5% 和 1% 的水平上显著，结果均保留四位小数。

（6）排除竞争性解释。由于共同分析师往往会跟踪特定行业的企业，为了避免同行业同群效应对本书结论的影响，加入了同行业同群企业的影子银行化程度（*Peer_ShBank_ind*）作为控制变量；并且为了进一步排除由于同地区和共同董事的原因而导致的影子银行化同群效应的产生，还加入了同地区同群企业的影子银行化程度（*Peer_ShBank_reg*）和共同董事联结下的同群企业影子银行化程度（*Peer_ShBank_director*）重新进行回归。回归结果如表 5-16 所示。结果表明，在排除竞争性解释后，通过观察 *Peer_ShBank×dumdegree* 和 *Peer_ShBank×duminfo* 回归系数的显著性，以及比较 *Peer_ShBank×dumdegree* 和 *Peer_ShBank×duminfo* 回归系数的大小可知，不改变对非金融企业影子银行化同群效应存在信息机制的研究结论。

表 5-16 排除竞争性解释

| | (1) | (2) | (3) | (4) | (5) | (6) |
|---|---|---|---|---|---|---|
| | ShBank1 | ShBank1 | ShBank1 | ShBank2 | ShBank2 | ShBank2 |
| Peer_ShBank1 | 0. 0928 | 0. 0991 ** | 0. 0310 | | | |
| | (1. 6253) | (2. 0971) | (0. 5165) | | | |
| Peer_ShBank2 | | | | 0. 0470 | 0. 0770 | -0. 0116 |
| | | | | (0. 8092) | (1. 6065) | (-0. 1905) |
| dumdegree | | -0. 0207 *** | -0. 0197 *** | | -0. 0153 *** | -0. 0143 *** |
| | | (-3. 7924) | (-3. 6008) | | (-3. 4404) | (-3. 2075) |

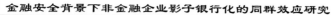

续表

| | (1) | (2) | (3) | (4) | (5) | (6) |
|---|---|---|---|---|---|---|
| | ShBank1 | ShBank1 | ShBank1 | ShBank2 | ShBank2 | ShBank2 |
| duminfo | -0.0001 | | -0.0006 | 0.0011 | | 0.0005 |
| | (-0.0123) | | (-0.1330) | (0.2798) | | (0.1255) |
| Peer_ShBank1× dumdegree | | 0.1808*** | 0.1788*** | | | |
| | | (3.4461) | (3.4049) | | | |
| Peer_ShBank1× duminfo | 0.0907* | | 0.0923* | | | |
| | (1.6879) | | (1.7220) | | | |
| Peer_ShBank2× dumdegree | | | | | 0.1757*** | 0.1738*** |
| | | | | | (3.1322) | (3.0929) |
| Peer_ShBank2× duminfo | | | | 0.1132** | | 0.1170** |
| | | | | (2.0036) | | (2.0766) |
| Peer_ ShBank1_reg | 0.0717 | 0.0574 | 0.0543 | | | |
| | (0.9551) | (0.7645) | (0.7219) | | | |
| Peer_ ShBank1_ind | 0.1395* | 0.1351 | 0.1378* | | | |
| | (1.6880) | (1.6336) | (1.6683) | | | |
| Peer_ShBank1_ director | 0.0646*** | 0.0636*** | 0.0640*** | | | |
| | (3.5755) | (3.5199) | (3.5459) | | | |
| Peer_ ShBank2_reg | | | | 0.0282 | 0.0176 | 0.0136 |
| | | | | (0.3783) | (0.2351) | (0.1826) |
| Peer_ ShBank2_ind | | | | -0.0401 | -0.0420 | -0.0410 |
| | | | | (-0.4770) | (-0.5002) | (-0.4886) |
| Peer_ ShBank2_director | | | | 0.0604*** | 0.0601*** | 0.0601*** |
| | | | | (3.4288) | (3.4112) | (3.4163) |
| External_F | -0.1005*** | -0.1013*** | -0.0996*** | -0.0871*** | -0.0882*** | -0.0864*** |
| | (-8.4475) | (-8.5233) | (-8.3665) | (-8.8659) | (-8.9754) | (-8.7859) |
| Margin | 0.1695*** | 0.1656*** | 0.1671*** | 0.1138*** | 0.1102*** | 0.1118*** |
| | (8.9321) | (8.6967) | (8.7915) | (7.1826) | (6.9321) | (7.0448) |
| State | -0.0063* | -0.0066* | -0.0065* | -0.0072** | -0.0074** | -0.0073** |
| | (-1.7136) | (-1.7963) | (-1.7695) | (-2.3589) | (-2.4351) | (-2.4064) |
| Size | -0.0031 | -0.0028 | -0.0030 | -0.0029* | -0.0027* | -0.0029* |
| | (-1.5909) | (-1.4337) | (-1.5303) | (-1.8379) | (-1.6746) | (-1.7847) |
| Lev | -0.1848*** | -0.1871*** | -0.1869*** | -0.1354*** | -0.1370*** | -0.1369*** |
| | (-15.9449) | (-16.1158) | (-16.1086) | (-14.0406) | (-14.1871) | (-14.1810) |

续表

| | （1） | （2） | （3） | （4） | （5） | （6） |
|---|---|---|---|---|---|---|
| | *ShBank*1 | *ShBank*1 | *ShBank*1 | *ShBank*2 | *ShBank*2 | *ShBank*2 |
| Growth | 0.0018 | 0.0015 | 0.0016 | 0.0032 * | 0.0029 | 0.0030 * |
| | （0.7879） | （0.6631） | （0.7055） | （1.7419） | （1.5969） | （1.6508） |
| ROA | 0.2230 *** | 0.2179 *** | 0.2198 *** | 0.0731 | 0.0691 | 0.0708 |
| | （4.0343） | （3.9372） | （3.9751） | （1.6175） | （1.5277） | （1.5678） |
| Profit | 0.0221 | 0.0217 | 0.0205 | 0.0179 | 0.0181 | 0.0168 |
| | （1.5772） | （1.5531） | （1.4680） | （1.5307） | （1.5433） | （1.4312） |
| Cfo | 0.1121 *** | 0.1118 *** | 0.1109 *** | 0.0583 *** | 0.0585 *** | 0.0575 *** |
| | （4.5073） | （4.4932） | （4.4597） | （2.9008） | （2.9075） | （2.8575） |
| Dual | 0.0023 | 0.0024 | 0.0023 | 0.0019 | 0.0020 | 0.0019 |
| | （0.5643） | （0.5779） | （0.5522） | （0.5536） | （0.5777） | （0.5510） |
| Smr | 0.0217 | 0.0212 | 0.0219 | 0.0052 | 0.0046 | 0.0052 |
| | （1.4100） | （1.3764） | （1.4213） | （0.4181） | （0.3676） | （0.4175） |
| Board | −0.0120 | −0.0109 | −0.0110 | −0.0068 | −0.0059 | −0.0060 |
| | （−1.2741） | （−1.1571） | （−1.1674） | （−0.8766） | （−0.7628） | （−0.7743） |
| Indi | −0.0467 | −0.0446 | −0.0449 | −0.0613 ** | −0.0597 ** | −0.0600 ** |
| | （−1.4352） | （−1.3689） | （−1.3800） | （−2.3507） | （−2.2843） | （−2.2973） |
| Analyst | 0.0002 | 0.0015 | 0.0006 | 0.0009 | 0.0020 | 0.0011 |
| | （0.0660） | （0.4921） | （0.2095） | （0.4136） | （0.8077） | （0.4491） |
| _cons | 0.2610 *** | 0.2570 *** | 0.2631 *** | 0.2376 *** | 0.2333 *** | 0.2392 *** |
| | （5.3604） | （5.2697） | （5.4004） | （5.8964） | （5.7799） | （5.9333） |
| Year | √ | √ | √ | √ | √ | √ |
| Industry | √ | √ | √ | √ | √ | √ |
| Region | √ | √ | √ | √ | √ | √ |
| F | 20.1849 | 20.1773 | 19.8537 | 17.0404 | 17.0440 | 16.7746 |
| Adj R² | 0.1660 | 0.1664 | 0.1669 | 0.1325 | 0.1322 | 0.1332 |
| N | 11485 | 11485 | 11485 | 11485 | 11485 | 11485 |

注：括号内 t 值采用 robust 修正，＊、＊＊、＊＊＊分别代表在 10%、5% 和 1% 的水平上显著，结果均保留四位小数。

（7）子样本回归。为了排除在金融危机和特殊情况政府的一系列举措对非金融企业影子银行化行为的影响，本章删除了 2008 年、2009 年和 2015 年的样本数据，采用新的研究区间再进行回归，结果如表 5-17 所示。

表 5-17　剔除特殊时期的样本数据

| | (1) | (2) | (3) | (4) | (5) | (6) |
|---|---|---|---|---|---|---|
| | ShBank1 | ShBank1 | ShBank1 | ShBank2 | ShBank2 | ShBank2 |
| Peer_ShBank1 | 0.1115** | 0.1243*** | 0.0751 | | | |
| | (2.5241) | (3.3832) | (1.5848) | | | |
| Peer_ShBank2 | | | | 0.0578 | 0.0888** | 0.0260 |
| | | | | (1.2904) | (2.3881) | (0.5437) |
| dumdegree | | −0.0186*** | −0.0179*** | | −0.0127*** | −0.0120*** |
| | | (−4.0437) | (−3.8923) | | (−3.4271) | (−3.2137) |
| duminfo | −0.0004 | | −0.0012 | 0.0015 | | 0.0008 |
| | (−0.0942) | | (−0.3140) | (0.4663) | | (0.2530) |
| Peer_ShBank1× dumdegree | | 0.0996** | 0.0982** | | | |
| | | (2.1666) | (2.1341) | | | |
| Peer_ShBank1× duminfo | 0.0698 | | 0.0711 | | | |
| | (1.5106) | | (1.5385) | | | |
| Peer_ShBank2× dumdegree | | | | | 0.0873* | 0.0861* |
| | | | | | (1.8082) | (1.7798) |
| Peer_ShBank2× duminfo | | | | 0.0865* | | 0.0891* |
| | | | | (1.7932) | | (1.8467) |
| External_F | −0.0953*** | −0.0958*** | −0.0948*** | −0.0841*** | −0.0849*** | −0.0837*** |
| | (−9.1957) | (−9.2492) | (−9.1464) | (−9.8333) | (−9.9363) | (−9.7886) |
| Margin | 0.1595*** | 0.1575*** | 0.1582*** | 0.1053*** | 0.1035*** | 0.1043*** |
| | (9.6043) | (9.4520) | (9.5076) | (7.5340) | (7.3834) | (7.4566) |
| State | −0.0115*** | −0.0118*** | −0.0118*** | −0.0100*** | −0.0102*** | −0.0102*** |
| | (−3.5870) | (−3.6822) | (−3.6878) | (−3.7971) | (−3.8615) | (−3.8802) |
| Size | −0.0035** | −0.0036** | −0.0037** | −0.0040*** | −0.0040*** | −0.0041*** |
| | (−2.1358) | (−2.1587) | (−2.2131) | (−2.9458) | (−2.9351) | (−3.0100) |
| Lev | −0.1568*** | −0.1580*** | −0.1581*** | −0.1131*** | −0.1137*** | −0.1140*** |
| | (−15.5752) | (−15.6683) | (−15.6771) | (−13.6998) | (−13.7504) | (−13.7800) |
| Growth | 0.0006 | 0.0002 | 0.0003 | 0.0012 | 0.0009 | 0.0010 |
| | (0.3172) | (0.1326) | (0.1729) | (0.7834) | (0.6121) | (0.6568) |
| ROA | 0.2416*** | 0.2420*** | 0.2425*** | 0.1000** | 0.1008** | 0.1011** |
| | (5.0562) | (5.0585) | (5.0710) | (2.5461) | (2.5623) | (2.5742) |

续表

| | (1) | (2) | (3) | (4) | (5) | (6) |
|---|---|---|---|---|---|---|
| | ShBank1 | ShBank1 | ShBank1 | ShBank2 | ShBank2 | ShBank2 |
| Profit | 0.0375*** | 0.0373*** | 0.0364*** | 0.0298*** | 0.0302*** | 0.0290*** |
| | (3.0435) | (3.0214) | (2.9513) | (2.8658) | (2.8984) | (2.7879) |
| Cfo | 0.0932*** | 0.0930*** | 0.0924*** | 0.0525*** | 0.0530*** | 0.0520*** |
| | (4.3375) | (4.3301) | (4.2985) | (3.0647) | (3.0888) | (3.0310) |
| Dual | 0.0024 | 0.0023 | 0.0023 | 0.0024 | 0.0023 | 0.0023 |
| | (0.6666) | (0.6311) | (0.6264) | (0.8010) | (0.7715) | (0.7703) |
| Smr | 0.0245* | 0.0241* | 0.0244* | 0.0081 | 0.0077 | 0.0080 |
| | (1.8061) | (1.7792) | (1.8005) | (0.7288) | (0.6954) | (0.7197) |
| Board | −0.0049 | −0.0042 | −0.0044 | −0.0040 | −0.0035 | −0.0036 |
| | (−0.6178) | (−0.5307) | (−0.5461) | (−0.5953) | (−0.5207) | (−0.5390) |
| Indi | −0.0398 | −0.0381 | −0.0383 | −0.0459** | −0.0448** | −0.0449** |
| | (−1.4627) | (−1.4005) | (−1.4076) | (−2.0572) | (−2.0049) | (−2.0107) |
| Analyst | −0.0025 | 0.0014 | 0.0009 | −0.0007 | 0.0022 | 0.0016 |
| | (−1.1776) | (0.5666) | (0.3654) | (−0.4054) | (1.0792) | (0.7756) |
| _cons | 0.2546*** | 0.2513*** | 0.2549*** | 0.2414*** | 0.2380*** | 0.2416*** |
| | (6.1754) | (6.0961) | (6.1831) | (7.1231) | (7.0208) | (7.1266) |
| Year | √ | √ | √ | √ | √ | √ |
| Industry | √ | √ | √ | √ | √ | √ |
| Region | √ | √ | √ | √ | √ | √ |
| F | 25.9144 | 25.6225 | 25.2035 | 21.5517 | 21.2691 | 20.9583 |
| Adj $R^2$ | 0.1605 | 0.1608 | 0.1611 | 0.1288 | 0.1286 | 0.1292 |
| N | 14872 | 14872 | 14872 | 14872 | 14872 | 14872 |

注：括号内 t 值采用 robust 修正，*、**、***分别代表在 10%、5% 和 1% 的水平上显著，结果均保留四位小数。

除此以外，2018 年 4 月，四部门联合发布了《关于规范金融机构资产管理业务的指导意见》（以下简称《资管新规》），对影子银行化活动有所影响。因此，为了排除《资管新规》发布对非金融企业影子银行化造成影响，本章删除了 2018 年之后的样本数据重新进行回归，结果如表 5-18 所示。通过观察表中 Peer_ShBank×dumdegree 和 Peer_ShBank×duminfo 回归系数的显著性，以及比较 Peer_ShBank×dumdegree 和 Peer_ShBank×duminfo 回归系数的大小可知，子样本回归后同样不改变本章的基本研究结论。

表 5-18 剔除《资管新规》实施后的样本

| | (1) | (3) | (5) | (2) | (4) | (6) |
|---|---|---|---|---|---|---|
| | ShBank1 | ShBank1 | ShBank1 | ShBank2 | ShBank2 | ShBank2 |
| Peer_ShBank1 | 0.1438*** | 0.1462*** | 0.0967** | | | |
| | (3.3355) | (3.7316) | (2.0877) | | | |
| Peer_ShBank2 | | | | 0.0958** | 0.1037*** | 0.0454 |
| | | | | (2.1989) | (2.6829) | (0.9829) |
| dumdegree | | -0.0182*** | -0.0176*** | | -0.0149*** | -0.0143*** |
| | | (-4.5897) | (-4.4146) | | (-4.7523) | (-4.5346) |
| duminfo | -0.0025 | | -0.0030 | -0.0009 | | -0.0015 |
| | (-0.7266) | | (-0.8884) | (-0.3528) | | (-0.5555) |
| Peer_ShBank1× dumdegree | | 0.1315*** | 0.1295*** | | | |
| | | (3.0688) | (3.0250) | | | |
| Peer_ShBank1× duminfo | 0.0817* | | 0.0805* | | | |
| | (1.9276) | | (1.9034) | | | |
| Peer_ShBank2× dumdegree | | | | | 0.1367*** | 0.1353*** |
| | | | | | (3.0180) | (2.9846) |
| Peer_ShBank2× duminfo | | | | 0.0925** | | 0.0928** |
| | | | | (2.0845) | | (2.0950) |
| External_F | -0.0770*** | -0.0776*** | -0.0765*** | -0.0682*** | -0.0689*** | -0.0677*** |
| | (-7.5051) | (-7.5813) | (-7.4573) | (-8.4618) | (-8.5529) | (-8.4075) |
| Margin | 0.2110*** | 0.2085*** | 0.2088*** | 0.1516*** | 0.1496*** | 0.1499*** |
| | (13.0495) | (12.8523) | (12.8892) | (11.7118) | (11.5203) | (11.5557) |
| State | -0.0080** | -0.0081** | -0.0081** | -0.0078*** | -0.0078*** | -0.0078*** |
| | (-2.5303) | (-2.5378) | (-2.5383) | (-3.0670) | (-3.0697) | (-3.0698) |
| Size | -0.0004 | -0.0003 | -0.0004 | -0.0008 | -0.0007 | -0.0008 |
| | (-0.2700) | (-0.1935) | (-0.2652) | (-0.6104) | (-0.5314) | (-0.6298) |
| Lev | -0.1481*** | -0.1503*** | -0.1502*** | -0.1026*** | -0.1043*** | -0.1042*** |
| | (-14.8901) | (-15.0759) | (-15.0813) | (-13.3307) | (-13.5137) | (-13.5180) |
| Growth | -0.0019 | -0.0022 | -0.0021 | -0.0008 | -0.0011 | -0.0010 |
| | (-1.1106) | (-1.3049) | (-1.2438) | (-0.6351) | (-0.8583) | (-0.7799) |
| ROA | 0.3609*** | 0.3573*** | 0.3580*** | 0.1978*** | 0.1953*** | 0.1959*** |
| | (7.6020) | (7.5178) | (7.5405) | (5.3965) | (5.3238) | (5.3475) |

续表

| | (1) | (3) | (5) | (2) | (4) | (6) |
|---|---|---|---|---|---|---|
| | *ShBank*1 | *ShBank*1 | *ShBank*1 | *ShBank*2 | *ShBank*2 | *ShBank*2 |
| *Profit* | 0.0246** | 0.0236* | 0.0226* | 0.0195** | 0.0190* | 0.0179* |
| | (2.0241) | (1.9442) | (1.8589) | (1.9795) | (1.9299) | (1.8140) |
| *Cfo* | 0.0973*** | 0.0975*** | 0.0970*** | 0.0623*** | 0.0625*** | 0.0620*** |
| | (4.8663) | (4.8757) | (4.8540) | (4.1198) | (4.1296) | (4.1028) |
| *Dual* | 0.0017 | 0.0018 | 0.0017 | 0.0017 | 0.0018 | 0.0017 |
| | (0.4554) | (0.4957) | (0.4775) | (0.5913) | (0.6267) | (0.6108) |
| *Smr* | 0.0355*** | 0.0354** | 0.0358*** | 0.0133 | 0.0132 | 0.0135 |
| | (2.5834) | (2.5755) | (2.6051) | (1.2709) | (1.2642) | (1.2931) |
| *Board* | −0.0041 | −0.0032 | −0.0033 | −0.0031 | −0.0024 | −0.0025 |
| | (−0.5364) | (−0.4251) | (−0.4347) | (−0.5183) | (−0.4010) | (−0.4194) |
| *Indi* | −0.0409 | −0.0400 | −0.0399 | −0.0535*** | −0.0524*** | −0.0525*** |
| | (−1.5353) | (−1.5003) | (−1.4982) | (−2.6518) | (−2.5970) | (−2.5982) |
| *Analyst* | −0.0018 | 0.0011 | 0.0006 | −0.0001 | 0.0026 | 0.0021 |
| | (−0.8273) | (0.4075) | (0.2182) | (−0.0586) | (1.2618) | (1.0135) |
| _cons | 0.1534*** | 0.1482*** | 0.1525*** | 0.1383*** | 0.1334*** | 0.1376*** |
| | (3.8650) | (3.7344) | (3.8444) | (4.5541) | (4.3909) | (4.5318) |
| *Year* | √ | √ | √ | √ | √ | √ |
| *Industry* | √ | √ | √ | √ | √ | √ |
| *Region* | √ | √ | √ | √ | √ | √ |
| *F* | 24.6897 | 24.6010 | 24.1843 | 19.9682 | 19.8751 | 19.5530 |
| *Adj R²* | 0.1922 | 0.1927 | 0.1930 | 0.1560 | 0.1564 | 0.1569 |
| *N* | 13749 | 13749 | 13749 | 13749 | 13749 | 13749 |

注：括号内 t 值采用 robust 修正，*、**、***分别代表在 10%、5% 和 1% 的水平上显著，结果均
保留四位小数。

## 5.5　本章小结

　　本章基于影子银行化同群效应的产生原因在于信息的不对称以及共同分析师
跟踪能够为联结企业提供信息传递的事实，实证检验了非金融企业影子银行化同

群效应的信息机制。本章的研究内容主要分为三个部分：第一部分检验了共同分析师联结的信息渠道和一般化信息渠道均是非金融企业影子银行化同群效应的作用机制之一；第二部分检验了非金融企业在这两种信息机制上的倾向性；第三部分对共同分析师的信息传递质量、企业规模和环境不确定性的差异下影子银行化同群效应信息机制再次进行检验。通过以上实证分析，本章得到了如下研究结论：

第一，信息学习是非金融企业影子银行化同群效应的作用机制之一。其中，包括了共同分析师联结的信息和一般化信息两个方面的信息机制，具体表现为共同分析师网络中心度越高、同群企业的信息披露质量越高，非金融企业影子银行化同群效应越大。第二，通过对两种信息机制进行倾向性检验后发现，当共同分析师联结的信息机制和一般化信息机制同时存在时，由共同分析师联结的信息机制在影子银行化同群效应的形成中起着主导作用。第三，当共同分析师信息传递质量较高、焦点企业为大规模以及环境不确定性较高时，由共同分析师联结所形成的特殊化信息机制更能发挥作用。第四，当共同分析师信息传递质量较高、焦点企业为小规模以及环境不确定性较低时，正式信息渠道的一般化信息机制更能发挥作用。

本章的实践意义在于：第4章研究发现了共同分析师联结下非金融企业影子银行化存在同群效应，但不仅应该关注同群企业影子银行化会正向影响焦点企业影子银行化这一结果，还应该关注其中的内在作用机制。同群企业影子银行化通过共同分析师联结的信息渠道和一般化信息渠道影响着焦点企业影子银行化水平的这一结论，不仅为非金融企业影子银行化同群效应的作用机制提供了实证支撑，也为剖析共同分析师信息传递质量、企业规模和环境不确定性对影子银行化同群效应的影响提供了新思路。在实践中，应该关注共同分析师信息传递所形成的影子银行化同群效应，发挥分析师在影子银行化同群效应形成过程中的控制作用。

# 第6章 非金融企业影子银行化同群效应的竞争机制检验

本章主要检验非金融企业影子银行化同群效应的竞争机制。首先，根据对竞争机制的研究假设进行研究设计，包括样本的选择与数据来源、变量的定义与模型设计。其次，实证检验了业绩评价的竞争（共同分析师联结的信息机制）和行业地位的竞争（行业层面的竞争机制）和对非金融企业影子银行化同群效应的影响，并对两类竞争机制进行了倾向性检验。再次，进一步考察了共同分析师跟踪期限、产权性质和产品市场竞争激烈程度对非金融企业影子银行化同群效应竞争机制的影响，以及信息机制与竞争机制的倾向性。最后，为了保证结论的稳健性，通过替换信息机制的衡量方式、改变影子银行化度量方式、改变同群效应的计算方法和控制情景效应的影响等方法进行了稳健性检验。

## 6.1 引言

已经验证了非金融企业影子银行化同群效应的内在机制之一为信息机制。本章主要对于影子银行化同群效应的另一内在机制——竞争机制进行检验。与个体决策者有所不同，企业作为组织，是一个以利润最大化为目标的经济实体，其天然所具备的竞争属性决定了企业需要不断增强自身的竞争优势。根据社会学习理论，企业为了保持相对的竞争地位或维持竞争优势会密切关注同群企业行为并积极做出反应（Rogers，1995；万良勇等，2016；吴娜等，2022）。在银行信贷歧视和金融错配的背景下，开展影子银行活动不但是非金融企业获取短期超额收益的短期金融投资（李建军和韩珣，2019；司登奎等，2021），也是一种市场竞争手段（黄贤环和王翠，2021）。由于在共同分析师联结下不仅包含了所有被跟踪的同群企业，还包含了与焦点企业为同一行业的同群企业，也由此形成了影子银行化同群效应两个方面的竞争机制。一方面是对共同分析师业绩评价的竞争，是与所有同群企业层面的竞争，即由于焦点企业与所有同群企业之间实力对比决定的自身所处竞争地位差异而形成的影子银行化同群效应；另一方面是对行业地位的竞争，是与同行业同群企业层面的竞争，即由于焦点企业与同行同群企业之间实力对比决定的自身所处竞争地位差异而形成的影子银行化同群效应；从而为"竞争性模仿"成为非金融企业影子银行化同群效应的产生机制提供了理论支撑。

因此，本章以 2007～2020 年中国沪深两市 A 股的非金融企业为研究对象，基于非金融企业影子银行化同群效应的存在性，以期通过以下三个方面检验非金融企业影子银行化同群效应的竞争机制：①焦点企业在所有同群层面的竞争优势（共同分析师业绩评价竞争）和在同行业同群企业层面的竞争优势（行业地位的竞争）是否会影响影子银行化的同群效应？②在两类竞争机制同时存在的情况下，哪种竞争机制对非金融企业影子银行化同群效应的影响更大？③共同分析师跟踪期限、产权性质和产品市场竞争激烈程度如何影响非金融企业影子银行化同群效应的竞争机制？

# 6.2 研究设计

## 6.2.1 样本选择与数据来源

为了保证数据的一致性，本书选择 2007 年实施新会计准则之后的样本，以 2007～2020 年中国沪深两市的全部 A 股上市公司为初始研究样本。焦点企业与同群企业的每股收益数据均来源于国泰安数据库，在计算企业是否具有竞争优势时，由于比较的是上一期的每股收益，因此本章实际使用的数据区间是 2007～2019 年。与此同时，由于需要对两类竞争机制进行倾向性检验，为了保证不存在样本选择的偏误，本章选择了焦点企业同时存在同行业和非同行业同群企业的样本，剔除了仅存在同行业同群企业或仅存在非同行业同群企业的样本。经过处理后，本章共保留了 14745 个样本数据，其他数据的处理与前文一致，主要来自于国泰安数据库、深圳证券交易所、上海证券交易所、巨潮网和笔者手工计算；

行业、地区和宏观层面的数据来源于国家统计局和中国人民银行，确保了数据的完整性和可靠性。

### 6.2.2　变量定义与模型设计

#### 6.2.2.1　变量定义

（1）共同分析师联结的竞争机制检验变量：所有同群企业层面的竞争优势。通过比较焦点企业上一期每股收益与所有同群企业上一期每股收益的中位数来确定焦点企业在所有同群企业之中的绩效排名和竞争优势。具体的做法是：每一个焦点企业对应了两个及两个以上的共同分析师，每个共同分析师又对应了多个同群企业。首先，计算每一个共同分析师联结下所有同群企业每股收益的中位数，再将焦点企业的实际每股收益与同群企业每股收益的中位数进行对比，若焦点企业的实际每股收益大于同群企业每股收益的中位数则取值为 1，否则为 0。其次，计算焦点企业的实际每股收益大于同群企业每股收益的中位数的个数，再除以焦点企业所拥有共同分析师的数量，得到焦点企业的实际每股收益大于同群企业每股收益的中位数的比重。最后，若焦点企业这一比重大于全样本的中位数，则 $IC$ 取值为 1，表示焦点企业在所有同群企业中绩效排名靠前，此时焦点企业在共同分析师业绩评价中的竞争优势较大，维持该竞争优势的动机较大；否则 $IC$ 取值为 0，表示焦点企业在所有同群企业中排名靠后，此时焦点企业在共同分析师业绩评价中的竞争优势较小，建立该竞争优势的动机较大。

（2）行业层面的竞争机制检验变量：同行业同群企业层面的竞争优势。通过比较焦点企业上一期每股收益与同行业同群企业上一期每股收益的中位数来确定焦点企业在同行业同群企业之中的绩效排名和竞争优势。具体的做法是：每一个焦点企业对应了两个及两个以上的共同分析师，每个共同分析师当年跟踪的企业包括了与焦点企业同一个行业的同群企业和非同行业的同群企业。首先，计算每一个共同分析师联结下同行业同群企业每股收益的中位数，再将焦点企业的实际每股收益与同行业同群企业每股收益的中位数进行对比，若焦点企业的实际每股收益大于同行业同群企业每股收益的中位数则取值为 1，否则为 0。其次，计算焦点企业的实际每股收益大于同行业同群企业每股收益的中位数的个数，再除以焦点企业所拥有共同分析师的数量，得到焦点企业的实际每股收益大于同行业同群企业每股收益的中位数的比重。最后，若焦点企业这一比重大于全样本的中位数，则 $DC$ 取值为 1，表示焦点企业在同行业同群企业中绩效排名靠前，此时焦点企业在行业地位中的竞争优势较大，维持该竞争优势的动机较大；否则 $DC$

取值为 0，表示焦点企业在同行业同群企业中排名靠后，此时焦点企业在行业地位中的竞争优势较小，建立该竞争优势的动机较大。

本章中其他的变量与表 4-1 中的一致。

### 6.2.2.2　模型设计

为了检验 H3-1，本章构建了如下模型来考察是否存在为了维持共同分析师业绩评价的竞争优势而产生了非金融企业影子银行化的同群效应：

$$ShBamk_{i,t} = \delta_0 + \delta_1 Peer\_ShBank_{i,j,t} + \delta_2 IC_{i,t} + \delta_3 Peer\_ShBank_{i,j,t} \times IC_{i,t} +$$

$$\delta_4 Ctrl_{i,t} + \sum Year + \sum Industry + \sum Region + \varepsilon_{i,t} \qquad (6.1)$$

本书主要关注的是交乘项 $\delta_3$ 的显著性和正负号，若其显著为正，则 H3-1 成立。同时，为了检验 H3-2，本章构建了如下模型来考察是否存在为了维持行业地位的竞争优势而产生了非金融企业影子银行化的同群效应：

$$ShBank_{i,t} = \beta_0 + \beta_1 Peer\_ShBank_{i,j,t} + \beta_2 DC_{i,t} + \beta_3 Peer\_ShBank_{i,j,t} \times DC_{i,t} +$$

$$\beta_4 Ctrl_{i,t} + \sum Year + \sum Industry + \sum Region + \varepsilon_{i,t} \qquad (6.2)$$

本书主要关注的是交乘项 $\beta_3$ 的显著性和正负号，若其显著为正，则 H3-2 成立。模型（6.1）和模型（6.2）中的其他变量与前文一致。

## 6.3　实证结果与分析

### 6.3.1　描述性统计

表 6-1 报告了样本中主要变量的描述性统计结果。由表 6-1 可知，总样本量为 14745，与前文相比样本量有所减少，是因为 IC 和 DC 两个虚拟变量的确定是根据上一期企业每股收益与同行业同群企业每股收益和同群企业的每股收益比较之后得到的。主要的被解释变量——广义的影子银行化程度（ShBank1）和狭义的影子银行化程度（ShBank2）的平均值分别为 8.83% 和 6.78%，最小值分别为 0.03% 和 0.02%，最大值分别为 82.91% 和 71.45%，说明不同企业之间的广义影子银行化程度和狭义影子银行化程度均差别较大。同群企业的广义影子银行化程度（Peer_ShBank1）和同群企业的狭义影子银行化程度（Peer_ShBank2）的平均值分别为 9.41% 和 7.16%，与表 4-2 和表 4-3 相比，平均值的差别不大。由于所有同群企业层面的竞争优势（IC）和同行业同群企业层面的竞争优势（DC）

是根据中位数进行划分的，因此两个变量的均值为 0.5 左右。观察焦点企业其他的公司特征变量和治理变量与表 4-2 中的描述性统计结果基本一致。

表 6-1　样本中主要变量的描述性统计结果

| variable | n | mean | sd | min | p50 | max |
|---|---|---|---|---|---|---|
| ShBank1 | 14745 | 0.0883 | 0.1644 | 0.0003 | 0.0199 | 0.8291 |
| ShBank2 | 14745 | 0.0678 | 0.1364 | 0.0002 | 0.0134 | 0.7145 |
| Peer_ShBank1 | 14745 | 0.0941 | 0.0670 | 0.0070 | 0.0855 | 0.2990 |
| Peer_ShBank2 | 14745 | 0.0716 | 0.0516 | 0.0057 | 0.0639 | 0.2289 |
| IC | 14745 | 0.5103 | 0.4999 | 0.0000 | 0.0000 | 1.0000 |
| DC | 14745 | 0.4979 | 0.5000 | 0.0000 | 0.0000 | 1.0000 |
| External_F | 14745 | 0.4977 | 0.1656 | 0.1160 | 0.5026 | 0.8738 |
| Margin | 14745 | −0.0607 | 0.1182 | −0.4647 | −0.0536 | 0.3811 |
| State | 14745 | 0.4058 | 0.4911 | 0.0000 | 0.0000 | 1.0000 |
| Size | 14745 | 22.5117 | 1.3295 | 20.1797 | 22.3185 | 26.4490 |
| Lev | 14745 | 0.4342 | 0.1995 | 0.0535 | 0.4318 | 0.8547 |
| Growth | 14745 | 1.9953 | 1.1919 | 0.8638 | 1.6031 | 7.5314 |
| ROA | 14745 | 0.0530 | 0.0481 | −0.1112 | 0.0472 | 0.2062 |
| Profit | 14745 | 0.3061 | 0.1730 | 0.0220 | 0.2758 | 0.8383 |
| Cfo | 14745 | 0.0557 | 0.0700 | −0.1415 | 0.0542 | 0.2507 |
| Dual | 14745 | 0.2494 | 0.4327 | 0.0000 | 0.0000 | 1.0000 |
| Smr | 14745 | 0.0684 | 0.1333 | 0.0000 | 0.0012 | 0.5903 |
| Board | 14745 | 2.1635 | 0.1972 | 1.6094 | 2.1972 | 2.7081 |
| Indi | 14745 | 0.3729 | 0.0530 | 0.3333 | 0.3333 | 0.5714 |
| Analyst | 14745 | 2.5558 | 0.7830 | 1.0986 | 2.5649 | 4.0943 |

### 6.3.2　共同分析师联结的竞争机制检验

本章对非金融企业影子银行化同群效应的共同分析师联结的竞争机制进行了回归分析，实证结果如表 6-2 所示。其中，第（1）至第（3）列的被解释变量为焦点企业的广义影子银行化程度（ShBank1），核心解释变量为共同分析师联结下同群企业广义影子银行化程度的加权值（Peer_ShBank1）；第（4）至第（6）列的被解释变量为焦点企业的狭义影子银行化程度（ShBank2），核心解释变量为共同分析师联结下同群企业狭义影子银行化程度的加权值（*Peer_ShBank*2）。与前文一致，为了保证回归结果的稳健性，本章分别采用了交乘项和分组回归，第（1）、第（4）列为交乘项的回归结果，其余的为分组的回归结果。由第（1）、第（4）列的回归结果可知，交乘项 *Peer_ShBank*1×*IC* 以及 *Peer_ShBank*2×*IC* 的回归系数均在1%的水平上显著为正，说明所有同群企业层面的竞争优势对影子银行化同群效应有显著的促进作用。将所有同群企业层面的竞争优势大小分成高低两组后可知，焦点企业在竞争优势较大时（*IC*=1），同伴企业的影子银行化行为对焦点企业的影子银行化行为具有显著的促进作用，*Peer_ShBank* 的回归系数分别为0.25和0.24；焦点企业在竞争优势较小时（*IC*=0），*Peer_ShBank*1 的回归系数为0.11，在5%的水平上显著，*Peer_ShBank*2 的回归系数为正但不显著。总的来说，无论是交乘项的回归结果还是分组回归结果，均证实了与所有同群企业相比，焦点企业的绩效排名越靠前，对于共同分析师业绩评价的竞争优势越明显，为了维持竞争优势，模仿共同分析师联结下同伴企业的影子银行化行为的动机就越强，此时影子银行化的同群效应也越大，即验证了H3-1。

表6-2　共同分析师联结的竞争机制检验结果

| | （1） | （2） | （3） | （4） | （5） | （6） |
|---|---|---|---|---|---|---|
| | *ShBank*1 | *ShBank*1 | *ShBank*1 | *ShBank*2 | *ShBank*2 | *ShBank*2 |
| | 全样本 | *IC*=1 | *IC*=0 | 全样本 | *IC*=1 | *IC*=0 |
| *Peer_ShBank*1 | 0.0265 | 0.2471*** | 0.1119** | | | |
| | (0.6616) | (4.2246) | (2.3728) | | | |
| *Peer_ShBank*2 | | | | −0.0148 | 0.2420*** | 0.0665 |
| | | | | (−0.3538) | (3.9544) | (1.3555) |
| *IC* | −0.0173*** | | | −0.0160*** | | |
| | (−4.6577) | | | (−5.1615) | | |
| *Peer_ShBank*1×*IC* | 0.3229*** | | | | | |
| | (7.5537) | | | | | |
| *Peer_ShBank*2×*IC* | | | | 0.3557*** | | |
| | | | | (7.6146) | | |
| *External_F* | −0.0892*** | −0.0997*** | −0.0813*** | −0.0815*** | −0.0939*** | −0.0728*** |
| | (−8.8479) | (−6.2864) | (−6.1771) | (−9.5215) | (−7.0865) | (−6.4329) |
| *Margin* | 0.1766*** | 0.2260*** | 0.1415*** | 0.1308*** | 0.1676*** | 0.1004*** |
| | (10.8841) | (8.5905) | (7.0921) | (9.4690) | (7.3086) | (6.1082) |

续表

| | （1） | （2） | （3） | （4） | （5） | （6） |
|---|---|---|---|---|---|---|
| | ShBank1 | ShBank1 | ShBank1 | ShBank2 | ShBank2 | ShBank2 |
| | 全样本 | IC=1 | IC=0 | 全样本 | IC=1 | IC=0 |
| State | -0.0102*** | -0.0105** | -0.0091** | -0.0085*** | -0.0101** | -0.0063* |
| | (-3.2610) | (-2.1256) | (-2.3407) | (-3.2415) | (-2.3980) | (-1.9379) |
| Size | -0.0005 | -0.0047** | 0.0037* | -0.0022 | -0.0051** | 0.0007 |
| | (-0.3131) | (-1.9769) | (1.6799) | (-1.6122) | (-2.5176) | (0.3711) |
| Lev | -0.1679*** | -0.1689*** | -0.1674*** | -0.1222*** | -0.1274*** | -0.1183*** |
| | (-16.7765) | (-10.8921) | (-12.9158) | (-14.7334) | (-9.8086) | (-11.1234) |
| Growth | 0.0016 | 0.0002 | 0.0024 | 0.0017 | 0.0006 | 0.0028 |
| | (0.9350) | (0.0974) | (0.9770) | (1.1748) | (0.2932) | (1.3398) |
| ROA | 0.1397*** | 0.2487*** | 0.0405 | 0.0710* | 0.1222* | 0.0199 |
| | (3.0874) | (3.3190) | (0.7245) | (1.8384) | (1.9165) | (0.4152) |
| Profit | 0.0257** | 0.0255 | 0.0316* | 0.0226** | 0.0239 | 0.0255* |
| | (2.1269) | (1.4748) | (1.8620) | (2.1869) | (1.6223) | (1.7419) |
| Cfo | 0.0949*** | 0.1616*** | 0.0223 | 0.0607*** | 0.0916*** | 0.0270 |
| | (4.5808) | (5.1897) | (0.8192) | (3.5367) | (3.5641) | (1.1929) |
| Dual | 0.0001 | 0.0004 | 0.0003 | 0.0009 | 0.0014 | 0.0005 |
| | (0.0184) | (0.0739) | (0.0625) | (0.2808) | (0.3106) | (0.1277) |
| Smr | 0.0429*** | 0.0418** | 0.0385* | 0.0290** | 0.0183 | 0.0397** |
| | (2.9436) | (2.0906) | (1.7924) | (2.3818) | (1.0980) | (2.1871) |
| Board | -0.0103 | -0.0385*** | 0.0116 | -0.0085 | -0.0307*** | 0.0098 |
| | (-1.3588) | (-3.2970) | (1.1673) | (-1.3267) | (-3.1588) | (1.1492) |
| Indi | -0.0559** | -0.1577*** | 0.0240 | -0.0598*** | -0.1328*** | 0.0029 |
| | (-2.1546) | (-4.0109) | (0.7118) | (-2.7652) | (-4.0514) | (0.1024) |
| Analyst | -0.0010 | 0.0040 | -0.0042 | -0.0009 | 0.0033 | -0.0038 |
| | (-0.4665) | (1.1850) | (-1.5396) | (-0.5038) | (1.1192) | (-1.6163) |
| _cons | 0.2213*** | 0.3808*** | 0.0577 | 0.2234*** | 0.3517*** | 0.0897** |
| | (5.7593) | (6.5297) | (1.1357) | (6.9167) | (7.1328) | (2.1219) |
| Year | √ | √ | √ | √ | √ | √ |
| Industry | √ | √ | √ | √ | √ | √ |

| | (1) | (2) | (3) | (4) | (5) | (6) |
|---|---|---|---|---|---|---|
| | *ShBank*1 | *ShBank*1 | *ShBank*1 | *ShBank*2 | *ShBank*2 | *ShBank*2 |
| | 全样本 | *IC* = 1 | *IC* = 0 | 全样本 | *IC* = 1 | *IC* = 0 |
| *Region* | √ | √ | √ | √ | √ | √ |
| *F* | 24. 2352 | 15. 9861 | 10. 2518 | 20. 0933 | 13. 3765 | 8. 4920 |
| *Adj R*$^2$ | 0. 1648 | 0. 1904 | 0. 1297 | 0. 1381 | 0. 1625 | 0. 1078 |
| *N* | 14745 | 7525 | 7220 | 14745 | 7525 | 7220 |

注：括号内 t 值采用 robust 修正，＊、＊＊、＊＊＊分别代表在 10%、5% 和 1%的水平上显著，结果均保留四位小数。

### 6.3.3 行业层面的竞争机制检验

除了对共同分析师联结的竞争机制进行检验，本章对非金融企业影子银行化同群效应的行业层面竞争机制进行了回归分析，实证结果如表 6-3 所示。其中，第（1）至第（3）列的被解释变量为焦点企业的广义影子银行化程度（*ShBank*1），核心解释变量为共同分析师联结下同群企业广义影子银行化程度的加权值（*Peer_ShBank*1）；第（4）至第（6）列的被解释变量为焦点企业的狭义影子银行化程度（*ShBank*2），核心解释变量为共同分析师联结下同群企业狭义影子银行化程度的加权值（*Peer_ShBank*2）。为了保证回归结果的稳健性，本章分别采用了交乘项和分组回归，第（1）、第（4）列为交乘项的回归结果，其余的为分组的回归结果。由回归结果可知，交乘项 *Peer_ShBank*1×*DC* 以及 *Peer_ShBank*2×*DC* 的回归系数均 1% 的水平上显著为正，说明在同行业同群企业层面的竞争优势对影子银行化同群效应有显著的促进作用。将同行业同群企业层面的竞争优势大小分成高低两组后可知，焦点企业在竞争优势较大时（*DC* = 1），同伴企业的影子银行化行为对焦点企业的影子银行化行为具有显著的促进作用，*Peer_ShBank* 的回归系数分别为 0. 21 和 0. 19；焦点企业在竞争优势较小时（*DC* = 0），同伴企业的影子银行化行为同样对焦点企业的影子银行化行为具有显著的促进作用，但 *Peer_ShBank* 的回归系数分别为 0. 13 和 0. 10。明显小于焦点企业在竞争优势较大时的回归系数。总的来说，无论是交乘项的回归结果还是分组回归结果，均证实了与同行业同群企业相比，焦点企业的绩效排名越靠前，对于行业地位的竞争优势越明显，为了维持竞争优势，模仿共同分析师联结下同伴企业的影子银行化行为的动机就越强，此时影子银行化的同群效应也越大，即验证了 H3-2。

表6-3 行业层面竞争机制检验结果

|  | （1） | （2） | （3） | （4） | （5） | （6） |
|---|---|---|---|---|---|---|
|  | ShBank1 | ShBank1 | ShBank1 | ShBank2 | ShBank2 | ShBank2 |
|  | 全样本 | DC=1 | DC=0 | 全样本 | DC=1 | DC=0 |
| Peer_ShBank1 | 0.0456 | 0.2114*** | 0.1310*** |  |  |  |
|  | （1.1182） | （3.6548） | （2.7063） |  |  |  |
| Peer_ShBank2 |  |  |  | 0.0113 | 0.1870*** | 0.1024** |
|  |  |  |  | （0.2621） | （3.1265） | （2.0323） |
| DC | −0.0176*** |  |  | −0.0141*** |  |  |
|  | （−4.7447） |  |  | （−4.6188） |  |  |
| Peer_ShBank1×DC | 0.2805*** |  |  |  |  |  |
|  | （6.5701） |  |  |  |  |  |
| Peer_ShBank2×DC |  |  |  | 0.2961*** |  |  |
|  |  |  |  | （6.3867） |  |  |
| External_F | −0.0931*** | −0.1004*** | −0.0890*** | −0.0842*** | −0.0959*** | −0.0776*** |
|  | （−9.2813） | （−6.3408） | （−6.8999） | （−9.8845） | （−7.2231） | （−7.0240） |
| Margin | 0.1760*** | 0.2263*** | 0.1360*** | 0.1307*** | 0.1680*** | 0.0979*** |
|  | （10.8173） | （8.6727） | （6.8103） | （9.4379） | （7.3789） | （5.9306） |
| State | −0.0101*** | −0.0105** | −0.0100** | −0.0084*** | −0.0103** | −0.0070** |
|  | （−3.2554） | （−2.1294） | （−2.5185） | （−3.1984） | （−2.4485） | （−2.1252） |
| Size | −0.0006 | −0.0042* | 0.0030 | −0.0023* | −0.0049** | 0.0004 |
|  | （−0.3691） | （−1.8045） | （1.3313） | （−1.6861） | （−2.4811） | （0.2256） |
| Lev | −0.1681*** | −0.1586*** | −0.1746*** | −0.1221*** | −0.1203*** | −0.1237*** |
|  | （−16.8025） | （−10.4340） | （−13.1895） | （−14.7263） | （−9.4422） | （−11.4016） |
| Growth | 0.0014 | 0.0009 | 0.0013 | 0.0016 | 0.0010 | 0.0021 |
|  | （0.7967） | （0.3380） | （0.5291） | （1.0775） | （0.4809） | （0.9782） |
| ROA | 0.1527*** | 0.2799*** | 0.0407 | 0.0787** | 0.1515** | 0.0074 |
|  | （3.3871） | （3.8964） | （0.7087） | （2.0525） | （2.4911） | （0.1491） |
| Profit | 0.0267** | 0.0105 | 0.0495*** | 0.0236** | 0.0094 | 0.0449*** |
|  | （2.2076） | （0.6255） | （2.8115） | （2.2757） | （0.6589） | （2.9643） |
| Cfo | 0.0922*** | 0.1511*** | 0.0287 | 0.0593*** | 0.0886*** | 0.0277 |
|  | （4.4532） | （4.9163） | （1.0335） | （3.4585） | （3.4342） | （1.2269） |
| Dual | −0.0001 | −0.0028 | 0.0037 | 0.0007 | −0.0011 | 0.0034 |
|  | （−0.0164） | （−0.5087） | （0.7786） | （0.2225） | （−0.2503） | （0.8481） |
| Smr | 0.0437*** | 0.0618*** | 0.0170 | 0.0296** | 0.0371** | 0.0179 |
|  | （2.9979） | （3.0594） | （0.8155） | （2.4336） | （2.1927） | （1.0273） |

续表

| | (1) | (2) | (3) | (4) | (5) | (6) |
|---|---|---|---|---|---|---|
| | *ShBank*1 | *ShBank*1 | *ShBank*1 | *ShBank*2 | *ShBank*2 | *ShBank*2 |
| | 全样本 | DC = 1 | DC = 0 | 全样本 | DC = 1 | DC = 0 |
| *Board* | −0.0100 | −0.0252 ** | 0.0024 | −0.0081 | −0.0218 ** | 0.0050 |
| | (−1.3182) | (−2.1627) | (0.2412) | (−1.2622) | (−2.2248) | (0.5926) |
| *Indi* | −0.0534 ** | −0.1213 *** | 0.0021 | −0.0569 *** | −0.1061 *** | −0.0116 |
| | (−2.0597) | (−3.1673) | (0.0596) | (−2.6333) | (−3.3386) | (−0.3998) |
| *Analyst* | −0.0004 | 0.0042 | −0.0030 | −0.0006 | 0.0032 | −0.0029 |
| | (−0.1916) | (1.2459) | (−1.0891) | (−0.3327) | (1.0945) | (−1.2174) |
| *_cons* | 0.2206 *** | 0.3088 *** | 0.1167 ** | 0.2218 *** | 0.2990 *** | 0.1253 *** |
| | (5.7314) | (5.4131) | (2.2206) | (6.8559) | (6.1931) | (2.8355) |
| *Year* | √ | √ | √ | √ | √ | √ |
| *Industry* | √ | √ | √ | √ | √ | √ |
| *Region* | √ | √ | √ | √ | √ | √ |
| *F* | 24.0884 | 15.6614 | 10.7198 | 19.9910 | 13.3452 | 8.8646 |
| *Adj R*$^2$ | 0.1632 | 0.1937 | 0.1335 | 0.1364 | 0.1665 | 0.1111 |
| *N* | 14745 | 7342 | 7403 | 14745 | 7342 | 7403 |

注：括号内 t 值采用 robust 修正，＊、＊＊、＊＊＊分别代表在 10%、5% 和 1% 的水平上显著，结果均保留四位小数。

### 6.3.4 两类竞争机制的倾向性检验

通过前文的理论分析和实证检验可知，非金融企业影子银行化同群效应的内在作用机制之一是竞争机制，而竞争机制包含了两个方面的内容：一是焦点企业每股收益与所有同群企业相比，若焦点企业每股收益处于所有同群企业每股收益的中位数以上，则代表焦点企业在所有同群企业层面的竞争优势越大；二是焦点企业每股收益与同行业同群企业相比，若焦点企业每股收益处于同行业同群企业每股收益的中位数以上，则代表焦点企业在同行业同群企业层面的竞争优势越大。同样地，为了进一步检验在我国资本市场环境下这两种竞争机制哪种更占上风，参考 Aggarwal 和 Samwick（1999）、Rajgopal（2006）、Albuquerque（2013）的做法，首先采用式（6.3）进行检验，其次通过比较交乘项系数的经济显著性和大小进一步确认两类竞争机制的倾向性结果。经济系数的算法为模型（6.4）。

$$ShBank_{i,t} = \omega_0 + \omega_1 Peer\_ShBank_{i,j,t} + \omega_2 DC_{i,t} + \omega_3 IC_{i,t} + \omega_4 Peer\_$$

$$ShBank_{i,j,t} \times DC_{i,t} + \omega_5 Peer\_ShBank_{i,j,t} \times IC_{i,t} + \omega_6 Ctrl_{i,t} +$$

$$\sum Year + \sum Industry + \sum Region + \varepsilon_{i,t} \qquad (6.3)$$

自变量的经济系数=(自变量的回归系数×自变量的标准差)/因变量的标准差

$$(6.4)$$

表 6-4 为两类竞争机制的倾向性检验结果。其中，第（1）、第（2）列的被解释变量为广义的影子银行化程度（ShBank1）；第（3）、第（4）列的被解释变量为狭义的影子银行化程度（ShBank2）。为了确保检验结果的稳健性，第（1）、第（3）列是没有加入控制变量的回归结果，第（2）、第（4）列是加入了控制变量的回归结果。无论是加入控制变量还是没有加入控制变量，交乘项 Peer_ShBank×DC 的回归系数为正但均不显著，相比之下，交乘项 Peer_ShBank×IC 的回归系数均在 1% 的水平上显著为正。也就是说，在非金融企业影子银行化同群效应的形成中，与为了维持行业地位的竞争机制相比，企业更倾向于为了维持共同分析师业绩评价所形成的竞争机制。可能的原因在于：同行业企业之间还可以通过产品市场来维持行业内的竞争优势，在两类竞争机制同时存在的情况下，主要还是对共同分析师业绩评价的竞争起着主导作用。

表 6-4 两类竞争机制的倾向性检验

| | （1） | （2） | （3） | （4） |
|---|---|---|---|---|
| | ShBank1 | ShBank1 | ShBank2 | ShBank2 |
| Peer_ShBank1 | 0.0677 | 0.0173 | | |
| | (1.6141) | (0.4231) | | |
| Peer_ShBank2 | | | 0.0125 | −0.0221 |
| | | | (0.2868) | (−0.5164) |
| IC | −0.0007 | −0.0105* | −0.0064 | −0.0132*** |
| | (−0.1324) | (−1.8654) | (−1.3714) | (−2.8118) |
| DC | −0.0055 | −0.0087 | −0.0014 | −0.0035 |
| | (−0.9900) | (−1.5542) | (−0.3035) | (−0.7575) |
| Peer_ShBank1×IC | 0.2470*** | 0.2527*** | | |
| | (3.7822) | (3.9554) | | |
| Peer_ShBank1×DC | 0.0982 | 0.0918 | | |
| | (1.5053) | (1.4424) | | |

续表

| | （1） | （2） | （3） | （4） |
|---|---|---|---|---|
| | *ShBank*1 | *ShBank*1 | *ShBank*2 | *ShBank*2 |
| *Peer_ ShBank2×IC* | | | 0. 3010 *** | 0. 3037 *** |
| | | | （4. 2211） | （4. 3443） |
| *Peer_ ShBank2×DC* | | | 0. 0740 | 0. 0684 |
| | | | （1. 0452） | （0. 9892） |
| *External_ F* | | − 0. 0893 *** | | − 0. 0813 *** |
| | | （− 8. 8466） | | （− 9. 4974） |
| *Margin* | | 0. 1766 *** | | 0. 1309 *** |
| | | （10. 8709） | | （9. 4694） |
| *State* | | − 0. 0102 *** | | − 0. 0085 *** |
| | | （− 3. 2624） | | （− 3. 2431） |
| *Size* | | − 0. 0005 | | − 0. 0022 |
| | | （− 0. 3196） | | （− 1. 6211） |
| *Lev* | | − 0. 1679 *** | | − 0. 1222 *** |
| | | （− 16. 7793） | | （− 14. 7306） |
| *Growth* | | 0. 0017 | | 0. 0017 |
| | | （0. 9466） | | （1. 1866） |
| *ROA* | | 0. 1387 *** | | 0. 0697 * |
| | | （3. 0681） | | （1. 8104） |
| *Profit* | | 0. 0258 ** | | 0. 0227 ** |
| | | （2. 1391） | | （2. 1873） |
| *Cfo* | | 0. 0946 *** | | 0. 0607 *** |
| | | （4. 5609） | | （3. 5362） |
| *Dual* | | 0. 0000 | | 0. 0009 |
| | | （0. 0137） | | （0. 2823） |
| *Smr* | | 0. 0428 *** | | 0. 0289 ** |
| | | （2. 9370） | | （2. 3725） |
| *Board* | | − 0. 0102 | | − 0. 0084 |
| | | （− 1. 3392） | | （− 1. 3059） |
| *Indi* | | − 0. 0551 ** | | − 0. 0594 *** |
| | | （− 2. 1192） | | （− 2. 7454） |
| *Analyst* | | − 0. 0010 | | − 0. 0010 |
| | | （− 0. 4794） | | （− 0. 5423） |

| | (1) | (2) | (3) | (4) |
|---|---|---|---|---|
| | *ShBank*1 | *ShBank*1 | *ShBank*2 | *ShBank*2 |
| _cons | 0.0455*** | 0.2215*** | 0.0348*** | 0.2234*** |
| | (3.5715) | (5.7621) | (3.3517) | (6.9140) |
| *Year* | √ | √ | √ | √ |
| *Industry* | √ | √ | √ | √ |
| *Region* | √ | √ | √ | √ |
| *F* | 26.4694 | 23.7888 | 22.2998 | 19.7269 |
| *Adj R²* | 0.1229 | 0.1648 | 0.1028 | 0.1381 |
| *N* | 14745 | 14745 | 14745 | 14745 |

注：括号内 t 值采用 robust 修正，*、**、*** 分别代表在 10%、5% 和 1% 的水平上显著，结果均保留四位小数。

# 6.4　进一步分析与稳健性检验

### 6.4.1　共同分析师跟踪期限对竞争机制的影响

根据本书第 3 章对竞争机制的理论分析认为，由共同分析师联结所形成的企业层面竞争机制的实质是为了维持"共同分析师业绩评价"；行业层面竞争机制的实质是为了维持"行业竞争地位"；为了加强这一逻辑，本章对这一说法进行了检验。

非金融企业"竞争性模仿"同伴企业的影子银行化的主要目的是维持其优势地位。在企业的业绩表现已经足够好的情况下，一方面，企业通过与同群企业的投资决策保持一致来降低企业在经营中的风险，这种风险特指共同分析师因为企业投资决策失败而出具不利于企业的盈余预测报告的风险；另一方面，通过模仿同群企业来限制竞争，即防止同群企业因为开展影子银行化活动而实现业绩的赶超。这两类"竞争性模仿"都是来自于共同分析师业绩压力所做出的短期反应。虽然大部分证券分析师对企业发布的是短期盈余报告，但是这并不意味着分析师只关注企业的短期收益。已有文献表明，分析师也会对企业的创新活动、兼并收购、发展战略等长期价值驱动因素进行重点、持续关注（陈钦源等，2017），这些长期投资活动也是非金融企业维持竞争优势的途径之一。那么，非金融企业到底为何会通过模仿和学习同群企业的影子银行化活动来维持其竞争优势？笔者认为这可能与共同分析师的跟踪期限有关。因此，为了考察共同分析师跟踪期限的差异是否会影响企业为了维持均势而产生的影子银行化同群效应，本章将焦点企业的共同分析师分为长期共同分析师和短期共同分析师两种类型①，再对非金融企业影子银行化同群效应的竞争机制进行分组检验。若焦点企业的共同分析师中存在长期共同分析师则将其分为长期共同分析师组，此时 $LongAnalyst = 1$；若焦点企业的共同分析师全部为短期共同分析师，则将其分为短期共同分析师组，此时 $LongAnalyst = 0$，以此来检验共同分析师跟踪期限差异对影子银行化同群效应竞争机制的影响。

表 6-5 展示了共同分析师跟踪期限差异对共同分析师联结的竞争机制的回归结果。其中，第（1）、第（2）列的被解释变量为广义的影子银行化程度 ShBank1，第（3）、第（4）列的被解释变量为狭义的影子银行化程度 ShBank2。在表 6-5 中，当 $LongAnalyst = 1$ 时，第（1）、第（3）列中的交乘项 Peer_ShBank1×IC 和 Peer_ShBank2×IC 的回归系数为正但均不显著，即当存在长期共同分析师时，不存在为了维持共同分析师业绩评价竞争优势而产生影子银行化的同群效应。当 $LongAnalyst = 0$ 时，第（2）、第（4）列中的交乘项 Peer_ShBank1×IC 和 Peer_ShBank2×IC 的回归系数均在 1% 的水平上显著为正，也就是说，如果共同分析师均为短期共同分析师时，存在为了维持共同分析师业绩评价的竞争优势而产生影子银行化的同群效应。

表 6-5　共同分析跟踪期限对共同分析师联结竞争机制的影响

| | (1) | (2) | (3) | (4) |
|---|---|---|---|---|
| | ShBank1 | ShBank1 | ShBank2 | ShBank2 |
| | LongAnalyst = 1 | LongAnalyst = 0 | LongAnalyst = 1 | LongAnalyst = 0 |
| Peer_ShBank1 | -0.0639 | 0.0306 | | |
| | (-0.3493) | (0.7419) | | |
| Peer_ShBank2 | | | -0.0376 | -0.0159 |
| | | | (-0.2156) | (-0.3683) |

① 本书将长期共同分析师定义为分析师对焦点企业发布盈余预测报告的开始时间和终止时间间隔超过 1 年，将短期共同分析师定义为分析师对焦点企业发布盈余预测报告的开始时间和终止时间间隔不足 1 年。

续表

| | （1） | （2） | （3） | （4） |
|---|---|---|---|---|
| | *ShBank*1 | *ShBank*1 | *ShBank*2 | *ShBank*2 |
| | *LongAnalyst* = 1 | *LongAnalyst* = 0 | *LongAnalyst* = 1 | *LongAnalyst* = 0 |
| *IC* | −0.0096 | −0.0174*** | −0.0034 | −0.0167*** |
| | （−0.6924） | （−4.4591） | （−0.3054） | （−5.1098） |
| *Peer_ ShBank1×IC* | 0.1646 | 0.3317*** | | |
| | （1.0085） | （7.3785） | | |
| *Peer_ ShBank2×IC* | | | 0.1671 | 0.3687*** |
| | | | （1.0657） | （7.4539） |
| *_cons* | 0.2424** | 0.2130*** | 0.2567*** | 0.2154*** |
| | （2.0186） | （5.1688） | （2.6595） | （6.1932） |
| *Ctrl* | √ | √ | √ | √ |
| *Year* | √ | √ | √ | √ |
| *Industry* | √ | √ | √ | √ |
| *Region* | √ | √ | √ | √ |
| *F* | 3.2690 | 22.0956 | 2.8339 | 18.3618 |
| *Adj R*$^2$ | 0.2109 | 0.1629 | 0.2006 | 0.1369 |
| *N* | 1304 | 13437 | 1304 | 13437 |

注：括号内 t 值采用 robust 修正，**、***分别代表在 5% 和 1% 的水平上显著，结果均保留四位小数。

表 6-6 展示了共同分析师跟踪期限差异对行业层面竞争机制的回归结果。其中，第（1）、第（2）列的被解释变量为广义的影子银行化程度 *ShBank*1，第（3）、第（4）列的被解释变量为狭义的影子银行化程度 *ShBank*2。在表 6-6 中，第（1）至第（4）列中的交乘项 *Peer_ ShBank*1×*DC* 和 *Peer_ ShBank*2×*DC* 的回归系数至少在 5% 的水平上显著为正，即说明了无论是长期共同分析师组还是短期共同分析师组，维持行业竞争地位都是非金融企业影子银行化同群效应的内在机制。进一步比较交乘项的组间系数差异后发现，无论是长期共同分析师组还是短期共同分析师组，*Peer_ ShBank*1×*DC* 和 *Peer_ ShBank*2×*DC* 的回归系数均没有显著的差异，也就是说，共同分析师跟踪期限对行业层面的竞争机制没有显著的影响。

表6-6　共同分析跟踪期限对行业层面竞争机制的影响

| | （1） | （2） | （3） | （4） |
|---|---|---|---|---|
| | *ShBank*1 | *ShBank*1 | *ShBank*2 | *ShBank*2 |
| | *LongAnalyst* = 1 | *LongAnalyst* = 0 | *LongAnalyst* = 1 | *LongAnalyst* = 0 |
| *Peer_ShBank*1 | -0.1718 | 0.0549 | | |
| | （-1.0771） | （1.2934） | | |
| *Peer_ShBank*2 | | | -0.1225 | 0.0141 |
| | | | （-0.7667） | （0.3142） |
| *DC* | -0.0217* | -0.0169*** | -0.0113 | -0.0143*** |
| | （-1.6601） | （-4.3571） | （-1.0554） | （-4.4462） |
| *Peer_ShBank*1×*DC* | 0.3579** | 0.2737*** | | |
| | （2.4059） | （6.1127） | | |
| *Peer_ShBank*2×*DC* | | | 0.3257** | 0.2953*** |
| | | | （2.2058） | （6.0255） |
| _cons | 0.2589** | 0.2128*** | 0.2662*** | 0.2143*** |
| | （2.1699） | （5.1516） | （2.7558） | （6.1482） |
| *Ctrl* | √ | √ | √ | √ |
| *Year* | √ | √ | √ | √ |
| *Industry* | √ | √ | √ | √ |
| *Region* | √ | √ | √ | √ |
| *F* | 3.2853 | 21.9484 | 2.8573 | 18.2666 |
| *Adj R*$^2$ | 0.2148 | 0.1607 | 0.2036 | 0.1347 |
| *N* | 1304 | 13437 | 1304 | 13437 |
| 组间系数差异检验 | $Chi^2$（1）= 0.32；$Prob>chi^2$ = 0.5744 | | $Chi^2$（1）= 0.04；$Prob>chi^2$ = 0.8401 | |

注：括号内 t 值采用 robust 修正，*、**、***分别代表在 10%、5% 和 1% 的水平上显著，结果均保留四位小数。

　　总的来说，共同分析师跟踪期限不会对行业层面的竞争机制产生影响，只会对共同分析师联结的竞争机制产生影响，可能的原因在于：Lieberman 和 Asaba（2006）认为，如果被模仿的行为本身具有很高的异质性，那么模仿程度会下降，从而限制其模仿行为；反之，如果模仿行为较容易，则模仿行为更为普遍。焦点企业为了维持共同分析师业绩评价的竞争优势，当面临短期共同分析师时，由于金融投资行为的同质性较高，它们能够通过模仿同群企业的影子银行化行为来短期地维持其在共同分析师心中良好的业绩形象；但是，当面临长期共同分析师时，分析师更多地关注企业的创新活动、兼并收购、发展战略等长期价值投资，因此通过模仿同群企业的影子银行化活动已经不能满足长期分析师的业绩要求。相比之下，焦点企业为了维持在行业层面的竞争优势，无论面临长期或短期共同分析师，不但能够通过模仿影子银行化行为来维持其在共同分析师心中的良好形象，而且由于同行业之间在主业投资方面的模仿行为更容易，因此焦点企业还可以通过模仿同行业同群企业的经营投资、创新活动等来维持其在行业中的竞争地位。所以共同分析师跟踪期限对行业层面的竞争机制不存在显著的差异化影响。

### 6.4.2　产权性质对竞争机制的影响

理论分析认为，非金融企业模仿和学习同群企业的影子银行化行为是为了维持竞争均势，这一"竞争"的概念并不完全是对市场份额的争夺，主要还是由于共同分析师具有业绩压力的作用，非金融企业为了维持在共同分析师心目中的优势地位，获取更有利的盈余预测，从而取得更多的外部融资。也就是说，焦点企业对外部资金的需求程度决定了其是否具有维持竞争优势的动力，而企业对外部资金的需求程度可能与产权性质有关。国有企业资金的来源除了自有资金、股权融资和债务融资之外，还能够通过政府补助的资金渠道，即国有企业相对于非国有企业而言对外部融资的敏感度较低，因此，产权性质的差异可能会影响非金融企业影子银行化同群效应的竞争机制。为了证实这一猜想，本章将焦点企业分为国有企业和非国有企业，再对非金融企业影子银行化同群效应的竞争机制进行分组检验。当焦点企业为国有企业时，$State$ 取值为 1，表示焦点企业对外部融资的敏感度较低；否则取值为 0，表示焦点企业对外部融资的敏感度较高①。

表 6-7 展示了产权性质对共同分析师联结的竞争机制的回归结果。其中，第（1）、第（2）列的被解释变量为广义的影子银行化程度 $ShBank1$，第（3）、第（4）列的被解释变量为狭义的影子银行化程度 $ShBank2$。在表 6-7 中，第（1）至第（4）列中的交乘项 $Peer\_ShBank1 \times IC$ 和 $Peer\_ShBank2 \times IC$ 的回归系数均显著为正，说明了无论是国有企业还是非国有企业，维持共同分析师业绩评价的竞争优势都是非金融企业影子银行化同群效应的作用机制。通过比较两组中 $Peer\_ShBank1 \times IC$ 回归系数的大小和显著性可以发现，当焦点企业为国有企业（$State=$ 1）时，$Peer\_ShBank1 \times IC$ 回归系数等于 0.07 且在 10% 的水平上显著，当焦点企业为非国有企业（$State=0$）时，$Peer\_ShBank1 \times IC$ 回归系数等于 0.26 且在 1% 的水平上显著，即相对于国有企业而言，焦点企业为非国有企业时，维持共同分析

---

① 由于已经将产权性质 $State$ 作为了分组变量，因此本书在控制变量中删除了 $State$，特此说明。

师业绩评价的竞争优势对影子银行化同群效应的影响更大，组间系数差异检验也在5%的水平上显著。当被解释变量为 *ShBank*2 时也同样可以证实上述研究结论。也就是说，国有企业和非国有企业均存在维持共同分析师业绩评价的竞争机制，但是相对于国有企业而言，非国有企业对于维持共同分析师业绩评价的竞争均势的动机更强。主要的原因在于，对共同分析师业绩评价的竞争本质就是对外部股权融资的竞争，相对于国有企业而言，需要更多股权融资的非国有企业更加看重共同分析师的业绩评价。

表6-7　产权性质对共同分析师联结竞争机制的影响

| | （1） | （2） | （3） | （4） |
|---|---|---|---|---|
| | *ShBank*1 | *ShBank*1 | *ShBank*2 | *ShBank*2 |
| | *State* = 1 | *State* = 0 | *State* = 1 | *State* = 0 |
| *Peer_ShBank*1 | 0.1364*** | 0.1453*** | | |
| | （3.6640） | （3.3454） | | |
| *Peer_ShBank*2 | | | 0.1122*** | 0.0912** |
| | | | （2.8981） | （2.0676） |
| *IC* | −0.0039 | −0.0223*** | −0.0064* | −0.0215*** |
| | （−0.9244） | （−3.4967） | （−1.8486） | （−4.1747） |
| *Peer_ShBank*1×*IC* | 0.0743* | 0.2561*** | | |
| | （1.7610） | （5.3560） | | |
| *Peer_ShBank*2×*IC* | | | 0.0953** | 0.3027*** |
| | | | （2.0909） | （5.9588） |
| _*cons* | −0.0056 | −0.0110 | −0.0053 | −0.0082 |
| | （−0.4307） | （−0.6853） | （−0.4962） | （−0.6242） |
| *Ctrl* | √ | √ | √ | √ |
| *Year* | √ | √ | √ | √ |
| *Industry* | √ | √ | √ | √ |
| *Region* | √ | √ | √ | √ |
| *F* | 7.7732 | 11.9538 | 6.2111 | 9.6825 |
| *Adj* $R^2$ | 0.0990 | 0.1141 | 0.0779 | 0.0926 |
| *N* | 5983 | 8761 | 5983 | 8761 |
| 组间系数差异检验 | $Chi^2(1) = 6.47$；$Prob>chi^2 = 0.0110$** | | $Chi^2(1) = 7.58$；$Prob>chi^2 = 0.0059$*** | |

注：括号内 t 值采用 robust 修正，*、**、***分别代表在10%、5%和1%的水平上显著，结果均保留四位小数。

表6-8展示了产权性质对行业层面竞争机制的回归结果。其中，第（1）、第（2）列的被解释变量为广义影子银行化程度 *ShBank*1，第（3）、第（4）列的被解释变量为狭义影子银行化程度 *ShBank*2。在表6-8中，第（1）至第（4）列中的交乘项 *Peer_ ShBank*1×*DC* 和 *Peer_ ShBank*2×*DC* 的回归系数均显著为正，即说明无论是国有企业还是非国有企业，行业层面的竞争依然是非金融企业影子银行化同群效应的作用机制。由于交乘项的回归系数还可能存在一定的差异，因此本书还进行了交乘项的组间差异系数检验。通过将交乘项进行组间差异检验后发现，当被解释变量不论为广义影子银行化程度 *ShBank*1 还是狭义影子银行化程度 *ShBank*2，组间系数差异检验均不显著。也就是说，无论是国有企业还是非国有企业，均存在行业层面的竞争机制，但是产权性质并不只会对行业层面的竞争机制产生差异化影响。可能的原因在于，焦点企业与同行业同群企业之间不仅只存在对"共同分析师业绩评价"的竞争，更多的是一种"行业内的产品市场"的竞争，因此，在国有企业和非国有企业之间在行业层面的竞争机制上不存在显著的差异。

表6-8  产权性质对行业层面竞争机制的影响

|  | （1） | （2） | （3） | （4） |
|---|---|---|---|---|
|  | *ShBank*1 | *ShBank*1 | *ShBank*2 | *ShBank*2 |
|  | *State* = 1 | *State* = 0 | *State* = 1 | *State* = 0 |
| *Peer_ ShBank*1 | 0.1265 *** | 0.1761 *** |  |  |
|  | （3.4168） | （4.0797） |  |  |
| *Peer_ ShBank*2 |  |  | 0.1054 *** | 0.1322 *** |
|  |  |  | （2.7366） | （3.0088） |
| *DC* | −0.0053 | −0.0171 *** | −0.0059 * | −0.0136 *** |
|  | （−1.2812） | （−2.7317） | （−1.7103） | （−2.6886） |
| *Peer_ ShBank*1×*DC* | 0.1568 *** | 0.3330 *** |  |  |
|  | （3.3910） | （5.1684） |  |  |
| *Peer_ ShBank*2×*DC* |  |  | 0.1158 ** | 0.2131 *** |
|  |  |  | （2.5492） | （4.2308） |
| _cons | −0.0055 | −0.0114 | −0.0055 | −0.0086 |
|  | （−0.4232） | （−0.7080） | （−0.5091） | （−0.6555） |
| Ctrl | √ | √ | √ | √ |
| Year | √ | √ | √ | √ |

续表

| | （1） | （2） | （3） | （4） |
|---|---|---|---|---|
| | *ShBank*1 | *ShBank*1 | *ShBank*2 | *ShBank*2 |
| | *State* = 1 | *State* = 0 | *State* = 1 | *State* = 0 |
| *Industry* | √ | √ | √ | √ |
| *Region* | √ | √ | √ | √ |
| F | 7. 8045 | 11. 8077 | 6. 2317 | 9. 4976 |
| *Adj R$^2$* | 0. 0994 | 0. 1127 | 0. 0782 | 0. 0908 |
| N | 5983 | 8761 | 5983 | 8761 |
| 组间系数差异检验 | $Chi^2$ （1） = 1. 72；$Prob>chi^2$ = 0. 1900 | | $Chi^2$ （1） = 1. 73；$Prob>chi^2$ = 0. 1887 | |

注：括号内 t 值采用 robust 修正，＊、＊＊、＊＊＊分别代表在 10%、5% 和 1% 的水平上显著，结果均保留四位小数。

### 6. 4. 3  产品市场竞争激烈程度对竞争机制的影响

根据共同分析师跟踪期限和产权性质对竞争机制的影响的检验后均能够得到一致的结论是，对"行业内市场份额"的竞争是企业维持行业竞争地位的主要目的。因此，为了进一步检验非金融企业影子银行化同群效应的竞争机制，本章将焦点企业所在行业的产品市场竞争激烈程度进行分组，观察在不同产品市场竞争激烈程度下，两种竞争机制是否能够得到不同的结论。参考张军等（2021）、吴娜等（2022），采用勒纳指数来衡量企业所在行业的产品市场竞争激烈程度，从而构建产品市场竞争激烈程度的虚拟变量 *PMC*，当勒纳指数小于中位数时，*PMC* 取值为 1，表示企业所面临的产品市场竞争激烈程度较高；否则取值为 0，表示企业所面临的产品市场竞争激烈程度较低。

表 6-9 展示了产品市场竞争激烈程度对共同分析师联结竞争机制的回归结果。其中，第（1）、第（2）列的被解释变量为广义的影子银行化程度 *ShBank*1，第（3）、第（4）列的被解释变量为狭义的影子银行化程度 *ShBank*2。在表 6-9 中，第（1）至第（4）列中的交乘项 *Peer_ShBank*1×*IC* 和 *Peer_ShBank*2×*IC* 的回归系数均在 1% 的水平上显著为正，即说明无论是产品市场竞争激烈程度高还是低，共同分析师的业绩评价竞争仍然是影子银行化同群效应的内在作用机制。通过比较两组中交乘项回归系数的大小可知，虽然产品市场竞争激烈程度较低时（*PMC*=0）交乘项的回归系数大于当产品市场竞争激烈程度较高时（*PMC*=1）交乘项的回归系数，但是并未通过组间系数差异检验。也就是说，产品市场竞争

激烈程度的大小并不对影子银行化同群效应的共同分析师联结竞争机制产生差异化影响。

表 6-9　产品市场竞争激烈程度对共同分析师联结竞争机制的影响

| | (1) | (2) | (3) | (4) |
|---|---|---|---|---|
| | *ShBank*1 | *ShBank*1 | *ShBank*2 | *ShBank*2 |
| | *PMC* = 1 | *PMC* = 0 | *PMC* = 1 | *PMC* = 0 |
| *Peer_ShBank*1 | 0.0659 | 0.0100 | | |
| | (1.5700) | (0.1434) | | |
| *Peer_ShBank*2 | | | 0.0093 | −0.0211 |
| | | | (0.2108) | (−0.2917) |
| *IC* | −0.0143 *** | −0.0105 | −0.0120 *** | −0.0137 ** |
| | (−2.6101) | (−1.3216) | (−2.6011) | (−2.0677) |
| *Peer_ShBank*1×*IC* | 0.2503 *** | 0.2943 *** | | |
| | (5.4060) | (4.4741) | | |
| *Peer_ShBank*2×*IC* | | | 0.2710 *** | 0.3439 *** |
| | | | (5.2863) | (4.8045) |
| _cons | 0.1341 *** | 0.4064 *** | 0.1348 *** | 0.3877 *** |
| | (2.7245) | (5.6170) | (3.2302) | (6.3911) |
| *Ctrl* | √ | √ | √ | √ |
| *Year* | √ | √ | √ | √ |
| *Industry* | √ | √ | √ | √ |
| *Region* | √ | √ | √ | √ |
| *F* | 14.2618 | 15.7402 | 11.9277 | 13.1393 |
| *Adj R*$^2$ | 0.1424 | 0.1923 | 0.1204 | 0.1639 |
| *N* | 8304 | 6441 | 8304 | 6441 |
| 组间系数差异检验 | $Chi^2$ (1) = 0.24; $Prob>chi^2$ = 0.6259 | | $Chi^2$ (1) = 0.57; $Prob>chi^2$ = 0.4507 | |

注：括号内 t 值采用 robust 修正，**、*** 分别代表在 5% 和 1% 的水平上显著，结果均保留四位小数。

　　表 6-10 展示了产品市场激烈程度对行业层面竞争机制的回归结果。其中，第 (1)、第 (2) 列的被解释变量为广义的影子银行化程度 *ShBank*1，第 (3)、第 (4) 列的被解释变量为狭义的影子银行化程度 *ShBank*2。在表 6-10 中，第 (1) 至第 (4) 列中的交乘项 *Peer_ShBank*1×*DC* 和 *Peer_ShBank*2×*DC* 的回归系

金融安全背景下非金融企业影子银行化的同群效应研究

数均在1%的水平上显著为正，即说明无论产品市场竞争激烈程度大还是小，行业层面的竞争仍然是影子银行化同群效应的内在作用机制。通过比较两组中交乘项回归系数的大小可知，当产品市场竞争激烈程度较低时（$PMC=0$），交乘项的回归系数明显大于当产品市场竞争激烈程度较高时（$PMC=1$）交乘项的回归系数。通过将交乘项进行组间差异检验后发现，组间系数差异检验均在5%的水平上显著。说明在产品市场竞争激烈程度高或低的情况下，均存在行业层面的竞争机制；但是相较于产品市场竞争激烈程度高时，产品市场竞争激烈程度低时行业层面的竞争机制更强。

表6-10　产品市场竞争激烈程度对行业层面竞争机制的影响

| | （1） | （2） | （3） | （4） |
|---|---|---|---|---|
| | ShBank1 | ShBank1 | ShBank2 | ShBank2 |
| | $PMC=1$ | $PMC=0$ | $PMC=1$ | $PMC=0$ |
| Peer_ShBank1 | 0.0991** | -0.0184 | | |
| | (2.3708) | (-0.2679) | | |
| Peer_ShBank2 | | | 0.0517 | -0.0479 |
| | | | (1.1739) | (-0.6707) |
| DC | -0.0105* | -0.0181** | -0.0065 | -0.0178*** |
| | (-1.9363) | (-2.3509) | (-1.4234) | (-2.7668) |
| Peer_ShBank1×DC | 0.1568*** | 0.3330*** | | |
| | (3.3910) | (5.1684) | | |
| Peer_ShBank2×DC | | | 0.1449*** | 0.3857*** |
| | | | (2.8336) | (5.5001) |
| _cons | 0.1343*** | 0.4103*** | 0.1342*** | 0.3911*** |
| | (2.7278) | (5.6700) | (3.2125) | (6.4486) |
| Ctrl | √ | √ | √ | √ |
| Year | √ | √ | √ | √ |
| Industry | √ | √ | √ | √ |
| Region | √ | √ | √ | √ |
| F | 14.0071 | 15.7558 | 11.6669 | 13.2048 |
| Adj $R^2$ | 0.1401 | 0.1924 | 0.1179 | 0.1646 |
| N | 8304 | 6441 | 8304 | 6441 |
| 组间系数差异检验 | $Chi^2(1)=3.97$; $Prob>chi^2=0.0464$** | | $Chi^2(1)=6.41$; $Prob>chi^2=0.0113$** | |

注：括号内t值采用robust修正，*、**、***分别代表在10%、5%和1%的水平上显著，结果均保留四位小数。

· 172 ·

对此，本书通过金融资产投资和产品市场竞争的互动关系来理解这一现象：模仿和学习同群企业的影子银行化行为对非金融企业的主营业务具有"挤出效应"，当焦点企业所面临的产品市场竞争激烈程度较低时，这种"挤出效应"相对有限（张军等，2021），即企业认为，通过模仿行为来维持竞争优势的"好处"要大于模仿行为可能会损失一部分市场份额的"坏处"，并且此时企业面临的资源约束相对宽松。相比之下，当焦点企业所面临的产品市场竞争激烈程度较高时，仅通过模仿同行业同群企业的金融投资行为不足以在激烈的产品市场竞争中保持现有的优势地位，还需要从主业中寻求突破，此时行业层面的竞争机制较弱。

### 6.4.4　信息机制与竞争机制的倾向性检验

本章已通过理论分析和实证检验分别验证了非金融企业影子银行化同群效应的内在机制包括信息机制和竞争机制。在信息机制中，共同分析师联结的信息机制和一般化信息机制均存在，但更倾向于由共同分析师联结所形成的非正式信息渠道。在竞争机制中，共同分析师联结的竞争机制和行业层面的竞争机制均存在，但更倾向于维持由共同分析师联结所形成的关于业绩评价的竞争优势。为了进一步探索当非金融企业在面对同群企业开展影子银行化活动时，由共同分析师联结而形成的信息机制和竞争机制是否同时存在，若同时存在，哪种机制的经济影响更大这一问题，本章将延续之前检验倾向性的模型和方法，对由共同分析师联结而形成的信息机制和竞争机制进行倾向性检验。

$$ShBank_{i,t} = \lambda_0 + \lambda_1 Peer\_ShBank_{i,j,t} + \lambda_2 dumdegree_{i,t} + \lambda_3 IC_{i,t} + \lambda_4 Peer\_$$
$$ShBank_{i,j,t} \times dumdegree_{i,t} + \lambda_5 Peer\_ShBank_{i,j,t} \times IC_{i,t} + \lambda_6 Ctrl_{i,t} +$$
$$\sum Year + \sum Industry + \sum Region + \varepsilon_{i,t} \tag{6.5}$$

表6-11为共同分析师联结的信息机制与竞争机制的倾向性检验结果。其中，第（1）、第（2）列的被解释变量为广义的影子银行化程度（$ShBank1$）；第（3）、第（4）列的被解释变量为狭义的影子银行化程度（$ShBank2$）。为了确保检验结果的稳健性，第（1）、第（3）列是没有加入控制变量的回归结果，第（2）、第（4）列是加入了控制变量的回归结果。从第（1）、第（2）列可以看出，无论是否加入控制变量，交乘项 $Peer\_ShBank1 \times dumdegree$ 的回归系数均在10%的水平上显著为正，回归系数约为0.09；交乘项 $Peer\_ShBank1 \times IC$ 的回归系数均在1%的水平上显著为正，回归系数均约为0.3，这说明无论回归系数的显著性大还是小，代表信息机制的交乘项 $Peer\_ShBank1 \times IC$ 都大于代表竞争机制的交乘项 $Peer\_ShBank1 \times dumdegree$。也就是说，当被解释变量为广义的影子银行化

时，影子银行化同群效应的两类机制同时存在，但是更倾向于竞争机制。从第
（3）、第（4）列可以看出，无论是否加入控制变量，交乘项 *Peer_ShBank2×dumdegree* 的回归系数为正但均不显著；交乘项 *Peer_ShBank2×IC* 的回归系数均在 1%
的水平上显著为正，且回归系数约为 0.35，即说明当被解释变量为狭义的影子银
行化时，仅竞争机制在影子银行化同群效应的形成中发挥作用。整体而言，在共
同分析师联结下，非金融企业影子银行化具有同群效应的主要作用机制在于，基
于共同分析师业绩压力，非金融企业为了维持共同分析师业绩评价优势而模仿同
群企业开展影子银行化活动。

**表 6-11 共同分析师联结的信息机制与竞争机制的倾向性检验**

|  | （1） | （2） | （3） | （4） |
|---|---|---|---|---|
|  | *ShBank*1 | *ShBank*1 | *ShBank*2 | *ShBank*2 |
| *Peer_ShBank*1 | 0.0463 | −0.0017 |  |  |
|  | (1.0618) | (−0.0389) |  |  |
| *Peer_ShBank*2 |  |  | 0.0030 | −0.0279 |
|  |  |  | (0.0664) | (−0.6251) |
| *dumdegree* | −0.0110*** | −0.0105** | −0.0062* | −0.0048 |
|  | (−2.6619) | (−2.3006) | (−1.8140) | (−1.2624) |
| *IC* | −0.0025 | −0.0153*** | −0.0061** | −0.0155*** |
|  | (−0.6894) | (−4.0450) | (−2.0503) | (−4.9523) |
| *Peer_ShBank*1×*dumdegree* | 0.0933* | 0.0851* |  |  |
|  | (1.9221) | (1.8007) |  |  |
| *Peer_ShBank*1×*IC* | 0.3020*** | 0.3039*** |  |  |
|  | (6.6378) | (6.8793) |  |  |
| *Peer_ShBank*2×*dumdegree* |  |  | 0.0471 | 0.0301 |
|  |  |  | (0.9027) | (0.5895) |
| *Peer_ShBank*2×*IC* |  |  | 0.3501*** | 0.3518*** |
|  |  |  | (7.1538) | (7.3255) |
| *_cons* | 0.0512*** | 0.2221*** | 0.0382*** | 0.2223*** |
|  | (3.9779) | (5.7556) | (3.6492) | (6.8509) |
| *Ctrl* | √ | √ | √ | √ |
| *Year* | √ | √ | √ | √ |
| *Industry* | √ | √ | √ | √ |

续表

|  | （1） | （2） | （3） | （4） |
|---|---|---|---|---|
|  | *ShBank*1 | *ShBank*1 | *ShBank*2 | *ShBank*2 |
| *Region* | √ | √ | √ | √ |
| *F* | 26.4428 | 23.8039 | 22.3103 | 19.7475 |
| *Adj* $R^2$ | 0.1229 | 0.1649 | 0.1028 | 0.1381 |
| *N* | 14676 | 14676 | 14676 | 14676 |

注：括号内 t 值采用 robust 修正，＊、＊＊、＊＊＊分别代表在 10%、5% 和 1% 的水平上显著，结果均保留四位小数。

### 6.4.5　稳健性检验

为了验证上述结论的科学性和稳健性，本书从以下七个方面进行了稳健性检验：

（1）替换竞争机制的衡量方式。前文用企业的每股收益来进行行业业绩比较，为了保证竞争机制的稳健性，使用资产收益率重新对企业是否具有竞争优势进行衡量。改变竞争机制衡量方式后的回归结果如表 6-12 所示。通过第（2）、第（5）列可知，当替换竞争机制的衡量方式后，交乘项 *Peer_ShBank*×*IC* 的回归系数均在 1% 的水平上均显著为正；通过第（1）、第（4）列可知，当替换竞争机制的衡量方式后，交乘项 *Peer_ShBank*×*DC* 的回归系数均在 1% 的水平上显著为正。也就是说，当替换竞争机制的衡量方式后，维持共同分析师业绩评价的竞争优势和维持行业地位的竞争优势依然是非金融企业影子银行化同群效应的作用机制之一。进一步地，通过观察第（3）、第（6）列中 *Peer_ShBank*×*IC* 和 *Peer_Sh-Bank*×*DC* 的回归系数大小和显著性可知，在两类竞争机制的共同作用下，企业更倾向于维持共同分析师业绩评价的竞争机制，这与本章的基本结论一致。

### 表 6-12　替换竞争机制的衡量方式

|  | （1） | （2） | （3） | （4） | （5） | （6） |
|---|---|---|---|---|---|---|
|  | *ShBank*1 | *ShBank*1 | *ShBank*1 | *ShBank*2 | *ShBank*2 | *ShBank*2 |
| *Peer_ShBank*1 | 0.0664* | 0.0553 | 0.0485 |  |  |  |
|  | （1.7159） | （1.4563） | （1.2634） |  |  |  |
| *Peer_ShBank*2 |  |  |  | 0.0406 | 0.0254 | 0.0211 |
|  |  |  |  | （0.9960） | （0.6362） | （0.5207） |

续表

| | （1） | （2） | （3） | （4） | （5） | （6） |
|---|---|---|---|---|---|---|
| | *ShBank*1 | *ShBank*1 | *ShBank*1 | *ShBank*2 | *ShBank*2 | *ShBank*2 |
| *IC* | | -0. 0141 *** | -0. 0134 ** | | -0. 0116 *** | -0. 0119 ** |
| | | （-3. 4938） | （-2. 1820） | | （-3. 4850） | （-2. 3416） |
| *DC* | -0. 0120 *** | | -0. 0003 | -0. 0094 *** | | 0. 0008 |
| | （-3. 0788） | | （-0. 0475） | （-2. 9125） | | （0. 1627） |
| *Peer_ ShBank*1×*IC* | | 0. 3570 *** | 0. 3029 *** | | | |
| | | （7. 8576） | （4. 0558） | | | |
| *Peer_ ShBank*1×*DC* | 0. 3005 *** | | 0. 0688 | | | |
| | （6. 7593） | | （0. 9429） | | | |
| *Peer_ ShBank*2×*IC* | | | | | 0. 3631 *** | 0. 3278 *** |
| | | | | | （7. 3087） | （3. 9714） |
| *Peer_ ShBank*2×*DC* | | | | 0. 2952 *** | | 0. 0443 |
| | | | | （6. 0880） | | （0. 5505） |
| *External_ F* | -0. 0938 *** | -0. 0908 *** | -0. 0903 *** | -0. 0865 *** | -0. 0839 *** | -0. 0836 *** |
| | （-9. 4345） | （-9. 0915） | （-9. 0368） | （-10. 3700） | （-10. 0311） | （-9. 9916） |
| *Margin* | 0. 1772 *** | 0. 1776 *** | 0. 1782 *** | 0. 1293 *** | 0. 1297 *** | 0. 1301 *** |
| | （11. 0698） | （11. 1241） | （11. 1567） | （9. 5409） | （9. 5943） | （9. 6198） |
| *State* | -0. 0101 *** | -0. 0101 *** | -0. 0101 *** | -0. 0082 *** | -0. 0082 *** | -0. 0082 *** |
| | （-3. 2740） | （-3. 2681） | （-3. 2555） | （-3. 1565） | （-3. 1591） | （-3. 1471） |
| *Size* | -0. 0010 | -0. 0009 | -0. 0009 | -0. 0026 * | -0. 0026 * | -0. 0025 * |
| | （-0. 6054） | （-0. 5691） | （-0. 5460） | （-1. 9507） | （-1. 9166） | （-1. 8985） |
| *Lev* | -0. 1601 *** | -0. 1593 *** | -0. 1585 *** | -0. 1168 *** | -0. 1160 *** | -0. 1155 *** |
| | （-16. 0910） | （-15. 8959） | （-15. 8343） | （-14. 1895） | （-14. 0064） | （-13. 9634） |
| *Growth* | 0. 0003 | 0. 0002 | 0. 0001 | 0. 0004 | 0. 0003 | 0. 0002 |
| | （0. 1955） | （0. 1011） | （0. 0855） | （0. 2953） | （0. 1821） | （0. 1708） |
| *ROA* | 0. 1225 *** | 0. 1107 ** | 0. 1060 ** | 0. 0579 | 0. 0495 | 0. 0465 |
| | （2. 7257） | （2. 4669） | （2. 3590） | （1. 5169） | （1. 2954） | （1. 2165） |
| *Profit* | 0. 0237 ** | 0. 0224 * | 0. 0221 * | 0. 0225 ** | 0. 0214 ** | 0. 0212 ** |
| | （1. 9795） | （1. 8637） | （1. 8422） | （2. 1922） | （2. 0799） | （2. 0643） |

续表

| | (1) | (2) | (3) | (4) | (5) | (6) |
|---|---|---|---|---|---|---|
| | $ShBank1$ | $ShBank1$ | $ShBank1$ | $ShBank2$ | $ShBank2$ | $ShBank2$ |
| $Cfo$ | 0.0930*** | 0.0954*** | 0.0953*** | 0.0557*** | 0.0575*** | 0.0575*** |
| | (4.5069) | (4.6171) | (4.6168) | (3.3085) | (3.4104) | (3.4112) |
| $Dual$ | -0.0001 | 0.0002 | 0.0002 | 0.0007 | 0.0009 | 0.0009 |
| | (-0.0213) | (0.0417) | (0.0433) | (0.2279) | (0.2923) | (0.2934) |
| $Smr$ | 0.0415*** | 0.0403*** | 0.0402*** | 0.0283** | 0.0274** | 0.0274** |
| | (2.8650) | (2.7987) | (2.7883) | (2.3385) | (2.2725) | (2.2676) |
| $Board$ | -0.0073 | -0.0078 | -0.0075 | -0.0061 | -0.0065 | -0.0063 |
| | (-0.9777) | (-1.0393) | (-1.0047) | (-0.9658) | (-1.0223) | (-0.9965) |
| $Indi$ | -0.0446* | -0.0424 | -0.0431* | -0.0522** | -0.0507** | -0.0511** |
| | (-1.7289) | (-1.6404) | (-1.6690) | (-2.4322) | (-2.3641) | (-2.3821) |
| $Analyst$ | -0.0012 | -0.0015 | -0.0016 | -0.0010 | -0.0013 | -0.0013 |
| | (-0.5940) | (-0.7326) | (-0.7966) | (-0.5739) | (-0.7137) | (-0.7620) |
| $\_cons$ | 0.2180*** | 0.2188*** | 0.2168*** | 0.2237*** | 0.2242*** | 0.2229*** |
| | (5.7218) | (5.7648) | (5.7072) | (6.9939) | (7.0467) | (6.9950) |
| Year | √ | √ | √ | √ | √ | √ |
| Industry | √ | √ | √ | √ | √ | √ |
| Region | √ | √ | √ | √ | √ | √ |
| F | 24.8153 | 24.9671 | 24.5116 | 20.4746 | 20.5793 | 20.1958 |
| $Adj\ R^2$ | 0.1639 | 0.1658 | 0.1659 | 0.1363 | 0.1382 | 0.1382 |
| N | 15032 | 15032 | 15032 | 15032 | 15032 | 15032 |

注：括号内 t 值采用 robust 修正，*、**、***分别代表在 10%、5%和 1%的水平上显著，结果均保留四位小数。

（2）改变影子银行化度量方式。考虑到部分企业可能不会在委托贷款公告中及时披露委托贷款规模（韩珣和李建军，2021），因此本章在原有对影子银行化度量的基础上剔除了委托贷款，即在原本广义影子银行化规模 $ShBank1$ 的基础上，剔除委托贷款得到 $ShBank3$＝（委托理财总额+其他应收款净额+其他流动资产）/资产总计；在原本狭义影子银行化规模 $ShBank2$ 的基础上，剔除委托贷款得到 $ShBank4$＝（委托理财总额+其他应收款净额）/资产总计。通过新的影子银行化度量方式，重新计算同群企业的影子银行化程度后再次对竞争机制进行了检验，回归结果如表6-13所示。

根据回归结果可以发现，在表6-13的第（2）、第（5）列中，交乘项 *Peer_ShBank*3×*IC* 和 *Peer_ShBank*4×*IC* 的回归系数均在1%的水平上显著为正，说明在改变影子银行化的衡量方式后，维持共同分析师的业绩评价竞争优势依然是非金融企业影子银行化同群效应的动因。表6-13第（1）、第（4）列中交乘项 *Peer_ShBank*3×*DC* 和 *Peer_ShBank*4×*DC* 的回归系数均在1%的水平上显著为正，说明在改变影子银行化的衡量方式后，维持行业层面的竞争优势同样是非金融企业影子银行化同群效应的动因。在表6-13第（3）、第（6）列中，通过比较 *Peer_ShBank*×*IC* 和 *Peer_ShBank*×*DC* 回归系数的显著性可以发现，*Peer_ShBank*×*IC* 回归系数均在1%的水平上显著为正，*Peer_ShBank*×*DC* 的系数为正却不显著。说明在改变影子银行化的度量方式后，维持共同分析师业绩评价的优势依然在竞争机制中起着主导作用，即本章的研究结论具有稳健性。

**表6-13　改变影子银行化的度量方式**

| | （1） | （2） | （3） | （4） | （5） | （6） |
|---|---|---|---|---|---|---|
| | *ShBank*3 | *ShBank*3 | *ShBank*3 | *ShBank*4 | *ShBank*4 | *ShBank*4 |
| *Peer_ShBank*3 | 0.0739* | 0.0638* | 0.0566 | | | |
| | (1.9340) | (1.7052) | (1.4937) | | | |
| *Peer_ShBank*4 | | | | 0.0500 | 0.0359 | 0.0312 |
| | | | | (1.2416) | (0.9094) | (0.7818) |
| *IC* | | −0.0132*** | −0.0122** | | −0.0105*** | −0.0108** |
| | | (−3.3161) | (−2.0306) | | (−3.2247) | (−2.1709) |
| *DC* | −0.0113*** | | −0.0005 | −0.0085*** | | 0.0008 |
| | (−2.9709) | | (−0.0928) | (−2.7115) | | (0.1619) |
| *Peer_ShBank*3×*IC* | | 0.3523*** | 0.2939*** | | | |
| | | (7.7692) | (3.9328) | | | |
| *Peer_ShBank*3×*DC* | 0.2991*** | | 0.0741 | | | |
| | (6.7460) | | (1.0151) | | | |
| *Peer_ShBank*4×*IC* | | | | | 0.3547*** | 0.3170*** |
| | | | | | (7.1557) | (3.8310) |
| *Peer_ShBank*4×*DC* | | | | 0.2901*** | | 0.0473 |
| | | | | (5.9979) | | (0.5869) |

续表

| | （1） | （2） | （3） | （4） | （5） | （6） |
|---|---|---|---|---|---|---|
| | ShBank3 | ShBank3 | ShBank3 | ShBank4 | ShBank4 | ShBank4 |
| External_F | −0.0935*** | −0.0906*** | −0.0901*** | −0.0862*** | −0.0838*** | −0.0834*** |
| | （−9.4566） | （−9.1180） | （−9.0633） | （−10.3961） | （−10.0636） | （−10.0233） |
| Margin | 0.1746*** | 0.1751*** | 0.1757*** | 0.1269*** | 0.1273*** | 0.1276*** |
| | （10.9607） | （11.0140） | （11.0482） | （9.4098） | （9.4630） | （9.4898） |
| State | −0.0105*** | −0.0105*** | −0.0104*** | −0.0086*** | −0.0086*** | −0.0086*** |
| | （−3.4095） | （−3.3972） | （−3.3855） | （−3.3138） | （−3.3088） | （−3.2973） |
| Size | −0.0012 | −0.0011 | −0.0011 | −0.0028** | −0.0028** | −0.0028** |
| | （−0.7288） | （−0.6965） | （−0.6724） | （−2.1129） | （−2.0838） | （−2.0646） |
| Lev | −0.1584*** | −0.1576*** | −0.1568*** | −0.1150*** | −0.1143*** | −0.1138*** |
| | （−15.9847） | （−15.7905） | （−15.7272） | （−14.0402） | （−13.8611） | （−13.8157） |
| Growth | 0.0006 | 0.0004 | 0.0004 | 0.0006 | 0.0005 | 0.0005 |
| | （0.3216） | （0.2287） | （0.2131） | （0.4511） | （0.3398） | （0.3285） |
| ROA | 0.1099** | 0.0984** | 0.0936** | 0.0456 | 0.0374 | 0.0343 |
| | （2.4564） | （2.2022） | （2.0908） | （1.2000） | （0.9820） | （0.8999） |
| Profit | 0.0253** | 0.0239** | 0.0237** | 0.0241** | 0.0230** | 0.0229** |
| | （2.1173） | （2.0027） | （1.9813） | （2.3549） | （2.2444） | （2.2286） |
| Cfo | 0.0939*** | 0.0964*** | 0.0963*** | 0.0568*** | 0.0586*** | 0.0586*** |
| | （4.5810） | （4.6938） | （4.6927） | （3.3943） | （3.4992） | （3.4995） |
| Dual | −0.0001 | 0.0001 | 0.0001 | 0.0007 | 0.0008 | 0.0008 |
| | （−0.0312） | （0.0311） | （0.0325） | （0.2173） | （0.2811） | （0.2820） |
| Smr | 0.0420*** | 0.0409*** | 0.0407*** | 0.0289** | 0.0280** | 0.0280** |
| | （2.9129） | （2.8501） | （2.8385） | （2.3945） | （2.3321） | （2.3266） |
| Board | −0.0079 | −0.0084 | −0.0082 | −0.0068 | −0.0071 | −0.0070 |
| | （−1.0628） | （−1.1243） | （−1.0887） | （−1.0690） | （−1.1249） | （−1.0983） |
| Indi | −0.0398 | −0.0376 | −0.0383 | −0.0473** | −0.0458** | −0.0462** |
| | （−1.5484） | （−1.4601） | （−1.4898） | （−2.2119） | （−2.1439） | （−2.1629） |
| Analyst | −0.0009 | −0.0011 | −0.0013 | −0.0006 | −0.0009 | −0.0010 |
| | （−0.4231） | （−0.5605） | （−0.6252） | （−0.3668） | （−0.5047） | （−0.5543） |
| _cons | 0.2154*** | 0.2163*** | 0.2142*** | 0.2212*** | 0.2219*** | 0.2205*** |
| | （5.6788） | （5.7238） | （5.6648） | （6.9488） | （7.0046） | （6.9509） |
| Year | √ | √ | √ | √ | √ | √ |
| Industry | √ | √ | √ | √ | √ | √ |
| Region | √ | √ | √ | √ | √ | √ |

续表

|  | （1） | （2） | （3） | （4） | （5） | （6） |
|---|---|---|---|---|---|---|
|  | *ShBank*3 | *ShBank*3 | *ShBank*3 | *ShBank*4 | *ShBank*4 | *ShBank*4 |
| *F* | 25.0430 | 25.1815 | 24.7271 | 20.5815 | 20.6753 | 20.2910 |
| *Adj* $R^2$ | 0.1648 | 0.1666 | 0.1667 | 0.1372 | 0.1390 | 0.1389 |
| *N* | 13377 | 13377 | 13377 | 13377 | 13377 | 13377 |

注：括号内 t 值采用 robust 修正，＊、＊＊、＊＊＊分别代表在 10%、5% 和 1% 的水平上显著，结果均保留四位小数。

（3）改变同群效应的计算方法。除了使用加权法计算同群企业的影子银行化程度，本章还根据现有大部分研究同群效应的文献，将同群企业的影子银行化程度求均值作为解释变量重新进行回归，结果如表 6-14 所示。其中，第（2）、第（5）列是对维持共同分析师业绩评价竞争优势的再检验回归结果，交乘项 $Peer\_ShBank1 \times IC$ 和 $Peer\_ShBank2 \times IC$ 回归系数均在 1% 的水平上显著为正，说明维持共同分析师业绩评价竞争优势是非金融企业影子银行化同群效应的作用机制的研究结论稳健。第（1）、第（4）列是将同群企业的影子银行化程度求均值后，维持行业层面竞争均势的回归结果，交乘项 $Peer\_ShBank1 \times DC$ 和 $Peer\_ShBank2 \times DC$ 回归系数均在 1% 的水平上显著为正，说明改变同群效应的计算方法后，维持行业层面的竞争优势依旧是非金融企业影子银行化同群效应的作用机制之一。并且比较第（3）、第（6）列中 $Peer\_ShBank \times IC$ 和 $Peer\_ShBank \times DC$ 回归系数的大小和显著性水平可以发现，$Peer\_ShBank \times IC$ 与 $Peer\_ShBank \times DC$ 相比，回归系数更大且更加显著，也就是说，符合更倾向于维持共同分析师业绩评价竞争优势的研究结论。

### 表 6-14  改变同群效应的计算方法

|  | （1） | （2） | （3） | （4） | （5） | （6） |
|---|---|---|---|---|---|---|
|  | *ShBank*1 | *ShBank*1 | *ShBank*1 | *ShBank*2 | *ShBank*2 | *ShBank*2 |
| *Peer_ShBank*1 | 0.0600 | 0.0421 | 0.0321 |  |  |  |
|  | （1.2549） | （0.8942） | （0.6740） |  |  |  |
| *Peer_ShBank*2 |  |  |  | 0.0500 | 0.0268 | 0.0173 |
|  |  |  |  | （0.9897） | （0.5328） | （0.3413） |
| *IC* |  | −0.0217＊＊＊ | −0.0130＊＊ |  | −0.0196＊＊＊ | −0.0146＊＊＊ |
|  |  | （−5.7325） | （−2.2270） |  | （−6.2259） | （−3.0086） |

续表

| | (1) | (2) | (3) | (4) | (5) | (6) |
|---|---|---|---|---|---|---|
| | ShBank1 | ShBank1 | ShBank1 | ShBank2 | ShBank2 | ShBank2 |
| DC | −0.0219*** | | −0.0111* | −0.0179*** | | −0.0063 |
| | (−5.8638) | | (−1.9283) | (−5.8338) | | (−1.3196) |
| Peer_ShBank1×IC | | 0.3672*** | 0.2766*** | | | |
| | | (8.2171) | (4.0684) | | | |
| Peer_ShBank1×DC | 0.3254*** | | 0.1177* | | | |
| | (7.3237) | | (1.7450) | | | |
| Peer_ShBank2×IC | | | | | 0.4073*** | 0.3242*** |
| | | | | | (8.1644) | (4.2869) |
| Peer_ShBank2×DC | | | | 0.3521*** | | 0.1091 |
| | | | | (7.1253) | | (1.4588) |
| External_F | −0.0928*** | −0.0890*** | −0.0889*** | −0.0838*** | −0.0811*** | −0.0809*** |
| | (−9.2373) | (−8.8134) | (−8.8074) | (−9.8284) | (−9.4763) | (−9.4479) |
| Margin | 0.1761*** | 0.1768*** | 0.1768*** | 0.1308*** | 0.1308*** | 0.1310*** |
| | (10.8560) | (10.9251) | (10.9126) | (9.4769) | (9.5012) | (9.5065) |
| State | −0.0106*** | −0.0105*** | −0.0106*** | −0.0087*** | −0.0087*** | −0.0088*** |
| | (−3.4017) | (−3.3802) | (−3.3940) | (−3.3118) | (−3.3194) | (−3.3323) |
| Size | −0.0005 | −0.0004 | −0.0004 | −0.0022 | −0.0021 | −0.0021 |
| | (−0.3294) | (−0.2594) | (−0.2684) | (−1.6392) | (−1.5527) | (−1.5659) |
| Lev | −0.1680*** | −0.1678*** | −0.1678*** | −0.1221*** | −0.1223*** | −0.1223*** |
| | (−16.7796) | (−16.7568) | (−16.7574) | (−14.7242) | (−14.7447) | (−14.7407) |
| Growth | 0.0016 | 0.0018 | 0.0018 | 0.0017 | 0.0018 | 0.0019 |
| | (0.8932) | (1.0173) | (1.0355) | (1.1525) | (1.2433) | (1.2597) |
| ROA | 0.1536*** | 0.1409*** | 0.1396*** | 0.0789** | 0.0713* | 0.0697* |
| | (3.4144) | (3.1198) | (3.0964) | (2.0622) | (1.8498) | (1.8127) |
| Profit | 0.0267** | 0.0257** | 0.0259** | 0.0233** | 0.0224** | 0.0225** |
| | (2.2057) | (2.1335) | (2.1459) | (2.2433) | (2.1639) | (2.1686) |
| Cfo | 0.0916*** | 0.0943*** | 0.0938*** | 0.0583*** | 0.0595*** | 0.0595*** |
| | (4.4222) | (4.5473) | (4.5238) | (3.3972) | (3.4651) | (3.4616) |
| Dual | −0.0000 | 0.0000 | 0.0000 | 0.0006 | 0.0007 | 0.0007 |
| | (−0.0096) | (0.0111) | (0.0099) | (0.2002) | (0.2218) | (0.2283) |
| Smr | 0.0438*** | 0.0434*** | 0.0432*** | 0.0298** | 0.0297** | 0.0294** |
| | (3.0004) | (2.9759) | (2.9603) | (2.4477) | (2.4354) | (2.4162) |

续表

|  | （1） | （2） | （3） | （4） | （5） | （6） |
|---|---|---|---|---|---|---|
|  | ShBank1 | ShBank1 | ShBank1 | ShBank2 | ShBank2 | ShBank2 |
| Board | −0.0097 | −0.0101 | −0.0099 | −0.0079 | −0.0084 | −0.0082 |
|  | （−1.2752） | （−1.3311） | （−1.3004） | （−1.2305） | （−1.3071） | （−1.2738） |
| Indi | −0.0522** | −0.0553** | −0.0542** | −0.0563*** | −0.0595*** | −0.0589*** |
|  | （−2.0126） | （−2.1324） | （−2.0867） | （−2.6017） | （−2.7538） | （−2.7196） |
| Analyst | −0.0004 | −0.0009 | −0.0010 | −0.0006 | −0.0009 | −0.0009 |
|  | （−0.1908） | （−0.4368） | （−0.4566） | （−0.3258） | （−0.4718） | （−0.5185） |
| _cons | 0.2169*** | 0.2180*** | 0.2180*** | 0.2189*** | 0.2205*** | 0.2204*** |
|  | （5.6318） | （5.6724） | （5.6682） | （6.7505） | （6.8134） | （6.8072） |
| Year | √ | √ | √ | √ | √ | √ |
| Industry | √ | √ | √ | √ | √ | √ |
| Region | √ | √ | √ | √ | √ | √ |
| F | 24.0910 | 24.2434 | 23.7972 | 20.0242 | 20.1226 | 19.7518 |
| Adj $R^2$ | 0.1632 | 0.1647 | 0.1648 | 0.1370 | 0.1385 | 0.1385 |
| N | 14745 | 14745 | 14745 | 14745 | 14745 | 14745 |

注：括号内 t 值采用 robust 修正，*、**、***分别代表在10%、5%和1%的水平上显著，结果均保留四位小数。

（4）控制情景效应的影响。同群企业的特征的情景效应同样可能对焦点企业影子银行化行为产生影响。因此本章在原有模型的基础上加入同群企业的公司特征和公司治理变量，检验结果如表6-15所示。通过观察 Peer_ShBank×IC、Peer_Sh-Bank×DC 回归系数的显著性，以及比较 Peer_ShBank×IC 和 Peer_ShBank×DC 回归系数的大小可知，在控制情景效应的影响后，不改变对竞争机制的研究结论。

表6-15 控制情景效应的影响

|  | （1） | （2） | （3） | （4） | （5） | （6） |
|---|---|---|---|---|---|---|
|  | ShBank1 | ShBank1 | ShBank1 | ShBank2 | ShBank2 | ShBank2 |
| Peer_ShBank1 | 0.0337 | 0.0112 | 0.0021 |  |  |  |
|  | （0.7744） | （0.2604） | （0.0492） |  |  |  |
| Peer_ShBank2 |  |  |  | −0.0234 | −0.0518 | −0.0589 |
|  |  |  |  | （−0.5126） | （−1.1629） | （−1.2940） |
| IC |  | −0.0166*** | −0.0107* |  | −0.0151*** | −0.0131*** |
|  |  | （−4.4461） | （−1.8849） |  | （−4.8437） | （−2.7582） |

续表

| | （1） | （2） | （3） | （4） | （5） | （6） |
|---|---|---|---|---|---|---|
| | *ShBank*1 | *ShBank*1 | *ShBank*1 | *ShBank*2 | *ShBank*2 | *ShBank*2 |
| *DC* | −0.0167 *** | | −0.0075 | −0.0131 *** | | −0.0025 |
| | （−4.4736） | | （−1.3326） | （−4.2565） | | （−0.5329） |
| *Peer_ ShBank*1×*IC* | | 0.3268 *** | 0.2595 *** | | | |
| | | （7.6766） | （4.0520） | | | |
| *Peer_ ShBank*1×*DC* | 0.2818 *** | | 0.0881 | | | |
| | （6.6225） | | （1.3790） | | | |
| *Peer_ ShBank*2×*IC* | | | | | 0.3583 *** | 0.3095 *** |
| | | | | | （7.6993） | （4.4091） |
| *Peer_ ShBank*2×*DC* | | | | 0.2963 *** | | 0.0644 |
| | | | | （6.4094） | | （0.9271） |
| *External_ F* | −0.0853 *** | −0.0811 *** | −0.0810 *** | −0.0770 *** | −0.0740 *** | −0.0738 *** |
| | （−8.3530） | （−7.9013） | （−7.8916） | （−8.9062） | （−8.5283） | （−8.4958） |
| *Margin* | 0.1789 *** | 0.1796 *** | 0.1797 *** | 0.1336 *** | 0.1337 *** | 0.1340 *** |
| | （10.9973） | （11.0698） | （11.0636） | （9.6501） | （9.6873） | （9.6947） |
| *State* | −0.0104 *** | −0.0105 *** | −0.0105 *** | −0.0085 *** | −0.0086 *** | −0.0087 *** |
| | （−3.3164） | （−3.3249） | （−3.3265） | （−3.2073） | （−3.2484） | （−3.2509） |
| *Size* | −0.0018 | −0.0017 | −0.0017 | −0.0033 ** | −0.0032 ** | −0.0032 ** |
| | （−1.0968） | （−1.0071） | （−1.0203） | （−2.3767） | （−2.2799） | （−2.2951） |
| *Lev* | −0.1714 *** | −0.1712 *** | −0.1713 *** | −0.1249 *** | −0.1250 *** | −0.1250 *** |
| | （−17.0395） | （−17.0216） | （−17.0216） | （−15.0194） | （−15.0307） | （−15.0248） |
| *Growth* | 0.0021 | 0.0024 | 0.0024 | 0.0020 | 0.0022 | 0.0023 |
| | （1.1503） | （1.3562） | （1.3615） | （1.3401） | （1.4970） | （1.5081） |
| *ROA* | 0.1640 *** | 0.1501 *** | 0.1487 *** | 0.0895 ** | 0.0810 ** | 0.0794 ** |
| | （3.5767） | （3.2591） | （3.2345） | （2.2887） | （2.0550） | （2.0200） |
| *Profit* | 0.0273 ** | 0.0259 ** | 0.0261 ** | 0.0236 ** | 0.0224 ** | 0.0224 ** |
| | （2.1908） | （2.0834） | （2.0932） | （2.2076） | （2.1049） | （2.1033） |
| *Cfo* | 0.0857 *** | 0.0885 *** | 0.0882 *** | 0.0530 *** | 0.0545 *** | 0.0546 *** |
| | （4.0282） | （4.1571） | （4.1414） | （3.0224） | （3.1069） | （3.1088） |

|  | (1) | (2) | (3) | (4) | (5) | (6) |
|---|---|---|---|---|---|---|
|  | *ShBank*1 | *ShBank*1 | *ShBank*1 | *ShBank*2 | *ShBank*2 | *ShBank*2 |
| *Dual* | −0.0000 | 0.0001 | 0.0001 | 0.0006 | 0.0008 | 0.0008 |
|  | (−0.0043) | (0.0220) | (0.0205) | (0.2086) | (0.2584) | (0.2630) |
| *Smr* | 0.0468*** | 0.0462*** | 0.0460*** | 0.0320*** | 0.0314*** | 0.0312** |
|  | (3.2142) | (3.1692) | (3.1578) | (2.6286) | (2.5850) | (2.5713) |
| *Board* | −0.0101 | −0.0104 | −0.0102 | −0.0083 | −0.0087 | −0.0086 |
|  | (−1.3231) | (−1.3632) | (−1.3430) | (−1.2872) | (−1.3506) | (−1.3294) |
| *Indi* | −0.0560** | −0.0585** | −0.0578** | −0.0594*** | −0.0622*** | −0.0620*** |
|  | (−2.1587) | (−2.2552) | (−2.2254) | (−2.7497) | (−2.8795) | (−2.8660) |
| *Analyst* | −0.0046* | −0.0053** | −0.0053** | −0.0047** | −0.0051** | −0.0052*** |
|  | (−1.9470) | (−2.2627) | (−2.2763) | (−2.3385) | (−2.5455) | (−2.5852) |
| *Peer_External_F* | −0.0691** | −0.0741** | −0.0739** | −0.0765*** | −0.0799*** | −0.0798*** |
|  | (−2.1980) | (−2.3584) | (−2.3533) | (−2.8383) | (−2.9677) | (−2.9628) |
| *Peer_Margin* | −0.0168 | −0.0173 | −0.0174 | −0.0163 | −0.0173 | −0.0174 |
|  | (−0.4147) | (−0.4258) | (−0.4298) | (−0.4758) | (−0.5036) | (−0.5071) |
| *Peer_State* | 0.0196 | 0.0200* | 0.0199 | 0.0115 | 0.0118 | 0.0118 |
|  | (1.6216) | (1.6559) | (1.6423) | (1.0942) | (1.1281) | (1.1256) |
| *Peer_Size* | 0.0058 | 0.0055 | 0.0055 | 0.0057 | 0.0056 | 0.0056 |
|  | (1.3953) | (1.3285) | (1.3347) | (1.6297) | (1.5897) | (1.5967) |
| *Peer_Lev* | 0.0471 | 0.0463 | 0.0464 | 0.0248 | 0.0243 | 0.0243 |
|  | (1.3328) | (1.3146) | (1.3162) | (0.8169) | (0.8002) | (0.7999) |
| *Peer_Growth* | −0.0016 | −0.0023 | −0.0022 | 0.0003 | −0.0003 | −0.0002 |
|  | (−0.4432) | (−0.6597) | (−0.6303) | (0.0835) | (−0.0892) | (−0.0792) |
| *Peer_ROA* | −0.1194 | −0.1116 | −0.1113 | −0.1550 | −0.1502 | −0.1489 |
|  | (−0.8803) | (−0.8219) | (−0.8216) | (−1.3168) | (−1.2745) | (−1.2644) |
| *Peer_Profit* | −0.0317 | −0.0302 | −0.0304 | −0.0269 | −0.0266 | −0.0268 |
|  | (−1.1142) | (−1.0617) | (−1.0690) | (−1.1131) | (−1.1001) | (−1.1113) |
| *Peer_Cfo* | 0.0669 | 0.0660 | 0.0662 | 0.0766 | 0.0753 | 0.0757 |
|  | (1.0692) | (1.0558) | (1.0595) | (1.4564) | (1.4351) | (1.4410) |

续表

| | （1） | （2） | （3） | （4） | （5） | （6） |
|---|---|---|---|---|---|---|
| | ShBank1 | ShBank1 | ShBank1 | ShBank2 | ShBank2 | ShBank2 |
| Peer_Dual | 0.0220 | 0.0211 | 0.0214 | 0.0181 | 0.0173 | 0.0175 |
| | （1.3925） | （1.3347） | （1.3497） | （1.3541） | （1.2920） | （1.3045） |
| Peer_Smr | −0.0031 | 0.0033 | 0.0021 | 0.0077 | 0.0132 | 0.0126 |
| | （−0.0531） | （0.0554） | （0.0360） | （0.1546） | （0.2636） | （0.2510） |
| Peer_Board | −0.0495 | −0.0520* | −0.0513* | −0.0389 | −0.0409 | −0.0405 |
| | （−1.6225） | （−1.7070） | （−1.6862） | （−1.4639） | （−1.5401） | （−1.5262） |
| Peer_Indi | −0.2577** | −0.2691*** | −0.2678*** | −0.2321*** | −0.2395*** | −0.2386*** |
| | （−2.5320） | （−2.6539） | （−2.6419） | （−2.6447） | （−2.7403） | （−2.7308） |
| Peer_Analyst | 0.0243*** | 0.0251*** | 0.0251*** | 0.0234*** | 0.0238*** | 0.0238*** |
| | （3.4395） | （3.5668） | （3.5553） | （3.8786） | （3.9609） | （3.9568） |
| _cons | 0.2707** | 0.2871*** | 0.2849*** | 0.2553*** | 0.2676*** | 0.2658*** |
| | （2.4941） | （2.6482） | （2.6285） | （2.7325） | （2.8670） | （2.8492） |
| Year | √ | √ | √ | √ | √ | √ |
| Industry | √ | √ | √ | √ | √ | √ |
| Region | √ | √ | √ | √ | √ | √ |
| F | 21.5897 | 21.7155 | 21.3663 | 17.9378 | 18.0225 | 17.7340 |
| Adj $R^2$ | 0.1667 | 0.1684 | 0.1684 | 0.1403 | 0.1421 | 0.1420 |
| N | 14745 | 14745 | 14745 | 14745 | 14745 | 14745 |

注：括号内t值采用robust修正，*、**、***分别代表在10%、5%和1%的水平上显著，结果均保留四位小数。

（5）排除宏观和外在因素的影响。虽然在模型（6.1）、模型（6.2）和模型（6.3）中已经控制了年份、行业和地区固定效应，但是为了进一步控制由于相似的行业、地区特征和宏观经济环境可能导致企业在影子银行化行为方面的一致性，参考王营和曹廷求（2020）、张军等（2021）的做法，控制了行业、地区和宏观经济因素：行业因素包括行业竞争程度（HHI）和行业营业利润率（Sic_Ptr）；地区因素包括地区金融发展水平（Af）和地区市场化程度（Market）；宏观经济因素包括经济增长（GDP）和货币供应（M2）。加入行业、地区和宏观因素控制变量的回归结果如表6-16所示。第（2）、第（5）列的回归结果显示，

*Peer_ShBank×IC* 回归系数在 1% 的水平上显著为正；第（1）、第（4）列的回归结果显示，在排除宏观和外在因素的影响后，*Peer_ShBank×DC* 的回归系数在 1% 的水平上仍然显著为正。进一步比较第（3）、第（6）列中 *Peer_ShBank×IC* 和 *Peer_ShBank×DC* 回归系数的大小可知，在排除宏观和外在因素的影响后，不改变对非金融企业影子银行化同群效应存在竞争机制的研究结论。

表 6-16　排除宏观和外在因素的影响

|  | （1） | （2） | （3） | （4） | （5） | （6） |
|---|---|---|---|---|---|---|
|  | *ShBank*1 | *ShBank*1 | *ShBank*1 | *ShBank*2 | *ShBank*2 | *ShBank*2 |
| *Peer_ShBank*1 | 0.0526 | 0.0335 | 0.0247 |  |  |  |
|  | (1.2638) | (0.8198) | (0.5929) |  |  |  |
| *Peer_ShBank*2 |  |  |  | 0.0168 | −0.0088 | −0.0164 |
|  |  |  |  | (0.3822) | (−0.2065) | (−0.3748) |
| *IC* |  | −0.0167*** | −0.0097* |  | −0.0162*** | −0.0129*** |
|  |  | (−4.4279) | (−1.6970) |  | (−5.1163) | (−2.6942) |
| *DC* | −0.0173*** |  | −0.0091 | −0.0145*** |  | −0.0042 |
|  | (−4.5935) |  | (−1.6018) | (−4.6623) |  | (−0.9008) |
| *Peer_ShBank*1×*IC* |  | 0.3167*** | 0.2481*** |  |  |  |
|  |  | (7.2864) | (3.8119) |  |  |  |
| *Peer_ShBank*1×*DC* | 0.2753*** |  | 0.0897 |  |  |  |
|  | (6.3294) |  | (1.3808) |  |  |  |
| *Peer_ShBank*2×*IC* |  |  |  |  | 0.3562*** | 0.3002*** |
|  |  |  |  |  | (7.4687) | (4.1926) |
| *Peer_ShBank*2×*DC* |  |  |  | 0.2991*** |  | 0.0734 |
|  |  |  |  | (6.3056) |  | (1.0345) |
| *External_F* | −0.0918*** | −0.0880*** | −0.0881*** | −0.0827*** | −0.0803*** | −0.0801*** |
|  | (−8.9213) | (−8.5194) | (−8.5223) | (−9.5039) | (−9.1804) | (−9.1601) |
| *Margin* | 0.1791*** | 0.1799*** | 0.1799*** | 0.1326*** | 0.1329*** | 0.1330*** |
|  | (10.6603) | (10.7384) | (10.7239) | (9.2704) | (9.3171) | (9.3145) |
| *State* | −0.0107*** | −0.0107*** | −0.0107*** | −0.0088*** | −0.0090*** | −0.0090*** |
|  | (−3.3605) | (−3.3785) | (−3.3783) | (−3.3050) | (−3.3611) | (−3.3606) |
| *Size* | −0.0011 | −0.0011 | −0.0011 | −0.0027** | −0.0026* | −0.0027* |
|  | (−0.6774) | (−0.6376) | (−0.6423) | (−1.9622) | (−1.9028) | (−1.9094) |

续表

| | （1） | （2） | （3） | （4） | （5） | （6） |
|---|---|---|---|---|---|---|
| | *ShBank*1 | *ShBank*1 | *ShBank*1 | *ShBank*2 | *ShBank*2 | *ShBank*2 |
| *Lev* | −0.1691 *** | −0.1690 *** | −0.1690 *** | −0.1236 *** | −0.1239 *** | −0.1239 *** |
| | （−16.4606） | （−16.4571） | （−16.4575） | （−14.5309） | （−14.5655） | （−14.5588） |
| *Growth* | 0.0011 | 0.0014 | 0.0014 | 0.0013 | 0.0015 | 0.0015 |
| | （0.6240） | （0.7630） | （0.7702） | （0.8893） | （0.9832） | （0.9934） |
| *ROA* | 0.1827 *** | 0.1684 *** | 0.1677 *** | 0.1023 ** | 0.0938 ** | 0.0927 ** |
| | （3.8878） | （3.5718） | （3.5608） | （2.5722） | （2.3439） | （2.3213） |
| *Profit* | 0.0378 *** | 0.0369 *** | 0.0371 *** | 0.0317 *** | 0.0308 *** | 0.0309 *** |
| | （3.0183） | （2.9581） | （2.9695） | （2.9537） | （2.8831） | （2.8795） |
| *Cfo* | 0.0872 *** | 0.0899 *** | 0.0895 *** | 0.0541 *** | 0.0555 *** | 0.0555 *** |
| | （4.1384） | （4.2667） | （4.2458） | （3.1055） | （3.1851） | （3.1821） |
| *Dual* | 0.0004 | 0.0005 | 0.0005 | 0.0010 | 0.0012 | 0.0012 |
| | （0.1000） | （0.1356） | （0.1294） | （0.3301） | （0.3899） | （0.3894） |
| *Smr* | 0.0453 *** | 0.0445 *** | 0.0444 *** | 0.0315 ** | 0.0309 ** | 0.0308 ** |
| | （3.0548） | （3.0052） | （3.0013） | （2.5465） | （2.4981） | （2.4919） |
| *Board* | −0.0094 | −0.0097 | −0.0096 | −0.0077 | −0.0081 | −0.0079 |
| | （−1.2077） | （−1.2480） | （−1.2303） | （−1.1711） | （−1.2329） | （−1.2133） |
| *Indi* | −0.0581 ** | −0.0605 ** | −0.0596 ** | −0.0623 *** | −0.0652 *** | −0.0647 *** |
| | （−2.1994） | （−2.2914） | （−2.2513） | （−2.8341） | （−2.9671） | （−2.9412） |
| *Analyst* | −0.0001 | −0.0006 | −0.0006 | −0.0004 | −0.0007 | −0.0007 |
| | （−0.0301） | （−0.2878） | （−0.2926） | （−0.2210） | （−0.3626） | （−0.3977） |
| *HHI* | −0.0027 | −0.0035 | −0.0032 | −0.0025 | −0.0032 | −0.0030 |
| | （−0.3299） | （−0.4241） | （−0.3904） | （−0.3596） | （−0.4463） | （−0.4230） |
| *Sic_Ptr* | −0.1270 *** | −0.1294 *** | −0.1292 *** | −0.1019 *** | −0.1039 *** | −0.1035 *** |
| | （−4.7505） | （−4.8469） | （−4.8354） | （−4.4222） | （−4.5120） | （−4.4896） |
| *Af* | 0.0519 | 0.0400 | 0.0404 | 0.1393 | 0.1314 | 0.1317 |
| | （0.3436） | （0.2652） | （0.2675） | （1.0797） | （1.0182） | （1.0210） |
| *Market* | 0.0040 | 0.0041 | 0.0041 | 0.0037 | 0.0038 | 0.0038 |
| | （1.3702） | （1.4037） | （1.4211） | （1.5042） | （1.5455） | （1.5494） |
| *M2* | −0.3265 ** | −0.3239 ** | −0.3244 ** | −0.2899 ** | −0.2834 ** | −0.2842 ** |
| | （−2.5188） | （−2.5037） | （−2.5069） | （−2.4979） | （−2.4461） | （−2.4521） |
| *GDP* | 0.0443 | 0.0358 | 0.0383 | 0.0462 | 0.0405 | 0.0416 |
| | （0.2755） | （0.2233） | （0.2386） | （0.3149） | （0.2769） | （0.2847） |
| *_cons* | 0.2360 *** | 0.2381 *** | 0.2376 *** | 0.2284 *** | 0.2299 *** | 0.2297 *** |
| | （3.6373） | （3.6749） | （3.6659） | （4.1811） | （4.2128） | （4.2082） |

续表

| | (1) | (2) | (3) | (4) | (5) | (6) |
|---|---|---|---|---|---|---|
| | *ShBank*1 | *ShBank*1 | *ShBank*1 | *ShBank*2 | *ShBank*2 | *ShBank*2 |
| *Year* | √ | √ | √ | √ | √ | √ |
| *Industry* | √ | √ | √ | √ | √ | √ |
| *Region* | √ | √ | √ | √ | √ | √ |
| *F* | 22.8354 | 22.9788 | 22.5753 | 19.0188 | 19.1094 | 18.7790 |
| *Adj R*$^2$ | 0.1654 | 0.1670 | 0.1670 | 0.1390 | 0.1406 | 0.1406 |
| *N* | 14344 | 14344 | 14344 | 14344 | 14344 | 14344 |

注：括号内 t 值采用 robust 修正，＊、＊＊、＊＊＊分别代表在10%、5%和1%的水平上显著，结果均保留四位小数。

（6）排除竞争性解释。由于共同分析师往往会跟踪特定行业的企业，为了避免同行业同群效应对本书结论的影响，本章在原有的检验模型中加入了同行业同群企业的影子银行化程度（*Peer_ShBank_ind*）作为控制变量；并且为了进一步排除由于同地区和共同董事的原因而导致的影子银行化同群效应的产生，还加入了同地区同群企业的影子银行化程度（*Peer_ShBank_reg*）和共同董事联结下的同群企业影子银行化程度（*Peer_ShBank_director*）重新进行回归。回归结果如表6-17所示。结果表明，在排除竞争性解释后，通过观察 *Peer_ShBank×IC* 和 *Peer_ShBank×DC* 回归系数的显著性，以及比较 *Peer_ShBank×IC* 和 *Peer_ShBank×DC* 回归系数的大小和显著性可知，不改变本章对非金融企业影子银行化同群效应存在竞争机制的研究结论。

表6-17　排除竞争性解释

| | (1) | (2) | (3) | (4) | (5) | (6) |
|---|---|---|---|---|---|---|
| | *ShBank*1 | *ShBank*1 | *ShBank*1 | *ShBank*2 | *ShBank*2 | *ShBank*2 |
| *Peer_ShBank*1 | 0.0178 | 0.0014 | −0.0105 | | | |
| | (0.3425) | (0.0268) | (−0.2019) | | | |
| *Peer_ShBank*2 | | | | −0.0071 | −0.0234 | −0.0361 |
| | | | | (−0.1298) | (−0.4383) | (−0.6619) |
| *IC* | | −0.0198＊＊＊ | −0.0161＊＊ | | −0.0166＊＊＊ | −0.0161＊＊ |
| | | (−4.0072) | (−2.1569) | | (−4.0074) | (−2.5364) |
| *DC* | −0.0172＊＊＊ | | −0.0044 | −0.0127＊＊＊ | | −0.0002 |
| | (−3.4981) | | (−0.5878) | (−3.1329) | | (−0.0364) |

续表

| | （1） | （2） | （3） | （4） | （5） | （6） |
|---|---|---|---|---|---|---|
| | ShBank1 | ShBank1 | ShBank1 | ShBank2 | ShBank2 | ShBank2 |
| Peer_ShBank1×IC | | 0.3302*** | 0.2509*** | | | |
| | | （6.3006） | （3.0892） | | | |
| Peer_ShBank1×DC | 0.2929*** | | 0.1040 | | | |
| | （5.5892） | | （1.2849） | | | |
| Peer_ShBank2×IC | | | | | 0.3457*** | 0.2677*** |
| | | | | | （6.0441） | （3.0013） |
| Peer_ShBank2×DC | | | | 0.3045*** | | 0.1028 |
| | | | | （5.3858） | | （1.1691） |
| Peer_ShBank1_reg | 0.1150 | 0.1183 | 0.1170 | | | |
| | （1.2964） | （1.3337） | （1.3199） | | | |
| Peer_ShBank1_ind | 0.0024 | −0.0028 | −0.0023 | | | |
| | （0.0292） | （−0.0349） | （−0.0288） | | | |
| Peer_ShBank1_director | 0.0433** | 0.0423** | 0.0421** | | | |
| | （2.3816） | （2.3253） | （2.3134） | | | |
| Peer_ShBank2_reg | | | | −0.0589 | −0.0628 | −0.0619 |
| | | | | （−0.6382） | （−0.6796） | （−0.6702） |
| Peer_ShBank2_ind | | | | −0.0680 | −0.0765 | −0.0754 |
| | | | | （−0.8228） | （−0.9268） | （−0.9119） |
| Peer_ShBank2_director | | | | 0.0495*** | 0.0493*** | 0.0489*** |
| | | | | （2.6821） | （2.6763） | （2.6476） |
| External_F | −0.0997*** | −0.0973*** | −0.0968*** | −0.0872*** | −0.0861*** | −0.0855*** |
| | （−7.8049） | （−7.5346） | （−7.5073） | （−7.9893） | （−7.8043） | （−7.7525） |
| Margin | 0.1746*** | 0.1741*** | 0.1747*** | 0.1269*** | 0.1261*** | 0.1268*** |
| | （8.4586） | （8.4557） | （8.4809） | （7.2116） | （7.1782） | （7.2184） |
| State | −0.0076* | −0.0076* | −0.0077* | −0.0069** | −0.0069** | −0.0070** |
| | （−1.8985） | （−1.8876） | （−1.9048） | （−2.0234） | （−2.0206） | （−2.0365） |
| Size | −0.0002 | −0.0000 | −0.0001 | −0.0014 | −0.0012 | −0.0013 |
| | （−0.1176） | （−0.0149） | （−0.0628） | （−0.7811） | （−0.6697） | （−0.7283） |
| Lev | −0.1941*** | −0.1952*** | −0.1946*** | −0.1440*** | −0.1452*** | −0.1446*** |
| | （−15.4240） | （−15.4570） | （−15.4252） | （−13.4452） | （−13.4910） | （−13.4549） |

续表

| | （1） | （2） | （3） | （4） | （5） | （6） |
|---|---|---|---|---|---|---|
| | ShBank1 | ShBank1 | ShBank1 | ShBank2 | ShBank2 | ShBank2 |
| Growth | 0.0032 | 0.0034 | 0.0034 | 0.0043** | 0.0044** | 0.0044** |
| | （1.3034） | （1.3856） | （1.3974） | （2.0776） | （2.1244） | （2.1366） |
| ROA | 0.1056* | 0.0967* | 0.0937 | 0.0273 | 0.0249 | 0.0213 |
| | （1.8095） | （1.6508） | （1.6021） | （0.5489） | （0.4969） | （0.4250） |
| Profit | 0.0059 | 0.0056 | 0.0054 | 0.0076 | 0.0073 | 0.0069 |
| | （0.3969） | （0.3800） | （0.3632） | （0.5982） | （0.5712） | （0.5412） |
| Cfo | 0.1234*** | 0.1239*** | 0.1244*** | 0.0702*** | 0.0693*** | 0.0702*** |
| | （4.5723） | （4.5840） | （4.6045） | （3.0691） | （3.0303） | （3.0689） |
| Dual | 0.0006 | 0.0009 | 0.0009 | −0.0002 | 0.0000 | 0.0001 |
| | （0.1268） | （0.1913） | （0.1950） | （−0.0661） | （0.0104） | （0.0239） |
| Smr | 0.0372** | 0.0371** | 0.0364** | 0.0276* | 0.0277* | 0.0270* |
| | （2.1246） | （2.1181） | （2.0814） | （1.8597） | （1.8619） | （1.8176） |
| Board | −0.0194** | −0.0203** | −0.0200** | −0.0138* | −0.0147* | −0.0144* |
| | （−1.9710） | （−2.0733） | （−2.0373） | （−1.6746） | （−1.7809） | （−1.7364） |
| Indi | −0.0814** | −0.0825** | −0.0829** | −0.0850*** | −0.0865*** | −0.0872*** |
| | （−2.4077） | （−2.4361） | （−2.4470） | （−3.0130） | （−3.0623） | （−3.0830） |
| Analyst | 0.0018 | 0.0016 | 0.0014 | 0.0006 | 0.0007 | 0.0004 |
| | （0.6325） | （0.5803） | （0.4904） | （0.2525） | （0.3085） | （0.1878） |
| _cons | 0.2442*** | 0.2452*** | 0.2465*** | 0.2387*** | 0.2406*** | 0.2416*** |
| | （4.8950） | （4.9132） | （4.9415） | （5.6154） | （5.6602） | （5.6843） |
| Year | √ | √ | √ | √ | √ | √ |
| Industry | √ | √ | √ | √ | √ | √ |
| Region | √ | √ | √ | √ | √ | √ |
| F | 17.3100 | 17.3560 | 17.0741 | 16.8922 | 16.5103 | 16.4869 |
| Adj $R^2$ | 0.1667 | 0.1677 | 0.1678 | 0.1412 | 0.1419 | 0.1421 |
| N | 9524 | 9524 | 9524 | 9524 | 9524 | 9524 |

注：括号内 t 值采用 robust 修正，*、**、***分别代表在 10%、5%和 1%的水平上显著，结果均保留四位小数。

（7）子样本回归。非金融企业的影子银行化行为可能会受到金融危机的影响。因此，为了排除在金融危机和股灾爆发后政府的一系列举措对非金融企业影子银行化行为的影响，本章删除了 2008 年、2009 年和 2015 年的样本数据，采用新的研究区间再进行回归，结果如表 6-18 所示。

表 6-18　剔除股灾时期的样本数据

|  | （1） | （2） | （3） | （4） | （5） | （6） |
|---|---|---|---|---|---|---|
|  | ShBank1 | ShBank1 | ShBank1 | ShBank2 | ShBank2 | ShBank2 |
| Peer_ShBank1 | 0.0322 | 0.0146 | 0.0063 |  |  |  |
|  | （0.7092） | （0.3273） | （0.1393） |  |  |  |
| Peer_ShBank2 |  |  |  | −0.0026 | −0.0289 | −0.0337 |
|  |  |  |  | （−0.0546） | （−0.6198） | （−0.7022） |
| IC |  | −0.0169*** | −0.0093 |  | −0.0157*** | −0.0130** |
|  |  | （−3.7359） | （−1.3287） |  | （−4.1855） | （−2.2712） |
| DC | −0.0177*** |  | −0.0097 | −0.0139*** |  | −0.0033 |
|  | （−3.9498） |  | （−1.3982） | （−3.7888） |  | （−0.5925） |
| Peer_ShBank1×IC |  | 0.3177*** | 0.2508*** |  |  |  |
|  |  | （6.4208） | （3.3544） |  |  |  |
| Peer_ShBank1×DC | 0.2736*** |  | 0.0867 |  |  |  |
|  | （5.5565） |  | （1.1672） |  |  |  |
| Peer_ShBank2×IC |  |  |  |  | 0.3427*** | 0.3063*** |
|  |  |  |  |  | （6.3683） | （3.8280） |
| Peer_ShBank2×DC |  |  |  | 0.2775*** |  | 0.0473 |
|  |  |  |  | （5.2136） |  | （0.5992） |
| External_F | −0.0979*** | −0.0936*** | −0.0937*** | −0.0879*** | −0.0850*** | −0.0849*** |
|  | （−8.5596） | （−8.1405） | （−8.1426） | （−9.0349） | （−8.6828） | （−8.6690） |
| Margin | 0.1805*** | 0.1814*** | 0.1813*** | 0.1292*** | 0.1294*** | 0.1295*** |
|  | （9.8615） | （9.9268） | （9.9188） | （8.2861） | （8.3165） | （8.3144） |
| State | −0.0127*** | −0.0128*** | −0.0128*** | −0.0103*** | −0.0105*** | −0.0104*** |
|  | （−3.6116） | （−3.6366） | （−3.6321） | （−3.4496） | （−3.5123） | （−3.5095） |
| Size | −0.0009 | −0.0008 | −0.0008 | −0.0027* | −0.0026* | −0.0026* |
|  | （−0.5178） | （−0.4528） | （−0.4599） | （−1.7512） | （−1.6715） | （−1.6775） |
| Lev | −0.1696*** | −0.1697*** | −0.1697*** | −0.1241*** | −0.1245*** | −0.1245*** |
|  | （−15.0008） | （−14.9910） | （−14.9938） | （−13.1596） | （−13.1866） | （−13.1828） |
| Growth | 0.0026 | 0.0030 | 0.0030 | 0.0024 | 0.0027 | 0.0027 |
|  | （1.1948） | （1.4021） | （1.3964） | （1.3474） | （1.5019） | （1.4985） |

续表

| | (1) | (2) | (3) | (4) | (5) | (6) |
|---|---|---|---|---|---|---|
| | ShBank1 | ShBank1 | ShBank1 | ShBank2 | ShBank2 | ShBank2 |
| ROA | 0.1486*** | 0.1314** | 0.1315** | 0.0687 | 0.0578 | 0.0575 |
| | (2.8281) | (2.4912) | (2.4943) | (1.5367) | (1.2855) | (1.2808) |
| Profit | 0.0350** | 0.0336** | 0.0339** | 0.0266** | 0.0254** | 0.0255** |
| | (2.5661) | (2.4682) | (2.4872) | (2.2640) | (2.1642) | (2.1696) |
| Cfo | 0.1038*** | 0.1074*** | 0.1069*** | 0.0669*** | 0.0689*** | 0.0688*** |
| | (4.2819) | (4.4272) | (4.4037) | (3.3374) | (3.4320) | (3.4259) |
| Dual | −0.0014 | −0.0013 | −0.0013 | −0.0004 | −0.0002 | −0.0002 |
| | (−0.3522) | (−0.3330) | (−0.3373) | (−0.1138) | (−0.0681) | (−0.0686) |
| Smr | 0.0363** | 0.0353** | 0.0352** | 0.0244* | 0.0236* | 0.0236* |
| | (2.3066) | (2.2450) | (2.2397) | (1.8458) | (1.7852) | (1.7816) |
| Board | −0.0121 | −0.0123 | −0.0121 | −0.0108 | −0.0112 | −0.0111 |
| | (−1.3682) | (−1.4002) | (−1.3768) | (−1.4421) | (−1.4929) | (−1.4766) |
| Indi | −0.0526* | −0.0558* | −0.0542* | −0.0583** | −0.0616** | −0.0611** |
| | (−1.7764) | (−1.8840) | (−1.8268) | (−2.3331) | (−2.4709) | (−2.4421) |
| Analyst | −0.0014 | −0.0021 | −0.0021 | −0.0009 | −0.0013 | −0.0013 |
| | (−0.5843) | (−0.8945) | (−0.8851) | (−0.4449) | (−0.6598) | (−0.6657) |
| _cons | 0.2326*** | 0.2332*** | 0.2331*** | 0.2380*** | 0.2396*** | 0.2395*** |
| | (5.1788) | (5.1988) | (5.1971) | (6.2732) | (6.3249) | (6.3227) |
| Year | √ | √ | √ | √ | √ | √ |
| Industry | √ | √ | √ | √ | √ | √ |
| Region | √ | √ | √ | √ | √ | √ |
| F | 19.4570 | 19.5895 | 19.2168 | 16.3761 | 16.4589 | 16.1550 |
| Adj $R^2$ | 0.1541 | 0.1558 | 0.1557 | 0.1282 | 0.1299 | 0.1297 |
| N | 12193 | 12193 | 12193 | 12193 | 12193 | 12193 |

注：括号内 t 值采用 robust 修正，*、**、***分别代表在 10%、5% 和 1% 的水平上显著，结果均保留四位小数。

除此以外，2018 年 4 月《资管新规》的发布可能会对非金融企业影子银行化活动有所影响，因此，本章删除了 2018 年之后的样本数据重新进行回归，结果如表 6-19 所示。通过观察表 6-18 和表 6-19 中第（1）、第（2）、第（4）、第（5）列 Peer_ShBank×IC 和 Peer_ShBank×DC 回归系数的显著性，以及比较第

（3）、第（6）列中 *Peer_ShBank×IC* 和 *Peer_ShBank×DC* 回归系数大小和显著性可知，子样本回归后同样不改变本章的基本研究结论。

表 6-19　剔除《资管新规》实施后的样本

|  | （1） | （2） | （3） | （4） | （5） | （6） |
|---|---|---|---|---|---|---|
|  | *ShBank*1 | *ShBank*1 | *ShBank*1 | *ShBank*2 | *ShBank*2 | *ShBank*2 |
| *Peer_ShBank*1 | 0.1026 ** | 0.0829 * | 0.0728 |  |  |  |
|  | (2.1550) | (1.7693) | (1.5278) |  |  |  |
| *Peer_ShBank*2 |  |  |  | 0.0772 | 0.0503 | 0.0417 |
|  |  |  |  | (1.5305) | (1.0238) | (0.8300) |
| *IC* |  | -0.0196 *** | -0.0140 ** |  | -0.0175 *** | -0.0148 *** |
|  |  | (-5.1988) | (-2.5004) |  | (-5.7425) | (-3.2744) |
| *DC* | -0.0183 *** |  | -0.0071 | -0.0150 *** |  | -0.0034 |
|  | (-4.8305) |  | (-1.2622) | (-4.9611) |  | (-0.7625) |
| *Peer_ShBank*1×*IC* |  | 0.3168 *** | 0.2407 *** |  |  |  |
|  |  | (6.7152) | (3.4955) |  |  |  |
| *Peer_ShBank*1×*DC* | 0.2803 *** |  | 0.1003 |  |  |  |
|  | (5.8979) |  | (1.4475) |  |  |  |
| *Peer_ShBank*2×*IC* |  |  |  |  | 0.3624 *** | 0.2984 *** |
|  |  |  |  |  | (6.9145) | (3.8666) |
| *Peer_ShBank*2×*DC* |  |  |  | 0.3086 *** |  | 0.0845 |
|  |  |  |  | (5.8745) |  | (1.0965) |
| *External_F* | -0.0668 *** | -0.0642 *** | -0.0641 *** | -0.0637 *** | -0.0618 *** | -0.0616 *** |
|  | (-5.8694) | (-5.6295) | (-5.6157) | (-6.8909) | (-6.6744) | (-6.6454) |
| *Margin* | 0.1985 *** | 0.1981 *** | 0.1983 *** | 0.1478 *** | 0.1472 *** | 0.1474 *** |
|  | (10.5916) | (10.5721) | (10.5831) | (9.7783) | (9.7407) | (9.7557) |
| *State* | -0.0092 *** | -0.0093 *** | -0.0093 *** | -0.0080 *** | -0.0081 *** | -0.0081 *** |
|  | (-2.6506) | (-2.6789) | (-2.6826) | (-2.8230) | (-2.8536) | (-2.8641) |
| *Size* | 0.0042 ** | 0.0043 ** | 0.0042 ** | 0.0016 | 0.0017 | 0.0017 |
|  | (2.3482) | (2.4087) | (2.3940) | (1.1536) | (1.2228) | (1.2107) |
| *Lev* | -0.1593 *** | -0.1595 *** | -0.1594 *** | -0.1098 *** | -0.1102 *** | -0.1101 *** |
|  | (-14.3596) | (-14.3688) | (-14.3526) | (-12.6037) | (-12.6259) | (-12.6102) |
| *Growth* | 0.0015 | 0.0017 | 0.0018 | 0.0012 | 0.0013 | 0.0014 |
|  | (0.7831) | (0.8821) | (0.9056) | (0.7583) | (0.8494) | (0.8724) |
| *ROA* | 0.2206 *** | 0.2084 *** | 0.2065 *** | 0.1408 *** | 0.1320 *** | 0.1304 *** |
|  | (4.1653) | (3.9169) | (3.8856) | (3.3212) | (3.0891) | (3.0571) |

续表

| | （1） | （2） | （3） | （4） | （5） | （6） |
|---|---|---|---|---|---|---|
| | *ShBank*1 | *ShBank*1 | *ShBank*1 | *ShBank*2 | *ShBank*2 | *ShBank*2 |
| *Profit* | 0.0160 | 0.0158 | 0.0158 | 0.0166 | 0.0163 | 0.0162 |
| | （1.2027） | （1.1869） | （1.1831） | （1.5008） | （1.4728） | （1.4625） |
| *Cfo* | 0.0861*** | 0.0883*** | 0.0880*** | 0.0581*** | 0.0591*** | 0.0592*** |
| | （3.8870） | （3.9807） | （3.9670） | （3.3236） | （3.3782） | （3.3787） |
| *Dual* | 0.0030 | 0.0033 | 0.0032 | 0.0040 | 0.0042 | 0.0042 |
| | （0.7485） | （0.8014） | （0.7981） | （1.2226） | （1.2925） | （1.2923） |
| *Smr* | 0.0296* | 0.0295* | 0.0292* | 0.0193 | 0.0193 | 0.0190 |
| | （1.8407） | （1.8331） | （1.8159） | （1.5041） | （1.5038） | （1.4872） |
| *Board* | −0.0105 | −0.0110 | −0.0108 | −0.0092 | −0.0097 | −0.0096 |
| | （−1.2666） | （−1.3284） | （−1.3054） | （−1.3823） | （−1.4618） | （−1.4374） |
| *Indi* | −0.0721** | −0.0749*** | −0.0744*** | −0.0715*** | −0.0744*** | −0.0741*** |
| | （−2.5720） | （−2.6733） | （−2.6545） | （−3.2406） | （−3.3804） | （−3.3673） |
| *Analyst* | 0.0001 | 0.0001 | −0.0001 | −0.0009 | −0.0007 | −0.0009 |
| | （0.0433） | （0.0448） | （−0.0257） | （−0.4411） | （−0.3812） | （−0.4577） |
| _cons | 0.0864** | 0.0885** | 0.0886** | 0.1115*** | 0.1140*** | 0.1138*** |
| | （2.0968） | （2.1492） | （2.1496） | （3.4086） | （3.4893） | （3.4813） |
| Year | √ | √ | √ | √ | √ | √ |
| Industry | √ | √ | √ | √ | √ | √ |
| Region | √ | √ | √ | √ | √ | √ |
| F | 18.8052 | 18.8974 | 18.5398 | 15.5167 | 15.5787 | 15.2832 |
| Adj $R^2$ | 0.1785 | 0.1798 | 0.1799 | 0.1528 | 0.1545 | 0.1545 |
| N | 10866 | 10866 | 10866 | 10866 | 10866 | 10866 |

注：括号内 t 值采用 robust 修正，*、**、***分别代表在 10%、5% 和 1%的水平上显著，结果均保留四位小数。

# 6.5　本章小结

本章基于影子银行化同群效应来源于非金融企业为了维持竞争均势以及共同分析师跟踪会给企业带来业绩压力的事实，实证检验了非金融企业影子银行化同群效应的竞争机制。本章的研究内容主要分为三个部分：第一部分检验了共同分析师联结的竞争机制和行业层面的竞争机制均为非金融企业影子银行化同群效应的作用机制；第二部分检验了非金融企业在这两种竞争机制上的倾向性；第三部分对共同分析师跟踪期限、产权性质和产品市场竞争激烈程度差异下影子银行化同群效应竞争机制的再次检验，并且对信息机制和竞争机制的倾向性进行了考察。通过以上实证分析，本章得到了如下研究结论：

第一，维持竞争均势是非金融企业影子银行化同群效应的作用机制之一。其中包括了共同分析师联结和行业层面两个方面的竞争机制，具体表现为在所有同群企业中的绩效排名越靠前、在同行业同群企业中的绩效排名越靠前，非金融企业影子银行化同群效应越大。第二，通过对两种竞争机制进行倾向性检验后发现，当共同分析师联结的竞争机制和行业层面的竞争机制同时存在时，由共同分析师联结的竞争机制在影子银行化同群效应的形成中起着主导作用。第三，当被短期共同分析师跟踪、焦点企业为非国有企业时，共同分析师联结的竞争机制更能发挥作用。第四，当产品市场竞争激烈程度较低时，行业层面直接竞争机制更能发挥作用。第五，从共同分析师联结的信息机制与竞争机制的倾向性检验结果来看，为了维持共同分析师业绩评价的竞争优势而模仿同群企业开展影子银行化活动是形成影子银行化同群效应的主要作用机制。

本章的实践意义在于：非金融企业为了维持共同分析师业绩评价和行业竞争地位而模仿同群企业影子银行化的这一结论，不仅为共同分析师联结下企业同群效应的内在作用机制提供了新的思路，也为剖析共同分析师跟踪期限、产权性质和产品市场竞争激烈程度对影子银行化同群效应的影响提供了新的解释。在实践中应该充分认识到，除了同行业企业之间为了维持产品市场竞争均势而形成的影子银行化同群效应以外，跟踪企业还会为了维持共同分析师业绩评价而模仿同群企业的影子银行化行为。

# 第7章　非金融企业影子银行化
# 同群效应的经济后果分析

本章主要检验了非金融企业影子银行化同群效应的经济后果。首先,根据对经济后果的研究假设进行研究设计,包括样本的选择与数据来源、变量的定义与模型设计。其次,实证检验了非金融企业影子银行化同群效应对企业绩效和企业风险的影响。再次,进一步考察了影子银行化同群效应是否具有放大作用,并检验了外部监督和内部治理对影子银行化同群效应负面经济后果的调节作用。最后,为了保证结论的稳健性,通过替换经济后果的衡量方式、改变影子银行化度量方式、改变同群效应的计算方法和控制情景效应的影响等方法进行了稳健性检验。

## 7.1　引言

在前文检验非金融企业影子银行化同群效应的存在性和内在作用机制的基础上,为了更清楚地认识和把握非金融企业影子银行化同群效应这一现象,本章将根据影子银行的特征和同群效应的作用机制,进一步探讨影子银行化同群效应的经济后果。将此部分作为全书实证研究的落脚点,补上了对非金融企业影子银行化同群效应研究的重要一环,也为后文提出更具针对性的对策建议提供了经验证据。

企业是资本市场和实体经济的双重参与者,非金融上市公司将资金投向影子银行业务必然会影响实体经营和资本市场。一方面,非金融企业影子银行化发挥着传统金融机构信用创造、流动性转换和期限转换等功能,若得到良好的运用,则能够帮助实体经济融通资金,有助于反哺主业并提高企业绩效。另一方面,影子银行体系所具备的高杠杆、信息不对称以及法律主体不明确等特点,也同样伴随着潜在的高风险,若通过影子银行滋生企业部门的过度放贷行为,则会加剧实体部门和金融市场的风险联动性,所带来的负面后果是难以想象的。与此同时,由于企业之间的相互模仿而形成的影子银行化同群效应可能会放大这种风险，因此，我们更应该对影子银行化同群效应的经济后果引起足够的重视。基于此，本书在充分认识非金融企业开展影子银行化活动具有"两面性"的基础上，结合非金融企业影子银行化同群效应的内在作用机制，进一步分析影子银行化同群效应对企业绩效和风险会造成什么样的经济影响。

　　因此，本章以 2007~2020 年中国沪深两市 A 股的非金融企业为研究对象，基于非金融企业影子银行化同群效应的存在性和作用机制，以期通过以下四个方面检验非金融企业影子银行化同群效应的经济后果：①影子银行化同群效应对非金融企业当期、短期和长期绩效是否会产生影响？会产生什么样的影响？②影子银行化同群效应对非金融企业当期、短期和长期财务风险和股价崩盘风险是否会产生影响？会产生什么样的影响？③非金融企业影子银行化同群效应是否有放大负面经济后果的作用？④外部监督和内部治理能否缓解影子银行化同群效应的负面影响？

# 7.2　研究设计

## 7.2.1　样本选择与数据来源

　　为了保证数据的一致性，本章选择 2007 年实施新会计准则之后的样本，以 2007~2020 年中国沪深两市的全部 A 股上市公司为初始研究样本。本章所用到的企业绩效、财务风险和股价崩盘的原始数据以及每个被解释变量所对应的控制变量均来源于国泰安数据库，无法直接获取的数据均通过 Stata 软件计算而来。经过处理后，本章共保留了 16686 个样本数据，其他数据的处理与前文一致，主要来自于国泰安数据库、深圳证券交易所、上海证券交易所、巨潮网和笔者手工计算；行业、地区和宏观层面的数据来源于国家统计局、中国人民银行和中国货币网，确保了数据的完整性和可靠性。

## 7.2.2　变量定义与模型设计

### 7.2.2.1　变量定义

（1）被解释变量：企业绩效、企业风险股票崩盘风险。

1）企业绩效。参考大部分文献的做法，本章使用总资产收益率（ROA）作为企业绩效的衡量变量。在稳健性检验中使用每股收益（*Return*）作为企业绩效的替代性变量。除此以外，非金融企业的总资产收益率中既包含了主业创造的利润，也包含了非主业创造的利润，为了进一步探究非金融企业影子银行化同群效应的利润归属，借鉴司登奎等（2021）的做法，将企业的总资产收益率分解成主营业务利润率（*main_roa*）和非主营业务利润率（*nomain_roa*）。

2）财务风险。目前有多种方法对企业财务风险进行度量，如股票收益波动性、β指数、财务杠杆、Z指数等。由于Altman（1968）提出的Z指数在保留指数综合性的同时，更符合新兴资本市场环境下上市公司的财务状况，因此在研究中国的上市公司时得到了广泛的应用（翟胜宝等，2014；李建军和韩珣，2019）。本章同样采用Z指数作为对企业财务风险的度量，Z指数的具体计算方法为：$Z-Score = 1.2 \times$营运资金/资产总计$+1.4 \times$留存收益/资产总计$+3.3 \times$息税前利润/资产总计$+0.6 \times$股票总市值/负债合计$+0.999 \times$销售收入/资产总计。Z指数用来衡量企业陷入财务危机的可能性，该指数越小，表示企业财务风险越大。为了便于解释，本章将Z指数与$-1$相乘，得到企业财务风险指标*F_risk*，该指标越大，表示企业的财务风险越大。除此以外，借鉴Tykvová和Borell（2012）、黄贤环等（2018）的研究，在稳健性检验中使用Altman（2002）提出的修正的Z指数。修正的Z指数的具体计算方法为：$Z-Score =$（$0.717 \times$营运资金/资产总计$+0.847 \times$留存收益/资产总计$+3.107 \times$息税前利润/资产总计$+0.42 \times$股票总市值/负债合计$+0.998 \times$营业收入/资产总计。同样为了便于解释，本书将Z指数与$-1$相乘，得到企业财务风险指标*F_risk*，该指标越大，表示企业的财务风险越大。

3）股价崩盘风险。参照已有研究，本章主要基于股票周收益率的指标来衡量企业的股价崩盘风险（彭俞超等，2018；易志高等，2019；司登奎等，2021）。具体的计算步骤为：

首先，通过估计以下模型计算股票的特质收益率：

$$r_{i,j} = \beta_0 + \beta_1 r_{m,j-2} + \beta_2 r_{m,j-1} + \beta_3 r_{m,j} + \beta_4 r_{m,j+1} + \beta_5 r_{m,j+2} + \varepsilon_{i,t} \tag{7.1}$$

其中，$r_{i,j}$表示股票$i$在$j$周的收益率，$r_{m,t}$表示第$t$天的流通市值加权平均市场收益率，通过对上述模型的回归后得到残差，计算股票$i$在第$j$周的特质收益率$w_{i,j} = \ln(1+\varepsilon_{i,j})$。

其次，基于股票的特质收益率构建负收益偏态系数（*Ncskew*）和收益上下波动比率（*Duvol*）：

$$Ncskew_{i,t} = - \frac{n(n-1)^{3/2} \sum w_{i,j}^3}{(n-1)(n-2)(\sum w_{i,j}^2)^{3/2}} \tag{7.2}$$

$$Duvol_{i,\,t} = \ln\left[\frac{n_u - 1}{n_d - 1}\frac{\sum_{Down} w_{i,j}^2}{\sum_{Up} w_{i,j}^2}\right] \tag{7.3}$$

其中，$n$ 为股票 $i$ 在当年交易的周数，$n_u$、$n_d$ 分别表示一年中股票特质收益率大于、小于年平均收益率的周数。式（7.2）与式（7.3）中的 $Ncskew_{i,j}$ 和 $Duvol_{i,j}$ 均为正向指标，即 $Ncskew_{i,j}$ 和 $Duvol_{i,j}$ 越大，企业的股价崩盘风险越高。

（2）解释变量：非金融企业影子银行化的同群效应。根据研究的核心思想，本章想要探究的是，非金融企业受到同群企业的影响而增加或降低影子银行化程度的那部分会对企业的绩效和风险造成什么样的影响。基于此，与大部分文献的做法一致，用焦点企业实际的影子银行化程度 $ShBank$ 减去同群企业的加权平均影子银行化程度 $Peer\_ShBank$ 的绝对值来衡量焦点企业与同群企业影子银行化的趋同程度，该绝对值越小，表示影子银行化的同群效应越大（易志高等，2019；王营和曹廷求，2020）。为了便于解释，本章对该绝对值取负号，分别得到非金融企业广义影子银行化的同群效应 $Peer1$ 以及非金融企业狭义影子银行化的同群效应 $Peer2$，$Peer1$ 和 $Peer2$ 越大，表示影子银行化同群效应越大。

（3）控制变量。根据被解释变量的不同，所选控制变量也存在差异。本章根据已有对企业绩效、企业财务风险和股价崩盘风险的研究，分别进行了控制变量的选取。当被解释变量为企业绩效时，选取了公司特征变量包括产权性质（$State$）、企业规模（$Size$）、负债情况（$Lev$）、成长性（$Growth$）、盈利能力（$Profi$）、现金水平（$Cfo$）、两职合一（$Dual$）、高管持股比例（$Smr$）、董事会规模（$Board$）和独立董事比例（$Indi$）作为控制变量。当被解释变量为企业财务风险的时候，选取了外部融资能力（$External\_F$）、金融收益与实体收益率之差（$Margin$）、产权性质（$State$）、企业规模（$Size$）、资产收益率（$ROA$）、负债情况（$Lev$）、成长性（$Growth$）、盈利能力（$Profi$）、现金水平（$Cfo$）、两职合一（$Dual$）、高管持股比例（$Smr$）、董事会规模（$Board$）、独立董事比例（$Indi$）和分析师关注程度（$Analyst$）作为控制变量。当解释变量为股价崩盘风险时，选取了产权性质（$State$）、企业规模（$Size$）、资产收益率（$ROA$）、负债情况（$Lev$）、成长性（$Growth$）、盈利能力（$Profi$）、现金水平（$Cfo$）、第一大股东持股比例（$Top1$）、企业年龄（$Age$）、换手率（$Turnover$）、信息质量（$Accm$）、市值账面比（$MB$）、股票回报率（$Ret$）和股票波动率（$Sigma$）作为控制变量。同时，还加入了年份、行业和地区的固定效应。本章主要变量的名称与定义如表7-1所示。

表7-1 变量的名称与定义

| | 变量名称 | | 符号 | 变量的定义 |
|---|---|---|---|---|
| 被解释变量 | 企业绩效 | 总利润率 | ROA | 净利润/资产总额 |
| | | 主营业务利润率 | main_roa | 主营业务利润/资产总额 |
| | | 非主营业务利润率 | nomain_roa | 非主营业务利润/资产总额 |
| | 企业风险 | 财务风险 | F_risk | Z 指数的负值，具体构造步骤见正文 |
| | | 股价崩盘风险 | Ncskew | 负收益偏态系数，具体构造步骤见正文 |
| 解释变量 | 广义影子银行化同群效应 | | Peer1 | $-\mid ShBank1-Peer\_ShBank1\mid$ |
| | 狭义影子银行化同群效应 | | Peer2 | $-\mid ShBank2-Peer\_ShBank2\mid$ |
| 控制变量 | 外部融资能力 | | External_F | （股权融资+债权融资）/总资产，详细测算过程见正文 |
| | 金融收益与实体收益率之差 | | Margin | 金融收益率-实体收益率，详细测算过程见正文 |
| | 产权性质 | | State | 国有企业记为1，否则记为0 |
| | 企业规模 | | Size | 资产总额的自然对数 |
| | 负债情况 | | Lev | 负债总额/资产总额 |
| | 成长性 | | Growth | 以托宾 Q 值作为衡量指标 |
| | 资产收益率 | | ROA | 净利润/资产总额 |
| | 盈利能力 | | Profi | 以营业毛利率作为衡量指标 |
| | 现金水平 | | Cfo | 经营活动的现金流净额/总资产 |
| | 两职合一 | | Dual | 董事长兼任总经理记为1，否则记为0 |
| | 高管持股比例 | | Smr | 高管持股占总股数的比例 |
| | 董事会规模 | | Board | 董事会人数的自然对数 |
| | 独立董事比例 | | Indi | 独立董事人数/董事会人数 |
| | 分析师关注程度 | | Analyst | 被分析师跟踪的数量加1取自然对数 |
| | 第一大股东持股比例 | | Top1 | 第一大股东持股比例数/总股数 |
| | 企业年龄 | | Age | 企业成立年龄的对数 |
| | 换手率 | | Turnover | 股票日换手率的年平均值 |
| | 信息质量 | | Accm | 过去3年可操控性应计利润绝对值的平均值 |
| | 市值账面比 | | MB | 期末流通市值与期末股东权益价值之比 |
| | 股票回报率 | | Ret | 周股票特有收益率的平均值 |
| | 股票波动率 | | Sigma | 周股票特有收益率的标准差 |
| | 年度 | | Year | 虚拟变量，控制年度固定效应 |
| | 行业 | | Industry | 虚拟变量，控制行业固定效应 |
| | 地区 | | Region | 虚拟变量，控制地区固定效应 |

### 7.2.2.2　模型设计

为了检验 H4-1，本章构建了如下模型来考察非金融企业影子银行化同群效应对企业绩效的影响：

$$Performance_{i,\ t/t+1/t+2} = \alpha_0 + \alpha_1 Peer_{i,\ j,\ t} + \alpha_2 CV_{i,\ t} + \sum Year +$$
$$\sum Industry + \sum Region + \varepsilon_{i,\ t} \qquad (7.4)$$

其中，$Performance$ 表示企业的绩效，主要指的是企业总资产收益率（$ROA$）。除此以外，为了进一步探究非金融企业影子银行化同群效应的利润归属，本书借鉴司登奎等（2021）的做法，还检验了企业的主营业务利润率（$main\_roa$）和非主营业务利润率（$nomain\_roa$）。$CV$ 表示影响企业绩效的控制变量，具体定义见前文。在本书中，将影子银行化同群效应对企业 $t$ 期的经济后果称为"当期"、对企业 $t+1$ 期的经济后果称为"短期"，对企业 $t+2$ 期的经济后果称为"长期"。检验 H4-1 时主要关注的是 $\alpha_1$ 的显著性和正负号，若其显著为负，则 H4-1 成立。

为了检验 H4-2，本章通过构建如下模型来考察非金融企业影子银行化同群效应对企业财务风险的影响：

$$F\_risk_{i,\ t/t+1/t+2} = \beta_0 + \beta_1 Peer_{i,\ j,\ t} + \beta_2 CV_{i,\ t} + \sum Year +$$
$$\sum Industry + \sum Region + \varepsilon_{i,\ t} \qquad (7.5)$$

其中，$F\_risk_{i,t/t+1/t+2}$ 表示企业当期、短期和长期的财务风险，$CV$ 表示影响企业财务风险的控制变量，具体定义见前文。检验 H4-2 时主要关注的是 $\beta_1$ 的显著性和正负号，若其显著为正，则 H4-2 成立。

为了检验 H4-3，本章构建了如下模型来考察非金融企业影子银行化同群效应对股价崩盘风险的影响：

$$Ncskew_{i,\ t/t+1/t+2} = \lambda_0 + \lambda_1 Peer_{i,\ j,\ t} + \lambda_2 CV_{i,\ t} + \sum Year +$$
$$\sum Industry + \sum Region + \varepsilon_{i,\ t} \qquad (7.6)$$

其中，$Ncskew_{i,t/t+1/t+2}$ 表示企业当期、短期和长期的股价崩盘风险，$CV$ 表示影响股价崩盘风险的控制变量，具体定义见前文。检验 H4-3 时主要关注的是 $\lambda_1$ 的显著性和正负号，若其显著为正，则 H4-3 成立。

# 7.3 实证结果与分析

## 7.3.1 描述性统计

本章分别对企业绩效和风险进行了经济后果的检验，但由于存在不同的被解释变量，在样本量和控制变量的选择上也有所不同，为了更好地比较和说明，本章将样本量进行了统一，再分别对检验企业绩效和风险的变量进行了描述性统计分析，结果如表 7-2 所示。

表 7-2　主要变量的描述性统计

| variable | n | mean | sd | min | p50 | max |
|---|---|---|---|---|---|---|
| ROA | 16686 | 0.0528 | 0.0478 | −0.1134 | 0.0473 | 0.2049 |
| main_roa | 16686 | 0.1669 | 0.1041 | 0.0137 | 0.1420 | 0.5470 |
| momain_roa | 16686 | −0.1149 | 0.0843 | −0.4618 | −0.0925 | 0.0029 |
| F_risk | 16686 | −1.4370 | 0.6685 | −3.3893 | −1.3927 | 0.0539 |
| Ncskew | 16686 | −0.2659 | 0.6542 | −2.2107 | −0.2257 | 1.3711 |
| Peer1 | 16686 | −0.0978 | 0.1252 | −0.6826 | −0.0583 | −0.0006 |
| Peer2 | 16686 | −0.0792 | 0.1062 | −0.6079 | −0.0463 | −0.0005 |
| External_F | 16686 | 0.5049 | 0.1653 | 0.1198 | 0.5105 | 0.8817 |
| Margin | 16686 | −0.0614 | 0.1191 | −0.4689 | −0.0544 | 0.3816 |
| State | 16686 | 0.3990 | 0.4897 | 0.0000 | 0.0000 | 1.0000 |
| Size | 16686 | 22.4101 | 1.3203 | 20.0980 | 22.2354 | 26.3978 |
| Lev | 16686 | 0.4292 | 0.2001 | 0.0510 | 0.4271 | 0.8532 |
| Growth | 16686 | 2.0027 | 1.1830 | 0.8702 | 1.6135 | 7.4898 |
| ROA | 16686 | 0.0528 | 0.0478 | −0.1134 | 0.0473 | 0.2049 |
| Profit | 16686 | 0.3041 | 0.1720 | 0.0244 | 0.2730 | 0.8297 |
| Cfo | 16686 | 0.0545 | 0.0706 | −0.1457 | 0.0531 | 0.2512 |
| Dual | 16686 | 0.2531 | 0.4348 | 0.0000 | 0.0000 | 1.0000 |
| Smr | 16686 | 0.0708 | 0.1367 | 0.0000 | 0.0012 | 0.6021 |
| Board | 16686 | 2.1618 | 0.1969 | 1.6094 | 2.1972 | 2.7081 |

续表

| variable | n | mean | sd | min | p50 | max |
|---|---|---|---|---|---|---|
| *Indi* | 16686 | 0.3721 | 0.0529 | 0.3125 | 0.3333 | 0.5714 |
| *Analyst* | 16686 | 2.4722 | 0.7999 | 1.0986 | 2.4849 | 4.0775 |
| *Top*1 | 16686 | 0.3620 | 0.1498 | 0.0979 | 0.3457 | 0.7542 |
| *Age* | 16686 | 2.0464 | 0.8282 | 0.0000 | 2.1972 | 3.2581 |
| *Turnover* | 16686 | 2.6821 | 2.1981 | 0.2184 | 2.0244 | 11.4951 |
| *Accm* | 16686 | 0.0510 | 0.0563 | 0.0000 | 0.0406 | 0.3051 |
| *MB* | 16686 | 2.1126 | 1.8493 | 0.1640 | 1.5786 | 10.1277 |
| *Ret* | 16686 | 0.0039 | 0.0117 | −0.0289 | 0.0023 | 0.0650 |
| *Sigma* | 16686 | 0.0651 | 0.0267 | 0.0193 | 0.0595 | 0.2263 |

首先，本章对检验企业绩效的变量进行了描述性统计。衡量企业绩效的三个被解释变量分别为 *ROA*、*main_roa* 和 *nomain_roa*，其中 *ROA* 的均值为 5.28%，最小值为−11.34%，最大值为 20.49%，说明不同企业之间总资产收益率的差别较大。主营业务利润率的均值为 16.69%，非主营业务利润率的均值为−11.49%，说明样本企业中主营业务能够为企业带来正的利润，而非主营业务会削弱企业的利润。进一步比较主营业务利润率和非主营业务利润率的极值可以发现，主营业务利润率的最小值为 1.37%，最大值为 54.70%；非主营业务利润率的最小值为−46.18%，最大值为 0.29%，表明对于非金融企业而言，主营业务才能够为企业带来正向的利润，而非主营业务虽然能够给部分企业带来正向利润，但非主营业务利润给企业带来的负向利润更大。从描述性统计的结果也可以得知，国家一直倡导的实体企业回归主业才是保证其健康发展的必经之路。

其次，对检验企业风险的变量进行了描述性统计。被解释变量 *F_risk* 的均值为−1.4370，最小值为−3.3893，最大值为 0.0539，表明不同企业的财务风险存在较大的差距。这与现有的研究基本一致（黄贤环等，2018）。被解释变量 *Ncskew* 的均值约为−0.2659，表明样本企业整体的股价崩盘风险较小，最小值为−2.2107，最大值为 1.3711，同样表明不同企业的股价崩盘风险存在较大的差距，对股价崩盘风险的描述性统计结论与现有文献一致（彭俞超等，2018；司登奎等，2021），样本的选择具有稳健性。

最后，从两个主要解释变量来看，*Peer*1 和 *Peer*2 的均值分别约为−0.0978 和−0.0792，最小值分别为−0.6826 和−0.6079，最大值分别为−0.0006 和−0.0005，两个变量的均值、最小值与最大值相差不大，表明对影子银行化同群效应的衡量较为可靠。观察其他影响企业绩效的公司特征变量和治理变量的描述性统计结果，与现有文献基本一致。

### 7.3.2 影子银行化同群效应对企业绩效影响的回归结果

表7-3显示了非金融企业影子银行化同群效应对企业总资产收益率的影响，其中第（1）至第（3）列的主要解释变量为广义的影子银行化同群效应 Peer1，第（4）至第（6）列的主要解释变量为狭义的影子银行化同群效应 Peer2。为了检验经济后果的持续性，第（1）、第（4）列的被解释变量为 t 期（当期）企业的总资产收益率，第（2）、第（5）列的被解释变量为 t+1 期（短期）企业的总资产收益率，第（3）、第（6）列的被解释变量为 t+2 期（长期）企业的总资产收益率。回归结果显示，Peer1 和 Peer2 的回归系数均在1%的水平上显著为负，说明非金融企业的影子银行化同群效应对企业当期、短期和长期的总资产收益率均有显著的抑制作用。从经济意义上来看，第（1）列中核心解释变量 Peer1 的系数为−0.0111，这表明非金融企业广义的影子银行化同群效应每增加1个标准差（0.1252），使非金融企业当期总资产收益率的下降幅度相当于样本标准差的2.91%（=−0.0111×0.1252/0.0478）。根据上述方法，本章通过第（2）、第（3）列计算得到，非金融企业广义的影子银行化同群效应每增加1个标准差，使非金融企业短期总资产收益率的下降幅度相当于样本标准差的4.32%，使非金融企业长期总资产收益率的下降幅度相当于样本标准差的4.69%。即说明了影子银行化同群效应对企业总资产收益率的抑制作用会随着时间的推移而逐渐增加；观察第（4）至第（6）列 Peer2 的经济意义系数分别为−2.40%、−3.80%和−4.15%，也能够得到相同的结论，进而证实了H4-1。

表7-3 影子银行化同群效应对企业总资产收益率的影响

|  | (1) | (2) | (3) | (4) | (5) | (6) |
|---|---|---|---|---|---|---|
|  | *ROA* | $ROA_{t+1}$ | $ROA_{t+2}$ | *ROA* | $ROA_{t+1}$ | $ROA_{t+2}$ |
| *Peer*1 | −0.0111*** | −0.0165*** | −0.0179*** |  |  |  |
|  | (−4.1995) | (−4.8611) | (−3.8557) |  |  |  |
| *Peer*2 |  |  |  | −0.0108*** | −0.0171*** | −0.0187*** |
|  |  |  |  | (−3.5143) | (−4.3415) | (−3.3683) |
| *State* | −0.0030*** | −0.0026*** | −0.0021* | −0.0030*** | −0.0026*** | −0.0021* |
|  | (−4.0788) | (−2.8624) | (−1.8903) | (−4.0822) | (−2.8455) | (−1.8603) |

续表

| | (1) | (2) | (3) | (4) | (5) | (6) |
|---|---|---|---|---|---|---|
| | ROA | $ROA_{t+1}$ | $ROA_{t+2}$ | ROA | $ROA_{t+1}$ | $ROA_{t+2}$ |
| Size | 0.0079*** | 0.0047*** | 0.0035*** | 0.0079*** | 0.0047*** | 0.0035*** |
| | (23.3854) | (11.1393) | (6.4314) | (23.3596) | (11.1101) | (6.4232) |
| Lev | −0.0740*** | −0.0551*** | −0.0538*** | −0.0742*** | −0.0554*** | −0.0540*** |
| | (−32.4763) | (−19.8754) | (−15.3142) | (−32.5642) | (−20.0039) | (−15.3968) |
| Growth | 0.0089*** | 0.0095*** | 0.0077*** | 0.0089*** | 0.0095*** | 0.0077*** |
| | (22.8700) | (19.1701) | (12.6583) | (22.8457) | (19.1537) | (12.6310) |
| Profit | 0.0774*** | 0.0537*** | 0.0355*** | 0.0775*** | 0.0538*** | 0.0356*** |
| | (28.1736) | (16.1533) | (8.7791) | (28.1930) | (16.1732) | (8.8017) |
| Cfo | 0.1995*** | 0.2001*** | 0.1740*** | 0.1998*** | 0.2005*** | 0.1744*** |
| | (36.4488) | (31.5438) | (23.9737) | (36.5072) | (31.6185) | (24.0368) |
| Dual | −0.0031*** | −0.0015 | −0.0005 | −0.0030*** | −0.0015 | −0.0005 |
| | (−3.9763) | (−1.5369) | (−0.4219) | (−3.9564) | (−1.5358) | (−0.4244) |
| Smr | 0.0179*** | 0.0093*** | 0.0037 | 0.0180*** | 0.0094*** | 0.0039 |
| | (6.5885) | (2.6388) | (0.8117) | (6.6001) | (2.6705) | (0.8580) |
| Board | −0.0023 | −0.0041* | −0.0073*** | −0.0023 | −0.0041* | −0.0073*** |
| | (−1.3635) | (−1.9474) | (−2.7572) | (−1.3578) | (−1.9546) | (−2.7695) |
| Indi | −0.0174*** | −0.0101 | −0.0182* | −0.0173*** | −0.0098 | −0.0180* |
| | (−2.9329) | (−1.3510) | (−1.9484) | (−2.9124) | (−1.3201) | (−1.9336) |
| _cons | −0.1196*** | −0.0709*** | −0.0126 | −0.1194*** | −0.0706*** | −0.0125 |
| | (−13.7123) | (−6.1178) | (−0.8767) | (−13.6738) | (−6.0938) | (−0.8706) |
| Year | √ | √ | √ | √ | √ | √ |
| Industry | √ | √ | √ | √ | √ | √ |
| Region | √ | √ | √ | √ | √ | √ |
| F | 124.9802 | 71.4848 | 41.4911 | 124.5808 | 71.1198 | 41.3686 |
| Adj $R^2$ | 0.4663 | 0.3900 | 0.3224 | 0.4661 | 0.3897 | 0.3221 |
| N | 16686 | 12229 | 9050 | 16686 | 12229 | 9050 |

注：括号内 t 值采用 robust 修正，*、***分别代表在 10%、1%的水平上显著，结果均保留四位小数。

除此以外，非金融企业的总资产收益率中既包含了主营业务利润，也包含了非主营业务利润，为了进一步探究非金融企业影子银行化同群效应的利润归属，本章借鉴司登奎等（2021）的做法，将企业的总利润率分解成主营业务利润率（*main_roa*）和非主营业务利润率（*nomain_roa*）。

表7-3展示了非金融企业影子银行化同群效应对企业主营业务利润率的影响，其中第（1）至第（3）列的主要解释变量为广义的影子银行化同群效应*Peer*1，第（4）至第（6）列的主要解释变量为狭义的影子银行化同群效应*Peer*2。为了检验经济后果的持续性，第（1）、第（4）列的被解释变量为 *t* 期企业主营业务利润率，第（2）、第（5）列的被解释变量为 *t*+1 期企业的主营业务利润率，第（3）、第（6）列的被解释变量为 *t*+2 期企业的主营业务利润率。回归结果显示，*Peer*1 和 *Peer*2 的回归系数均在1%的水平上显著为负，说明非金融企业的影子银行化同群效应对企业当期、短期和长期主营业务利润率均有显著的抑制作用。从经济意义上来看，第（1）列中核心解释变量 *Peer*1 的系数为 $-0.0202$，这表明非金融企业广义的影子银行化同群效应每增加1个标准差（0.1252），使非金融企业当期主营业务利润率的下降幅度相当于样本标准差的 2.43%（$=-0.0202\times0.1252/0.1041$）。根据上述方法，通过第（2）、第（3）列计算得到，非金融企业广义的影子银行化同群效应每增加1个标准差，使非金融企业短期主营业务利润率的下降幅度相当于样本标准差的2.75%，使非金融企业长期主营业务利润率的下降幅度相当于样本标准差的3.37%，即说明了影子银行化同群效应对企业主营业务利润率的抑制作用同样会随着时间的推移而逐渐增加。观察第（4）至第（6）列 *Peer*2 的经济意义系数分别为$-3.12\%$、$-3.43\%$ 和$-4.61\%$，也能够得到相同的结论。

表7-4　影子银行化同群效应对企业主营业务利润率的影响

| | （1） | （2） | （3） | （4） | （5） | （6） |
|---|---|---|---|---|---|---|
| | *main_roa* | *main_roa*$_{t+1}$ | *main_roa*$_{t+2}$ | *main_roa* | *main_roa*$_{t+1}$ | *main_roa*$_{t+2}$ |
| *Peer*1 | $-0.0202^{***}$ | $-0.0229^{***}$ | $-0.0280^{***}$ | | | |
| | $(-3.8860)$ | $(-3.4200)$ | $(-3.1481)$ | | | |
| *Peer*2 | | | | $-0.0306^{***}$ | $-0.0336^{***}$ | $-0.0452^{***}$ |
| | | | | $(-5.0110)$ | $(-4.1578)$ | $(-4.2162)$ |
| *State* | $-0.0011$ | $-0.0034^{*}$ | $-0.0052^{**}$ | $-0.0011$ | $-0.0034^{*}$ | $-0.0052^{**}$ |
| | $(-0.7428)$ | $(-1.9262)$ | $(-2.4147)$ | $(-0.7345)$ | $(-1.9032)$ | $(-2.3745)$ |
| *Size* | $-0.0026^{***}$ | $-0.0032^{***}$ | $-0.0029^{***}$ | $-0.0026^{***}$ | $-0.0032^{***}$ | $-0.0028^{***}$ |
| | $(-4.0429)$ | $(-3.9566)$ | $(-2.8412)$ | $(-3.9919)$ | $(-3.9340)$ | $(-2.8209)$ |

续表

|  | （1） | （2） | （3） | （4） | （5） | （6） |
|---|---|---|---|---|---|---|
|  | *main_roa* | *main_roa$_{t+1}$* | *main_roa$_{t+2}$* | *main_roa* | *main_roa$_{t+1}$* | *main_roa$_{t+2}$* |
| *Lev* | 0.0348*** | 0.0341*** | 0.0147** | 0.0350*** | 0.0342*** | 0.0149** |
|  | （8.3761） | （6.5527） | （2.2743） | （8.4335） | （6.5795） | （2.3142） |
| *Growth* | 0.0138*** | 0.0121*** | 0.0081*** | 0.0138*** | 0.0121*** | 0.0080*** |
|  | （19.3170） | （12.9053） | （7.1993） | （19.2795） | （12.8842） | （7.1687） |
| *Profit* | 0.2279*** | 0.2016*** | 0.1747*** | 0.2278*** | 0.2015*** | 0.1745*** |
|  | （39.5321） | （28.6531） | （20.1948） | （39.5194） | （28.6240） | （20.1529） |
| *Cfo* | 0.4189*** | 0.3808*** | 0.3270*** | 0.4187*** | 0.3807*** | 0.3267*** |
|  | （41.5315） | （32.1890） | （24.0913） | （41.5371） | （32.2241） | （24.0946） |
| *Dual* | −0.0033** | −0.0023 | 0.0004 | −0.0033** | −0.0023 | 0.0004 |
|  | （−2.1722） | （−1.1933） | （0.1746） | （−2.1626） | （−1.1905） | （0.1804） |
| *Smr* | 0.0176*** | 0.0114* | −0.0018 | 0.0175*** | 0.0114* | −0.0019 |
|  | （3.2340） | （1.6783） | （−0.2194） | （3.2214） | （1.6787） | （−0.2299） |
| *Board* | 0.0079** | 0.0013 | −0.0037 | 0.0080** | 0.0014 | −0.0037 |
|  | （2.2899） | （0.3149） | （−0.7177） | （2.3088） | （0.3209） | （−0.7091） |
| *Indi* | 0.0175 | 0.0266* | 0.0167 | 0.0180 | 0.0271* | 0.0175 |
|  | （1.4268） | （1.7537） | （0.9382） | （1.4656） | （1.7913） | （0.9876） |
| *_cons* | 0.0560*** | 0.0869*** | 0.1230*** | 0.0548*** | 0.0859*** | 0.1218*** |
|  | （3.3700） | （4.0186） | （4.5731） | （3.2920） | （3.9727） | （4.5259） |
| *Year* | √ | √ | √ | √ | √ | √ |
| *Industry* | √ | √ | √ | √ | √ | √ |
| *Region* | √ | √ | √ | √ | √ | √ |
| *F* | 170.2801 | 119.5196 | 84.7819 | 170.4267 | 119.4519 | 84.7817 |
| *Adj R²* | 0.5572 | 0.5266 | 0.4975 | 0.5575 | 0.5269 | 0.4981 |
| *N* | 16686 | 12229 | 9050 | 16686 | 12229 | 9050 |

　　注：括号内 t 值采用 robust 修正，＊、＊＊、＊＊＊分别代表在 10%、5%和 1%的水平上显著，结果均保留四位小数。

　　表 7-5 展示了非金融企业影子银行化同群效应对企业非主营业务利润率的影响，其中第（1）至第（3）列的主要解释变量为广义的影子银行化同群效应 *Peer*1，第（4）至第（6）列的主要解释变量为狭义的影子银行化同群效应 *Peer*2。为了检验经济后果的持续性，第（1）、第（4）列的被解释变量为 t 期企

业非主营业务利润率，第（2）、第（5）列的被解释变量为$t+1$期企业非主营业务利润率，第（3）、第（6）列的被解释变量为$t+2$期企业非主营业务利润率。第（1）至第（3）列回归结果显示，$Peer1$对$t$期企业非主营业务利润具有促进作用，且在10%的水平上显著，而$Peer1$对$t+1$期和$t+2$期企业非主营业务利润虽具有促进作用但不显著，说明广义的影子银行化同群效应仅在短期内会促进企业非主营业务利润率的增加。从经济意义上来看，第（1）列中核心解释变量$Peer1$的系数为0.0089，这表明非金融企业广义的影子银行化同群效应每增加1个标准差（0.1252），使非金融企业当期非主营业务利润率的提升幅度相当于样本标准差的1.32%（＝0.0089×0.1252/0.0843）。第（4）至第（6）列的回归结果显示，$Peer2$的回归系数在$t$期、$t+1$期和$t+2$期均为正，且至少在5%的水平上显著，表明了狭义的影子银行化同群效应对企业短期和长期的非主营业务利润均有促进作用。本书认为造成这一现象的原因在于，广义的影子银行化行为中还包含了企业购买理财产品、信托产品、结构性存款、资产管理计划四大类金融产品，这些金融产品的赎回期限较短，常常作为企业操控短期闲置资金的一种手段，因此对于长期的非主营业务利润率的促进作用不明显；而狭义的影子银行化行为中的委托贷款、委托理财和民间借贷的期限较长，并且通过观察委托贷款公告也可以发现，企业发放的委托贷款到期后，常常有同一家借款公司再向这个企业进行续贷，由此促进了企业短期和长期的非主营业务利润。从经济意义上来看，非金融企业狭义的影子银行化同群效应每增加1个标准差（0.1062），使非金融企业非主营业务利润率的提升幅度相当于样本标准差的2.44%、1.90%和2.86%。即无论从统计意义还是经济意义来说，非金融企业影子银行化同群效应对非主营业务的提升幅度都小于对总资产收益率和主营业务利润率的减少幅度。

表7-5　影子银行化同群效应对企业非主营业务利润率的影响

| | （1） | （2） | （3） | （4） | （5） | （6） |
|---|---|---|---|---|---|---|
| | *nomain_roa* | *nomain_roa_{t+1}* | *nomain_roa_{t+2}* | *nomain_roa* | *nomain_roa_{t+1}* | *nomain_roa_{t+2}* |
| *Peer*1 | 0.0089* | 0.0050 | 0.0070 | | | |
| | （1.8285） | （0.8519） | （0.9017） | | | |
| *Peer*2 | | | | 0.0194*** | 0.0151** | 0.0227** |
| | | | | （3.3845） | （2.1323） | （2.4463） |
| *State* | −0.0016 | 0.0015 | 0.0039** | −0.0016 | 0.0015 | 0.0039** |
| | （−1.1820） | （0.9433） | （2.1164） | （−1.1932） | （0.9276） | （2.0910） |

续表

| | （1） | （2） | （3） | （4） | （5） | （6） |
|---|---|---|---|---|---|---|
| | $nomain\_roa$ | $nomain\_roa_{t+1}$ | $nomain\_roa_{t+2}$ | $nomain\_roa$ | $nomain\_roa_{t+1}$ | $nomain\_roa_{t+2}$ |
| Size | 0.0108*** | 0.0073*** | 0.0057*** | 0.0107*** | 0.0073*** | 0.0057*** |
| | (17.2573) | (9.8085) | (6.4035) | (17.1933) | (9.7656) | (6.3728) |
| Lev | -0.1101*** | -0.0858*** | -0.0662*** | -0.1105*** | -0.0862*** | -0.0667*** |
| | (-27.9228) | (-18.4112) | (-11.6546) | (-28.0572) | (-18.5297) | (-11.7748) |
| Growth | -0.0053*** | -0.0027*** | -0.0008 | -0.0053*** | -0.0027*** | -0.0007 |
| | (-7.7174) | (-3.1226) | (-0.7250) | (-7.6919) | (-3.1096) | (-0.6958) |
| Profit | -0.1459*** | -0.1489*** | -0.1421*** | -0.1457*** | -0.1487*** | -0.1417*** |
| | (-27.4545) | (-23.2125) | (-18.4688) | (-27.4197) | (-23.1773) | (-18.4125) |
| Cfo | -0.2083*** | -0.1687*** | -0.1448*** | -0.2078*** | -0.1683*** | -0.1440*** |
| | (-23.9072) | (-17.2273) | (-12.7690) | (-23.8717) | (-17.2021) | (-12.7078) |
| Dual | -0.0001 | 0.0004 | -0.0016 | -0.0001 | 0.0004 | -0.0016 |
| | (-0.0905) | (0.2102) | (-0.7511) | (-0.0925) | (0.2065) | (-0.7594) |
| Smr | 0.0014 | -0.0014 | 0.0051 | 0.0016 | -0.0013 | 0.0054 |
| | (0.2863) | (-0.2331) | (0.6777) | (0.3120) | (-0.2098) | (0.7211) |
| Board | -0.0078** | -0.0028 | -0.0024 | -0.0079** | -0.0028 | -0.0025 |
| | (-2.3594) | (-0.7083) | (-0.5072) | (-2.3768) | (-0.7199) | (-0.5244) |
| Indi | -0.0310*** | -0.0309** | -0.0322** | -0.0314*** | -0.0312** | -0.0329** |
| | (-2.7094) | (-2.2925) | (-2.0284) | (-2.7396) | (-2.3151) | (-2.0711) |
| _cons | -0.1833*** | -0.1476*** | -0.1177*** | -0.1817*** | -0.1463*** | -0.1164*** |
| | (-11.5436) | (-7.7556) | (-5.2403) | (-11.4495) | (-7.6888) | (-5.1822) |
| Year | √ | √ | √ | √ | √ | √ |
| Industry | √ | √ | √ | √ | √ | √ |
| Region | √ | √ | √ | √ | √ | √ |
| F | 101.9809 | 79.8983 | 63.2757 | 102.1048 | 79.9427 | 63.3981 |
| Adj $R^2$ | 0.4271 | 0.4220 | 0.4206 | 0.4275 | 0.4222 | 0.4210 |
| N | 16686 | 12229 | 9050 | 16686 | 12229 | 9050 |

注：括号内 t 值采用 robust 修正，*、**、***分别代表在 10%、5% 和 1% 的水平上显著，结果均保留四位小数。

　　总的来说，非金融企业广义影子银行化同群效应会降低企业当期、短期和长期的总资产收益率和主营业务利润率，同时会提高企业当期的非主营业务利润率；非金融企业狭义影子银行化同群效应会降低企业当期、短期和长期的总资产收益率和主营业务利润率，同时会提高企业当期、短期和长期的非主营业务利润率，但是非金融企业影子银行化同群效应对非主营业务的提升幅度都小于对总资产收益率和主营业务利润率的减少幅度。其启示在于，非金融企业模仿和学习同群企业开展影子银行化活动虽然能够短期提高企业的非主营业务利润率，但由于开展影子银行化活动可能会对主营业务产生"挤出效应"，会对非金融企业的主营业务利润率和总利润率造成长期的不利影响，从而进一步加剧了我国实体经济"脱实向虚"。因此，虽然非金融企业开展影子银行化活动是把双刃剑，但从企业绩效的角度来看，影子银行化活动是"弊"大于"利"的。

### 7.3.3 影子银行化同群效应对企业财务风险的影响回归结果

表7-6为非金融企业影子银行化同群效应对企业财务风险的影响。其中，第（1）至第（3）列的主要解释变量为广义的影子银行化同群效应$Peer1$，第（4）至第（6）列的主要解释变量为狭义的影子银行化同群效应$Peer2$。为了检验经济后果的持续性，第（1）、第（4）列的被解释变量为$t$期企业的财务风险，第（2）、第（5）列的被解释变量为$t+1$期企业的财务风险，第（3）、第（6）列的被解释变量为$t+2$期企业的财务风险。从统计意义上来看，$t$期、$t+1$期和$t+2$期时$Peer1$的回归系数均在1%的水平上显著为正；$Peer2$的回归系数在1%的水平上显著为正。从经济意义上来看，非金融企业广义的影子银行化同群效应每增加1个标准差（0.1252），使非金融企业$t$期、$t+1$期和$t+2$期财务风险的上升幅度相当于样本标准差的3.18%、3.82%和4.82%；非金融企业狭义的影子银行化同群效应每增加1个标准差（0.1062），使非金融企业$t$期、$t+1$期和$t+2$期企业财务风险的上升幅度相当于样本标准差的3.05%、3.63%和5.05%，即说明了影子银行化同群效应不但对企业的财务风险有显著的促进作用，而且还会随着时间的推移而逐渐增加，从而证实了H4-2。

表7-6 影子银行化同群效应对企业财务风险的影响

| | （1） | （2） | （3） | （4） | （5） | （6） |
|---|---|---|---|---|---|---|
| | $F\_risk$ | $F\_risk_{t+1}$ | $F\_risk_{t+2}$ | $F\_risk$ | $F\_risk_{t+1}$ | $F\_risk_{t+2}$ |
| $Peer1$ | 0.1700*** | 0.2038*** | 0.2574*** | | | |
| | （7.7632） | （5.9101） | （5.1250） | | | |
| $Peer2$ | | | | 0.1917*** | 0.2286*** | 0.3176*** |
| | | | | （7.4102） | （5.5592） | （5.1963） |

续表

| | (1) | (2) | (3) | (4) | (5) | (6) |
|---|---|---|---|---|---|---|
| | $F\_risk$ | $F\_risk_{t+1}$ | $F\_risk_{t+2}$ | $F\_risk$ | $F\_risk_{t+1}$ | $F\_risk_{t+2}$ |
| External_F | 1.1769*** | 1.2252*** | 1.1972*** | 1.1758*** | 1.2237*** | 1.1946*** |
| | (46.7561) | (33.7300) | (26.0580) | (46.6659) | (33.6485) | (25.9842) |
| Margin | 0.8608*** | 0.9727*** | 0.8142*** | 0.8595*** | 0.9709*** | 0.8145*** |
| | (23.7318) | (16.8004) | (11.7981) | (23.7182) | (16.7837) | (11.8043) |
| State | 0.0248*** | 0.0240** | 0.0231* | 0.0247*** | 0.0237** | 0.0224 |
| | (3.1498) | (2.2104) | (1.6747) | (3.1402) | (2.1794) | (1.6206) |
| Size | 0.0420*** | 0.0303*** | 0.0262*** | 0.0421*** | 0.0304*** | 0.0261*** |
| | (10.6816) | (5.5404) | (3.7750) | (10.6851) | (5.5587) | (3.7643) |
| Lev | 1.0216*** | 0.9345*** | 0.9417*** | 1.0228*** | 0.9362*** | 0.9422*** |
| | (43.5301) | (27.3971) | (21.1371) | (43.6388) | (27.4622) | (21.1565) |
| Growth | −0.0165*** | −0.0310*** | −0.0263*** | −0.0164*** | −0.0309*** | −0.0261*** |
| | (−5.3046) | (−6.0235) | (−3.7435) | (−5.2524) | (−5.9993) | (−3.7244) |
| ROA | −6.7356*** | −4.7045*** | −3.7292*** | −6.7423*** | −4.7146*** | −3.7387*** |
| | (−60.9687) | (−25.1738) | (−15.1838) | (−61.0224) | (−25.2353) | (−15.2254) |
| Profit | 1.4285*** | 1.2587*** | 1.2223*** | 1.4285*** | 1.2588*** | 1.2228*** |
| | (48.5204) | (30.6885) | (23.3887) | (48.5117) | (30.6813) | (23.3964) |
| Cfo | 0.3517*** | 0.0287 | −0.0807 | 0.3493*** | 0.0249 | −0.0832 |
| | (6.1139) | (0.3639) | (−0.8458) | (6.0822) | (0.3152) | (−0.8722) |
| Dual | 0.0163** | 0.0147 | 0.0025 | 0.0161** | 0.0147 | 0.0025 |
| | (2.2667) | (1.3984) | (0.1816) | (2.2394) | (1.3966) | (0.1825) |
| Smr | −0.0791*** | −0.0318 | 0.0476 | −0.0793*** | −0.0329 | 0.0460 |
| | (−3.4695) | (−0.8764) | (0.9876) | (−3.4767) | (−0.9059) | (0.9549) |
| Board | 0.0240 | 0.0535** | 0.0847*** | 0.0238 | 0.0536** | 0.0849*** |
| | (1.2707) | (2.0691) | (2.5791) | (1.2593) | (2.0748) | (2.5838) |
| Indi | −0.0601 | −0.0795 | 0.0028 | −0.0625 | −0.0828 | −0.0011 |
| | (−0.9515) | (−0.8940) | (0.0249) | (−0.9892) | (−0.9314) | (−0.0102) |
| Analyst | −0.0118*** | −0.0057 | 0.0087 | −0.0118*** | −0.0057 | 0.0088 |
| | (−2.7257) | (−0.8925) | (1.0415) | (−2.7284) | (−0.8963) | (1.0505) |

续表

| | (1) | (2) | (3) | (4) | (5) | (6) |
|---|---|---|---|---|---|---|
| | $F\_risk$ | $F\_risk_{t+1}$ | $F\_risk_{t+2}$ | $F\_risk$ | $F\_risk_{t+1}$ | $F\_risk_{t+2}$ |
| _cons | −3.3374*** | −3.1452*** | −3.2596*** | −3.3364*** | −3.1448*** | −3.2539*** |
| | (−32.6970) | (−21.8167) | (−17.5293) | (−32.6515) | (−21.7981) | (−17.4681) |
| Year | √ | √ | √ | √ | √ | √ |
| Industry | √ | √ | √ | √ | √ | √ |
| Region | √ | √ | √ | √ | √ | √ |
| F | 479.2794 | 184.9778 | 101.6697 | 478.3285 | 184.7129 | 101.6199 |
| Adj $R^2$ | 0.7223 | 0.5814 | 0.4933 | 0.7223 | 0.5813 | 0.4933 |
| N | 16686 | 12229 | 9050 | 16686 | 12229 | 9050 |

注：括号内 t 值采用 robust 修正，*、**、***分别代表在 10%、5%和 1%的水平上显著，结果均保留四位小数。

　　表 7-7 为非金融企业影子银行化同群效应对企业股价崩盘风险的影响。其中，第（1）至第（3）列的主要解释变量为广义的影子银行化同群效应 Peer1，第（4）至第（6）列的主要解释变量为狭义的影子银行化同群效应 Peer2。为了检验经济后果的持续性，第（1）、第（4）列的被解释变量为 t 期企业的股价崩盘风险，第（2）、第（5）列的被解释变量为 t+1 期企业的股价崩盘风险，第（3）、第（6）列的被解释变量为 t+2 期企业的股价崩盘风险。从统计意义上来看，Peer1 和 Peer2 的回归系数在 t 期为正但均不显著；在 t+1 期时，主要解释变量的回归系数至少在 10%的水平上显著为正；在 t+2 期时，主要解释变量的回归系数均在 5%的水平上显著为正。从经济意义上来看，非金融企业广义的影子银行化同群效应每增加 1 个标准差（0.1252），使非金融企业 t+1 期和 t+2 期股价崩盘风险的上升幅度相当于样本标准差的 2.35%和 2.63%；非金融企业狭义的影子银行化同群效应每增加 1 个标准差（0.1062），使非金融企业 t+1 期和 t+2 期企业股价崩盘风险的上升幅度相当于样本标准差的 1.83%和 3.28%。无论从统计意义还是经济意义而言，非金融企业影子银行化同群效应虽然对当期股价崩盘风险没有显著的影响，但是会提高企业短期和长期的股价崩盘风险，并且还会随着时间的推移而逐渐增加。也就是说，非金融企业模仿和学习同伴企业的影子银行化行为是作为一种"坏消息"的集中隐藏，在"潜伏期"内，企业的股价崩盘风险还不明显，但随着时间的推移，这种"坏消息"的爆发会增强企业长期的股价崩盘风险，这将不利于企业健康、可持续的发展。上述结果证实了 H4-3。

**表 7-7 影子银行化同群效应对企业股价崩盘风险的影响**

| | （1）Ncskew | （2）Ncskew$_{t+1}$ | （3）Ncskew$_{t+2}$ | （4）Ncskew | （5）Ncskew$_{t+1}$ | （6）Ncskew$_{t+2}$ |
|---|---|---|---|---|---|---|
| Peer1 | 0.0634 | 0.1229** | 0.1375** | | | |
| | (1.4028) | (2.2799) | (1.9886) | | | |
| Peer2 | | | | 0.0777 | 0.1127* | 0.2018** |
| | | | | (1.4778) | (1.7792) | (2.4882) |
| State | -0.0531*** | -0.0334** | -0.0314* | -0.0532*** | -0.0336** | -0.0318* |
| | (-4.0238) | (-2.1268) | (-1.7166) | (-4.0283) | (-2.1388) | (-1.7354) |
| Size | -0.0223*** | -0.0031 | -0.0278*** | -0.0224*** | -0.0031 | -0.0280*** |
| | (-3.6034) | (-0.4284) | (-3.2309) | (-3.6186) | (-0.4295) | (-3.2561) |
| Lev | 0.1103*** | -0.0307 | 0.0154 | 0.1107*** | -0.0284 | 0.0155 |
| | (2.9220) | (-0.6759) | (0.2840) | (2.9317) | (-0.6251) | (0.2859) |
| Growth | 0.0163* | 0.0260** | -0.0042 | 0.0165* | 0.0262** | -0.0039 |
| | (1.7296) | (2.3046) | (-0.3190) | (1.7494) | (2.3203) | (-0.2946) |
| ROA | -0.0324 | 0.3841** | 0.8644*** | -0.0328 | 0.3799** | 0.8645*** |
| | (-0.2220) | (2.1504) | (4.0167) | (-0.2245) | (2.1267) | (4.0180) |
| Profit | 0.0482 | 0.0626 | 0.0968 | 0.0483 | 0.0620 | 0.0975 |
| | (1.1318) | (1.2205) | (1.5886) | (1.1346) | (1.2105) | (1.5987) |
| Cfo | -0.1231 | -0.0600 | -0.0705 | -0.1237 | -0.0634 | -0.0702 |
| | (-1.5236) | (-0.6352) | (-0.6501) | (-1.5313) | (-0.6715) | (-0.6474) |
| Top1 | -0.0905** | -0.0595 | -0.0356 | -0.0905** | -0.0603 | -0.0357 |
| | (-2.5249) | (-1.3899) | (-0.7098) | (-2.5251) | (-1.4086) | (-0.7129) |
| Age | -0.0493*** | -0.0559*** | -0.0650*** | -0.0493*** | -0.0557*** | -0.0652*** |
| | (-5.1035) | (-4.8648) | (-4.7825) | (-5.1033) | (-4.8413) | (-4.8031) |
| Turnover | -0.0038 | -0.0138*** | -0.0102** | -0.0038 | -0.0139*** | -0.0103** |
| | (-1.0178) | (-3.2733) | (-2.0427) | (-1.0213) | (-3.2924) | (-2.0616) |
| Accm | 0.2676** | 0.0445 | -0.0102 | 0.2665** | 0.0418 | -0.0112 |
| | (2.5721) | (0.3485) | (-0.0680) | (2.5612) | (0.3275) | (-0.0745) |
| MB | 0.0417*** | 0.0101 | 0.0029 | 0.0416*** | 0.0100 | 0.0028 |
| | (5.7799) | (1.1914) | (0.2994) | (5.7687) | (1.1782) | (0.2875) |
| Ret | -7.6014*** | 7.3896*** | 6.6322*** | -7.6047*** | 7.3913*** | 6.6191*** |
| | (-8.9258) | (7.8673) | (6.0987) | (-8.9288) | (7.8669) | (6.0857) |

续表

| | （1） | （2） | （3） | （4） | （5） | （6） |
|---|---|---|---|---|---|---|
| | $Ncskew$ | $Ncskew_{t+1}$ | $Ncskew_{t+2}$ | $Ncskew$ | $Ncskew_{t+1}$ | $Ncskew_{t+2}$ |
| Sigma | −7.1681*** | −1.1137** | −2.1096*** | −7.1779*** | −1.1301** | −2.1286*** |
| | （−16.8063） | （−2.5004） | （−3.9990） | （−16.8247） | （−2.5369） | （−4.0357） |
| _cons | 0.8930*** | −0.0196 | 0.1701 | 0.8962*** | −0.0182 | 0.1787 |
| | （6.1240） | （−0.1139） | （0.8343） | （6.1427） | （−0.1053） | （0.8763） |
| Year | √ | √ | √ | √ | √ | √ |
| Industry | √ | √ | √ | √ | √ | √ |
| Region | √ | √ | √ | √ | √ | √ |
| F | 21.9721 | 12.6189 | 9.8789 | 21.9806 | 12.6033 | 9.9210 |
| Adj $R^2$ | 0.1189 | 0.0831 | 0.0865 | 0.1189 | 0.0829 | 0.0867 |
| N | 16686 | 12229 | 9050 | 16686 | 12229 | 9050 |

注：括号内 t 值采用 robust 修正，*、**、***分别代表在 10%、5%和 1%的水平上显著，结果均保留四位小数。

　　总的来说，非金融企业影子银行化同群效应会增加企业当期、短期和长期的财务风险，以及提高短期和长期的股价崩盘风险。其启示在于，当企业管理者或相关监督部门在发现企业具有影子银行化同群效应时，不仅应该防止非金融企业影子银行化对企业财务风险的不利影响，还应该注重非金融企业影子银行化对于股价崩盘的潜在威胁，避免影子银行化同群效应造成更大危害。

　　通过对影子银行化同群效应的经济后果检验得知，影子银行化同群效应对企业绩效和风险都存在负面影响。这一结论除了可以印证第 3 章中对影子银行化经济后果的理论分析和研究假设之外，还可以结合信息机制和竞争机制的倾向性检验结果予以解释。通过第 6 章对共同分析师联结下非金融企业影子银行化同群效应的两类机制倾向性检验发现：整体而言，在共同分析师联结下，为了维持共同分析师的业绩评价竞争优势而模仿同群企业开展影子银行化活动是形成影子银行化同群效应的主要作用机制。然而，非金融企业并非通过提高企业研发投入、加强主业投资等活动获取长期竞争优势，而是通过模仿同群企业的影子银行化活动来获取短期竞争优势，对于并不具备专业金融投资经验且主要承担着物资资料生产的非金融企业而言，必将对企业的绩效和风险造成负面影响。这也印证了党的十九届五中全会要求的"坚持把发展经济着力点放在实体经济上"的战略方针。值得一提的是，虽然主要由共同分析师的短期业绩压力作用而形成的影子银行化同群效应会给企业带来不利后果，但是我们却不能得到共同分析师在企业之间传递影子银行化信息是一件"坏事情"，因此，在"发挥共同分析师降低企业信息不对称作用"与"抑制影子银行化同群效应所带来的负面影响"之间并不存在直接的矛盾。

# 7.4　进一步分析与稳健性检验

### 7.4.1　影子银行化同群效应是否会放大不良经济后果：对行业的考察

在确定了影子银行化同群效应会给企业绩效和风险带来不良后果的基础上，本章还进一步考察了影子银行化同群效应是否还会放大这种不良经济后果。根据理论分析，重视对影子银行化同群效应的研究不仅是因为影子银行业务具有信息不对称程度高、法律主体不明确等特点，相较于传统的金融投资而言风险更高（李建军和韩珣，2019；司登奎等，2021），而且还因为被跟踪企业竞相开展影子银行化活动，可能导致这些企业所在行业的平均影子银行化水平不断提高，从而进一步增加影子银行对金融风险的潜在威胁（李秋梅和梁权熙，2020）。为了考察非金融企业互相学习和模仿影子银行化这一现象的负面经济后果是否具有对行业的溢出效应，本章进一步检验了影子银行化同群效应对行业绩效、行业财务风险和行业股价崩盘风险的影响。参考张军等（2021）的做法，将焦点企业所在行业绩效的平均水平作为行业整体绩效（$ind\_ROA$）的衡量指标，将焦点企业所在行业财务风险的平均水平作为行业整体财务风险（$ind\_F\_risk$）的衡量指标；参考易志高等（2019）的做法，模仿个股股价崩盘风险指标法，来构造行业层面的股价崩盘风险指标（$ind\_Ncskew$）；最后通过构造模型（7.7）来进行检验：

$$ind\_Consequence_{i,\,t/t+1/t+2} = \omega_0 + \omega_1 Peer_{i,\,j,\,t} + \omega_2 CV_{i,\,t} + \sum Year +$$
$$\sum Industry + \sum Region + \varepsilon_{i,\,t} \qquad (7.7)$$

其中，被解释变量 $ind\_Consequence_{i,\,t/t+1/t+2}$ 包含了当期、短期和长期的 $ind\_ROA$、$ind\_F\_risk$ 和 $ind\_Ncskew$，通过观察 $\omega_1$ 的正负和显著性来判断影子银行化同群效应是否会放大负面经济后果。其他变量与前文一致。

表 7-8 显示了非金融企业影子银行化同群效应对行业绩效的影响，其中第（1）至第（3）列的主要解释变量为广义的影子银行化同群效应 $Peer1$，第（4）

至第（6）列的主要解释变量为狭义的影子银行化同群效应 Peer2。为了检验经济后果的持续性，第（1）、第（4）列的被解释变量为 t 期行业的总资产收益率，第（2）、第（5）列的被解释变量为 t+1 期行业的总资产收益率，第（3）、第（6）列的被解释变量为 t+2 期行业的总资产收益率。回归结果显示，在第（1）至第（6）列中，Peer1 和 Peer2 的回归系数均不显著，说明影子银行化同群效应不会对行业的绩效产生影响。

表 7-8 非金融企业影子银行化同群效应对行业绩效的影响[①]

| | (1) | (2) | (3) | (4) | (5) | (6) |
|---|---|---|---|---|---|---|
| | $ind\_ROA$ | $ind\_ROA_{t+1}$ | $ind\_ROA_{t+2}$ | $ind\_ROA$ | $ind\_ROA_{t+1}$ | $ind\_ROA_{t+2}$ |
| Peer1 | −0.0006 | −0.0009 | −0.0001 | | | |
| | (−0.6176) | (−0.7602) | (−0.0977) | | | |
| Peer2 | | | | 0.0005 | −0.0011 | −0.0007 |
| | | | | (0.4081) | (−0.7816) | (−0.4334) |
| _cons | 0.0432*** | 0.0395*** | 0.0524*** | 0.0434*** | 0.0395*** | 0.0524*** |
| | (12.1313) | (9.3160) | (10.4673) | (12.1869) | (9.3082) | (10.4590) |
| CV | √ | √ | √ | √ | √ | √ |
| Year | √ | √ | √ | √ | √ | √ |
| Industry | √ | √ | √ | √ | √ | √ |
| Region | √ | √ | √ | √ | √ | √ |
| F | 900.3413 | 480.8894 | 314.4134 | 897.8210 | 481.0697 | 314.7667 |
| $Adj\ R^2$ | 0.5983 | 0.5885 | 0.5935 | 0.5983 | 0.5885 | 0.5935 |
| N | 16686 | 12229 | 9050 | 16686 | 12229 | 9050 |

注：括号内 t 值采用 robust 修正，＊＊＊代表在 1% 的水平上显著，结果均保留四位小数。

表 7-9 显示了非金融企业影子银行化同群效应对行业财务风险的影响，其中第（1）至第（3）列的主要解释变量为广义的影子银行化同群效应 Peer1，第（4）至第（6）列的主要解释变量为狭义的影子银行化同群效应 Peer2。为了检验经济后果的持续性，第（1）、第（4）列的被解释变量为 t 期的行业整体财务风险，第（2）、第（5）列的被解释变量为 t+1 期的行业整体财务风险，第（3）、第（6）列的被解释变量为 t+2 期的行业整体财务风险。回归结果显示，

---

① 限于篇幅的有限性，本书将"进一步分析"中控制变量的实证结果均用 CV 简化，下同。

在 $t$ 期时，$Peer1$ 和 $Peer2$ 的回归系数不显著，说明影子银行化同群效应不会对当期行业的财务风险产生影响；在 $t+1$ 期时，$Peer1$ 的回归系数在 10% 的水平上显著为正，$Peer2$ 的回归系数不显著，说明广义的影子银行化同群效应会提高行业的短期财务风险；在 $t+2$ 期时，$Peer1$ 的回归系数不显著，$Peer2$ 的回归系数在 10% 的水平上显著，说明狭义的影子银行化同群效应会提高行业的长期财务风险。

表 7-9　非金融企业影子银行化同群效应对行业财务风险的影响

| | (1) | (2) | (3) | (4) | (5) | (6) |
|---|---|---|---|---|---|---|
| | $ind\_F\_risk$ | $ind\_F\_risk_{t+1}$ | $ind\_F\_risk_{t+2}$ | $ind\_F\_risk$ | $ind\_F\_risk_{t+1}$ | $ind\_F\_risk_{t+2}$ |
| $Peer1$ | 0.0043 | 0.0220* | 0.0190 | | | |
| | (0.4422) | (1.7676) | (1.2700) | | | |
| $Peer2$ | | | | 0.0001 | 0.0229 | 0.0302* |
| | | | | (0.0094) | (1.5125) | (1.6532) |
| $\_cons$ | −1.1821*** | −1.2752*** | −1.3734*** | −1.1832*** | −1.2755*** | −1.3719*** |
| | (−28.4152) | (−25.1757) | (−21.4686) | (−28.4405) | (−25.1833) | (−21.4578) |
| $CV$ | √ | √ | √ | √ | √ | √ |
| $Year$ | √ | √ | √ | √ | √ | √ |
| $Industry$ | √ | √ | √ | √ | √ | √ |
| $Region$ | √ | √ | √ | √ | √ | √ |
| $F$ | 1436.31 | 801.2220 | 550.1730 | 1436.77 | 801.9143 | 550.2522 |
| $Adj\ R^2$ | 0.8103 | 0.7886 | 0.7780 | 0.8103 | 0.7886 | 0.7780 |
| $N$ | 16686 | 12229 | 9050 | 16686 | 12229 | 9050 |

注：括号内 t 值采用 robust 修正，*、*** 分别代表在 10%、1% 的水平上显著，结果均保留四位小数。

表 7-10 显示了非金融企业影子银行化同群效应对行业股价崩盘的影响，其中第（1）至第（3）列的主要解释变量为广义的影子银行化同群效应 $Peer1$，第（4）至第（6）列的主要解释变量为狭义的影子银行化同群效应 $Peer2$。为了检验经济后果的持续性，第（1）、第（4）列的被解释变量为 $t$ 期的行业整体股价崩盘风险，第（2）、第（5）列的被解释变量为 $t+1$ 期的行业整体股价崩盘风险，第（3）、第（6）列的被解释变量为 $t+2$ 期的行业整体股价崩盘风险。回归结果显示，在 $t$ 期时，$Peer1$ 和 $Peer2$ 的回归系数均不显著，说明影子银行化同群

效应不会对当期行业的财务股价崩盘产生影响；在 $t+1$ 期时，$Peer1$ 和 $Peer2$ 的回归系数在 5% 的水平上显著为正，说明影子银行化同群效应会提高行业的短期股价崩盘风险；在 $t+2$ 期时，$Peer1$ 和 $Peer2$ 的回归系数在 1% 的水平上显著为正，说明影子银行化同群效应会提高行业的长期股价崩盘风险，且相较于 $t+1$ 期时回归系数更大更显著，即表明影子银行化同群效应不但会提高行业整体的短期和长期股价崩盘风险，而且还会随着时间的推移逐渐增加。

表 7-10　非金融企业影子银行化同群效应对行业股价崩盘风险的影响

| | (1) | (2) | (3) | (4) | (5) | (6) |
|---|---|---|---|---|---|---|
| | $ind\_Ncskew$ | $ind\_Ncskew_{t+1}$ | $ind\_Ncskew_{t+2}$ | $ind\_Ncskew$ | $ind\_Ncskew_{t+1}$ | $ind\_Ncskew_{t+2}$ |
| $Peer1$ | -0.0010 | 0.0261 ** | 0.0541 *** | | | |
| | (-0.0931) | (2.1216) | (3.6767) | | | |
| $Peer2$ | | | | 0.0087 | 0.0349 ** | 0.0505 *** |
| | | | | (0.7305) | (2.3888) | (2.8287) |
| $\_cons$ | 0.0006 | 0.0018 | 0.0035 | 0.0006 | 0.0018 | 0.0034 |
| | (0.2203) | (0.5484) | (0.9043) | (0.2158) | (0.5362) | (0.8799) |
| $CV$ | √ | √ | √ | √ | √ | √ |
| $Year$ | √ | √ | √ | √ | √ | √ |
| $Industry$ | √ | √ | √ | √ | √ | √ |
| $Region$ | √ | √ | √ | √ | √ | √ |
| $F$ | 307.7489 | 217.2518 | 150.1376 | 307.5864 | 217.3816 | 149.9721 |
| $Adj\ R^2$ | 0.5588 | 0.5539 | 0.5407 | 0.5588 | 0.5539 | 0.5404 |
| $N$ | 16686 | 12229 | 9050 | 16686 | 12229 | 9050 |

注：括号内 t 值采用 robust 修正，**、*** 分别代表在 5% 和 1% 的水平上显著，结果均保留四位小数。

由此可见，影子银行化同群效应虽然不会放大对绩效的不良经济后果，但是会加大对行业整体财务风险和股价崩盘风险的影响，特别是会对短期和长期行业股价崩盘风险造成不利后果。这意味着影子银行化同群效应不仅加剧了个体企业的股价崩盘风险，更重要的是，由于同群效应的"放大器"作用会让风险会在不同企业之间传染、扩散，从而导致了行业股价崩盘风险的聚集，这可能会放大经济整体的系统性金融风险。该结论为非金融企业影子银行化微观行为如何影响经济整体的风险提供了新的解释渠道。

### 7.4.2　外部监督对影子银行化同群效应经济后果的调节

理论上，证券分析师作为上市公司的外部治理机制，能够对企业进行直接或间接的监督（Chen et al.，2015；Brown et al.，2015；Thomas et al.，2018）。但从现实情况来看，我国证券分析师行业的起步较晚且发展缓慢，分析师对企业进行治理监督的能力有限。根据笔者的统计，共同分析师在同一年度少则跟踪两家上市公司，多则同时跟踪上百家上市公司，即使共同分析师能够掌握企业管理层的负面信息，由于精力有限，外部监督功能也受到了限制，从而导致影子银行化同群效应给企业带来的不利影响未能及时被发现。因此，结合本书所研究的主题，用共同分析师的监督效率来衡量企业的外部监督。

由于共同分析师的精力和注意力有限，当共同分析师所跟踪的同群企业数量越多，表明共同分析师对企业的治理监督能力越分散，共同分析师的监督效率就越低。本章计算了企业所在共同分析师联结同群企业的数量，由于焦点企业的共同分析师可能不止一个，因此将每一个共同分析师联结同群企业的数量取平均值，共同分析师联结同群企业的平均数量越大，共同分析师的监督效率越低。通过共同分析师联结同群企业的平均数量的中位数来构造共同分析师监督效率的虚拟变量 Focus，当共同分析师联结同群企业的平均数量小于中位数时，Focus 取值为 1，表示共同分析师监督效率较高；否则取 0，表示共同分析师监督效率较低。如模型（7.8）所示，将共同分析师监督效率的虚拟变量 Focus 与主要解释变量 Peer 相乘，观察交乘项 Peer×Focus 回归系数的正负和显著性，从而判断共同分析师监督效率对影子银行化同群效应经济后果的影响。

$$Consequence_{i,\ t/t+1/t+2} = \delta_0 + \delta_1 Peer_{i,\ j,\ t} + \delta_2 Focus_{i,\ t} + \delta_3 Peer_{i,\ j,\ t} \times Focus_{i,\ t} +$$
$$\delta_4 CV_{i,\ t} + \sum Year + \sum Industry + \sum Region + \varepsilon_{i,\ t}$$
$$(7.8)$$

（1）共同分析师监督效率对影子银行化同群效应降低企业绩效的调节。共同分析师监督效率对影子银行化同群效应降低企业总资产收益率的调节作用如表 7-11 所示。其中第（1）至第（3）列显示的是共同分析师监督效率对广义影子银行化同群效应抑制企业总资产收益率的调节，第（4）至第（6）列显示的是共同分析师监督效率对狭义影子银行化同群效应抑制企业总资产收益率的调节。通过观察交乘项 Peer×Focus 回归系数的正负和显著性来判断共同分析师监督效率的调节作用。回归结果表明，交乘项 Peer1×Focus 和 Peer2×Focus 的回归系数在 t 期、t+1 期和 t+2 期时均不显著，说明较高的共同分析师监督效率也不能缓解影子银行化同群效应对企业总资产收益率的不利影响。

**表 7-11　共同分析师监督效率对影子银行化同群效应降低企业总资产收益率的调节作用**

| | (1) | (2) | (3) | (4) | (5) | (6) |
|---|---|---|---|---|---|---|
| | *ROA* | *ROA*$_{t+1}$ | *ROA*$_{t+2}$ | *ROA* | *ROA*$_{t+1}$ | *ROA*$_{t+2}$ |
| *Peer*1 | -0.0100*** | -0.0163*** | -0.0226*** | | | |
| | (-3.2060) | (-4.1180) | (-4.0154) | | | |
| *Peer*2 | | | | -0.0106*** | -0.0160*** | -0.0237*** |
| | | | | (-2.8780) | (-3.5212) | (-3.5341) |
| *Focus* | -0.0041*** | -0.0023** | -0.0023* | -0.0039*** | -0.0024** | -0.0024** |
| | (-5.3895) | (-2.3485) | (-1.9149) | (-5.2258) | (-2.5334) | (-1.9989) |
| *Peer*1×*Focus* | -0.0028 | -0.0009 | 0.0108 | | | |
| | (-0.5939) | (-0.1471) | (1.3080) | | | |
| *Peer*2×*Focus* | | | | -0.0010 | -0.0031 | 0.0126 |
| | | | | (-0.1876) | (-0.4223) | (1.2515) |
| _cons | -0.1138*** | -0.0681*** | -0.0094 | -0.1137*** | -0.0678*** | -0.0092 |
| | (-13.0309) | (-5.8805) | (-0.6489) | (-13.0027) | (-5.8536) | (-0.6340) |
| *CV* | √ | √ | √ | √ | √ | √ |
| *Year* | √ | √ | √ | √ | √ | √ |
| *Industry* | √ | √ | √ | √ | √ | √ |
| *Region* | √ | √ | √ | √ | √ | √ |
| *F* | 123.4416 | 70.3492 | 40.9402 | 123.0479 | 69.9804 | 40.8006 |
| *Adj R*$^2$ | 0.4675 | 0.3903 | 0.3232 | 0.4673 | 0.3900 | 0.3229 |
| *N* | 16686 | 12229 | 9050 | 16686 | 12229 | 9050 |

注：括号内 t 值采用 robust 修正，＊、＊＊、＊＊＊分别代表在 10%、5% 和 1% 的水平上显著，结果均保留四位小数。

（2）共同分析师监督效率对影子银行化同群效应增加企业风险的调节。共同分析师监督效率对影子银行化同群效应增加企业财务风险的调节作用如表 7-12 所示。其中第（1）至第（3）列显示的是共同分析师监督效率对广义影子银行化同群效应促进企业财务风险的调节，第（4）至第（6）列显示的是共同分析师监督效率对狭义影子银行化同群效应促进企业财务风险的调节。回归结果表明，在 t 期时，交乘项 *Peer*1×*Focus* 和 *Peer*2×*Focus* 的回归系数分别在 5% 和 10% 的水平上显著为负，说明较高的共同分析师外部监督效率能够在当期缓解影子银行化对企业财务风险的不利影响；t+1 期和 t+2 期时，交乘项 *Peer*1×*Focus* 和 *Peer*2×

*Focus* 的回归系数均不显著，说明较高的共同分析师外部监督效率并不能缓解短期和长期影子银行化同群效应对企业财务风险的不利影响。

表 7-12　共同分析师监督效率对影子银行化同群效应增加企业财务风险的调节作用

| | （1） | （2） | （3） | （4） | （5） | （6） |
|---|---|---|---|---|---|---|
| | $F\_risk$ | $F\_risk_{t+1}$ | $F\_risk_{t+2}$ | $F\_risk$ | $F\_risk_{t+1}$ | $F\_risk_{t+2}$ |
| Peer1 | 0.2065*** | 0.2339*** | 0.3153*** | | | |
| | （7.6550） | （5.5797） | （5.1200） | | | |
| Peer2 | | | | 0.2273*** | 0.2512*** | 0.3826*** |
| | | | | （7.1903） | （5.1451） | （5.2606） |
| Focus | −0.0121 | −0.0145 | 0.0102 | −0.0105 | −0.0121 | 0.0104 |
| | （−1.5470） | （−1.2937） | （0.7136） | （−1.3650） | （−1.0927） | （0.7331） |
| Peer1×Focus | −0.0801** | −0.0740 | −0.1346 | | | |
| | （−2.0315） | （−1.1863） | （−1.5213） | | | |
| Peer2×Focus | | | | −0.0794* | −0.0588 | −0.1637 |
| | | | | （−1.6914） | （−0.7755） | （−1.4787） |
| _cons | −3.3297*** | −3.1360*** | −3.2655*** | −3.3301*** | −3.1378*** | −3.2617*** |
| | （−32.5757） | （−21.7469） | （−17.5331） | （−32.5525） | （−21.7471） | （−17.4838） |
| CV | √ | √ | √ | √ | √ | √ |
| Year | √ | √ | √ | √ | √ | √ |
| Industry | √ | √ | √ | √ | √ | √ |
| Region | √ | √ | √ | √ | √ | √ |
| F | 471.2130 | 181.6037 | 99.9931 | 470.1461 | 181.2875 | 99.9794 |
| Adj $R^2$ | 0.7224 | 0.5814 | 0.4935 | 0.7223 | 0.5812 | 0.4935 |
| N | 16686 | 12229 | 9050 | 16686 | 12229 | 9050 |

注：括号内 t 值采用 robust 修正，*、**、*** 分别代表在 10%、5% 和 1% 的水平上显著，结果均保留四位小数。

共同分析师监督效率对影子银行化同群效应增加企业股价崩盘风险的调节作用如表 7-13 所示。其中第（1）至第（3）列显示的是共同分析师监督效率对广义影子银行化同群效应促进企业股价崩盘风险的调节，第（4）至第（6）列显示的是共同分析师监督效率对狭义影子银行化同群效应促进企业股价崩盘风险的调节。回归结果表明，在 t 期和 t+1 期时，交乘项 *Peer1×Focus* 和 *Peer2×Focus* 的回归系数至少在 5% 的水平上显著为负；在 t+2 期时，交乘项 *Peer1×Focus* 和 *Peer2×Focus* 的回归系数均不显著，说明共同分析师的外部监督作用只能在当期和短期缓解影子银行化同群效应给企业股价崩盘风险带来的不利后果。可能的原因在于，根据笔者统计，95%以上的共同分析师对企业发布的是短期盈余报告，说明大部分的共同分析师对企业的跟踪期限未超过一年，因此，在共同分析师能够发挥外部监督作用的情况下，也只能够缓解当期和短期影子银行化同群效应给企业股价崩盘风险带来的不利后果。

表7-13　共同分析师监督效率对影子银行化同群效应增加企业股价崩盘风险的调节作用

| | (1) | (2) | (3) | (4) | (5) | (6) |
|---|---|---|---|---|---|---|
| | $Ncskew$ | $Ncskew_{t+1}$ | $Ncskew_{t+2}$ | $Ncskew$ | $Ncskew_{t+1}$ | $Ncskew_{t+2}$ |
| $Peer1$ | 0.1993*** | 0.2043*** | 0.1464* | | | |
| | (3.3592) | (3.0867) | (1.7072) | | | |
| $Peer2$ | | | | 0.2296*** | 0.2086*** | 0.2092** |
| | | | | (3.3199) | (2.6928) | (2.1846) |
| $Focus$ | −0.0426*** | −0.0579*** | −0.0212 | −0.0401*** | −0.0577*** | −0.0206 |
| | (−3.1274) | (−3.5748) | (−1.0934) | (−2.9951) | (−3.6062) | (−1.0810) |
| $Peer1×Focus$ | −0.2985*** | −0.2038** | −0.0243 | | | |
| | (−3.7230) | (−2.1418) | (−0.1981) | | | |
| $Peer2×Focus$ | | | | −0.3383*** | −0.2511** | −0.0213 |
| | | | | (−3.5831) | (−2.1996) | (−0.1425) |
| _cons | 0.9297*** | 0.0382 | 0.1910 | 0.9298*** | 0.0366 | 0.1991 |
| | (6.3211) | (0.2211) | (0.9329) | (6.3205) | (0.2116) | (0.9724) |
| CV | √ | √ | √ | √ | √ | √ |
| Year | √ | √ | √ | √ | √ | √ |
| Industry | √ | √ | √ | √ | √ | √ |
| Region | √ | √ | √ | √ | √ | √ |
| F | 21.7598 | 12.5339 | 9.6891 | 21.7787 | 12.5215 | 9.7333 |
| $Adj\ R^2$ | 0.1197 | 0.0839 | 0.0865 | 0.1196 | 0.0838 | 0.0867 |
| N | 16686 | 12229 | 9050 | 16686 | 12229 | 9050 |

注：括号内 t 值采用 robust 修正，*、**、***分别代表在10%、5%和1%的水平上显著，结果均保留四位小数。

由此可见，共同分析师的外部监督对影子银行化同群效应降低企业总资产收益率和提高企业财务风险的不利后果均没有显著的缓解作用，但能够短期缓解影子银行化同群效应对股价崩盘风险的不利影响。可能的原因在于，在中国的资本市场上，分析师的职责主要是为外部投资者特别是机构投资者服务，他们更多地关心外部投资者的利益是否受损，由于股价崩盘风险的提高会影响外部投资者的利益，因此共同分析师的外部监督作用能够缓解影子银行化同群效应对股价崩盘风险的不利影响。相比之下，作为独立于企业之外的分析师的作用并没有在企业的经营绩效和财务风险方面得到很好的发挥，因而需要寻找其他有效的治理手段。

### 7.4.3　内部治理对影子银行化同群效应经济后果的调节

如前文所言，分析师作为外部监督力量，难以准确把握企业内部的绩效和风险，虽然共同分析师的外部监督能够短期缓解影子银行化同群效应对股价崩盘风险的不利影响，但是却对影子银行化同群效应降低企业总资产收益率和提高企业财务风险的不利后果均没有发挥作用。在现代公司制度中，所有权和经营权的分离导致了逆向选择和道德风险，管理层在投资决策中可能会出于维护声誉、获得股东认可等目的，而做出忽略企业自身实际情况的模仿和学习同群企业的影子银行化行为。因此，影子银行化同群效应在一定程度上也反映了管理层对外部信息的过度依赖和难靠自主决策来维持竞争优势的代理问题。那么，通过提高企业内部治理水平能否缓解影子银行化同群效应所带来的不利影响？为了探究这一问题，本章将探究内部治理对影子银行化同群效应经济后果的调节作用。

参考目前文献的普遍做法（严若森等，2018；顾乃康和周艳丽，2017；胡楠等，2021），本章使用主成分分析法来构造企业内部治理综合指数，并以此来衡量企业内部的治理水平。具体的做法是，从监督、激励、决策多方面构造综合性指标来度量企业内部治理水平，选取高管薪酬、高管持股比例、独立董事比例、董事会规模、机构持股比例、股权制衡度、董事长和总经理是否两职合一的指标来构建公司治理指数，将从主成分分析法中得到的第一主成分作为反映公司治理水平的综合指标（*ManageLevel*），得分越高，内部治理水平越好。并根据 *ManageLevel* 年份的中位数设置内部治理水平高低的虚拟变量 *MA*，当 *ManageLevel* 大于中位数时 *MA* 取值为 1，表示企业的内部治理水平较高；否则为 0，表示企业的内部治理水平较低。如模型（7.9）所示，将内部治理水平的虚拟变量 *MA* 与主要解释变量 *Peer* 相乘，观察交乘项 *Peer×MA* 回归系数的正负和显著性，从而判断内部治理水平对影子银行化同群效应经济后果的影响。

$$Consequence_{i,\,t/t+1/t+2} = \gamma_0 + \gamma_1 Peer_{i,\,j,\,t} + \gamma_2 MA_{i,\,t} + \gamma_3 Peer_{i,\,j,\,t} \times MA_{i,\,t} +$$

$$\gamma_4 CV_{i,\,t} + \sum Year + \sum Industry + \sum Region + \varepsilon_{i,\,t}$$

$$(7.9)$$

（1）内部治理水平对影子银行化同群效应降低企业绩效的调节。内部治理水平对影子银行化同群效应降低企业总资产收益率的调节作用如表 7-14 所示。其中第（1）至第（3）列显示的是内部治理水平对广义影子银行化同群效应抑制企业总资产收益率的调节，第（4）至第（6）列显示的是内部治理水平对狭义影子银行化同群效应抑制企业总资产收益率的调节。从第（1）至第（6）列的回归结果可知，Peer1 和 Peer2 的回归系数依然显著为负，在 $t$ 期时，交乘项 $Peer1 \times MA$ 和 $Peer2 \times MA$ 的回归系数均不显著；在 $t+1$ 期时，交乘项 $Peer1 \times MA$ 的回归系数不显著，$Peer2 \times MA$ 的回归系数在 10% 的水平上显著为正；在 $t+2$ 期时，交乘项 $Peer1 \times MA$ 和 $Peer2 \times MA$ 的回归系数均在 5% 的水平上显著为正，即说明内部治理水平至少能够降低影子银行化同群效应对企业长期绩效的抑制作用。

表 7-14 内部治理水平对影子银行化同群效应降低总资产收益率的调节作用

| | (1) | (2) | (3) | (4) | (5) | (6) |
|---|---|---|---|---|---|---|
| | $ROA$ | $ROA_{t+1}$ | $ROA_{t+2}$ | $ROA$ | $ROA_{t+1}$ | $ROA_{t+2}$ |
| $Peer1$ | −0.0087 ** | −0.0207 *** | −0.0277 *** | | | |
| | (−2.1952) | (−4.4088) | (−4.3346) | | | |
| $Peer2$ | | | | −0.0084 * | −0.0238 *** | −0.0304 *** |
| | | | | (−1.7794) | (−4.2000) | (−3.8538) |
| $MA$ | −0.0055 *** | −0.0058 *** | −0.0083 *** | −0.0055 *** | −0.0057 *** | −0.0084 *** |
| | (−5.8566) | (−4.9637) | (−5.8156) | (−5.8625) | (−4.8949) | (−5.9088) |
| $Peer1 \times MA$ | −0.0030 | 0.0077 | 0.0180 ** | | | |
| | (−0.6367) | (1.3024) | (2.2565) | | | |
| $Peer2 \times MA$ | | | | −0.0032 | 0.0118 * | 0.0215 ** |
| | | | | (−0.5731) | (1.6768) | (2.2100) |
| $\_cons$ | −0.1097 *** | −0.0597 *** | 0.0005 | −0.1095 *** | −0.0597 *** | 0.0005 |
| | (−12.4080) | (−5.1365) | (0.0312) | (−12.3812) | (−5.1351) | (0.0308) |
| $CV$ | √ | √ | √ | √ | √ | √ |
| $Year$ | √ | √ | √ | √ | √ | √ |
| $Industry$ | √ | √ | √ | √ | √ | √ |
| $Region$ | √ | √ | √ | √ | √ | √ |
| $F$ | 122.8253 | 70.6751 | 41.2707 | 122.4162 | 70.3345 | 41.1947 |
| $Adj R^2$ | 0.4693 | 0.3934 | 0.3292 | 0.4691 | 0.3932 | 0.3288 |
| $N$ | 16576 | 12125 | 8968 | 16576 | 12125 | 8968 |

注：括号内 t 值采用 robust 修正，*、**、*** 分别代表在 10%、5% 和 1% 的水平上显著，结果均保留四位小数。

（2）内部治理水平对影子银行化同群效应增加企业风险的调节。表 7-15 显示了内部治理水平对影子银行化同群效应增加企业财务风险的调节作用。其中第（1）至第（3）列显示的内部治理水平对广义影子银行化同群效应促进企业财务风险的调节，第（4）至第（6）列显示的是内部治理水平对狭义影子银行化同群效应促进企业财务风险的调节。从第（1）至第（6）列的回归结果可知，$Peer1$ 和 $Peer2$ 的回归系数依然显著为正，在 $t$ 期和 $t+1$ 期时，交乘项 $Peer1 \times MA$ 和 $Peer2 \times MA$ 的回归系数显著为负；在 $t+2$ 期时，交乘项 $Peer1 \times MA$ 的回归系数在 10% 的水平上显著为负，$Peer2 \times MA$ 的回归系数不显著，即至少说明在当期和短期内，内部治理水平能够降低影子银行化同群效应对企业财务风险的促进作用。

表 7-15　内部治理水平对影子银行化同群效应增加企业财务风险的调节作用

| | (1) | (2) | (3) | (4) | (5) | (6) |
|---|---|---|---|---|---|---|
| | $F\_risk$ | $F\_risk_{t+1}$ | $F\_risk_{t+2}$ | $F\_risk$ | $F\_risk_{t+1}$ | $F\_risk_{t+2}$ |
| $Peer1$ | 0.2120*** | 0.2714*** | 0.3388*** | | | |
| | (6.3049) | (5.4864) | (4.8351) | | | |
| $Peer2$ | | | | 0.2379*** | 0.2978*** | 0.3895*** |
| | | | | (5.9479) | (5.0831) | (4.5633) |
| $MA$ | −0.0109 | 0.0106 | 0.0314* | −0.0108 | 0.0120 | 0.0346** |
| | (−1.1342) | (0.7761) | (1.7904) | (−1.1311) | (0.8862) | (1.9779) |
| $Peer1 \times MA$ | −0.0785** | −0.1225** | −0.1650* | | | |
| | (−1.9621) | (−2.0219) | (−1.9339) | | | |
| $Peer2 \times MA$ | | | | −0.0931* | −0.1331* | −0.1628 |
| | | | | (−1.9583) | (−1.8452) | (−1.5566) |
| $\_cons$ | −3.3112*** | −3.1580*** | −3.2779*** | −3.3108*** | −3.1592*** | −3.2764*** |
| | (−31.9462) | (−21.5142) | (−17.3391) | (−31.9096) | (−21.5002) | (−17.2872) |
| $CV$ | √ | √ | √ | √ | √ | √ |
| $Year$ | √ | √ | √ | √ | √ | √ |
| $Industry$ | √ | √ | √ | √ | √ | √ |
| $Region$ | √ | √ | √ | √ | √ | √ |
| $F$ | 468.7190 | 181.3772 | 100.3684 | 467.7835 | 181.0567 | 100.2738 |
| $Adj\ R^2$ | 0.7223 | 0.5816 | 0.4946 | 0.7223 | 0.5814 | 0.4946 |
| $N$ | 16576 | 12125 | 8968 | 16576 | 12125 | 8968 |

注：括号内 t 值采用 robust 修正，*、**、***分别代表在 10%、5% 和 1% 的水平上显著，结果均保留四位小数。

金融安全背景下非金融企业影子银行化的同群效应研究

表 7-16 展示了内部治理水平对影子银行化同群效应增加企业股价崩盘风险的调节作用。其中第（1）至第（3）列显示的是内部治理水平对广义影子银行化同群效应促进企业股价崩盘风险的调节，第（4）至第（6）列显示的是内部治理对狭义影子银行化同群效应促进企业股价崩盘风险的调节。观察交乘项的系数可以发现，交乘项 Peer1×MA 和 Peer2×MA 的回归系数仅在 t 期时显著为负，在 t+1 期和 t+2 期时均不显著，表明内部治理水平的提高能够缓解当期影子银行化同群效应对企业股价崩盘风险的促进作用，但即使是内部治理水平较高时也不能及时发现短期和长期影子银行化同群效应给企业带来的股价崩盘风险。

表 7-16　内部治理水平对影子银行化同群效应增加企业股价崩盘风险的调节作用

| | (1) | (2) | (3) | (4) | (5) | (6) |
|---|---|---|---|---|---|---|
| | $Ncskew$ | $Ncskew_{t+1}$ | $Ncskew_{t+2}$ | $Ncskew$ | $Ncskew_{t+1}$ | $Ncskew_{t+2}$ |
| $Peer1$ | 0.1474** | 0.1345* | 0.0543 | | | |
| | (2.2067) | (1.7312) | (0.5347) | | | |
| $Peer2$ | | | | 0.1959** | 0.1316 | 0.1048 |
| | | | | (2.5561) | (1.4238) | (0.8982) |
| $MA$ | −0.0004 | 0.0065 | 0.0224 | −0.0020 | 0.0060 | 0.0214 |
| | (−0.0305) | (0.4096) | (1.2194) | (−0.1527) | (0.3784) | (1.1893) |
| $Peer1×MA$ | −0.1420* | −0.0184 | 0.1485 | | | |
| | (−1.7616) | (−0.1957) | (1.2434) | | | |
| $Peer2×MA$ | | | | −0.1934** | −0.0288 | 0.1763 |
| | | | | (−2.0429) | (−0.2556) | (1.2403) |
| _cons | 0.9015*** | 0.0131 | 0.1590 | 0.9059*** | 0.0150 | 0.1684 |
| | (6.1022) | (0.0750) | (0.7713) | (6.1323) | (0.0863) | (0.8162) |
| CV | √ | √ | √ | √ | √ | √ |
| Year | √ | √ | √ | √ | √ | √ |
| Industry | √ | √ | √ | √ | √ | √ |
| Region | √ | √ | √ | √ | √ | √ |
| F | 21.4327 | 12.3320 | 9.5382 | 21.4588 | 12.3198 | 9.5741 |
| Adj $R^2$ | 0.1188 | 0.0832 | 0.0861 | 0.1188 | 0.0830 | 0.0863 |
| N | 16576 | 12125 | 8968 | 16576 | 12125 | 8968 |

注：括号内 t 值采用 robust 修正，*、**、***分别代表在 10%、5% 和 1% 的水平上显著，结果均保留四位小数。

总的来说，从外部监督的角度而言，共同分析师的外部监督不能让企业有效缓解影子银行化同群效应抑制企业总资产收益率和促进企业财务风险上的负面后果，但能够在当期和短期内缓解影子银行化同群效应对股价崩盘风险的负面影响；从内部治理的角度而言，内部治理水平能够缓解影子银行化同群效应给企业在绩效、财务风险和股价崩盘风险方面的不利影响。该研究结论的启示在于：一方面，在非金融企业影子银行化同群效应普遍存在的情况下，通过提高非金融企业的内部治理水平可以有效缓解影子银行化同群效应给企业带来的负面影响，因此，非金融企业应该重视内部治理水平的提高，避免放大影子银行化同群效应的风险。另一方面，在中国资本市场不太健全和分析师行业还未完善的背景下，共同分析师的外部监督治理作用仍然亟待挖掘和发展，充分发挥共同分析师的多重角色有利于从企业外部的独立的视角，推进中国的市场化进程。

### 7.4.4　稳健性检验

　　为了验证上述结论的科学性和稳健性，本书从四个方面对经济后果的结论进行了稳健性检验。

#### 7.4.4.1　替换经济后果变量的衡量方式

　　（1）替换企业绩效的衡量方式。企业绩效除了可以用总资产收益率（$ROA$）表示，还可以用每股收益（$Return$）进行衡量。在资本市场上，对于外部投资者而言，他们可能更加关心上市公司的每股收益，这与投资者的利益直接相关。因此，本章将每股收益作为企业绩效的另一替代变量，重新对非金融企业影子银行化的经济后果进行检验。回归结果如表 7-17 所示。其中，第（1）至第（3）列的主要解释变量为广义的影子银行化同群效应 $Peer1$，第（4）至第（6）列的主要解释变量为狭义的影子银行化同群效应 $Peer2$。结果显示，$Peer1$ 和 $Peer2$ 的回归系数依然在 1% 的水平上显著为负，说明在改变对企业绩效的衡量后，非金融企业的影子银行化同群效应对短期和长期的企业绩效依然具有显著的抑制作用。

表 7-17　替换企业绩效的衡量方式

| | （1） | （2） | （3） | （4） | （5） | （6） |
|---|---|---|---|---|---|---|
| | $Return$ | $Return_{t+1}$ | $Return_{t+2}$ | $Return$ | $Return_{t+1}$ | $Return_{t+2}$ |
| $Peer1$ | -0.1955*** | -0.2476*** | -0.1854*** | | | |
| | (-5.7014) | (-5.7664) | (-3.3124) | | | |

续表

| | （1） | （2） | （3） | （4） | （5） | （6） |
|---|---|---|---|---|---|---|
| | $Return$ | $Return_{t+1}$ | $Return_{t+2}$ | $Return$ | $Return_{t+1}$ | $Return_{t+2}$ |
| Peer2 | | | | −0.1931*** | −0.2666*** | −0.1840*** |
| | | | | （−4.8852） | （−5.2346） | （−2.7518） |
| State | 0.0032 | 0.0181 | 0.0340** | 0.0031 | 0.0183 | 0.0343** |
| | （0.3290） | （1.5023） | （2.2988） | （0.3207） | （1.5166） | （2.3206） |
| Size | 0.1622*** | 0.1321*** | 0.1244*** | 0.1622*** | 0.1320*** | 0.1244*** |
| | （32.6610） | （21.4166） | （16.4984） | （32.6618） | （21.4271） | （16.5010） |
| Lev | −0.3490*** | −0.1332*** | −0.1647*** | −0.3521*** | −0.1362*** | −0.1676*** |
| | （−12.8837） | （−3.9530） | （−3.8703） | （−12.9998） | （−4.0483） | （−3.9446） |
| Growth | 0.0516*** | 0.0569*** | 0.0462*** | 0.0515*** | 0.0568*** | 0.0462*** |
| | （11.6886） | （10.8204） | （7.3336） | （11.6758） | （10.8159） | （7.3368） |
| Profit | 0.6507*** | 0.4157*** | 0.2280*** | 0.6519*** | 0.4163*** | 0.2291*** |
| | （20.9112） | （11.0223） | （5.0934） | （20.9377） | （11.0300） | （5.1134） |
| Cfo | 1.5803*** | 1.6643*** | 1.4424*** | 1.5850*** | 1.6700*** | 1.4475*** |
| | （24.3993） | （22.0658） | （16.1208） | （24.4460） | （22.1092） | （16.1540） |
| Dual | −0.0177* | −0.0003 | 0.0170 | −0.0176* | −0.0004 | 0.0170 |
| | （−1.8596） | （−0.0277） | （1.1748） | （−1.8480） | （−0.0340） | （1.1687） |
| Smr | 0.3321*** | 0.2239*** | 0.1364*** | 0.3328*** | 0.2257*** | 0.1393*** |
| | （9.7007） | （5.3193） | （2.6710） | （9.7203） | （5.3618） | （2.7287） |
| Board | −0.0727*** | −0.0902*** | −0.1196*** | −0.0727*** | −0.0905*** | −0.1201*** |
| | （−2.9852） | （−3.0551） | （−3.3611） | （−2.9835） | （−3.0619） | （−3.3737） |
| Indi | −0.3110*** | −0.2429** | −0.3569*** | −0.3086*** | −0.2380** | −0.3553*** |
| | （−3.9759） | （−2.5289） | （−3.1121） | （−3.9420） | （−2.4780） | （−3.0993） |
| _cons | −3.1497*** | −2.4960*** | −2.0062*** | −3.1479*** | −2.4968*** | −2.0057*** |
| | （−26.3077） | （−16.4834） | （−10.7427） | （−26.2866） | （−16.4870） | （−10.7383） |
| Year | √ | √ | √ | √ | √ | √ |
| Industry | √ | √ | √ | √ | √ | √ |
| Region | √ | √ | √ | √ | √ | √ |
| F | 42.1021 | 26.6412 | 17.5495 | 41.9611 | 26.6299 | 17.5522 |
| Adj $R^2$ | 0.2782 | 0.2325 | 0.2018 | 0.2778 | 0.2321 | 0.2015 |
| N | 15493 | 11374 | 8337 | 15493 | 11374 | 8337 |

注：括号内 t 值采用 robust 修正，*、**、***分别代表在10%、5%和1%的水平上显著，结果均保留四位小数。

（2）替换企业财务风险的衡量方式。黄贤环等（2018）认为，Altman（2002）提出的修正的 Z 指数在保留指数综合性的同时，更加符合新兴资本环境下上市公司的财务状况，因此本章使用修正的 Z 指数重新将影子银行化同群效应对企业财务风险的影响进行检验，检验结果如表 7-18 所示。其中，第（1）至第（3）列的主要解释变量为广义的影子银行化同群效应 Peer1，第（4）至第（6）列的主要解释变量为狭义的影子银行化同群效应 Peer2。结果显示，Peer1 和 Peer2 的回归系数依然在 1% 的水平上显著为正，说明在改变对财务风险的度量方式后，影子银行化同群效应仍然会提高企业的财务风险，与前文研究的结论一致。

表 7-18　替换企业财务风险的衡量方式

| | （1） | （2） | （3） | （4） | （5） | （6） |
|---|---|---|---|---|---|---|
| | $F\_risk$ | $F\_risk_{t+1}$ | $F\_risk_{t+2}$ | $F\_risk$ | $F\_risk_{t+1}$ | $F\_risk_{t+2}$ |
| Peer1 | 0.0868*** | 0.1493*** | 0.2324*** | | | |
| | (4.3415) | (4.8560) | (5.2514) | | | |
| Peer2 | | | | 0.1123*** | 0.1809*** | 0.2863*** |
| | | | | (4.8318) | (4.9852) | (5.3167) |
| External_F | 0.8878*** | 0.9355*** | 0.9182*** | 0.8864*** | 0.9336*** | 0.9157*** |
| | (39.4084) | (29.0757) | (22.4958) | (39.3108) | (28.9853) | (22.4097) |
| Margin | 0.6476*** | 0.7588*** | 0.6525*** | 0.6481*** | 0.7591*** | 0.6535*** |
| | (19.6508) | (14.2003) | (10.0389) | (19.6747) | (14.2166) | (10.0565) |
| State | 0.0181** | 0.0219** | 0.0257** | 0.0181** | 0.0217** | 0.0250** |
| | (2.5267) | (2.2385) | (2.0652) | (2.5160) | (2.2113) | (2.0078) |
| Size | 0.0403*** | 0.0306*** | 0.0266*** | 0.0402*** | 0.0306*** | 0.0265*** |
| | (11.1674) | (6.1400) | (4.2147) | (11.1255) | (6.1203) | (4.1921) |
| Lev | 0.4626*** | 0.4494*** | 0.4889*** | 0.4623*** | 0.4497*** | 0.4894*** |
| | (21.9040) | (14.6106) | (12.1054) | (21.9196) | (14.6305) | (12.1255) |
| Growth | -0.0165*** | -0.0244*** | -0.0194*** | -0.0165*** | -0.0243*** | -0.0193*** |
| | (-5.9318) | (-5.3396) | (-3.0721) | (-5.9109) | (-5.3345) | (-3.0620) |
| ROA | -6.0481*** | -4.1206*** | -3.2941*** | -6.0499*** | -4.1252*** | -3.3002*** |
| | (-60.3644) | (-24.2980) | (-14.6440) | (-60.3637) | (-24.3376) | (-14.6696) |
| Profit | 1.3907*** | 1.2578*** | 1.2364*** | 1.3911*** | 1.2583*** | 1.2370*** |
| | (51.0444) | (33.6415) | (26.1925) | (51.0488) | (33.6388) | (26.1954) |
| Cfo | -0.0465 | -0.2751*** | -0.2861*** | -0.0472 | -0.2775*** | -0.2887*** |
| | (-0.8667) | (-3.8013) | (-3.2497) | (-0.8811) | (-3.8358) | (-3.2851) |

续表

| | （1） | （2） | （3） | （4） | （5） | （6） |
|---|---|---|---|---|---|---|
| | $F\_risk$ | $F\_risk_{t+1}$ | $F\_risk_{t+2}$ | $F\_risk$ | $F\_risk_{t+1}$ | $F\_risk_{t+2}$ |
| *Dual* | 0.0125* | 0.0093 | 0.0025 | 0.0125* | 0.0094 | 0.0026 |
| | （1.8843） | （0.9824） | （0.2030） | （1.8855） | （0.9886） | （0.2109） |
| *Smr* | −0.0200 | −0.0006 | 0.0462 | −0.0199 | −0.0012 | 0.0442 |
| | （−0.9403） | （−0.0170） | （1.0535） | （−0.9365） | （−0.0364） | （1.0105） |
| *Board* | 0.0336* | 0.0557** | 0.0805*** | 0.0334* | 0.0558** | 0.0808*** |
| | （1.9362） | （2.3770） | （2.7105） | （1.9302） | （2.3803） | （2.7179） |
| *Indi* | −0.0560 | −0.0905 | −0.0248 | −0.0577 | −0.0940 | −0.0294 |
| | （−0.9695） | （−1.1254） | （−0.2465） | （−0.9989） | （−1.1684） | （−0.2920） |
| *Analyst* | −0.0119*** | −0.0100* | 0.0031 | −0.0118*** | −0.0100* | 0.0032 |
| | （−3.0039） | （−1.7526） | （0.4206） | （−2.9931） | （−1.7468） | （0.4329） |
| *_cons* | −2.8003*** | −2.6411*** | −2.8713*** | −2.7953*** | −2.6359*** | −2.8648*** |
| | （−30.5115） | （−20.4678） | （−17.0844） | （−30.4255） | （−20.4137） | （−17.0147） |
| *Year* | √ | √ | √ | √ | √ | √ |
| *Industry* | √ | √ | √ | √ | √ | √ |
| *Region* | √ | √ | √ | √ | √ | √ |
| *F* | 374.9788 | 155.3619 | 90.7051 | 374.7250 | 155.1660 | 90.6416 |
| *Adj R²* | 0.6954 | 0.5572 | 0.4778 | 0.6955 | 0.5573 | 0.4780 |
| *N* | 15493 | 11374 | 8337 | 15493 | 11374 | 8337 |

注：括号内 t 值采用 robust 修正，＊、＊＊、＊＊＊分别代表在 10%、5% 和 1% 的水平上显著，结果均保留四位小数。

（3）替换股价崩盘风险的衡量方式。目前，大部分学者除了使用负收益偏态系数（*Ncskew*）对股价崩盘风险进行度量之外，还会根据收益上下波动率（*Duvol*）来衡量股价崩盘风险（彭俞超等，2018；易志高等，2019；司登奎等，2021）。因此，本章将收益上下波动率作为企业股价崩盘风险的另一替代变量，重新对非金融企业影子银行化的经济后果进行检验。回归结果如表 7-19 所示。结果显示，*Peer* 的回归系数在 t 期和 t+1 期时为正但不显著，t+2 期时 *Peer* 的回归系数均在 5% 的水平上显著为正。这一结果也至少说明影子银行化同群效应会提高企业长期股价崩盘风险。

· 230 ·

表 7-19　改变股价崩盘风险的度量方式

| | (1) | (2) | (3) | (4) | (5) | (6) |
|---|---|---|---|---|---|---|
| | $Duvol$ | $Duvol_{t+1}$ | $Duvol_{t+2}$ | $Duvol$ | $Duvol_{t+1}$ | $Duvol_{t+2}$ |
| Peer1 | 0.0327 | 0.0551 | 0.1085** | | | |
| | (1.0093) | (1.3994) | (2.1660) | | | |
| Peer2 | | | | 0.0332 | 0.0560 | 0.1373** |
| | | | | (0.8915) | (1.2336) | (2.3384) |
| State | -0.0336*** | -0.0190* | -0.0199 | -0.0336*** | -0.0191* | -0.0202 |
| | (-3.4999) | (-1.6702) | (-1.4944) | (-3.5006) | (-1.6740) | (-1.5122) |
| Size | -0.0243*** | -0.0097* | -0.0294*** | -0.0243*** | -0.0097* | -0.0295*** |
| | (-5.3562) | (-1.7949) | (-4.6259) | (-5.3596) | (-1.8002) | (-4.6476) |
| Lev | 0.0892*** | -0.0062 | 0.0028 | 0.0896*** | -0.0054 | 0.0035 |
| | (3.2301) | (-0.1855) | (0.0685) | (3.2475) | (-0.1614) | (0.0877) |
| Growth | 0.0124* | 0.0124 | 0.0022 | 0.0124* | 0.0125 | 0.0024 |
| | (1.6567) | (1.3779) | (0.2079) | (1.6605) | (1.3840) | (0.2290) |
| ROA | -0.0193 | 0.3078** | 0.5727*** | -0.0199 | 0.3065** | 0.5719*** |
| | (-0.1806) | (2.3771) | (3.5686) | (-0.1860) | (2.3668) | (3.5630) |
| Profit | 0.0310 | 0.0648* | 0.0913** | 0.0308 | 0.0646* | 0.0913** |
| | (1.0025) | (1.7502) | (2.0596) | (0.9979) | (1.7442) | (2.0603) |
| Cfo | -0.0333 | -0.1213* | -0.0565 | -0.0340 | -0.1225* | -0.0574 |
| | (-0.5562) | (-1.7030) | (-0.7011) | (-0.5672) | (-1.7210) | (-0.7131) |
| Top1 | -0.0676*** | -0.0465 | -0.0154 | -0.0677*** | -0.0468 | -0.0158 |
| | (-2.5909) | (-1.4794) | (-0.4160) | (-2.5952) | (-1.4885) | (-0.4288) |
| Age | -0.0397*** | -0.0503*** | -0.0484*** | -0.0396*** | -0.0502*** | -0.0485*** |
| | (-5.5675) | (-5.8899) | (-4.7633) | (-5.5624) | (-5.8827) | (-4.7710) |
| Turnover | -0.0078*** | -0.0083** | -0.0074* | -0.0078*** | -0.0083** | -0.0074* |
| | (-2.7021) | (-2.3766) | (-1.8334) | (-2.7050) | (-2.3866) | (-1.8522) |
| Accm | 0.0677 | -0.0109 | -0.0716 | 0.0672 | -0.0119 | -0.0730 |
| | (0.9354) | (-0.1240) | (-0.6864) | (0.9280) | (-0.1357) | (-0.6999) |
| MB | 0.0297*** | 0.0067 | -0.0063 | 0.0297*** | 0.0067 | -0.0064 |
| | (5.0715) | (0.9743) | (-0.7707) | (5.0689) | (0.9695) | (-0.7847) |
| Ret | -8.8290*** | 6.1454*** | 4.9124*** | -8.8270*** | 6.1459*** | 4.9046*** |
| | (-13.6473) | (8.6283) | (5.9350) | (-13.6433) | (8.6286) | (5.9230) |

| | (1) | (2) | (3) | (4) | (5) | (6) |
|---|---|---|---|---|---|---|
| | *Duvol* | *Duvol*$_{t+1}$ | *Duvol*$_{t+2}$ | *Duvol* | *Duvol*$_{t+1}$ | *Duvol*$_{t+2}$ |
| *Sigma* | −3.8559*** | −1.0490*** | −1.6524*** | −3.8590*** | −1.0552*** | −1.6701*** |
| | (−12.6324) | (−3.0264) | (−4.1235) | (−12.6431) | (−3.0434) | (−4.1652) |
| *_cons* | 0.7139*** | 0.0641 | 0.7955*** | 0.7144*** | 0.0654 | 0.8010*** |
| | (6.4456) | (0.4885) | (5.1469) | (6.4483) | (0.4978) | (5.1801) |
| *Year* | √ | √ | √ | √ | √ | √ |
| *Industry* | √ | √ | √ | √ | √ | √ |
| *Region* | √ | √ | √ | √ | √ | √ |
| *F* | 22.1254 | 13.1543 | 9.2392 | 22.1227 | 13.1507 | 9.2669 |
| *Adj R*$^2$ | 0.1208 | 0.0917 | 0.0874 | 0.1208 | 0.0916 | 0.0875 |
| *N* | 15493 | 11374 | 8337 | 15493 | 11374 | 8337 |

注：括号内 t 值采用 robust 修正，*、**、***分别代表在 10%、5% 和 1% 的水平上显著，结果均保留四位小数。

#### 7.4.4.2 改变影子银行化同群效应的度量

通过前文可知，除了基本回归中运用了广义和狭义的影子银行化来度量非金融企业影子银行化的同群效应之外，由于对影子银行还存在着另外两种不同的衡量方式，因此本章在 *ShBank*3、*ShBank*4 的基础上，构造了其他两种影子银行化同群效应，分别为 *Peer*3 = −| *ShBank*3 − *Peer_ShBank*3 |、*Peer*4 = −| *ShBank*4 − *Peer_ShBank*4 |。再根据这两个影子银行化同群效应重新对企业总利润率、财务风险和股价崩盘风险的影响进行了检验，回归结果如表 7−20 所示。

表 7−20 中，Panel A 表示了改变影子银行化同群效应后，影子银行化同群效应对企业绩效的影响；Panel B 表示了改变影子银行化同群效应后，影子银行化同群效应对企业财务风险的影响；Panel C 表示了改变影子银行化同群效应后，影子银行化同群效应对企业股价崩盘风险的影响。在 Panel A 中，*Peer*3 和 *Peer*4 的回归系数依旧在 1% 的水平上显著为负，并且随着时间的推移，影子银行化同群效应对企业绩效的负向作用在增大，与表 7−3 的结论一致。在 Panel B 中，*Peer*3 和 *Peer*4 的回归系数依旧在 1% 的水平上显著为正，并且随着时间的推移，影子银行化同群效应对企业财务风险的提升作用在增大，与表 7−6 的结论一致。在 Panel C 中，*Peer*3 和的 *Peer*4 回归系数在 *t* 期为正但不显著，在 *t*+1 和 *t*+2 期时显著为正，并且随着时间的推移，回归系数的大小和显著性均有所提高，即说

明了非金融企业影子银行化同群效应虽然对当期股价崩盘风险没有显著的影响，但是会增加企业未来股价崩盘风险，这与表7-7中得到的结论相同。总的来说，在改变对影子银行化同群效应的度量后，非金融企业影子银行化同群效应对企业绩效、财务风险和股价崩盘风险的经济后果与前文研究一致，基本结论具有稳健性。

表 7-20　改变影子银行化同群效应的度量

| Panel A：影子银行化同群效应对企业绩效的影响 | | | | | |
|---|---|---|---|---|---|
| | (1) | (2) | (3) | (4) | (5) | (6) |
| | $ROA$ | $ROA_{t+1}$ | $ROA_{t+2}$ | $ROA$ | $ROA_{t+1}$ | $ROA_{t+2}$ |
| Peer3 | −0.0110*** | −0.0166*** | −0.0182*** | | | |
| | (−4.1471) | (−4.8575) | (−3.9110) | | | |
| Peer4 | | | | −0.0105*** | −0.0169*** | −0.0187*** |
| | | | | (−3.4145) | (−4.2887) | (−3.3674) |
| _cons | −0.1196*** | −0.0708*** | −0.0125 | −0.1193*** | −0.0705*** | −0.0124 |
| | (−13.7036) | (−6.1091) | (−0.8701) | (−13.6641) | (−6.0834) | (−0.8631) |
| CV | √ | √ | √ | √ | √ | √ |
| Year | √ | √ | √ | √ | √ | √ |
| Industry | √ | √ | √ | √ | √ | √ |
| Region | √ | √ | √ | √ | √ | √ |
| F | 124.9341 | 71.4885 | 41.4900 | 124.5380 | 71.1214 | 41.3639 |
| Adj $R^2$ | 0.4663 | 0.3900 | 0.3225 | 0.4661 | 0.3897 | 0.3221 |
| N | 16686 | 12229 | 9050 | 16686 | 12229 | 9050 |
| Panel B：影子银行化同群效应对企业财务风险的影响 | | | | | |
| | (1) | (2) | (3) | (4) | (5) | (6) |
| | $F\_risk$ | $F\_risk_{t+1}$ | $F\_risk_{t+2}$ | $F\_risk$ | $F\_risk_{t+1}$ | $F\_risk_{t+2}$ |
| Peer3 | 0.1750*** | 0.2058*** | 0.2573*** | | | |
| | (7.9899) | (5.9550) | (5.1220) | | | |
| Peer4 | | | | 0.1998*** | 0.2326*** | 0.3190*** |
| | | | | (7.7299) | (5.6570) | (5.2292) |
| _cons | −3.3368*** | −3.1458*** | −3.2612*** | −3.3351*** | −3.1451*** | −3.2553*** |
| | (−32.6962) | (−21.8244) | (−17.5393) | (−32.6464) | (−21.8062) | (−17.4791) |
| CV | √ | √ | √ | √ | √ | √ |
| Year | √ | √ | √ | √ | √ | √ |

续表

| Panel B：影子银行化同群效应对企业财务风险的影响 | | | | | |
|---|---|---|---|---|---|
| *Industry* | √ | √ | √ | √ | √ | √ |
| *Region* | √ | √ | √ | √ | √ | √ |
| *F* | 479.6151 | 184.9206 | 101.6391 | 478.6435 | 184.6535 | 101.5941 |
| *Adj R²* | 0.7224 | 0.5814 | 0.4932 | 0.7223 | 0.5813 | 0.4934 |
| *N* | 16686 | 12229 | 9050 | 16686 | 12229 | 9050 |

| Panel C：影子银行化同群效应对企业股价崩盘风险的影响 | | | | | |
|---|---|---|---|---|---|
| | (1) | (2) | (3) | (4) | (5) | (6) |
| | *Ncskew* | *Ncskew$_{t+1}$* | *Ncskew$_{t+2}$* | *Ncskew* | *Ncskew$_{t+1}$* | *Ncskew$_{t+2}$* |
| *Peer*3 | 0.0648 | 0.1179 ** | 0.1313 * | | | |
| | (1.4286) | (2.1848) | (1.8960) | | | |
| *Peer*4 | | | | 0.0810 | 0.1054 * | 0.1929 ** |
| | | | | (1.5369) | (1.6640) | (2.3739) |
| _cons | 0.8928 *** | −0.0211 | 0.1688 | 0.8963 *** | −0.0197 | 0.1769 |
| | (6.1226) | (−0.1224) | (0.8278) | (6.1437) | (−0.1146) | (0.8673) |
| *CV* | √ | √ | √ | √ | √ | √ |
| *Year* | √ | √ | √ | √ | √ | √ |
| *Industry* | √ | √ | √ | √ | √ | √ |
| *Region* | √ | √ | √ | √ | √ | √ |
| *F* | 21.9725 | 12.6121 | 9.8775 | 21.9822 | 12.5975 | 9.9180 |
| *Adj R²* | 0.1189 | 0.0831 | 0.0865 | 0.1190 | 0.0829 | 0.0867 |
| *N* | 16686 | 12229 | 9050 | 16686 | 12229 | 9050 |

注：括号内 t 值采用 robust 修正，*、**、***分别代表在 10%、5% 和 1% 的水平上显著，结果均保留四位小数。

### 7.4.4.3  控制宏观和外在因素的影响

虽然在模型（7.1）、模型（7.2）和模型（7.3）中已经控制了年份、行业和地区固定效应，但为了进一步控制由于相似的行业、地区特征和宏观经济环境可能导致企业在影子银行化行为方面的一致性，本章还对行业因素包括行业竞争程度（*HHI*）和行业营业利润率（*Sic_Ptr*）、地区因素包括地区金融发展水平（*Af*）和地区市场化程度（*Market*）、宏观经济因素包括经济增长（*GDP*）和货币供应（*M2*）进行了控制。加入行业、地区和宏观经济因素控制变量的回归结果如表 7-21 所示。在 Panel A 中，*Peer*1 和 *Peer*2 的回归系数依旧在 1% 的水平上显著为负；在 Panel B 中，*Peer*1 和 *Peer*2 的回归系数同样在 1% 的水平上显著为正；在 Panel C 中，*Peer*1 和的 *Peer*2 回归系数在 $t$ 期为正但不显著，在 $t+1$ 和 $t+2$ 期时显著为正，并且随着时间的推移，回归系数的大小和显著性均有所提高，即说明非金融企业影子银行化同群效应虽然对当期股价崩盘风险没有显著的影响，但是会增加企业未来股价崩盘风险。总的来说，在控制宏观和外在因素的影响后，非金融企业影子银行化同群效应对企业绩效、企业财务风险和企业股价崩盘风险的经济后果与前文研究一致。

表 7-21　控制宏观和外在因素的影响

| Panel A：影子银行化同群效应对企业绩效的影响 | | | | | |
|---|---|---|---|---|---|
| (1) | (2) | (3) | (4) | (5) | (6) |
| *ROA* | $ROA_{t+1}$ | $ROA_{t+2}$ | *ROA* | $ROA_{t+1}$ | $ROA_{t+2}$ |
| *Peer*1 −0.0112*** (−4.2824) | −0.0161*** (−4.6814) | −0.0178*** (−3.7818) | | | |
| *Peer*2 | | | −0.0110*** (−3.6352) | −0.0162*** (−4.1304) | −0.0172*** (−3.0806) |
| *_cons* −0.1370*** (−11.0933) | −0.0957*** (−5.6758) | −0.0386* (−1.7907) | −0.1367*** (−11.0675) | −0.0953*** (−5.6570) | −0.0382* (−1.7721) |
| *Ctrl* √ | √ | √ | √ | √ | √ |
| *CV* √ | √ | √ | √ | √ | √ |
| *Year* √ | √ | √ | √ | √ | √ |
| *Industry* √ | √ | √ | √ | √ | √ |
| *Region* √ | √ | √ | √ | √ | √ |
| *F* 120.5812 | 70.4853 | 39.8939 | 120.1945 | 70.1452 | 39.7911 |
| *Adj R²* 0.4776 | 0.4048 | 0.3386 | 0.4774 | 0.4045 | 0.3381 |
| *N* 16203 | 11669 | 8479 | 16203 | 11669 | 8479 |
| Panel B：影子银行化同群效应对企业财务风险的影响 | | | | | |
| (1) | (2) | (3) | (4) | (5) | (6) |
| *F_risk* | $F\_risk_{t+1}$ | $F\_risk_{t+2}$ | *F_risk* | $F\_risk_{t+1}$ | $F\_risk_{t+2}$ |
| *Peer*1 0.1716*** (7.8543) | 0.2053*** (5.9634) | 0.2780*** (5.5214) | | | |
| *Peer*2 | | | 0.1929*** (7.5141) | 0.2228*** (5.4565) | 0.3343*** (5.4086) |

续表

Panel B：影子银行化同群效应对企业财务风险的影响

| _cons | -3.3058*** | -3.1504*** | -3.1898*** | -3.3059*** | -3.1517*** | -3.1910*** |
|---|---|---|---|---|---|---|
|  | (-23.2974) | (-15.1654) | (-11.4420) | (-23.2956) | (-15.1750) | (-11.4439) |
| Ctrl | √ | √ | √ | √ | √ | √ |
| CV | √ | √ | √ | √ | √ | √ |
| Year | √ | √ | √ | √ | √ | √ |
| Industry | √ | √ | √ | √ | √ | √ |
| Region | √ | √ | √ | √ | √ | √ |
| F | 462.5040 | 176.8268 | 93.5884 | 461.5696 | 176.6363 | 93.5667 |
| Adj $R^2$ | 0.7274 | 0.5920 | 0.5052 | 0.7273 | 0.5918 | 0.5052 |
| N | 16203 | 11669 | 8479 | 16203 | 11669 | 8479 |

Panel C：影子银行化同群效应对企业股价崩盘风险的影响

| | (1) | (2) | (3) | (4) | (5) | (6) |
|---|---|---|---|---|---|---|
| | $Ncskew$ | $Ncskew_{t+1}$ | $Ncskew_{t+2}$ | $Ncskew$ | $Ncskew_{t+1}$ | $Ncskew_{t+2}$ |
| Peer1 | 0.0680 | 0.1366** | 0.1706** | | | |
| | (1.4863) | (2.4848) | (2.4292) | | | |
| Peer2 | | | | 0.0802 | 0.1194* | 0.2351*** |
| | | | | (1.5087) | (1.8514) | (2.8360) |
| _cons | 0.7006*** | 0.0012 | 0.6132* | 0.7029*** | 0.0015 | 0.6181* |
| | (3.2659) | (0.0046) | (1.9068) | (3.2761) | (0.0058) | (1.9216) |
| Ctrl | √ | √ | √ | √ | √ | √ |
| CV | √ | √ | √ | √ | √ | √ |
| Year | √ | √ | √ | √ | √ | √ |
| Industry | √ | √ | √ | √ | √ | √ |
| Region | √ | √ | √ | √ | √ | √ |
| F | 20.4581 | 11.2967 | 9.1221 | 20.4666 | 11.2742 | 9.1614 |
| Adj $R^2$ | 0.1198 | 0.0821 | 0.0880 | 0.1198 | 0.0818 | 0.0882 |
| N | 16203 | 11669 | 8479 | 16203 | 11669 | 8479 |

注：括号内 t 值采用 robust 修正，*、**、***分别代表在 10%、5%和 1%的水平上显著，结果均保留四位小数。

#### 7.4.4.4 子样本回归

为了排除在金融危机和股灾期间企业绩效和风险的异常变动，本章删除了

2008 年、2009 年和 2015 年的样本数据，采用新的研究区间再进行回归，结果如表 7-22 所示。表 7-22 中，Panel A 表示在子样本中，影子银行化同群效应对企业绩效的影响；Panel B 表示在子样本中，影子银行化同群效应对企业财务风险的影响；Panel C 表示子样本中影子银行化同群效应对企业股价崩盘风险的经济后果。结果显示，在删除 2008 年、2009 年和 2015 年的样本数据后，影子银行化同群效应依然对企业绩效、企业财务风险和企业股价崩盘风险有显著的负面影响，即不改变本章的基本研究结论。

表 7-22　子样本回归

Panel A：影子银行化同群效应对企业绩效的影响

| | (1) | (2) | (3) | (4) | (5) | (6) |
|---|---|---|---|---|---|---|
| | $ROA$ | $ROA_{t+1}$ | $ROA_{t+2}$ | $ROA$ | $ROA_{t+1}$ | $ROA_{t+2}$ |
| Peer1 | -0.0111*** | -0.0166*** | -0.0176*** | | | |
| | (-4.0299) | (-4.4429) | (-2.7961) | | | |
| Peer2 | | | | -0.0113*** | -0.0168*** | -0.0187** |
| | | | | (-3.5744) | (-3.8491) | (-2.5726) |
| _cons | -0.1196*** | -0.0743*** | -0.0200 | -0.1195*** | -0.0741*** | -0.0201 |
| | (-12.7978) | (-5.4422) | (-1.0098) | (-12.7736) | (-5.4204) | (-1.0143) |
| Ctrl | √ | √ | √ | √ | √ | √ |
| Year | √ | √ | √ | √ | √ | √ |
| Industry | √ | √ | √ | √ | √ | √ |
| Region | √ | √ | √ | √ | √ | √ |
| F | 109.8699 | 58.5037 | 25.2134 | 109.4060 | 58.1033 | 25.1128 |
| Adj $R^2$ | 0.4736 | 0.4061 | 0.3221 | 0.4734 | 0.4058 | 0.3219 |
| N | 13776 | 8528 | 5088 | 13776 | 8528 | 5088 |

Panel B：影子银行化同群效应对企业财务风险的影响

| | (1) | (2) | (3) | (4) | (5) | (6) |
|---|---|---|---|---|---|---|
| | $F\_risk$ | $F\_risk_{t+1}$ | $F\_risk_{t+2}$ | $F\_risk$ | $F\_risk_{t+1}$ | $F\_risk_{t+2}$ |
| Peer1 | 0.1565*** | 0.1957*** | 0.2350*** | | | |
| | (6.7612) | (4.9593) | (3.5901) | | | |
| Peer2 | | | | 0.1750*** | 0.2073*** | 0.2780*** |
| | | | | (6.5682) | (4.4567) | (3.5828) |
| _cons | -3.2564*** | -2.9886*** | -3.0939*** | -3.2541*** | -2.9884*** | -3.0848*** |
| | (-29.5322) | (-18.0945) | (-12.2223) | (-29.4676) | (-18.0737) | (-12.1463) |

| Panel B：影子银行化同群效应对企业财务风险的影响 | | | | | |
|---|---|---|---|---|---|
| *Ctrl* | √ | √ | √ | √ | √ | √ |
| *Year* | √ | √ | √ | √ | √ | √ |
| *Industry* | √ | √ | √ | √ | √ | √ |
| *Region* | √ | √ | √ | √ | √ | √ |
| *F* | 421.2876 | 152.6356 | 80.3447 | 421.0358 | 152.4166 | 82.1167 |
| *Adj R²* | 0.7269 | 0.5996 | 0.5044 | 0.7269 | 0.5994 | 0.5045 |
| *N* | 13776 | 8528 | 5088 | 13776 | 8528 | 5088 |

| Panel C：影子银行化同群效应对企业股价崩盘风险的影响 | | | | | |
|---|---|---|---|---|---|
| | （1） | （2） | （3） | （4） | （5） | （6） |
| | *Ncskew* | *Ncskew$_{t+1}$* | *Ncskew$_{t+2}$* | *Ncskew* | *Ncskew$_{t+1}$* | *Ncskew$_{t+2}$* |
| *Peer*1 | 0.1070** | 0.0936 | 0.1830** | | | |
| | (2.2157) | (1.4848) | (2.0720) | | | |
| *Peer*2 | | | | 0.1250** | 0.0773 | 0.2251** |
| | | | | (2.2543) | (1.0652) | (2.2389) |
| *_cons* | 0.9619*** | -0.5475*** | -0.1666 | 0.9668*** | -0.5487*** | -0.1554 |
| | (5.8847) | (-2.5870) | (-0.5878) | (5.9118) | (-2.5893) | (-0.5479) |
| *Ctrl* | √ | √ | √ | √ | √ | √ |
| *Year* | √ | √ | √ | √ | √ | √ |
| *Industry* | √ | √ | √ | √ | √ | √ |
| *Region* | √ | √ | √ | √ | √ | √ |
| *F* | 20.7593 | 7.6663 | 5.5881 | 20.7766 | 7.6611 | 5.6167 |
| *Adj R²* | 0.1371 | 0.0709 | 0.0806 | 0.1371 | 0.0707 | 0.0807 |
| *N* | 13776 | 8528 | 5088 | 13776 | 8528 | 5088 |

注：括号内 t 值采用 robust 修正，**、*** 分别代表在 5% 和 1% 的水平上显著，结果均保留四位小数。

# 7.5 本章小结

本章基于非金融企业影子银行化同群效应经济后果的"两面性"，实证检验了非金融企业影子银行化对企业绩效和风险的影响。本章的研究内容主要分为三个部分：第一部分检验了非金融企业影子银行化对企业总资产收益率、主营业务利润率和非主营业务利润率的影响；第二部分检验了非金融企业影子银行化对企业财务风险和股价崩盘风险的影响；第三部分检验了影子银行化同群效应是否会放大不良经济后果，以及从外部监督和内部治理的视角，考察了共同分析师监督效率与内部治理水平对负面经济后果的调节作用。通过以上实证分析，本章得到如下研究结论：

第一，非金融企业影子银行化同群效应会降低企业当期、短期和长期的总资产收益率和主营业务利润率；广义的影子银行化同群效应会增加企业当期的非主营业务利润率，狭义的影子银行化同群效应会增加企业当期、短期和长期的非主营业务利润率。第二，非金融企业影子银行化同群效应会增加企业当期、短期和长期的财务风险以及短期和长期的股价崩盘风险。第三，广义的影子银行化同群效应会放大短期的行业财务风险，狭义的影子银行化同群效应会放大长期的行业财务风险；影子银行化会放大短期和长期的行业股价崩盘风险。第四，共同分析师的监督效率能够缓解影子银行化对股价崩盘风险和短期财务风险的负面影响，但对影子银行化降低企业绩效的经济后果不具有调节作用；内部治理水平能够缓解影子银行化对企业绩效和长期财务风险的负面影响，但对影子银行化提高股价崩盘风险的经济后果不具有调节作用。

本章的实践意义在于：首先，虽然非金融企业影子银行化同群效应能够提高企业的非主营业务利润率，但是对企业的总资产收益率、主营业务利润率、财务风险和股价崩盘风险均有显著的负面影响。因此，我们应该充分认识到非金融企业影子银行化同群效应的"弊"大于"利"。其次，考虑到同群效应会放大影子银行化对财务风险和股价崩盘风险的负面影响，监管部门应该制定相关政策来抑制非金融企业在影子银行化业务上的互相模仿，防止发生系统性金融风险。最后，在应对影子银行化同群效应的不良经济后果时，通过提升内部治理水平能够缓解对企业绩效和财务风险的负面影响，通过提升共同分析师监督效率能够缓解对股价崩盘风险的负面影响。这一结论对于建立完备的影子银行化应对措施具有指导意义。

# 第8章 研究结论与对策建议

本书沿着"研究背景与问题的提出→文献回顾与理论分析→非金融企业影子银行化同群效应的存在性检验→非金融企业影子银行化同群效应的作用机制检验→非金融企业影子银行化同群效应的经济后果检验"这一思路展开研究,并相应得到了一些研究结论。首先,本章根据各章节的研究内容总结发现,并逐一归纳全书的研究结论;其次,结合本书的研究结论和中国实体经济"脱实向虚"的现实情况与制度背景,从非金融企业、证券分析师和政府部门的角度提出切实可行的对策建议;最后,综合本书的研究局限和相关领域的前沿研究,提出后续的研究展望。

## 8.1 研究结论

随着经济金融化进程的持续推进,非金融企业从事的影子银行化业务已成为实体经济"脱实向虚"中一个不可忽视的现象。企业削减主营业务转而将大量的实业资本流入金融部门,由此所导致实体经济风险不断聚集的现象,不仅脱离了金融服务于实体经济的初衷,而且阻碍了实体企业的高质量发展。并且,由于影子银行业务具有信息不对称程度高、隐蔽性强和法律主体不明确等特点,相较于传统的金融投资而言,非金融企业从事影子银行化业务的风险会更高。已有研究从外部条件和企业自身的视角对非金融企业影子银行化的影响因素进行了探讨,但忽略了企业处于一个庞大的社会网络之中,受到管理层的有限理性和信息的不对称的影响,企业影子银行化决策往往还与外部其他企业影子银行化行为相关,即行为经济学理论所称的"同群效应"现象。为了全面深刻地认识非金融企业影子银行化的驱动因素和潜在原因，防范系统性金融风险，本书选取了沪深A 股非金融上市公司 2007～2020 年的样本数据，将共同分析师联结作为同群效应的表现形式，探讨了非金融企业影子银行化同群效应的存在性、作用机制和经济后果，并得到了如下研究结论：

（1）在共同分析师联结下，非金融企业影子银行化具有显著的同群效应，这一结论经过工具变量法、倾向得分匹配的双重差分法、Heckman 两步法等稳健性检验后依然成立。

防止实体经济"脱实向虚"的问题一直是实务界和理论界关注的焦点。从现实情况来看，在银行信贷歧视和金融错配的背景下，实体企业金融化不但体现在购买股票、债权和投资性房地产等传统金融投资方式上，而且很多企业开始利用超募资金或多元化融资渠道，通过委托贷款、委托理财和民间借贷等更为隐蔽的方式开展影子银行化业务。从理论背景来看，在个体理性有限的条件下，非金融企业之间在金融投资中的交互作用已成为继非金融企业间接参与金融化（即影子银行业务）后另一解释资本"脱实向虚"的重要原因。通过发现非金融企业影子银行化同群效应的存在，对于寻找有效抑制影子银行化负面后果的具体措施具有重要的理论和现实意义。本书通过发现非金融企业影子银行化同群效应的存在，对于客观认识实体经济"脱实向虚"更深层次的原因提供了一个外部视角，同时为监管部门提出防范非金融企业影子银行化规模扩张的相关措施提供经验证据。

（2）共同分析师联结的非正式信息渠道和一般化的正式信息渠道均为非金融企业影子银行化同群效应的作用机制，但由共同分析师联结的信息机制起着主导作用，并且信息机制会受到共同分析师信息传递质量、企业规模和环境不确定性的影响。

基于信息不对称理论和共同分析师的信息传递作用，本书分别检验了由共同分析师联结所形成的非正式信息渠道和一般化信息渠道对非金融企业影子银行化同群效应的作用。研究发现，当共同分析师网络中心度越高，焦点企业影子银行化同群效应越大，证实了由共同分析师联结的非正式信息渠道的作用；当同群企业信息披露质量越高，焦点企业影子银行化同群效应则越大，证实一般化的正式信息渠道的作用；并且，当两个信息机制同时存在的时候，由共同分析师联结所形成的非正式信息渠道起主导作用。除此以外，本书还进一步检验了共同分析师的信息传递质量、焦点企业资产规模和环境的不确定性对信息机制的调节作用。研究发现，当共同分析师信息传递质量较高、焦点企业为大规模以及环境不确定性较高时，共同分析师联结所形成的非正式信息渠道更能发挥作用；当共同分析师信息传递质量较高、焦点企业为小规模以及环境不确定性较低时，一般化的正式信息渠道更能发挥作用。

（3）共同分析师联结的业绩评价竞争和行业层面的行业地位竞争均为非金融企业影子银行化同群效应的作用机制，但由共同分析师联结的竞争机制起着主导作用，并且竞争机制会受到共同分析师跟踪期限、产权性质和产品市场竞争激烈程度的影响。

基于动态竞争理论和共同分析师的业绩压力作用，本书分别检验了企业为了维持由共同分析师联结所形成的业绩评价竞争优势和维持行业层面的竞争优势对影子银行化同群效应的作用。研究发现，与所有同群企业相比，绩效排名越靠前，影子银行化同群效应越大，即证实了由共同分析师联结的竞争机制；与同行业同群企业相比，绩效排名越靠前，影子银行化同群效应越大，即证实了行业层面的竞争机制；并且，当两类竞争机制同时存在的时候，由共同分析师联结所形成的业绩评价竞争机制起着主导作用。除此以外，本书还进一步检验了共同分析师跟踪期限、产权性质和产品市场竞争激烈程度对竞争机制的调节作用。研究发现，当被短期共同分析师跟踪、焦点企业为非国有企业时，由共同分析师联结所形成竞争机制更能发挥作用；当产品市场竞争激烈程度较低时，行业层面的竞争机制更能发挥作用。

（4）影子银行化同群效应会降低企业的总资产收益率和主营业务利润率，增加企业的非主营业务利润率、财务风险和股价崩盘风险，影子银行化同群效应的整体经济后果是"弊"大于"利"，并且外部监督和内部治理会对部分负面影响起着调节作用。

基于影子银行化的高风险特征以及非金融企业同群效应经济后果的"两面性"，本书检验了非金融企业影子银行化同群效应对企业绩效、财务风险和股价崩盘风险的影响。研究发现，影子银行化同群效应会降低企业当期、短期和长期的总利润率、主营业务利润率，但广义的影子银行化同群效应会增加企业当期的非主营业务利润率，狭义的影子银行化同群效应会增加企业当期、短期和长期的非主营业务利润率。与此同时，非金融企业影子银行化同群效应会增加企业当期、短期和长期的财务风险以及短期和长期的股价崩盘风险。进一步地，本书还考察了同群效应是否会放大不良经济后果，得到的结论是，广义的影子银行化同群效应会放大短期的行业财务风险，狭义的影子银行化同群效应会放大长期的行业财务风险；影子银行化会放大短期和长期的行业股价崩盘风险。总体而言，影子银行化同群效应的经济后果是"弊"大于"利"。最后，为了探寻应对影子银行化同群效应的不良经济后果的有效措施,本书检验了外部监督和内部治理对经济后果的调节作用,研究发现,共同分析师的监督效率能够缓解影子银行化对股价崩盘风险和短期财务风险的负面影响,但对影子银行化降低企业绩效的经济后果不具有调节作用;内部治理水平能够缓解影子银行化对企业绩效和长期财务风险的负面影响,但对影子银行化提高股价崩盘风险的经济后果不具有调节作用。

## 8.2　对策建议

基于以上研究结论,本书将分别从非金融企业、证券分析师和政府部门三个层面提出如何缓解非金融企业影子银行化同群效应的负面影响、防止实体经济"脱实向虚"、避免产生系统性金融风险以及为助力实体企业实现高质量发展提供对策建议。

(1) 对于非金融企业而言,首先,企业之间存在影子银行化活动的相互模仿现象,在制定相关决策之前,管理层不应盲目跟随同群企业的决策,而需结合自身生产经营的实际情况进行合理的资金安排,避免由于开展影子银行化活动而忽视了主营业务投资,更多关注决策关联性带来的潜在风险。其次,鉴于信息不对称和动态竞争是影子银行化同群效应的内在作用机制,因此,一方面,非金融企业应该不断加强自身的先验信息和独立获取外部私有信息的能力,降低同群信息给企业影子银行化决策造成的影响;另一方面,应充分认识到只有从事可持续发展的主营业务才能长期维持非金融企业在行业企业和跟踪企业中的竞争优势。最后,影子银行化活动作为一种较为隐蔽且风险较高的金融投资行为且影子银行化同群效应会放大这种负面效应,在执行相关决策中,非金融企业一方面应该加强管理层与分析师在金融投资方面的交流和沟通,防止在没有经验和专业知识的前提下开展影子银行化活动而给企业带来危害;另一方面也要不断提升内部治理水平,避免一味地为了迎合分析师在不结合企业自身的实际情况下通过影子银行化活动获取短期超额收益的行为,以及盲目地跟随其他同群企业开展影子银行化活动,从而降低影子银行化给企业带来负面的影响。

(2) 对于证券分析师而言,首先,作为信息的揭露者,当发现非金融上市公司在开展影子银行化业务时,应该密切关注公司的资本结构调整和股票价格变化,积极地公开企业的生产经营状况,与市场充分进行沟通,防止股价崩盘风险，维护金融市场稳定。并且，在信息传递的过程中注意引导非金融企业盲目跟随同群企业开展影子银行化活动。其次，分析师要对预测企业进行长期的价值跟踪，即分析师应该通过长期地对企业调研和交流，发现企业的潜在价值，避免短期业绩带来的压力而促使非金融企业跟随和模仿同群企业开展影子银行化业务。最后，由于中国的资本市场发展起步较晚，在加大分析师对上市公司的跟踪力度、降低企业与外部投资者的信息不对称程度的同时，分析师还要对预测企业进行集中型的跟踪，即分析师控制同时跟踪企业的数量，避免由于精力的分散而导致共同分析师对企业的治理和监督不足的情况发生。

（3）对于政府部门而言，首先，应该注意到非金融企业金融化行为除了体现在购买股票、债权和投资性房地产等传统金融投资方式上，还有很多企业利用委托贷款、委托理财和民间借贷等更为隐蔽的方式开展影子银行化业务，成为了其间接参与金融投资的一种形式。并且，非金融企业在影子银行化业务上的互相模仿也是导致影子银行化规模不断攀升的原因之一，由此所形成的影子银行化同群效应会对企业绩效和风险产生负面影响。其次，在应对措施方面，需要制定相关的法律法规约束非金融企业的影子银行化行为，如制定更为严格的非金融企业开展影子银行化活动的准入门槛，加强功能性监管，提高企业的信息披露质量，防止非金融企业过度影子银行化而诱发金融风险。最后，政府除了需要制定相关的法律法规约束非金融企业的影子银行化行为之外，还要全方位控制非金融企业在影子银行化业务上的互相模仿而形成的同群效应对企业绩效和风险的负面影响。例如，事前可以从降低银行信贷歧视、降低企业外部环境的不确定性程度和提供实体投资机会等方面抑制非金融企业模仿同群企业影子银行化的动机；事中可以从激励共同分析师发挥外部监督作用、加强非金融企业对影子银行化风险的控制等方面把握影子银行化同群效应负面经济后果的边界；事后可以从对盲目模仿影子银行化的企业进行惩罚、进一步提高金融服务于实体经济的辐射能力等方面引导非金融企业从事具有长期价值的实体投资。

## 8.3 研究局限与展望

防止实体经济"脱实向虚"一直是近年来学术界和实务界关注的热点问题。由于非金融企业开展影子银行化业务具有隐蔽性、难监管和高风险的特征，因此，为了探究可能存在影子银行化同群效应，避免企业之间影子银行化的交互传染所造成的更大风险，本书初步探究了非金融企业影子银行化的同群效应，并为非金融企业、证券分析师和政府部门在防范化解影子银行化同群效应负面影响方面提供了一系列对策。总体来看，虽然补充和拓展了对非金融企业影子银行化和同群效应的相关研究，但仍然存在着不足之处，这些局限也是我们未来的研究方向。

第一，根据国内外对影子银行化的权威定义，完善对非金融企业影子银行化规模的度量。本书在对非金融企业影子银行化程度进行统计时，主要还是参考国内外权威文献的做法，对非金融企业影子银行化程度进行了一个大致的计算。但非金融企业实际影子银行化规模要大于统计的影子银行化规模，原因在于：一方面，虽然证监会要求上市公司披露委托贷款和委托理财公告，但是部分上市公司并未及时进行披露，导致这部分的影子银行业务未被统计；另一方面，与中国人民银行每年都会对宏观层面的影子银行规模进行统计并公布不同，目前还没有权威机构对企业层面的影子银行业务进行一个统计，这就导致了上市公司的有些资金实际上是符合影子银行的定义，但是却没有归纳到里面。虽然这并不影响本书的主要研究结论，但在今后随着对非金融企业影子银行化的清晰定义和官方统计数据的出台，还需进一步完善对非金融企业影子银行化规模的度量。

第二，将同地区、同行业、共同董事和共同分析师联结的影子银行化同群效应的大小、作用机制和经济后果进行比较分析。非金融企业影子银行化同群效应可能来源于不同的渠道，由于难以从数据中完全分解出影子银行化同群效应的不同来源以及共同分析师联结在其中所占的比重，因此本书结合影子银行化的特点，先从理论上分析了以共同分析师联结相较于同地区、同行业和共同董事联结而言，其作为影子银行化同群效应表现形式的优势，再遵照了现有文献的普遍做法，仅以共同分析师联结这一种方式作为影子银行化同群效应的表现形式来展开后续的研究。虽然并不会改变本书的基本研究结论和研究贡献，但如何将共同分析师联结与同地区、同行业、共同董事联结或其他社会关系网络的影子银行化同群效应进行干净分离，并比较不同来源影子银行化同群效应的大小、作用机制和经济后果，均是未来系统和全面探讨同群效应问题的研究方向。

第三，将信息机制和竞争机制所形成的影子银行化同群效应进行分离，分别检验不同作用机制所形成的经济后果。本书证实了存在共同分析师联结的信息机制和一般化的信息机制，并且也证实了存在共同分析师联结的竞争机制和行业层面的竞争机制，但是却无法剥离在不同的作用机制下影子银行化同群效应的经济后果。与此同时，虽然本书认为由于竞争机制占主导地位，导致了影子银行化同群效应会给企业绩效和风险造成负面影响，然而现实的情况却是，在影子银行化同群效应的形成中，有因为"信息获取性学习"而形成的同群效应，有因为"竞争性模仿"而形成的同群效应，也有同时因为这两种原因而形成的同群效应。那么，如何将信息机制和竞争机制所形成的影子银行化同群效应进行剥离，并检验这两类作用机制的经济后果，是今后需要研究的方向，这将有助于我们深入探讨共同分析师扮演的角色，进一步厘清非金融企业影子银行化同群效应的内在动机，为防止实体经济"脱实向虚"的政策制定提供更为翔实的经验证据。

# 参考文献

［1］安强身．金融漏损、效率修正与"反哺效应"——中国转轨经济金融低效率与经济高增长研究的新视角［J］．财经研究，2008（4）：4-15．

［2］白俊，宫晓云，赵向芳．信贷错配与非金融企业的影子银行活动——来自委托贷款的证据［J］．会计研究，2022（2）：46-55．

［3］蔡明荣，任世驰．企业金融化：一项研究综述［J］．财经科学，2014（7）：41-51．

［4］陈庆江，王彦萌，万茂丰．企业数字化转型的同群效应及其影响因素研究［J］．管理学报，2021，18（5）：653-663．

［5］陈钦源，马黎珺，伊志宏．分析师跟踪与企业创新绩效——中国的逻辑［J］．南开管理评论，2017，20（3）：15-27．

［6］陈仕华，姜广省，卢昌崇．董事联结、目标公司选择与并购绩效——基于并购双方之间信息不对称的研究视角［J］．管理世界，2013（12）：117-132．

［7］陈运森．社会网络与企业效率：基于结构洞位置的证据［J］．会计研究，2015（1）：48-55．

［8］陈运森，郑登津．董事网络关系、信息桥与投资趋同［J］．南开管理评论，2017，20（3）：159-171．

［9］程小可，姜永盛，郑立东．影子银行、企业风险承担与企业价值［J］．财贸研究，2016，27（6）：143-152．

［10］陈志斌，王诗雨．产品市场竞争对企业现金流风险影响研究——基于行业竞争程度和企业竞争地位的双重考量［J］．中国工业经济，2015（3）：96-108．

［11］邓慧慧，赵家羚．地方政府经济决策中的"同群效应"［J］．中国工业经济，2018（4）：59-78．

［12］窦炜，张书敏．国家审计能有效抑制企业的影子银行业务吗？［J］．审计研究，2022（1）：51-61.

［13］杜妍，杜闪．分析师网络与盈余公告市场反应——基于信息溢出效应视角［J］．财会月刊，2021（20）：55-62.

［14］杜勇，刘婷婷．非金融企业影子银行化的同群效应：基于共同分析师的视角［J］．金融经济学研究，2022，37（3）：45-63.

［15］杜勇，刘婷婷．企业金融化的同群效应：基于连锁董事网络的研究［J］．财经科学，2021（4）：11-27.

［16］杜勇，张欢，陈建英．金融化对实体企业未来主业发展的影响：促进还是抑制［J］．中国工业经济，2017（12）：113-131.

［17］傅超，杨曾，傅代国．"同伴效应"影响了企业的并购商誉吗？——基于我国创业板高溢价并购的经验证据［J］．中国软科学，2015（11）：94-108.

［18］方先明，谢雨菲．影子银行及其交叉传染风险［J］．经济学家，2016（3）：58-65.

［19］龚关，江振龙，徐达实，李成．非金融企业影子银行化与资源配置效率的动态演进［J］．经济学（季刊），2021，21（6）：2105-2126.

［20］桂荷发，张春莲，王晓艳．非金融企业影子银行化影响了经营绩效吗？［J］．金融与经济，2021（7）：72-80.

［21］高海红，高蓓．中国影子银行与金融改革：以银证合作为例［J］．国际经济评论，2014（2）：118-132，7.

［22］高洁超，汪晨涛，刘允．经济政策不确定性与非金融企业的影子银行化［J］．金融论坛，2020，25（8）：18-27，51.

［23］顾乃康，周艳利．卖空的事前威慑、公司治理与企业融资行为——基于融资融券制度的准自然实验检验［J］．管理世界，2017（2）：120-134.

［24］苟琴，黄益平，刘晓光．银行信贷配置真的存在所有制歧视吗？［J］．管理世界，2014（1）：16-26.

［25］胡聪慧，燕翔，郑建明．有限注意、上市公司金融投资与股票回报率［J］．会计研究，2015（10）：82-88，97.

［26］胡楠，薛付婧，王昊楠．管理者短视主义影响企业长期投资吗？——基于文本分析和机器学习［J］．管理世界，2021，37（5）：139-156，11，19-21.

［27］胡金焱，张晓帆．高管金融背景、外部监督与非金融企业影子银行化

[J]. 济南大学学报（社会科学版），2022，32（1）：101-116，176.

[28] 韩珣，李建军. 金融错配、非金融企业影子银行化与经济"脱实向虚"[J]. 金融研究，2020（8）：93-111.

[29] 韩珣，李建军. 政策连续性、非金融企业影子银行化与社会责任承担[J]. 金融研究，2021（9）：131-150.

[30] 韩珣，李建军，彭俞超. 政策不连续性、非金融企业影子银行化与企业创新[J]. 世界经济，2022，45（4）：31-53.

[31] 韩珣，田光宁，李建军. 非金融企业影子银行化与融资结构——中国上市公司的经验证据[J]. 国际金融研究，2017（10）：44-54.

[32] 韩珣，黄娴静. 银行所有制歧视、非金融企业影子银行化与社会福利损失[J]. 广西大学学报（哲学社会科学版），2021，43（3）：144-150.

[33] 郝项超. 委托理财导致上市公司脱实向虚吗？——基于企业创新的视角[J]. 金融研究，2020（3）：152-168.

[34] 黄贤环，王翠. 非金融企业影子银行化与盈余可持续性[J]. 审计与经济研究，2021，36（4）：80-89.

[35] 黄贤环，吴秋生，王瑶. 金融资产配置与企业财务风险："未雨绸缪"还是"舍本逐末"[J]. 财经研究，2018，44（12）：100-112，125.

[36] 黄贤环，姚荣荣. 资本市场开放与非金融企业影子银行化[J]. 国际金融研究，2021（11）：87-96.

[37] 胡奕明，王雪婷，张瑾. 金融资产配置动机："蓄水池"或"替代"？——来自中国上市公司的证据[J]. 经济研究，2017（1）：183-196.

[38] 蒋敏，周炜，宋杨. 影子银行、《资管新规》和企业融资[J]. 国际金融研究，2020（12）：63-72.

[39] 李存，杨大光. 我国影子银行对实体经济的影响及对策[J]. 经济纵横，2017（3）：106-111.

[40] 逯东，谢璇，杨丹. 乐观的分析师更可能进入明星榜单吗——基于《新财富》最佳分析师的评选机制分析[J]. 南开管理评论，2020，23（2）：108-120.

[41] 李佳宁，钟田丽. 企业投资决策趋同："羊群效应"抑或"同伴效应"？——来自中国非金融上市公司的面板数据[J]. 中国软科学，2020（1）：128-142.

[42] 罗进辉. 上市公司的信息披露质量为何摇摆不定？[J]. 投资研究，

2014（1）：134-152.

[43] 刘计含，王建琼．基于社会网络视角的企业社会责任行为相似性研究 [J].中国管理科学，2016，24（9）：115-123.

[44] 李建军，韩珣．非金融企业影子银行化与经营风险 [J].经济研究，2019，54（8）：21-35.

[45] 李建军，乔博，胡凤云．中国影子银行形成机理与宏观效应 [J].宏观经济研究，2015（11）：22-29，105.

[46] 刘珺，盛宏清，马岩．企业部门参与影子银行业务机制及社会福利损失模型分析 [J].金融研究，2014（5）：96-109.

[47] 李秋梅，梁权熙．企业"脱实向虚"如何传染？——基于同群效应的视角 [J].财经研究，2020，46（8）：140-155.

[48] 李青原，陈世来，陈昊．金融强监管的实体经济效应——来自资管新规的经验证据 [J].经济研究，2022，57（1）：137-154.

[49] 陆蓉，常维．近墨者黑：上市公司违规行为的"同群效应" [J].金融研究，2018（8）：172-189.

[50] 陆蓉，王策，邓鸣茂．我国上市公司资本结构"同群效应"研究 [J].经济管理，2017，39（1）：181-194.

[51] 刘善仕，孙博，葛淳棉，王琪．人力资本社会网络与企业创新——基于在线简历数据的实证研究 [J].管理世界，2017（7）：88-98.

[52] 李文喆．中国影子银行的经济学分析：定义、构成和规模测算 [J].金融研究，2019（3）：53-73.

[53] 李小林，宗莹萍，司登奎，孙越．非金融企业影子银行业务的反噬效应——基于企业风险承担的视角 [J].财经研究，2022，48（7）：124-137.

[54] 李馨子，牛煜皓，张修平．公司的金融投资行为会传染其他企业吗？——来自企业集团的经验证据 [J].中国软科学，2019（7）：102-110.

[55] 李志生，苏诚，李好，孔东民．企业过度负债的地区同群效应 [J].金融研究，2018（9）：74-90.

[56] 李占婷．共同分析师与公司投资 [D].内蒙古大学，2018.

[57] 马慧．共同分析师与公司并购——基于券商上市的准自然实验证据 [J].财经研究，2019，45（2）：113-125.

[58] 马骏，李书娴，李江雁．被动模仿还是主动变革？——上市公司互联网涉入的同群效应研究 [J].经济评论，2021（5）：86-101.

[59] 孟庆斌，吴卫星，于上尧．基金经理职业忧虑与其投资风格［J］．经济研究，2015，50（3）：115-130.

[60] 马勇，王满，马影．影子银行业务会增加股价崩盘风险吗［J］．财贸研究，2019，30（11）：83-93.

[61] 毛志宏，哈斯乌兰，金龙．实体企业影子银行化会加剧违约风险吗？［J］．经济科学，2021（2）：72-84.

[62] 毛泽盛，万亚兰．中国影子银行与银行体系稳定性阈值效应研究［J］．国际金融研究，2012（11）：65-73.

[63] 毛泽盛，周舒舒．企业影子银行化与货币政策信贷渠道传导——基于DSGE模型的分析［J］．财经问题研究，2019（1）：59-65.

[64] 彭俞超，何山．资管新规、影子银行与经济高质量发展［J］．世界经济，2020，43（1）：47-69.

[65] 彭俞超，倪骁然，沈吉．企业"脱实向虚"与金融市场稳定——基于股价崩盘风险的视角［J］．经济研究，2018，53（10）：50-66.

[66] 潘越，戴亦一，林超群．信息不透明、分析师关注与个股暴跌风险［J］．金融研究，2011（9）：138-151.

[67] 裘翔，周强龙．影子银行与货币政策传导［J］．经济研究，2014，49（5）：91-105.

[68] 钱雪松，谢晓芬，杜立．金融发展、影子银行区域流动和反哺效应——基于中国委托贷款数据的经验分析［J］．中国工业经济，2017（6）：60-78.

[69] 苏诚．连锁董事网中公司并购行为的同群效应［J］．华东经济管理，2017，31（1）：143-150.

[70] 司登奎，李小林，赵仲匡．非金融企业影子银行化与股价崩盘风险［J］．中国工业经济，2021（6）：174-192.

[71] 孙国峰，贾君怡．中国影子银行界定及其规模测算——基于信用货币创造的视角［J］．中国社会科学，2015（11）：92-110，207.

[72] 石桂峰．地方政府干预与企业投资的同伴效应［J］．财经研究，2015，41（12）：84-94，106.

[73] 宋广蕊，马春爱，肖榕．同群效应视角下高管创新注意力、连锁关系对企业创新投资行为的影响研究［J］．管理学报，2022，19（8）：1195-1203.

[74] 申慧慧，于鹏，吴联生．国有股权、环境不确定性与投资效率［J］．

经济研究，2012，47（7）：113-126.

［75］史金艳，杨健亨，李延喜，张启望．牵一发而动全身：供应网络位置、经营风险与公司绩效［J］.中国工业经济，2019（9）：136-154.

［76］谭德凯，田利辉．民间金融发展与企业金融化［J］.世界经济，2021，44（3）：61-85.

［77］汪宝，刘洋，赵振宇，臧日宏．我国企业金融化行为同群效应研究——基于空间杜宾模型的经验分析［J］.金融理论与实践，2022（8）：1-11.

［78］王超恩，张瑞君，谢露．产融结合、金融发展与企业创新——来自制造业上市公司持股金融机构的经验证据［J］.研究与发展管理，2016，28（5）：71-81.

［79］吴娜，白雅馨，安毅．主动模仿还是被动反应：商业信用同群效应研究［J］.南开管理评论，2022，25（3）：149-161.

［80］万良勇，梁婵娟，饶静．上市公司并购决策的行业同群效应研究［J］.南开管理评论，2016，19（3）：40-50.

［81］王雯．中国企业研发投资同群效应研究［D］.上海：华东师范大学，2019.

［82］王营，曹廷求．企业金融化的传染效应研究［J］.财经研究，2020，46（12）：152-166.

［83］王营，曹廷求．董事网络增进企业债务融资的作用机理研究［J］.金融研究，2014（7）：189-206.

［84］王营，曹廷求．董事网络下企业同群捐赠行为研究［J］.财经研究，2017，43（8）：69-81.

［85］王艳艳，王成龙，于李胜，郑天宇．银行高管薪酬延付政策能抑制影子银行扩张吗？［J］.管理世界，2020，36（12）：211-225，252.

［86］王永钦，刘紫寒，李嫦，杜巨澜．识别中国非金融企业的影子银行活动——来自合并资产负债表的证据［J］.管理世界，2015（12）：24-40.

［87］许汝俊．分析师跟踪网络，融资决策与企业价值［D］.武汉：中南财经政法大学，2019.

［88］许汝俊，袁天荣，龙子午，赵晴．分析师跟进网络会引起上市公司融资决策同群效应吗？——分析师角色视角的一个新解释［J］.经济管理，2018，40（10）：156-172.

［89］许年行，江轩宇，伊志宏，徐信忠．分析师利益冲突、乐观偏差与股

价崩盘风险 [J]. 经济研究, 2012, 47 (7): 127-140.

[90] 肖土盛, 宋顺林, 李路. 信息披露质量与股价崩盘风险: 分析师预测的中介作用 [J]. 财经研究, 2017, 43 (2): 110-121.

[91] 肖怿昕. 企业投资同侪效应的动因研究 [D]. 杭州: 浙江大学, 2021.

[92] 肖怿昕, 金雪军. "经济飞地" 政策与企业投资: 同群效应还是追赶效应? [J]. 产业经济研究, 2020 (6): 113-127.

[93] 谢震, 艾春荣. 分析师关注与公司研发投入: 基于中国创业板公司的分析 [J]. 财经研究, 2014, 40 (2): 108-119.

[94] 颜恩点, 孙安其, 储溢泉, 陈信元. 影子银行业务、会计师事务所选择和审计特征——基于上市非金融企业的实证研究 [J]. 南开管理评论, 2018, 21 (5): 117-127, 138.

[95] 颜恩点, 谢佳佳. 供应链关系、信息优势与影子银行业务——基于上市非金融企业的经验证据 [J]. 管理评论, 2021, 33 (1): 291-300, 329.

[96] 余明桂, 钟慧洁, 范蕊. 分析师关注与企业创新——来自中国资本市场的经验证据 [J]. 经济管理, 2017, 39 (3): 175-192.

[97] 严若森, 钱晶晶, 祁浩. 公司治理水平、媒体关注与企业税收激进 [J]. 经济管理, 2018, 40 (7): 20-38.

[98] 杨松令, 牛登云, 刘亭立, 王志华. 实体企业金融化、分析师关注与内部创新驱动力 [J]. 管理科学, 2019, 32 (2): 3-18.

[99] 余琰, 李怡宗. 高息委托贷款与企业创新 [J]. 金融研究, 2016 (4): 99-114.

[100] 杨筝, 刘放, 王红建. 企业交易性金融资产配置: 资金储备还是投机行为? [J]. 管理评论, 2017, 29 (2): 13-25, 34.

[101] 易志高, 李心丹, 潘子成, 茅宁. 公司高管减持同伴效应与股价崩盘风险研究 [J]. 经济研究, 2019, 54 (11): 54-70.

[102] 周彬, 谢佳松. 虚拟经济的发展抑制了实体经济吗?——来自中国上市公司的微观证据 [J]. 财经研究, 2018, 44 (11): 74-89.

[103] 张成思, 张步昙. 中国实业投资率下降之谜: 经济金融化视角 [J]. 经济研究, 2016, 51 (12): 32-46.

[104] 张敦力, 江新峰. 管理者权力、产权性质与企业投资同群效应 [J]. 中南财经政法大学学报, 2016 (5): 82-90.

[105] 张敦力, 江新峰. 管理者能力与企业投资羊群行为: 基于薪酬公平的

调节作用 [J]. 会计研究, 2015 (8): 41-48.

[106] 中国银保监会政策研究局课题组, 中国银保监会统计信息与风险监测部课题组. 中国影子银行报告 [J]. 金融监管研究, 2020 (11): 1-23.

[107] 祝继高, 胡诗阳, 陆正飞. 商业银行从事影子银行业务的影响因素与经济后果——基于影子银行体系资金融出方的实证研究 [J]. 金融研究, 2016 (1): 66-82.

[108] 郑建明, 许晨曦, 许苏琦. 制度环境、影子银行参与与企业投资效率 [J]. 科学决策, 2017 (3): 1-18.

[109] 曾庆生. 高管及其亲属买卖公司股票时"浑水摸鱼"了?——基于信息透明度对内部人交易信息含量的影响研究 [J]. 财经研究, 2014 (12): 15-28.

[110] 张军, 周亚虹, 于晓宇. 企业金融化的同伴效应与实体部门经营风险 [J]. 财贸经济, 2021, 42 (8): 67-80.

[111] 翟胜宝, 张胜, 谢露, 郑洁. 银行关联与企业风险——基于我国上市公司的经验证据 [J]. 管理世界, 2014 (4): 53-59.

[112] 钟田丽, 张天宇. 我国企业资本结构决策行为的"同伴效应"——来自深沪两市 A 股上市公司面板数据的实证检验 [J]. 南开管理评论, 2017, 20 (2): 58-70.

[113] 赵颖. 中国上市公司高管薪酬的同群效应分析 [J]. 中国工业经济, 2016 (2): 114-129.

[114] 张冀, 王竹泉, 程六兵. 生产网络信息溢出效应研究: 分析师视角 [J]. 财经研究, 2021, 47 (9): 63-77.

[115] Albuquerque A. M., Franco G. D., Verdi R. S. Peer Choice in CEO Compensation [J]. Journal of Financial Economics, 2013, 108 (1): 160-181.

[116] Adhikari B. K., Agrawal A. Peer Influence on Payout Policies [J]. Journal of Corporate Finance, 2018 (48): 615-637.

[117] Aggarwal R., Samwick A. The Other Side of the Trade off: The Impact of Risk on Executive Compensation [J]. Journal of Political Economy, 1999 (107): 65-105.

[118] Altman E. I. Financial Ratios Discriminant Analysis and the Prediction of Corporate Bankruptcy [J]. The Journal of Finance, 1968, 23 (4): 589-609.

[119] Altman E. I. Predicting Financial Distress of Companies: Revisiting the Z-

Score and ZETA Models [J]. The Journal of Finance, 2000 (7): 428-456.

[120] Allen F., Gu X. Shadow Banking in China Compared to Other Countries [J]. Manchester School, 2021, 89 (5): 407-419.

[121] Allen F., Qian Y., Tu G., Yu F. Entrusted Loans: A Close Look at China's Shadow Banking System [J]. Journal of Financial Economics, 2019, 133 (1): 18-41.

[122] Alemu M. H., Olsen S. B. An Analysis of the Impacts of Tasting Experience and Peer Effects on Consumers' Willingness to Pay for Novel Foods [J]. Agribusiness, 2020, 36 (4): 653-674.

[123] Amore M. D. Peer Effects in Family Firm Governance [R]. Working Paper, 2015.

[124] Anton M., Polk C. Connected Stocks [J]. The Journal of Finance, 2014, 69 (3): 1099-1127.

[125] Aobdia D. Proprietary Information Spillovers and Supplier Choice: Evidence from Auditors [J]. Review of Accounting Studies, 2015 (20): 1504-1539.

[126] Bandura A. Social Learning through Imitation [M]. Lincoln: University of Nebraska Press, 1962.

[127] Bollinger B., Burkhardt J., Gillingham K. T. Peer Effects in Residential Water Conservation: Evidence from Migration [J]. American Economic Journal: Economic Policy, 2020, 12 (3): 107-133.

[128] Bouwman C. H. S. The Geography of Executive Compensation [R]. Working Paper, 2010.

[129] Bing G., David P., Anna T. Firms' Innovation Strategy under the Shadow of Analyst Coverage [J]. Journal of Financial Economics, 2019, 131 (2): 456-483.

[130] Botosan C., Plumlee M. A Re-examination of Disclosure Level and the Expected Cost of Equity Capital [J]. Journal of Accounting Research, 2002 (40): 21-40.

[131] Baum J. A. C., Li S. X. Making the Next Move: How Experiential and Vicarious Learning Shape the Locations of Chains' Acquisitions [J]. Administrative Science Quarterly, 2000 (45): 766-801.

[132] Bizjak J., Lemmon M., Nguyen T. Are All CEOs Above Average? An Empirical Analysis of Compensation Peer Groups and Pay Design [J]. Journal of Finan-

cial Economics, 2011, 100 (3): 538-555.

[133] Bertrand J. Theories Mathematique de la Richesse Sociale [J]. Journal des Savants, 1883 (68): 303-317.

[134] Bessembinder H. Forward Contracts and Firm Value: Investment Incentive and Contracting Effects [J]. Journal of Financial & Quantitative Analysis, 1991, 26 (4): 519-532.

[135] Brown L. D., Andrew C. C., Michael B. C., Nathan Y. S. Managing the Narrative: Investor Relations Officers and Corporate Disclosure [J]. Journal of Accounting and Economics, 2019, 67 (1): 58-79.

[136] Brown L. D., Call A. C., Clement M. B., et al. Inside the "Black Box" of Sell - Side Financial Analysts [J]. Journal of Accounting Research, 2015, 53 (1): 1-46.

[137] Bertrand M., Mullainathan S. Enjoying the Quiet Life? Corporate Governance and Managerial Preferences [J]. Journal of Political Economy, 2003 (111): 1043-1075.

[138] Bikhchandani S., Hirshleifer D., Welch I. Learning from the Behavior of Others: Conformity, Fads and Informational Cascades [J]. Journal of Economic Perspectives, 1998 (3): 151-170.

[139] Burt R. S. Structural Holes: The Social Structure of Competition [D]. Cambridge: Harvard University Press, 2009.

[140] Calsamiglia C., Loviglio A. Grading on a Curve: When Having Good Peers is Not Good [J]. Economics of Education Review, 2019 (73): 1-21.

[141] Cohen L., Dong L., Malloy C. J. Casting Conference Calls [J]. Management Science, 2020 (66): 4921-5484.

[142] Conlisk J. Costly Optimizers Versus Cheap Imitators [J]. Journal of Economic Behavior & Organization, 1980, 1 (3): 275-293.

[143] Chang X., Shekhar C., Tam L., Yao J. Industry Expertise, Information Leakage and the Choice of M&A Advisors [J]. Journal of Business Finance & Accounting, 2016, 43 (1-2): 191-225.

[144] Chen J., Justice L. M., Tambyraja S. R. Exploring the Mechanism through Which Peer Effects Operate in Preschool Classrooms to Influence Language Growth [J]. Early Childhood Research Quarterly, 2020, 53 (4): 1-10.

［145］Callen J. L. , Fang X. Institutional Investor Stability and Crash Risk: Monitoring Versus Short－termism? ［J］. Journal of Banking and Finance, 2013, 37 (8): 3047-3063.

［146］Camerer C. F. , Loewenstein G. Neuroeconomics: Why Economics Needs Brains ［J］. Econometrica, 2004 (106): 555-579.

［147］Cen L. , Chen J. , Dasgupta S. , et al. Do Analysts and Their Employers Value Access to Management? Evidence from Earnings Conference Call Participation ［J］. Journal of Financial and Quantitative Analysis, 2020, 56 (3): 1-67.

［148］Chen S, Ma H. Peer Effects in Decision-making: Evidence from Corporate Investment ［J］. China Journal of Accounting Research, 2017, 10 (2): 167-188.

［149］Chen T. , Harford J. , Lin C. Do Analysts Matter for Governance? Evidence from Natural Experiments ［J］. Journal of Financial Economics, 2015, 115 (2): 383-410.

［150］Chen X. , Cheng Q. , Lob K. On the Relationship between Analyst Reports and Corporate Disclosures: Exploring the Roles of Information Discovery and Interpretation ［J］. Journal of Accounting and Economics, 2010, 49 (3): 206-226.

［151］Chen Y. , Shen W. T. Non-Financial Enterprises' Shadow Banking Business and Total Factor Productivity of Enterprises ［J］. Sustainability, 2022, 14 (13): 8150.

［152］Dougal C. , Parsons C. A. , Titman S. Urban Vibrancy and Corporate Growth ［J］. Journal of Finance, 2015, 70 (1): 163-210.

［153］Degeorge F. , Derrien F. , Kecskes A. , et al. Do Analysts' Preferences Affect Corporate Policies? ［R］. SSRN Electronic Journal, 2013.

［154］Dishion T. J. , Tipsord J. M. Peer Contagion in Child and Adolescent Social and Emotional Development ［J］. Annual Review of Psychology, 2011, 62 (1): 189-214.

［155］Dang T. L. , Moshirian F. , Zhang B. Commonality in News around the World ［J］. Journal of Financial Economics, 2015, 116 (1): 82-110.

［156］Ellison G. , Fudenberg D. Word－of－mouth Communication and Social Learning ［J］. The Quarterly Journal of Economics, 1995, 110 (1): 93-125.

［157］Engelberg J. , Gao P. , Parsons C. A. The Price of a CEO's Rolodex

[J]. Review of Financial Studies, 2013, 26 (1): 79-114.

[158] Fracassi C. Corporate Finance Policies and Social Networks [J]. Management Science, 2016, 63 (8): 2420-2438.

[159] Fang G. , Wan S. Peer Effects among Graduate Students: Evidence from China [J]. China Economic Review, 2020 (60): 1-18.

[160] Fan J. , Morck R. , Yeung B. Capitalizing China [M]. The University of Chicago Press, 2012.

[161] Fletcher J. M. Social Interactions and College Enrollment: A Combined School Fixed Effects/Instrumental Variables Approach [J]. Social Science Research, 2015 (52): 494-507.

[162] Frank M. Z. , Goyal V. K. Capital Structure Decisions: Which Factors are Reliably Important? [J]. Financial Management, 2009, 38 (1): 1-37.

[163] Faulkender M. , Yang J. Is Disclosure an Effective Cleansing Mechanism? The Dynamics of Compensation Peer Benchmarking [J]. The Review of Financial Studies, 2012, 26 (3): 806-839.

[164] Faulkender M. , Yang J. Inside the Black Box: The Role and Composition of Compensation Peer Groups [J]. Journal of Financial Economics, 2007, 96 (2): 257-270.

[165] Foucault T. , Frésard L. Learning from Peers' Stock Prices and Corporate Investment [J]. Journal of Financial Economics, 2014, 111 (3): 554-577.

[166] Griffith A. L. , Rask K. N. Peer Effects in Higher Education: A Look at Heterogeneous Impacts [J]. Economics of Education Review, 2014 (39): 65-77.

[167] Gomes A. R. , Gopalan R. , Leary M. T. , Francisco M. Analyst Coverage Network and Corporate Financial Policies [Z]. SSRN Electronic Journal, 2017.

[168] Guo G. , Li Y. , Owen C. , et al. A Natural Experiment of Peer Influences on Youth Alcohol Use [J]. Social Science Research, 2015 (52): 193-207.

[169] Gorton G. , Metrick A. Securitized Banking and the Run on Repo [J]. Journal of Financial Economics, 2012, 104 (3): 425-451.

[170] Grennan J. Dividend Payments as a Response to Peer Influence [J]. Journal of Financial Economics, 2019, 131 (3): 549-570.

[171] Graham J. , Harvey C. Expectations of Equity Risk Premia, Volatility and Asymmetry from a Corporate Finance Perspective [R]. Working Paper, 2001.

[172] Graham J. R. , Harvey C. R. , Rajgopal S. The Economic Implications of Corporate Financial Reporting [J]. Journal of Accounting and Economics, 2005, 40 (1-3): 3-73.

[173] Granovetter M. Economic Action and Social Structure: The Problem of Embeddedness [J]. American Journal of Sociology, 1985 (91): 481-510.

[174] Gennaioli N. , Shlefier A. , Vishny R. W. A Model of Shadow Banking [J]. The Journal of Finance, 2013, 68 (4): 1331-1363.

[175] Gennaioli N. , Shlefier A. , Vishny R. W. Neglected Risks, Financial Innovation, and Financial Fragility [J]. Journal of Financial Economics, 2012, 104 (3): 452-468.

[176] Gulati R. , Nohria N. Strategic Networks [J]. Strategic Management Journal, 2000 (21): 203-215.

[177] Gabaix X. , Landier A. Why Has CEO Pay Increased so Much? [J]. The Quarterly Journal of Economics, 2008, 123 (1): 49-100.

[178] Ho T. H. , Lim N. , Camerer C. F. Modeling the Psychology of Consumer and Firm Behavior with Behavioral Economics [J]. Journal of Marketing Research, 2006, 43 (3): 307-331.

[179] Hsu J. C. , Moroz M. Shadow Banks and the Financial Crisis of 2007－2008 [A]. Gregoriou G. N. The Banking Crisis Handbook [M] . Boca Raton: CRC Press, 2009.

[180] Huang J. , Jain B. A. , Kini O. , et al. Common Analyst Networks and Corporate Disclosure Policy Choices [R]. SSRN Electronic Journal, 2020.

[181] Huang Y. , Ma Y. , Yang Z. , et al. A Fire Sale without Fire: An Explanation of Labor-intensive FDI in China [J]. Journal of Comparative Economics, 2016, 44 (4): 884-901.

[182] Israelsen R. D. Does Common Analyst Coverage Explain Excess Comovement? [J]. Journal of Financial & Quantitative Analysis, 2016, 51 (4): 1193-1229.

[183] Jiang G. , Lee C. M. C. , Yue H. Tunneling through Inter－corporate Loans: The China Experience [J]. Journal of Financial Economics, 2010, 98 (1): 1-20.

[184] Jin L. , Myers S. R2 Around the World: New Theory and New Tests [J]. Journal of Financial Economics, 2006, 79 (2): 257-292.

[185] Kumar A. , Rantala V. , Xu R. Social Learning and Analyst Behavior

[J]. Journal of Financial Economics, 2021, 143 (1): 434-461.

[186] Kahneman D. A Perspective on Judgment and Choice: Mapping Bounded Rationality [J]. American Psychologist, 2003, 58 (9): 697-720.

[187] Knickerbocker F. T. Oligopolistic Reaction and Multinational Enterprise [J]. The International Executive, 1973, 15 (2): 7-9.

[188] Kaustia M., Rantala V. Common Analyst-Based Method for Defining Peer Firms [R]. SSRN Electronic Journal, 2013.

[189] Kaustia M., Rantala V. Social Learning and Corporate Peer Effects [J]. Journal of Financial Economics, 2015, 117 (3): 653-669.

[190] Kothari S. P., Shu S., Wysocki P. D. Do Managers Withhold Bad News? [J]. Journal of Accounting Research, 2009, 47 (1): 241-276.

[191] Lelys D. D. Peer Effects on Violence: Experimental Evidence from El Salvador [R]. SSRN Working Papers, 2020.

[192] Lieberman M. B., Asaba S. Why do Firms Imitate Each Other? [J]. Academy of Management Review, 2006, 31 (2): 366-385.

[193] Lieberman M. B., Montgomery D. B. First - mover Advantages [J]. Strategic Management Journal, 1988 (9): 41-58.

[194] Leary M. T., Roberts M. R. Do Peer Firms Affect Corporate Financial Policy? [J]. The Journal of Finance, 2014, 69 (1): 139-178.

[195] Li Q., Zang W., An L. Peer Effects and School Dropout in Rural China [J]. China Economic Review, 2013, 27 (27): 238-248.

[196] Liu S., Wu D. Competing by Conducting Good Deeds: The Peer Effect of Corporate Social Responsibility [J]. Finance Research Letters, 2016, 16 (6): 47-54.

[197] Matray A. The Local Innovation Spillovers of Listed Frims [J]. Journal of Financial Economics, 2021, 141 (2): 395-412.

[198] Manski C. F. Identification of Endogenous Social Effects: The Reflection Problem [J]. The Review of Economic Studies, 1993, 60 (3): 531-542.

[199] Morretti E. Social Learning and Peer Effects in Consumption: Evidence from Movie Sales [J]. The Review of Economic Studies, 2011, 78 (1): 356-393.

[200] Marcet F. Analyst Coverage Network and Stock Return Comovement in Emerging Markets [J]. Emerging Markets Review, 2017 (32): 1-27.

[201] Mastrobuoni G. , Rialland P. Partners in Crime: Evidence from Recidivating Inmates [J]. Italian Economic Journal, 2020 (6): 255-273.

[202] Mackay P. , Phillips G. M. How Does Industry Affect Firm Financial Structure? [J]. Review of Financial Studies, 2005, 18 (4): 1433-1466.

[203] Miller N. E. , Dollard J. Social Learning and Imitation [M]. New Haven: Yale University Press, 1941.

[204] Muslu V. , Rebello M. , Xu T. Sell-side Analyst Research and Stock Co-movement [J]. Journal of Accounting Research, 2014, 52 (4): 911-954.

[205] Nohria N. , Zaheer A. Strategic Networks [J]. Strategic Management Journal, 2000 (21): 203-215.

[206] Ouimet P. , Tate G. Learning from Coworkers: Peer Effects on Individual Investment Decisions [J]. The Journal of Finance, 2020, 75 (1): 133-172.

[207] Parsons C. A. , Sulaeman J. , Titman S. The Geography of Financial Misconduct [R]. Working Papers, 2014.

[208] Piotroski J. D. , Wang T. J. Institutions and Information Environment of Chinese Listed Firms, Capitalizing China [M]. Chicago: University of Chicago Press, 2012: 201-242.

[209] Patel J. , Zeckhauser R. , Hendricks D. The Rationality Struggle: Illustrations from Financial Markets [J]. The American Economic Review, 1991, 81 (2): 232-236.

[210] Park K. , Yang I. , Yang T. The Peer-firm Effect on Firm's Investment Decisions [J]. North American Journal of Economics and Finance, 2017 (40): 178-199.

[211] Peng N. , Sousa-poza A. , He X. Peer Effects on Childhood and Adolescent Obesity in China [J]. China Economic Review, 2015, 35 (12): 47-69.

[212] Rossi A. G. , Blake D. , Timmermann A. , Tonks I. , Wermers R. Network Centrality and Delegated Investment Performance [J]. Journal of Financial Economics, 2018, 128 (1): 183-206.

[213] Rangvid B. S. Student Engagement in Inclusive Classrooms [J]. Education Economics, 2018, 26 (3): 266-284.

[214] Rajgopal S. , Shevlin T. , Zamora V. CEOs' outside Employment Opportunities and the Lack of Relative Performance Evaluation in Compensation Contracts

[J]. Journal of Finance, 2006 (61): 1813-1844.

[215] Shropshire C. The Role of the Interlocking Director and Board Receptivity in the Diffusion of Practices [J]. Academy of Management Review, 2010, 35 (2): 246-264.

[216] Shue K. Executive Networks and Firm Policies: Evidence from the Random Assignment of Mba Peers [J]. Review of Financial Studies, 2013, 26 (6): 1401-1442.

[217] Tim M., Christoph J. S. Analyst Coverage Overlaps and Interfirm Information Spillovers [J]. Journal of Accounting Research, 2021, 59 (4): 1425-1480.

[218] TykvováT., Borell M. Do Private Equity Owners Increase Risk of Financial Distress and Bankruptcy? [J]. Journal of Corporate Finance, 2012, 18 (1): 138-150.

[219] Thomas Y., Marco N., Eliza W. Analyst Coverage and the Quality of Corporate Investment Decisions [J]. Journal of Corporate Finance, 2018 (51): 164-181.

[220] Usman A., David, H. Shared Analyst Coverage: Unifying Momentum Spillover Effects [J]. Journal of Financial Economics, 2020, 136 (3): 649-675.

[221] Wang R., Zhang Y. The Spillover Effect of Disclosure Rule and Materiality Thresholds: Evidence from Profit Warnings Issued in Hong Kong Markets [J]. China Journal of Accounting Research, 2011, 4 (1-2): 63-80.

[221] You J., Nie H. Who Determines Chinese Firms' Engagement in Corruption: Themselves or Neighbors? [J]. China Economic Review, 2017, 43 (1): 29-46.

[222] Yang S., Ye H., Zhu Q. Do Peer Firms Affect Firm Corporate Social Responsibility? [J]. Sustainability, 2017, 9 (11): 1967.

[223] Zhang A. C., Fang J., Jacobsen B., et al. Peer Effects, Personal Characteristics and Asset Allocation [J]. Journal of Banking & Finance, 2018, 90 (5): 76-95.

[224] Zhu W. Accruals and Price Crashes [J]. Review of Accounting Studies, 2016, 21 (2): 349-399.